Müller/Müller · Bilanzierung und Kreditvergabe

Rechnungswesen und Steuern

Bilanzierung und Kreditvergabe

Ein Leitfaden für mittelständische Unternehmen
mit Checklisten, Fallstudien sowie
berufsständischen und amtlichen Empfehlungen

Von
Steuerberater/vereidigter Buchprüfer Andreas Müller
und Diplom-Kaufmann Diether Müller

2. Auflage

Verlag Neue Wirtschafts-Briefe
Herne/Berlin

Die Deutsche Bibliothek – CIP-Einheitsaufnahme

Müller, Andreas:
Bilanzierung und Kreditvergabe : ein Leitfaden für mittelständische Unternehmen mit Checklisten, Fallstudien sowie berufsständischen und amtlichen Empfehlungen / von Andreas Müller und Diether Müller. – 2. Aufl. – Herne ; Berlin : Verl. Neue Wirtschafts-Briefe, 2000
  (Rechnungswesen und Steuern)
  ISBN 3-482-48292-6

ISBN 3-482-**48292**-6 – 2. Auflage 2000

© Verlag Neue Wirtschafts-Briefe GmbH & Co., Herne/Berlin 1998

Alle Rechte vorbehalten.

Dieses Buch und alle in ihm enthaltenen Beiträge und Abbildungen sind urheberrechtlich geschützt.
Mit Ausnahme der gesetzlich zugelassenen Fälle ist eine Verwertung ohne Einwilligung des Verlages unzulässig.

Druck: Griebsch & Rochol Druck GmbH, 59069 Hamm

Vorwort zur 2. Auflage

Nachdem sich im Rahmen der Steuerreform und der Umsetzung der GmbH & Co-Richtlinie erhebliche Änderungen bei der Besteuerung und der Rechnungslegung von Unternehmen sowohl in der Rechtsform der Kapitalgesellschaft als auch der Personengesellschaft (inkl. Einzelfirma und Freiberufler) ergeben haben, sahen sich die Autoren veranlasst, eine 2., überarbeitete Auflage vorzulegen.

Es wurden die im Steuerentlastungsgesetz 1999/2000/2002 sowie dem Steuerbereinigungsgesetz 1999 definierten Auswirkungen auf die Unternehmensbesteuerung in diese Auflage eingearbeitet. Vor allem werden aber die Neuerungen des aktuell vom Gesetzgeber verabschiedeten KapCoRiLiG behandelt. So werden insbesondere im Rahmen dieses Gesetzes die Personengesellschaften, bei denen keine natürliche Person unbeschränkt haftet (z. B. GmbH & Co KG/OHG), mit den Kapitalgesellschaften gleichgestellt. Darüber hinaus werden die Zusatzpflichten bei der Aufstellung, Prüfung und Offenlegung von Jahresabschlüssen dieser einschlägigen Personengesellschaften, aber auch der Darstellungsumfang dieser Jahresabschlüsse besprochen. Letztlich wird auf die veränderten Schwellenwerte bei Einzel- und Konzernabschlüssen und auf die verschärften Offenlegungssanktionen eingegangen.

Die Ausführungen zu § 18 KWG wurden ebenfalls überarbeitet und insbesondere um die vom Bundesaufsichtsamt für das Kreditwesen mit den Rundschreiben 16/99 und 20/99 verkündeten Änderungen zur Verlautbarung 9/98 vom 7. Juli 1998 -I 3-237-2/94 ergänzt bzw. angepasst.

An der Aufgabenstellung sowie Zielgruppe des vorliegenden Buches hat sich dagegen nichts geändert, so dass der Inhalt des Vorwortes zur 1. Auflage nach wie vor unumschränkten Bestand hat.

München, im März 2000
                                                                   Andreas Müller
                                                                     Diether Müller

Vorwort zur 1. Auflage

Das vorliegende Buch sowie die integrierte Checkliste sollen primär mittelständische Unternehmer darüber informieren, auf welche Kriterien Banken bei der Kreditwürdigkeitsprüfung neuer und laufender Engagements besonderen Wert legen. Die Ausführungen sollen neben der fachlichen Information auch das Verständnis der Leser für die Denkweise der Banken wecken, die einerseits ihren Eigentümern und Anteilseignern gegenüber verpflichtet sind und andererseits durch das Gesetz, insbesondere den § 18 KWG, den Rahmen vorgegeben bekommen, wie sie diese Verpflichtung bei Kreditvergaben zu erfüllen haben.

Das Bundesaufsichtsamt für das Kreditwesen (BAK) hat in seinem aktuellen Rundschreiben zu § 18 KWG die bisher in der Vergangenheit in einzelnen Schreiben niedergelegten Grundsätze zur Offenlegung der wirtschaftlichen Verhältnisse zusammengefasst. Eine Verschärfung der bisherigen Anforderungen war nicht beabsichtigt. Tatsächlich hat dieses neue Rundschreiben jedoch zu einer Verschärfung geführt. Insbesondere werden die Kreditinstitute angehalten, wenn die Jahresabschlüsse nicht rechtzeitig eingereicht werden oder die eingereichten Jahresabschlüsse Anlass zu Zweifeln geben, vom Kreditnehmer weitere Unterlagen zur Offenlegung der wirtschaftlichen Verhältnisse anzufordern.

Auf die gesamte Problematik der Offenlegung der wirtschaftlichen Verhältnisse wird insbesondere unter dem Aspekt der nachhaltigen Kapitaldienstfähigkeit des Kreditnehmers in diesem Buch eingegangen. Folgerichtig beginnt es auch im ersten Abschnitt mit der Definition des Begriffes „nachhaltige Kapitaldienstfähigkeit". Es werden anhand einer Checkliste und mit Beispielen die Voraussetzungen für die Erfüllung des Offenlegungserfordernisses erläutert. Darüber hinaus werden die damit zusammenhängenden Beeinflussungen der Bilanzanalyse praxisbezogen dargestellt. Letztlich werden Parameter abgehandelt, die auch eine Beurteilung der künftigen nachhaltigen Kapitaldienstfähigkeit des Kreditnehmers möglich machen sollen, wobei sich die Verfasser darüber im Klaren sind, dass gerade in diesem Bereich ein erhebliches Restrisiko nicht vermeidbar ist.

Primär wendet sich dieses Buch also an den Mittelstand, der nach wie vor den Hauptanteil der gewerblichen Kreditnehmer stellt. Es will damit dem mittelständischen Unternehmer die vom Gesetz vorgeschriebene Denkweise der Banken näher bringen und deren Kreditentscheidungspraxis verdeutlichen, um ihn sowohl für die Erstantragstellung als auch für das jährliche Kreditgespräch vorzubereiten.

Außerdem wendet sich das Buch auch an die Kreditinstitute und ihre Sachbearbeiter, denen es sowohl die Voraussetzungen des § 18 KWG anhand des aktuellen Rundschreibens des BAK verdeutlichen als auch die Beurteilung gewerblicher Kreditrisiken erläutern möchte.

Besonders danken wir Herrn Michael Rannegger für die EDV-mäßige Umsetzung des Gesamtmanuskripts und für die Mitarbeit bei den Abschnitten Bilanzanalyse und Bilanzpolitik sowie Frau Steuerberaterin Rita Rappel für die Mitarbeit bei allen Abschnitten und Frau Brigitte Eder für die Schreibarbeiten sowie das Umsetzen der graphischen Darstellungen.

München, im Oktober 1998
Andreas Müller
Diether Müller

Inhaltsverzeichnis

Seite

Vorwort V

Abbildungsverzeichnis XV

Abkürzungsverzeichnis XVII

1. Kapitaldienstfähigkeit 1
   1.1 Nachhaltigkeit und Kapitaldienstfähigkeit 1
   1.2 Unterlagen und Informationen zur nachhaltigen Kapitaldienstfähigkeit 1

2. Die Offenlegungspflicht (§ 18 KWG) 4
   2.1 Die gesetzliche Regelung des Informationsrechts der Banken (§ 18 KWG) 4
   2.2 Der Umfang der Offenlegung (§ 18 KWG) 5
   2.3 Das Verfahren der Kreditwürdigkeitsprüfung (§ 18 Satz 1 KWG) .. 8
      2.3.1 Die Vorlage erforderlicher Unterlagen 9
      2.3.2 Die Auswertung der einzureichenden Unterlagen 11
      2.3.3 Die Dokumentation der eingereichten und ausgewerteten Unterlagen 12
   2.4 Ausnahmen von § 18 Satz 1 KWG 12
   2.5 Praxisorientierte Sonderregelungen 17

3. Die Buchführung als Grundlage der Rechnungslegung nach Handels- und Steuerrecht 20
   3.1 Die Buchführungspflicht nach Handelsrecht 20
      3.1.1 Musskaufleute (§ 1 HGB n. F.) 20
      3.1.2 Kannkaufleute (i. S. des § 2 HGB n. F.) 21
      3.1.3 Formkaufleute (§ 6 Abs. 2 HGB) 22
      3.1.4 Scheinkaufleute (§ 5 HGB) 22
      3.1.5 Zusammenfassender Überblick 23
          3.1.5.1 Kaufleute 23
          3.1.5.2 Nicht-Kaufleute 24
   3.2 Die Buchführungspflicht nach Steuerrecht 24
   3.3 Fall zur Buchführungspflicht 25
   3.4 Die Soll-Ist-Besteuerung nach dem UStG 28
   3.5 Die Gestaltungsspielräume der Überschussrechnung (nicht bilanzierende Kreditnehmer) 28
   3.6 Zusammenfassender Überblick der buchführungspflichtigen Kaufleute (bilanzierenden Kreditnehmer) 30

		3.6.1	Vorschriften des HGB	30
		3.6.2	Vorschriften des Steuerrechts (§ 141 AO)	31
		3.6.3	Freiwillige Bilanzierer	32

4. Wichtige Vorschriften und Grundsätze für bilanzierende Kreditnehmer 33

    4.1 Die Vorschriften über die Handelsbücher 33
        4.1.1 Die Vorschriften für alle Kaufleute (§§ 238 – 263 HGB) .. 33
        4.1.2 Die Vorschriften für Kapitalgesellschaften (§§ 264 – 335 HGB) 33
        4.1.3 Zusammenfassung 34
    4.2 Die Grundsätze ordnungsmäßiger Buchführung (GoB) 34
    4.3 Die Unterzeichnung des Jahresabschlusses durch den Kaufmann .. 38
        4.3.1 Die höchstpersönliche Unterzeichnung 39
        4.3.2 Die Teile des Jahresabschlusses 40
        4.3.3 Die Stufen des Jahresabschlusses 40
    4.4 Die Unterzeichnung des Lageberichts durch den Kaufmann 42
    4.5 Die Bescheinigungen und Vermerke der steuerberatenden und wirtschaftsprüfenden Berufe 42
        4.5.1 Die Bescheinigungen und Vermerke der steuerberatenden Berufe 45
            4.5.1.1 Abschlussbescheinigungen 46
            4.5.1.2 Abschlussvermerke 46
            4.5.1.3 Prüfungsbescheinigungen 47
            4.5.1.4 Prüfungsvermerke 48
        4.5.2 Die Bescheinigungen und Vermerke der wirtschaftsprüfenden Berufe 48
            4.5.2.1 Die Bescheinigungen im Rahmen der Erstellung von Jahresabschlüssen 49
                4.5.2.1.1 Erstellung ohne Prüfungshandlungen .. 49
                4.5.2.1.2 Erstellung mit Plausibilitätsbeurteilung .. 50
                4.5.2.1.3 Erstellung mit Prüfungshandlungen ... 51
            4.5.2.2 Der Bestätigungsvermerk (Testat) 52
        4.5.3 Übersicht über die Bescheinigungen und Vermerke 54
    4.6 Die Fristen für die Aufstellung, Feststellung und Offenlegung des Jahresabschlusses 55
        4.6.1 Die Fristen der Nichtkapitalgesellschaften 55
        4.6.2 Die Fristen der Kapitalgesellschaften und der gleichgestellten Personengesellschaften 56
        4.6.3 Die Fristen der Unternehmen in der Krise 57

	4.6.4	Zusammenstellung der Fristen zur rechtzeitigen Aufstellung, Feststellung und Offenlegung des Jahresabschlusses und Lageberichts	59
4.7	Handelsbilanz und Steuerbilanz		60
	4.7.1	Die Maßgeblichkeit der Handelsbilanz für die Steuerbilanz	60
	4.7.2	Der Grundsatz der umgekehrten Maßgeblichkeit	63
	4.7.3	Sonder- und Ergänzungsbilanz	63
		4.7.3.1 Sonderbilanz	63
		4.7.3.2 Ergänzungsbilanz	64
4.8	Bewertungswahlrechte und Bewertungsstetigkeit		64
	4.8.1	Die Bewertungswahlrechte	65
		4.8.1.1 Die Abwertungswahlrechte	66
		4.8.1.2 Die Beibehaltungswahlrechte	68
		4.8.1.3 Die Methodenwahlrechte	69
	4.8.2	Übersicht wichtiger Bewertungswahlrechte	71
	4.8.3	Bewertungsstetigkeit	72
4.9	Ansatzwahlrechte		72
	4.9.1	Aktivierungswahlrechte	74
		4.9.1.1 Die Bilanzierungshilfen	74
		4.9.1.2 Der entgeltliche Geschäfts- oder Firmenwert	74
		4.9.1.3 Rechnungsabgrenzungsposten	74
	4.9.2	Passivierungswahlrechte	74
		4.9.2.1 Sonderposten mit Rücklageanteil	74
		4.9.2.2 Rückstellungen	75
4.10	Übersicht der Wahlrechte im handelsrechtlichen Jahresabschluss		76

5. Die Unternehmensformen – zivilrechtliche Unterschiede 77

5.1	Das Einzelunternehmen		77
5.2	Die Personenhandelsgesellschaften		78
	5.2.1	Die Gesellschaft bürgerlichen Rechts (GbR)	78
	5.2.2	Die offene Handelsgesellschaft	79
	5.2.3	Die Kommanditgesellschaft	80
5.3	Die GmbH & Co KG		81
5.4	Die GmbH		81
	5.4.1	Zivilrechtliche Besonderheiten	82
	5.4.2	Weitere wichtige Punkte bei einer GmbH	83
		5.4.2.1 Die GmbH als selbständiges Rechtsobjekt	83
		5.4.2.2 Verdeckte Gewinnausschüttung	84
		5.4.2.3 Geschäftsführertätigkeit und Sozialversicherung	85

		5.4.2.4	Sonstige steuerliche Gesichtspunkte	85
		5.4.2.5	Handelsrechtliche Verpflichtungen	86
		5.4.2.6	Geschäftsführerhaftung	87
	5.5	Zusammenfassung		88

6. Die Rechnungslegung der Nichtkapital- und Kapitalgesellschaften ... 89

- 6.1 Die Rechnungslegung der Nichtkapitalgesellschaften 89
  - 6.1.1 Formen der Nichtkapitalgesellschaften 89
  - 6.1.2 Wichtige Unterschiede zur Kapitalgesellschaft und gleichgestellten Personengesellschaft 91
    - 6.1.2.1 Abweichungen bei den Grundsätzen ordnungsmäßiger Buchführung 91
    - 6.1.2.2 Die Abweichungen aufgrund der nur für Kapitalgesellschaften geltenden Vorschriften 92
- 6.2 Die Rechnungslegung der Kapitalgesellschaft und der gleichgestellten Personengesellschaft 93
  - 6.2.1 Die Größenklassen 94
  - 6.2.2 Die größenabhängigen Erleichterungen 95
  - 6.2.3 Die Publizität 98
  - 6.2.4 Die Prüfungspflicht mittelgroßer und großer Kapitalgesellschaften 101
  - 6.2.5 Wichtige Grundsätze der Rechnungslegung 102
    - 6.2.5.1 Der Grundsatz der Bilanzwahrheit (true and fair view) 102
    - 6.2.5.2 Die Darstellungsstetigkeit und die Angabe von Vorjahreszahlen 103
  - 6.2.6 Die Bilanz 103
    - 6.2.6.1 Bilanzschema der mittelgroßen und großen Kapitalgesellschaften bei Ansatz aller Alternativangaben im Anhang 104
    - 6.2.6.2 Die offene Saldierung 106
    - 6.2.6.3 Die Bilanzierungshilfen 106
    - 6.2.6.4 Aktive latente Steuern 107
    - 6.2.6.5 Der Anlagenspiegel 107
    - 6.2.6.6 Die Angabe der Restlaufzeiten 108
    - 6.2.6.7 Die Unternehmensverflechtungen 108
    - 6.2.6.8 Der Kapitalausweis 109
    - 6.2.6.9 Die Bilanzvermerke 111
  - 6.2.7 Die Gewinn- und Verlustrechnung 111

		6.2.7.1	Gliederung der Gewinn- und Verlustrechnung nach dem Gesamtkostenverfahren mit Ausweis aller Alternativangaben im Anhang 111
		6.2.7.2	Das Gesamtkosten- und Umsatzkostenverfahren .. 112
		6.2.7.3	Der Ausweis der Abschreibungen 114
		6.2.7.4	Der außerordentliche Bereich 114
		6.2.7.5	Steueraufwand der Gesellschafter 115
	6.2.8	Der Anhang 115
	6.2.9	Zusammenstellung wichtiger Angaben im Anhang kleiner und mittelgroßer Kapitalgesellschaften 117
	6.2.10	Der Lagebericht 124
6.3	Erleichterungen für Tochter-Kapitalgesellschaften und Tochter-Personengesellschaften bei der Rechnungslegung 125

7. Die Bilanzpolitik 129

- 7.1 Die wesentlichen Bereiche der Bilanzpolitik 129
- 7.2 Die wesentlichen Mittel der Bilanzpolitik 130
  - 7.2.1 Deckungsgleiche Wahlrechte 130
  - 7.2.2 Sachverhaltsgestaltungen 130
  - 7.2.3 Ermessensspielräume 131
- 7.3 Die Instrumente zum Aufspüren der Bilanzpolitik 131
  - 7.3.1 Der Abschlussbericht bzw. Erstellungsbericht und Erläuterungen 133
    - 7.3.1.1 Erläuterungen zum Anlagevermögen 133
    - 7.3.1.2 Erläuterungen zu den Vorräten (Warenvorräte, fertige und unfertige Erzeugnisse sowie unfertige Leistungen) 134
    - 7.3.1.3 Erläuterungen zu den Rückstellungen 136
    - 7.3.1.4 Erläuterungen zu den Forderungen aus Lieferungen und Leistungen 137
    - 7.3.1.5 Erläuterungen zu den Sonderposten mit Rücklageanteil 137
  - 7.3.2 Der Anhang 137
  - 7.3.3 Der Prüfungsbericht 138
  - 7.3.4 Zusammenfassung 138
- 7.4 Fallstudie zur Bilanzpolitik 139
  - 7.4.1 Sachverhaltsvorgaben 139
  - 7.4.2 Lösungsblatt zur Fallstudie 141
  - 7.4.3 Musterlösung 142
  - 7.4.4 Musterlösungsblatt zur Fallstudie 148

		7.4.5	Fazit	149

8. Die Bilanzanalyse 150
    8.1   Die Verfahren der Bilanzanalyse 150
           8.1.1   Die Diskriminanzanalyse 150
           8.1.2   Die qualitative Bilanzanalyse 150
           8.1.3   Die neuronalen Netze 151
    8.2   Die Bereiche der Bilanzanalyse 151
           8.2.1   Die Feststellung der stillen Reserven 151
           8.2.2   Die Ermittlung der Kennzahlen 152
           8.2.3   Die Analyse der Kennzahlen 152
                    8.2.3.1   Allgemeines 152
                    8.2.3.2   Die Normbilanzierung im Mittelstand 152
    8.3   Fallstudie zur Bilanzanalyse 153
           8.3.1   Sachverhaltsvorgaben 153
           8.3.2   Analyse des Jahresabschlusses 156
                    8.3.2.1   Beeinflussbarkeit der Kennzahlen 156
                    8.3.2.2   Der ROSTI (Return on Stock Investment) 159
                    8.3.2.3   Die Break-Even-Point-Analyse 161
                                8.3.2.3.1   Graphische Break-Even-Point-Analyse . 161
                                8.3.2.3.2   Der Reagibilitätsgrad 161
                                8.3.2.3.3   Die Ermittlung des Break-Even-Points . 162
                                8.3.2.3.4   Die Ermittlung des Zielumsatzes 163
                    8.3.2.4   Die Ermittlung der Kapitaldienstfähigkeit 164
                                8.3.2.4.1   Ablösung eines bestehenden Engagements 164
                                8.3.2.4.2   Aufstockung eines Engagements 165
                                8.3.2.4.3   Die Errechnung des Kapitaldienstes ... 166
                    8.3.2.5   Fazit 167

9. Notfallkonzept für Krisensituationen 168
    9.1   Allgemeines 168
    9.2   Generalvollmacht 168
    9.3   Notfallkonzept bei längerfristigem bzw. dauerndem Ausfall des Unternehmers 168

10. Regelung der Unternehmensnachfolge 170

11. Parameter der künftigen nachhaltigen Ertragskraft 172
    11.1   Die Aussagefähigkeit von Parametern der künftigen nachhaltigen Ertragskraft eines Unternehmens 172

Inhaltsverzeichnis

- 11.2 Liquidität und Zahlungsbereitschaft 173
- 11.3 Weitere Unterlagen und Informationsinstrumente 175
  - 11.3.1 Allgemeines 175
  - 11.3.2 Die aussagefähige betriebswirtschaftliche Auswertung (BWA) bzw. der Zwischenabschluss 176
    - 11.3.2.1 Die Summen- und Saldenliste als Grundlage der BWA 176
    - 11.3.2.2 Die betriebswirtschaftliche Auswertung 177
    - 11.3.2.3 Der Zwischenabschluss 178
  - 11.3.3 Zusätzliche Informationsinstrumente 179
    - 11.3.3.1 Der Auftragsbestand 179
    - 11.3.3.2 Der Debitorenbestand 180
    - 11.3.3.3 Preiskalkulation und Auftragsabwicklung 180
    - 11.3.3.4 Die Kostenartenrechnung 181
    - 11.3.3.5 Die Kostenstellenrechnung 184
    - 11.3.3.6 Die Kostenträgerrechnung 186
    - 11.3.3.7 Die Deckungsbeitragsrechnung 192
- 11.4 Marktstruktur, Produktstruktur und -entwicklung, Vertriebswege und -arten sowie Kundenstruktur als wesentliche Informationen für die Unternehmensleitung 194
- 11.5 Organisation, Fertigung und Personalstruktur des Unternehmens .. 196
- 11.6 Die Lager- und Materialpolitik des Unternehmens 198
- 11.7 Die Investitions- und Finanzierungsplanung des Unternehmens ... 199
- 11.8 Die Qualität des Managements des Unternehmens 202

12. Unternehmenskrise 204
- 12.1 Die Reaktion von Banken in der Unternehmenskrise 204
- 12.2 Fallstudie zur Überschuldung einer GmbH 207
  - 12.2.1 Sachverhaltsvorgaben 207
  - 12.2.2 Die Überschuldung 209
  - 12.2.3 Die eigenkapitalersetzenden Gesellschafterdarlehen (latentes Fremdkapital) 210
  - 12.2.4 Der Rangrücktritt 211
  - 12.2.5 Weitere wichtige Punkte 212
  - 12.2.6 Analyse der Kontennachweise 212
  - 12.2.7 Fazit 213

13. Exkurs: Fallstudie zur Kreditantragstellung bei einer Bank 215

14. Zusammenfassung 220

Anlage 1: Checkliste für das Bilanzgespräch mittelständischer Unternehmen 223

Anlage 2: Überblick über die grundsätzlichen Anforderungen an die Offenlegung der wirtschaftlichen Verhältnisse nach § 18 KWG (Rundschreiben 9/98 des Bundesaufsichtsamtes für das Kreditwesen vom 7. 7. 1998) 241

Anlage 2a: Änderung der grundsätzlichen Anforderungen an die Offenlegung der wirtschaftlichen Verhältnisse nach § 18 KWG (Änderung des Rundschreibens 9/98 vom 7. Juli 1998) 255

Anlage 2b: Änderung der grundsätzlichen Anforderungen an die Offenlegung der wirtschaftlichen Verhältnisse nach § 18 KWG (Flexibilisierung der Sicherheitenliste nach § 18 Satz 2 KWG) 258

Anlage 3: Empfehlungen der Bundessteuerberaterkammer zu den neuen handelsrechtlichen Rechnungslegungsfristen und den Risiken verspäteter Erstellung vom März 1991 259

Anlage 4: Abschlussvermerke und Prüfungsvermerke von Steuerberatern und Steuerbevollmächtigten (Hinweise der Bundessteuerberaterkammer) 266

Anlage 5: Grundsätze für die Erstellung von Jahresabschlüssen durch Wirtschaftsprüfer (Stellungnahme HFA 4/1996 des IDW) 273

Anlage 6: Empfehlungen der Bundessteuerberaterkammer zur Gliederung des Jahresabschlusses von Kaufleuten, die ihr Unternehmen nicht in der Rechtsform einer Kapitalgesellschaft betreiben und die auch nicht unter die Vorschriften des Publizitätsgesetzes fallen (vom März 1991) 293

Anlage 7: Grundsatz der Bewertungsstetigkeit (Stellungnahme HFA 3/1997 des IDW) 299

Literaturverzeichnis 303

Stichwortverzeichnis 307

Abbildungsverzeichnis

Seite

Abb. 1:	Kaufmannsbegriff nach neuem Recht	23
Abb. 2:	Kaufmannsbegriff nach bisherigem Recht	24
Abb. 3:	Nicht-Kaufleute nach neuem Recht	24
Abb. 4:	Übersicht der nach HGB buchführungspflichtigen Kaufleute	31
Abb. 5:	Zusammenstellung der Grundsätze ordnungsmäßiger Buchführung	34
Abb. 6:	Zusammenstellung der unterzeichnungspflichtigen Kaufleute	39
Abb. 7:	Bestandteile des Jahresabschlusses	40
Abb. 8:	Übersicht über die Bescheinigungen und Vermerke	54
Abb. 9:	Übersicht über Fristen für Aufstellung, Feststellung und Offenlegung des Jahresabschlusses der Kapitalgesellschaften und der gleichgestellten Personengesellschaften	56
Abb. 10:	Tabelle zur rechtzeitigen Aufstellung, Feststellung und Offenlegung des Jahresabschlusses	59
Abb. 11:	Zusammenstellung wesentlicher steuerlicher Abschreibungen	66
Abb. 12:	Kalkulationsschema und Darstellung der aktivierbaren Kosten im Handels- und Steuerrecht	70
Abb. 13:	Übersicht wichtiger Bewertungswahlrechte	71
Abb. 14:	Übersicht wichtiger Ansatzwahlrechte	73
Abb. 15:	Übersicht der handelsrechtlichen Wahlrechte	76
Abb. 16:	Übersicht zivilrechtlicher Unterschiede von Unternehmensformen	88
Abb. 17:	Zusammenstellung der Größenklassen und Größenmerkmale nach § 267 Abs. 1 und 2 HGB	94
Abb. 18:	Zusammenstellung der Informationsinstrumente der Kapitalgesellschaften und der gleichgestellten Personengesellschaften	96
Abb. 19:	Übersicht der größenabhängigen Erleichterungen	97
Abb. 20:	Das Bilanzgliederungsschema der Kapitalgesellschaften	104
Abb. 21:	Das GuV-Gliederungsschema der Kapitalgesellschaften	111
Abb. 22:	Unterschiede zwischen Gesamt- und Umsatzkostenverfahren	113
Abb. 23:	Zusammenstellung wichtiger Angaben im Anhang	117
Abb. 24:	Zusammenstellung der Bereiche der Bilanzpolitik	129
Abb. 25:	Die wesentlichen Instrumente der Bilanzpolitik	130
Abb. 26:	Übersicht wichtiger Sachverhaltsgestaltungen	131
Abb. 27:	Zusammenstellung wichtiger Instrumente zum Aufspüren der Bilanzpolitik	133
Abb. 28:	Lösungsblatt der Fallstudie zur Bilanzpolitik	141
Abb. 29:	Musterlösung der Fallstudie zur Bilanzpolitik	148
Abb. 30:	Zusammenstellung der Zahlen der Fallstudie zur Bilanzanalyse	155
Abb. 31:	Darstellung der Kennzahlen der Fallstudie zur Bilanzanalyse	157
Abb. 32:	Bewertungskorrekturen der Fallstudie zur Bilanzanalyse	159
Abb. 33:	Kennzahlenentwicklung einer ausgewählten Kennzahl	160

Abb. 34:	Graphische Break-Even-Point-Analyse	161
Abb. 35:	Zusammenstellung der Reagibilitätskennzahlen	162
Abb. 36:	Aufteilung in fixe und variable Kostenbestandteile für das Jahr 04 bei Bewertungsstetigkeit	162
Abb. 37:	Cash-flow-Ermittlung	173
Abb. 38:	Beispiel einer Kostenartenrechnung	182
Abb. 39:	Ergebnis- und Abstimmungsrechnung	183
Abb. 40:	Aufstellung der Kostenbereiche nach Funktionen	184
Abb. 41:	Aufgliederung der Gemeinkosten	184
Abb. 42:	Beispiel eines BAB	185
Abb. 43:	Schema der KLR	186
Abb. 44:	Beispiel eines Kostenträgerblattes	188
Abb. 45:	Beispiel einer geschlossenen Kostenrechnung	189
Abb. 46:	Beispiel einer Kostenträgerstückrechnung mit Vor- und Nachkalkulation	190
Abb. 47:	Beispiel eines Betriebsabrechnungsbogens mit Maschinenstundensatzrechnung	191
Abb. 48:	Vereinfachte Darstellung einer Kapitalflussrechnung	200
Abb. 49:	Zusammenstellung der Zahlen der Fallstudie zur Unternehmenskrise	208

Abkürzungsverzeichnis

a. a. O.	am angegebenen Ort
a. F.	alte Fassung
a. o.	außerordentlich
Abs.	Absatz
Abschn.	Abschnitt
ADS	Adler/Düring/Schmaltz, Rechnungslegung und Prüfung der Unternehmen (Kommentar)
a. E.	am Ende
AfA	Absetzung für Abnutzung
AG	Aktiengesellschaft
AHK	Anschaffungs- und Herstellungskosten
AktG	Aktiengesetz
AO	Abgabenordnung
AR	Aufsichtsrat
Art.	Artikel
BAB	Betriebsabrechnungsbogen
BAK	Bundesaufsichtsamt für das Kreditwesen
BB	Betriebs-Berater (Zeitschrift)
BBK	Buchführung, Bilanz, Kostenrechnung (Loseblattwerk)
Beck HdR	Beck'sches Handbuch der Rechnungslegung
Begr. RegE	Begründung Regierungsentwurf
BEP	Break-Even-Point
Berufsr. HB	Berufsrechtliches Handbuch
betr.	betrieblichen
bewegl.	bewegliche
bezügl.	bezüglich
BFH	Bundesfinanzhof
BGB	Bürgerliches Gesetzbuch
BGBl.	Bundesgesetzblatt
BGH	Bundesgerichtshof
BGHZ	Entscheidungen des Bundesgerichtshofs in Zivilsachen
BiRiLiG	Gesetz zur Durchführung der Vierten, Siebenten und Achten Richtlinie des Rates der Europäischen Gemeinschaft zur Koordinierung des Gesellschaftsrechts (Bilanzrichtlinien-Gesetz)
BMF	Bundesministerium der Finanzen
BStBl.	Bundessteuerblatt
BvB	Bundesverband der vereidigten Buchprüfer
BWA	betriebswirtschaftliche Auswertung

bzw.	beziehungsweise
ca.	circa
CAD	Computer Aided Design
Darl.	Darlehen
DATEV	Datenverarbeitung und Dienstleistung für den steuerberatenden Beruf eG
db	Deckungsbeitrag je Stück
DB	Der Betrieb (Zeitschrift)
d. h.	das heißt
DM	Deutsche Mark
DStR	Deutsche Steuerrundschau (Zeitschrift) bis 1960, auch Deutsches Steuerrecht (Zeitschrift) 1. Jg. 1962/63
DV	Datenverarbeitung
EDV	Elektronische Datenverarbeitung
eG	eingetragene Genossenschaft
EG	Europäische Gemeinschaft
EGHGB	Einführungsgesetz zum Handelsgesetzbuch
einschl.	einschließlich
EK	Eigenkapital
Erz.	Erzeugnisse
EStDV	Einkommensteuer-Durchführungsverordnung
EStG	Einkommensteuergesetz
EStR	Einkommensteuer-Richtlinien
etc.	et cetera
EuGH	Europäischer Gerichtshof
e. V.	eingetragener Verein
evtl.	eventuelle
EWiR	Entscheidungen zum Wirtschaftsrecht (Zeitschrift)
f.	folgende
Fa.	Firma
Fam.	Familie
FAR	Fachausschuss Recht
Fehlbetr.	Fehlbetrag
ff.	folgende
FG	Finanzgericht bzw. Fachgutachten
FGK	Fertigungsgemeinkosten
Fifo	First in – first out
Fl.-Nr.	Flurnummer

FN-IDW	Fachnachrichten des Instituts der Wirtschaftsprüfer in Deutschland e. V. (internes Mitteilungsblatt)
FörderG	Fördergebietsgesetz
FuE	Forschung und Entwicklung
GB	Geschäftsbuchführung
GbR	Gesellschaft bürgerlichen Rechts
geg.	gegen bzw. gegenüber
gem.	gemäß
gew.	gewöhnlichen
GF	Geschäftsführer
ggf.	gegebenenfalls
GKR	Gesamtkapitalrentabilität
Gm	Gewinnschwellenmenge
GmbH	Gesellschaft mit beschränkter Haftung
GmbH & Co KG	Kommanditgesellschaft mit beschränkter Haftung
GmbHG	Gesetz betreffend die Gesellschaft mit beschränkter Haftung
GmbHR	GmbH-Rundschau (Zeitschrift)
GoB	Grundsätze ordnungsmäßiger Buchführung
GuV	Gewinn- und Verlustrechnung
GWG	Geringwertige Wirtschaftsgüter
H	Hinweis
HBG	Hypothekenbankgesetz
HdR	Handbuch der Rechnungslegung (hrsg. v. Küting/Weber)
HFA	Hauptfachausschuss des Instituts der Wirtschaftsprüfer in Deutschland e. V.
HGB	Handelsgesetzbuch
Hifo	Highest in – first out
h. M.	herrschende Meinung
HR	Handelsregister
Hrsg.	Herausgeber
HypothekenbankG	Hypothekenbankgesetz
IDW	Institut der Wirtschaftsprüfer Deutschland e. V.
IDW PS	IDW Prüfungsstandard
IDW RS	IDW Rechnungslegungsstandard
i. H.	in Höhe
IHK	Industrie- und Handelskammer
IKR	Industriekontenrahmen
inkl.	inklusive

InsO	Insolvenzordnung
i. S.	im Sinne
i. V.	in Verbindung
JA	Jahresabschluss
Jg.	Jahrgang
JÜ	Jahresüberschuss
KapAEG	Gesetz zur Verbesserung der Wettbewerbsfähigkeit deutscher Konzerne an Kapitalmärkten und zur Erleichterung der Aufnahme von Gesellschafterdarlehen (Kapitalaufnahmeerleichterungsgesetz)
KapCoRiLiG	Kapitalgesellschaften- und Co.-Richtlinie-Gesetz
KapGes.	Kapitalgesellschaften
kaufm.	kaufmännischer
K-Bereiche	Kostenbereiche
Kf	Fixkosten
KG	Kommanditgesellschaft
KGaA	Kommanditgesellschaft auf Aktien
KK	Kontokorrent
KLR	Kosten- und Leistungsrechnung
KNN	Künstliche Neuronale Netze
KO	Konkursordnung
KonTraG	Gesetz zur Kontrolle und Transparenz im Unternehmensbereich
KÖSDI	Kölner Steuerdialoge (Zeitschrift)
Kto.	Konto
KWG	Gesetz über das Kreditwesen (Kreditwesengesetz)
Leist.	Leistung
lfd.	laufenden
Lifo	Last in – first out
Lohnfortz.	Lohnfortzahlung
LöschungsG	Gesetz über die Auflösung und Löschung von Gesellschaften und Genossenschaften
lt.	laut
m. E.	meines Erachtens
MGK	Materialgemeinkosten
Mio.	Million(en)
MIS	Managementinformationssystem
m. w. N.	mit weiteren Nachweisen
MWSt	Mehrwertsteuer

n. F.	neue Fassung
NichtKapGes.	Nicht-Kapitalgesellschaften
NJW	Neue Juristische Wochenschrift (Zeitschrift)
Nr.	Nummer
NWB	Neue Wirtschafts-Briefe (Loseblattwerk)
o. g.	oben genannte(n)
OHG	Offene Handelsgesellschaft
OLG	Oberlandesgericht
p. a.	per annum
PersGes	Personengesellschaften
Pos.	Position
PR	Public Relations
priv.	privat
PS	Prüfungsstandards
PublG	Gesetz über die Rechnungslegung von bestimmten Unternehmen und Konzernen (Publizitätsgesetz)
R	Richtlinie
r	Reagibilitätsgrad
RAP	Rechnungsabgrenzungsposten
rd.	rund
RFHE	Sammlung der Entscheidungen des Reichsfinanzhofes
Richtl.	Richtlinie
RK	Rechnungskreis
rkr.	rechtskräftig
ROI	Return on Investment
ROSTI	Return on Stock Investment
Rpfl.	Der Deutsche Rechtspfleger (Zeitschrift)
Rspr.	Rechtsprechung
Rz.	Randziffer
S.	Seite
SABI	Sonderausschuss Bilanzrichtlinien-Gesetz des Instituts der Wirtschaftsprüfer in Deutschland e. V.
sämtl.	sämtliche
SchutzBauG	Schutzbaugesetz
s. o.	siehe oben
sog.	so genannte(n)
sonst.	sonstige

StBerG	Gesetz über die Rechtsverhältnisse der Steuerberater und Steuerbevollmächtigten (Steuerberatergesetz)
Stbg	Die Steuerberatung (Zeitschrift)
StBK	Steuerberaterkammer
Stb-Kamm	Steuerberaterkammer
StGB	Strafgesetzbuch
St.-Nr.	Steuernummer
TDM	Tausend Deutsche Mark
u. E.	unseres Erachtens
unbewegl.	unbewegliche
unf. Erz.	unfertige Erzeugnisse
USt	Umsatzsteuer
UStG	Umsatzsteuergesetz
UV	Umlaufvermögen
v.	vom
vBP	vereidigte(r) Buchprüfer (Berufsbezeichnung)
Verb.	Verbindlichkeiten
Verm.geg.	Vermögensgegenstände
vGA	verdeckte Gewinnausschüttung
vgl.	vergleiche
VtGK	Vertriebsgemeinkosten
VwGK	Verwaltungsgemeinkosten
VWL-AG	Vermögenswirksame Leistungen Arbeitgeberanteil
Wfl.	Wohnfläche
WP	Wirtschaftsprüfer (Berufsbezeichnung)
WPg	Die Wirtschaftsprüfung (Zeitschrift)
WPK-Mitt.	Wirtschaftsprüferkammer-Mitteilungen (Zeitschrift)
WPO	Wirtschaftsprüferordnung
Ziff.	Ziffer
Zinss.	Zinssatz
ZIP	Zeitschrift für Wirtschaftsrecht (bis 1982: Zeitschrift für Wirtschaftsrecht und Insolvenzpraxis)
ZRFG	Gesetz zur Förderung des Zonenrandgebietes (Zonenrandförderungsgesetz)
zzgl.	zuzüglich

1. Kapitaldienstfähigkeit

1.1 Nachhaltigkeit und Kapitaldienstfähigkeit

Bei der Beurteilung der Kreditwürdigkeit eines Kunden wird die Bank primär von der Frage ausgehen, ob die Kapitaldienstfähigkeit gegeben ist.

Unter Kapitaldienstfähigkeit ist die Fähigkeit des Kunden zu verstehen, aus den Einnahmenüberschüssen seiner wirtschaftlichen Aktivitäten die Zinsen und Tilgungen bzw. Versicherungsprämien für einen auszureichenden Kredit bzw. für ein Darlehen fristgerecht zu erbringen.

Versicherungsprämien fallen anstelle der Tilgungen an, wenn der Kredit oder das Darlehen mit einer Kapitallebensversicherung unterlegt ist, die der Bank abgetreten wurde und die bei Fälligkeit zur Tilgung eingesetzt wird.

An dieser Stelle soll kurz auf die steuerliche Problematik eingegangen werden, die sich für lebensversicherungsunterlegte Finanzierungen stellt. Lebensversicherungen mit einer Laufzeit von mindestens 12 Jahren sind insofern steuerlich begünstigt, als die sog. **Gewinnanteile,** das sind die Zinsen und Zinseszinsen auf das während der Laufzeit angesparte Lebensversicherungsguthaben, steuerfrei sind. Dient die Lebensversicherung als Sicherheit für einen Kredit bzw. für ein Darlehen, ist die Steuerbefreiung allerdings nur gegeben, wenn die Finanzierung ausschließlich für die Anschaffung bzw. die Herstellung eines wohnwirtschaftlichen oder gewerblichen Objekts herausgelegt wird. Sog. **Bereitstellungsprovisionen, Finanzierungsnebenkosten oder Betriebsausgaben** dürfen durch den Kredit bzw. das Darlehen nicht finanziert werden, da sonst Steuerschädlichkeit eintritt.

Nach diesem kurzen Abstecher in steuerliche Fragen geht es nun wieder zurück zur Ausgangsproblematik, nämlich der Erbringung der Kapitaldienstfähigkeit. Neben diesem Kriterium lassen sich die Banken von dem Aspekt der Nachhaltigkeit leiten. Weil Kredite oder Darlehen meist über eine längere Laufzeit verfügen, nutzt es der Bank nichts, wenn die Kapitaldienstfähigkeit im Augenblick der Finanzierungseinräumung kurzfristig gegeben ist. Zinsen und Tilgungen sind vielmehr über die gesamte Laufzeit der Finanzierung zu zahlen. Daher muss es im Interesse der Bank liegen, dass die wirtschaftliche Situation des Kreditnehmers über einen hohen Grad an **Konstanz** verfügt, die mit sehr hoher Wahrscheinlichkeit die ordnungsgemäße Zahlung der Kapitaldienstbestandteile gewährleistet. Nur wenn nach menschlichem Ermessen damit zu rechnen ist, dass über die gesamte Laufzeit der Kapitaldienst durch den Kreditnehmer erbracht werden kann, ist das weitere Kriterium der Nachhaltigkeit erfüllt.

1.2 Unterlagen und Informationen zur nachhaltigen Kapitaldienstfähigkeit

Welche Instrumentarien stehen den Banken nun zur Verfügung, um nach diesem obersten Grundsatz aller Kreditgewährungen beurteilen zu können?

Zur Prüfung dieses Anspruchs auf nachhaltige Kapitaldienstfähigkeit stehen den Banken einerseits auf die Vergangenheit ausgerichtete und andererseits auf die Gegenwart und Zukunft ausgerichtete Entscheidungshilfen zur Verfügung.

Die **Vergangenheit** wird vor allem in den Zahlen der **Jahresabschlüsse** der letzten Jahre widergespiegelt. Dieses Zahlenmaterial gibt den bisherigen wirtschaftlichen Erfolg des kreditnehmenden Unternehmens wieder, allerdings mit der Einschränkung, die aufgezeigte Ertragskraft und finanzielle Stabilität eventuell durch Ausnutzung abweichender Ansatz- und Bewertungswahlrechte in irgendeiner Richtung beeinflusst, also z. B. zu positiv dargestellt zu haben. Diese Abweichungen aufzuspüren und die Vergleichbarkeit verschiedener Wirtschaftsjahre herzustellen, ist im Rahmen der Jahresabschlussanalyse eines der Hauptanliegen der Banken, denn auf diese Weise kann auf die bisherige Nachhaltigkeit der Ertragslage geschlossen werden. Auch Kennzahlen erhalten insbesondere im Jahresvergleich einen erhöhten Aussagewert.

Die **gegenwärtige Situation** eines Unternehmens spiegeln am besten eine **kurzfristige Erfolgsrechnung** in Form einer betriebswirtschaftlichen Auswertung (BWA), bereinigt um Abgrenzungen, Abschreibungen und Bestandsveränderungen, sowie der Kontennachweis wider (vgl. Abschn. 11.3.2.2).

Die Frage, ob auch in **Zukunft** mit einer nachhaltigen Ertragslage, die den Kapitaldienst gewährleistet, zu rechnen ist, ist für die Banken als unternehmensexterne Institutionen sicherlich mit den höchsten Imponderabilien behaftet. Hier können nur **Parameter,** aus denen auf eine künftige nachhaltige Ertragskraft geschlossen werden kann, weiterhelfen, wobei das Restrisiko besteht, dass konjunkturelle Schwankungen oder Änderungen des Nachfrageverhaltens auftreten können, die ein Unternehmen in seiner Existenz stark gefährden können und kaum vorhersehbar sind. Die angesprochenen Parameter können dieses Restrisiko zumindest insoweit vermindern, als sie der Unternehmensleitung durch **frühzeitiges Erkennen einen angemessenen Handlungsspielraum einräumen,** um auf Veränderungen rechtzeitig reagieren zu können.

Diese Parameter sind sowohl im unternehmensinternen als auch im unternehmensexternen Bereich angesiedelt. So sind Informationen über die technische und personelle Ausstattung, die Organisation, die Produktions- und Arbeitsabläufe, die Entwicklung neuer und Verbesserung alter Produkte, die Investitions- und Finanzierungsplanung, die Vertriebspolitik, aber auch über die Marktsituation, die Erschließung neuer Märkte, die Marktdurchdringung etc. für Banken von entscheidender Bedeutung, da hiermit verdeutlicht wird, ob die Unternehmensleitung das Unternehmen und sein Umfeld im Griff hat, sodass die Herausforderungen der Zukunft gemeistert werden können, was letztlich nichts anderes bedeutet, als dass die **nachhaltige Kapitaldienstfähigkeit** aller Voraussicht nach auch künftig gegeben sein wird.

Abschließend ist somit zu dieser Thematik nochmals festzustellen, dass das Hauptbeurteilungskriterium für die Finanzierungsbereitschaft von Banken in der **nachhaltigen Kapitaldienstfähigkeit** des Kreditnehmers zu suchen ist. Ist diese Voraussetzung von dem Kreditnehmer erfüllt, wird die Bank im Großen und Ganzen bereit sein, bis zu einem vertretbaren Umfang auch Blankokredite herauszulegen. Sicherheiten sollen bei der Kreditentscheidung im Allgemeinen nur eine sekundäre Rolle spielen, da sie letztlich nur die Funktion einer Notbremse erfüllen (Ausnahme: § 18 Satz 2 KWG, hier nimmt die Sicherheit aufgrund der hohen Werthaltigkeit die dominante Rolle ein). Banken legen im Allgemeinen Kredite nicht mit der Absicht heraus, diese im Rahmen von Zwangsmaßnahmen durch Sicherheitenverwertung zurückzuführen, sondern im Rahmen einer ordnungsgemäßen Bedienung über die gesamte Laufzeit. Somit ist die Gewährung von Krediten und Darlehen durch ein seriöses Bankinstitut nur gegen eine werthaltige Besicherung, also bei fehlender nachhaltiger Kapitaldienstfähigkeit, nur in Ausnahmefällen vorstellbar, der umgekehrte Fall aber gängige Praxis.

2. Die Offenlegungspflicht (§ 18 KWG)

2.1 Die gesetzliche Regelung des Informationsrechts der Banken (§ 18 KWG)

Banken verwalten die Gelder und Kapitalien ihrer Einleger. Als Einleger werden diejenigen Personen oder Institutionen bezeichnet, die ihre Gelder oder Kapitalien (Einlagen) zu verschiedenen Fristigkeiten und Renditen den Banken zur Verfügung stellen. Diese Einleger können neben Privatpersonen auch institutionelle Einrichtungen wie Versicherungen oder Industrieunternehmen sein. Die Banken werden im Allgemeinen darauf achten, dass die hereingenommenen Einlagen eine fristenkongruente Anlage finden. Nur in Ausnahmefällen, meist in Hochzinsphasen, wird von diesem klassischen Grundsatz abgewichen, um eventuell über so genannte Fristentransformationsgeschäfte strukturelle Spekulationsgewinne zu erzielen. Diese Geschäfte beinhalten sog. **Zinsbindungs- bzw. -änderungsrisiken** und werden von einem verantwortungsbewussten Management nur in dem Umfang betrieben werden, wie es mit dem operativen Ergebnis sowie der steuerlichen Situation des Instituts vereinbar ist. Im allgemeinen gilt hier der Grundsatz, dass die Bank sowohl eine eventuelle Reduzierung der Zinsspanne als auch eine Erhöhung des Abschreibungsvolumens auf Wertpapiere neben einer angemessenen Rücklagendotierung sowie die Dividenden- und Steuerzahlung aus dem Betriebsergebnis eines Jahres verkraften können muss.

Eine der Anlageformen von Einlagen ist das Kreditgeschäft. Es handelt sich hierbei um eine Anlageform, die je nach Zweckbestimmung, ob zur Finanzierung von Objekten, betrieblichen Anlagevermögens oder Betriebsmitteln, mit unterschiedlichen Risiken ausgestattet ist. Generell gilt sicherlich, dass die ungesicherte Anlage in Betriebsmittelkredite zwar sehr lukrativ ist, aber auch das größte Risiko für die Banken enthält, gegen die sog. **Doppelfunktion** zu verstoßen. Diese Doppelfunktion besteht aus zwei Komponenten, nämlich aus der Treuhandpflicht mit dem Kriterium der Sicherheit und aus der Gewinnerzielungsabsicht mit dem Kriterium der Rentabilität. Die erste Komponente verpflichtet die Banken, die Einlagen in Anlageformen zu investieren, die gewährleisten, dass diese zum Fälligkeitstermin zurückgezahlt werden können, während die zweite Komponente die Verpflichtung der Banken darstellt, mit den anvertrauten Mitteln eine angemessene Verzinsung zu erzielen, die neben den mit den Einlegern vereinbarten Zinssätzen ausreichende Margen für das Kreditinstitut gewährleistet. Diese Margen addieren sich zur sog. Zinsspanne, die das sog. **Wertergebnis** einer Bank darstellt.

Um bei einer Anlage der eingelegten Gelder und Kapitalien der Treuhandpflicht mit dem Kriterium der Sicherheit Rechnung zu tragen, sind die Banken gemäß § 18 KWG verpflichtet, sich die wirtschaftlichen Verhältnisse derjenigen, denen sie die anvertrauten Mittel gegen Zinseinnahmen ausgeliehen haben, also der Kreditnehmer, offen legen zu lassen. Wie oben bereits ausgeführt, ist eine der risikobehaftetsten, aber auch lukrativsten Anlageformen der Betriebsmittelkredit, der an Unternehmen zur Finanzierung des laufenden Geschäfts herausgelegt wird und oft unbesichert oder nur schwach besichert ist. Hier ist die Verpflichtung, sich die wirtschaftlichen Verhältnisse des Kreditnehmers offen legen zu lassen, durch die Banken mit besonderem Nachdruck zu befolgen.

Im ersten Kapitel wurde die nachhaltige Kapitaldienstfähigkeit als oberstes Kriterium der Kreditvergabe erläutert. § 18 KWG ist demgemäß die gesetzliche Verankerung dieses Grundsatzes, wobei dieser Paragraph an die Durchleuchtung der wirtschaftlichen Verhältnisse von gewerblichen Kreditnehmern besonders hohe Anforderungen stellt. Wie sehen diese Anforderungen nun im Einzelnen aus?

§ 18 Kreditunterlagen
[1]Ein Kreditinstitut darf einen Kredit von insgesamt mehr als 500 000 Deutsche Mark nur gewähren, wenn es sich von dem Kreditnehmer die wirtschaftlichen Verhältnisse, insbesondere durch Vorlage der Jahresabschlüsse, offen legen lässt. [2]Das Kreditinstitut kann hiervon absehen, wenn das Verlangen nach Offenlegung im Hinblick auf die gestellten Sicherheiten oder auf die Mitverpflichteten offensichtlich unbegründet wäre. [3]Das Kreditinstitut kann von der laufenden Offenlegung absehen, wenn
1. *der Kredit durch Grundpfandrechte auf Wohneigentum, das vom Kreditnehmer selbst genutzt wird, gesichert ist,*
2. *der Kredit vier Fünftel des Beleihungswertes des Pfandobjektes im Sinne des § 12 Abs. 1 und 2 des Hypothekenbankgesetzes nicht übersteigt und*
3. *der Kreditnehmer die von ihm geschuldeten Zins- und Tilgungsleistungen störungsfrei erbringt.*

[4]Eine Offenlegung ist nicht erforderlich bei Krediten an eine ausländische öffentliche Stelle im Sinne des § 20 Abs. 2 Nr. 1 Buchstabe b bis d.

2.2 Der Umfang der Offenlegung (§ 18 KWG)

Die sog. **Offenlegungsgrenze** des § 18 KWG liegt bei 500 000 DM pro Kreditnehmer. Mit Wirkung vom 1. 1. 1998 ist somit die Offenlegung der wirtschaftlichen Verhältnisse erst mit Erreichen dieses Kreditbetrags durch einen Kreditnehmer gesetzlich vorgeschrieben. Nimmt ein Kreditnehmer bei mehreren Banken Kredite auf, die alle unterhalb der Offenlegungsgrenze liegen, steht also keiner der kreditgebenden Banken die Möglichkeit zur Verfügung, sich hinsichtlich der Offenlegung der wirtschaftlichen Verhältnisse auf § 18 KWG zu berufen. Allerdings wird sich die verantwortungsbewusste Geschäftsleitung einer Bank nach den Grundsätzen ordnungsmäßiger Geschäftsführung in der Regel auch bei Krediten geringerer Größenordnung die wirtschaftlichen Verhältnisse des Kreditnehmers offen legen lassen (vgl. Reischauer/Kleinhaus, Kommentar zum KWG, Kap. 115, § 18, S. 7, Abschn. 5), insbesondere wenn die Engagementhöhe 10% des haftenden Eigenkapitals einer Bank erreichen oder überschreiten sollte.

Ob die Offenlegungsgrenze erreicht wird, wird durch Zusammenrechnung aller einem Kreditnehmer durch ein Kreditinstitut gewährten Kredite i. S. des § 21 Abs. 1 KWG, und zwar in voller Höhe, ermittelt, wobei mit schriftlicher oder mündlicher Zusage oder mit Zulassen einer Überziehung der Kredit als gewährt gilt. Rechtlich unverbindliche Absichtserklärungen (sog. Grundsatzofferten mit Gremiumsvorbehalt) sind keine Zusagen. Von § 18 Satz 1 KWG wird auch nicht die rechtlich prinzipiell bindende Zusage erfasst, die den Kredit unter den Vorbehalt eines positiven Urteils über die Bonität des Kreditnehmers stellt. Auch die in § 21 Abs. 2 bis 4 KWG aufgeführten Kredite bleiben in diesem Zusammenhang außer Betracht.

Ein Kredit an **Gesamtschuldner** gemeinsam, also an mehrere Personen, ist gemäß § 421 BGB als Kredit an jeden einzelnen Gesamtschuldner anzusehen, d. h. dass ein Kredit an alle Gesamtschuldner gegebenenfalls mit den den einzelnen Gesamtschuldnern persönlich gewährten Krediten zusammenzurechnen ist.

Zur Frage, ob sich das Kreditinstitut bei mehreren wirtschaftlich voneinander unabhängigen Gesamtschuldnern die wirtschaftlichen Verhältnisse jedes einzelnen Schuldners offen legen lassen muss, ist lt. Bundesaufsichtsamt für das Kreditwesen (BAK) dahingehend zu beantworten, dass lediglich die Bonität eines der Gesamtschuldner gemäß § 18 Satz 1 KWG zweifelsfrei gegeben sein muss. Die Prüfung der wirtschaftlichen Verhältnisse der anderen Gesamtschuldner braucht das Kreditinstitut nicht vorzunehmen. Allerdings muss die gesamtschuldnerische Haftung gemäß § 421 BGB für den jeweils relevanten Kredit gegeben sein.

Bei Krediten an **Personenhandelsgesellschaften,** die die Offenlegungsgrenze überschreiten, ist in der Regel die Offenlegung der persönlichen wirtschaftlichen Verhältnisse der persönlich haftenden Gesellschafter erforderlich. Wenn allerdings die offen gelegten Jahresabschlüsse und andere Unterlagen sowie der Kenntnisstand der Bank keinen Zweifel an der Bonität des Kreditnehmers begründen, ist die Vorlage von Nachweisen über die wirtschaftlichen Verhältnisse der persönlich haftenden Gesellschafter entbehrlich. Sollte die Offenlegung der wirtschaftlichen Verhältnisse der persönlich haftenden Gesellschafter erforderlich sein, reicht die Offenlegung bei einem der Gesellschafter aus, wenn dessen Bonität zweifelsfrei gegeben ist.

Bei Krediten an **konzernangehörige Unternehmen** (die Herabsetzung der Merkmale für die Konzernrechnungslegungspflicht durch das KapCoRiLiG – § 293 HGB n. F. – ab dem Geschäftsjahr 2000 ist zu beachten) sind dem Kreditinstitut zusätzlich zu den Einzelabschlüssen die Jahresabschlussunterlagen für den Gesamtkonzern und gegebenenfalls auch die Jahresabschlüsse der einzelnen Konzernunternehmen – sofern sie wesentliche Bedeutung für die wirtschaftliche Situation des unmittelbaren Kreditnehmers haben – vorzulegen. Hier hat das Kreditinstitut einen Beurteilungsspielraum für den Einzelfall.

Es ist jedoch zu beachten, dass die einzelnen Konzerntöchter (Tochter-Kapitalgesellschaften und Tochter-Personengesellschaften) nach den §§ 264 und 264a HGB erhebliche Erleichterungen in Anspruch nehmen dürfen, was sich auf die Qualität dieser Einzelabschlüsse auswirkt (vgl. Abschn. 6.3).

Die grundsätzliche Pflicht zur Aufstellung eines Konzernabschlusses ist in § 290 HGB geregelt. Sie basiert auf zwei unterschiedlichen Konzepten, nämlich

- dem Konzept der **einheitlichen Leitung** (§ 290 Abs. 1 HGB) und
- dem so genannten **Control-Konzept** (§ 290 Abs. 2 HGB).

Liegen die Voraussetzungen des § 290 HBG vor, besteht **grundsätzlich Aufstellungspflicht,** es sei denn, die konzernbilanziellen **Größenordnungen** – es gibt nur ein Größenformat – werden nicht erreicht. D. h. bei Nichterreichen der Schwellen-

2.2 Der Umfang der Offenlegung (§ 18 KWG)

werte (§ 293 HGB) bzw. deren Unterschreiten **entfallen alle konzernbilanziellen Pflichten** (Strobel, DB 2000 S. 53 ff.). Im Übrigen erfolgt die Einteilung, ob ein Konzern vorliegt oder nicht, nach dem gleichen Strickmuster wie die Größenklasseneinteilung der Kapitalgesellschaften bzw. der gleichgestellten Personengesellschaften (vgl. Abschn. 6.2.1). Die **Schwellenwerte für die Konzernrechnungslegung** ergeben sich wie folgt:

Für die Konzernrechnungslegung nach § 293 Abs. 1 Nr. 1 HGB
= **Addierte Berechnung**

Merkmale	bisher	1999	ab 2000
Bilanzsumme	63,72 Mio.	80,67 Mio.	32,27 Mio.
Umsatzerlöse	127,44 Mio.	161,33 Mio.	64,54 Mio.
Arbeitnehmer	500	500	250

Für die Konzernrechnungslegung nach § 293 Abs. 1 Nr. 2 HGB
= **Konsolidierte Berechnung**

Merkmale	bisher	1999	ab 2000
Bilanzsumme	53,1 Mio.	67,23 Mio.	26,89 Mio.
Umsatzerlöse	106,2 Mio.	134,46 Mio.	53,78 Mio.
Arbeitnehmer	500	500	250

Zu beachten ist, dass die Schwellenwerte 1999 nochmals um 25 % angehoben wurden, um dann ab 1. 1. 2000 auf die einzelbilanziellen Mittelformatszahlen der großen Gesellschaft abgesenkt zu werden (vgl. Abschn. 6.2.1). Dies hat zur Konsequenz, dass mit dem Absenken ab 2000 bzw. 2001 bis zu 15 000 Mittelstandsfälle zu bundesanzeigerpflichtigen Bilanzkonzernen werden (im Einzelnen vgl. Strobel, DB 2000 S. 53 ff.).

Bei Konzernunternehmen, die im Mehrheitsbesitz einer Person ohne Unternehmenseigenschaft stehen, hat sich das Kreditinstitut neben den wirtschaftlichen Verhältnissen des kreditnehmenden Unternehmens in der Regel auch die wirtschaftlichen Verhältnisse des Mehrheitsgesellschafters offen legen zu lassen, da im Allgemeinen eine Kreditnehmereinheit gemäß § 19 Abs. 2 KWG vorliegt. Welche Unterlagen über die privaten Einkommens- und Vermögensverhältnisse heranzuziehen sind, ist auf den jeweiligen Einzelfall abzustellen.

Bei sog. **Konsortialkrediten** ist jede Konsortialbank verpflichtet, die wirtschaftlichen Verhältnisse des Kreditnehmers zu überprüfen. Auch wenn die Unterlagen durch den Konsortialführer beschafft werden, muss sich jeder Konsorte sein eigenes Bild über die wirtschaftlichen Verhältnisse des Kreditnehmers verschaffen und sich sein eigenes Urteil über dessen Bonität bilden. Der Innenkonsorte kann allerdings seiner Verpflichtung nach § 18 KWG auf den direkt auftretenden Konsorten übertragen, allerdings hat er dafür Sorge zu tragen, dass der Außenkonsorte die Anforderungen des § 18 KWG erfüllt. Er verstößt also bei einer Unterlassung des Außenkonsorten ebenfalls gegen § 18 KWG.

Bei **Treuhandkrediten** hat sich allein der Treugeber die wirtschaftlichen Verhältnisse des Kreditnehmers offen legen zu lassen.

2.3 Das Verfahren der Kreditwürdigkeitsprüfung (§ 18 Satz 1 KWG)

Diese Ausführungen befassen sich vorwiegend mit der Kreditgewährung an mittelständische Personenhandels- bzw. Kapitalgesellschaften. Insofern hat der Wortlaut des § 18 Satz 1 KWG „*insbesondere durch Vorlage der Jahresabschlüsse*" für die weiteren Erörterungen besondere Bedeutung. Durch diese Definition hat der Gesetzgeber erklärt, dass er auf die Vorlage der Jahresabschlüsse größten Wert legt. Ausdrücklich heißt es „**der Jahresabschlüsse**" und nicht „des letzten Jahresabschlusses". Somit ist durch den Gesetzgeber verdeutlicht worden, dass er von dem Kreditinstitut die **Beurteilung der Geschäftsentwicklung** des kreditnehmenden Unternehmens fordert, was letztlich **nur durch den Vergleich der Jahresabschlüsse mehrerer Jahre,** üblicherweise der letzten drei Jahre, möglich ist. Bei Neugewährung sind somit die Jahresabschlüsse der letzten drei Jahre bei der Bank einzureichen und zukunftsgerichtet zu analysieren, während bei der fortlaufenden Prüfung eines bestehenden Engagements (Umkehrschluss zu § 18 Satz 3 KWG) dieses Erfordernis der Vergleichbarkeit anhand der sog. **Trendanalyse** immer erfüllt ist (Unter Trendanalyse ist zu verstehen, dass bei einem laufenden Engagement stets die Abschlüsse mehrerer Jahre vorliegen und daher bei Einreichen des aktuellen Abschlusses nur noch auf Trendabweichungen geachtet wird). Lässt ein Kreditnehmer seinen Jahresabschluss aufgrund gesetzlicher Verpflichtung vom Abschlussprüfer prüfen, oder unterzieht er sich freiwillig einer Prüfung, die nach Art und Umfang der handelsrechtlichen Pflichtprüfung entspricht, muss sich das Kreditinstitut den geprüften Jahresabschluss vorlegen lassen (bei Kapitalgesellschaften mit Anhang und, falls erforderlich, mit Lagebericht, vgl. Anlage 2a).

Auf die Vorlagefrist der Jahresabschlüsse, die im Allgemeinen für große und mittlere Kapitalgesellschaften sowie die ihnen gleichgestellten Personengesellschaften i. S. d. § 264a HGB (s. Abschn. 6.1) neun Monate und für kleine Kapitalgesellschaften und Personenhandelsgesellschaften, sofern sie sich freiwillig einer Prüfung unterziehen, zwölf Monate beträgt, wird weiter unten unter Abschn. 4.6 umfassend eingegangen werden (hier ist zu beachten, dass § 18 KWG von der Offenlegungsfrist nach § 325 S. 1 HGB abweicht, die für alle bilanzierenden Gesellschaften künftig 12 Monate beträgt, s. Abschn. 4.6.2).

Ebenso wird die Problematik der Unterzeichnungspflicht des Kreditnehmers aufgrund seiner Kaufmannseigenschaft, aber auch die Qualität einer Bescheinigung bzw. des Vermerks des Jahresabschlusserstellers (z. B. Wirtschaftsprüfers, vereidigten Buchprüfers oder Steuerberaters) zur Erfüllung des Erfordernisses des § 18 Satz 1 KWG weiter unten unter den Abschn. 4.3 und 4.5 eingehender behandelt werden.

Das Verfahren nach § 18 Satz 1 KWG setzt nach vorherrschender Meinung, insbesondere gemäß der Verlautbarung des BAK (vgl. Anlage 2), folgende drei Schritte voraus:

2.3 Das Verfahren der Kreditwürdigkeitsprüfung (§ 18 Satz 1 KWG)

a) **Vorlage** der erforderlichen Unterlagen (insbesondere der Jahresabschlüsse),
b) **Auswertung**,
c) **Dokumentation**.

Aus dieser Dreiteilung wird ersichtlich, dass die Voraussetzungen des § 18 Satz 1 KWG nicht allein mit der Vorlage der erforderlichen Unterlagen erfüllt sind; vielmehr ist die Offenlegung der wirtschaftlichen Verhältnisse ohne eine Auswertung und Dokumentation der vorgelegten Unterlagen nicht erfolgt. Nur wenn das Kreditinstitut die Unterlagen ausgewertet hat, kann es beurteilen, ob die wirtschaftlichen Verhältnisse des Kreditnehmers offen gelegt wurden und eine Bonitätsbeurteilung ohne die Vorlage und Auswertung weiterer Unterlagen möglich ist. Es soll damit gewährleistet werden, dass es insbesondere sachverständigen Dritten, wie Geschäftsleitung, Innenrevision, Abschlussprüfern sowie der Bankenaufsicht, möglich ist, aus der Aktenlage jederzeit zu beurteilen, ob der Kredit vertretbar ist und somit § 18 KWG beachtet wurde.

2.3.1 Die Vorlage erforderlicher Unterlagen

Wie oben bereits ausgeführt, hat sich die Bank die wirtschaftlichen Verhältnisse des Kreditnehmers, insbesondere durch Vorlage der Jahresabschlüsse (Vorlage bedeutet die körperliche Übergabe aller zur Offenlegung notwendigen Unterlagen, zumindest in Form einer vollständigen Kopie; auch in Form eines elektronischen Datenträgers), **während der gesamten Dauer** des Engagements offen legen zu lassen. Eine einmalige umfassende Kreditwürdigkeitsprüfung vor Aufnahme des Engagements reicht also nicht aus. Es ist ein kontinuierliches Beobachten und Analysieren erforderlich, um dem § 18 Satz 1 KWG gerecht zu werden.

Die Vorlage der erforderlichen Unterlagen muss darüber hinaus **tatsächlich** erfolgen. Ein noch so nachdrückliches Verlangen genügt lt. BAK nicht zur Erfüllung der Offenlegung. Das BAK geht in seinen Ausführungen zu dieser Problematik sogar so weit, dass es die Banken verpflichtet, sich die zivilrechtlichen Voraussetzungen vor Eingehen des Kreditengagements zu verschaffen, um die tatsächliche Vorlage auch bei laufendem Engagement, notfalls durch Kündigung, durchsetzen zu können (Näheres hierzu siehe Abschn. 2.5, Punkt 3).

Hierunter soll allerdings kein Kündigungsautomatismus zu verstehen sein. Hat das Kreditinstitut alle nach den Umständen zumutbaren Anstrengungen unternommen, die Offenlegung der wirtschaftlichen Verhältnisse durchzusetzen und in den Kreditakten nachvollziehbar dargelegt, soll lt. BAK der Verstoß gegen § 18 KWG ohne bankaufsichtliche Konsequenzen bleiben. Eine Erhöhung oder Verlängerung des Kreditengagements ist jedoch nur nach Offenlegung der wirtschaftlichen Verhältnisse möglich.

Bei bilanzierenden Unternehmen, die aufgrund gesetzlicher größenabhängiger Erleichterungen (vgl. Abschn. 4.3.3, Stufe 3) nur eingeschränkt publizitätspflichtig sind und diese Erleichterungen in Anspruch nehmen, sind die Kreditinstitute verpflichtet, zusätzlich weitere Unterlagen und Informationen einzuholen, soweit dies für eine sachgerechte Beurteilung erforderlich ist. So genügt es für die Anforderung des § 18

Satz 1 KWG nicht, wenn z. B. die Jahresabschlüsse kleiner und mittlerer Kapitalgesellschaften unter Inanspruchnahme größenabhängiger Erleichterungen nach §§ 267, 276, 288 HGB aufgestellt wurden (etwa eine verkürzte Gewinn- und Verlustrechnung, in der die Angabe der Umsätze fehlt).

So kann es sowohl bei mittleren oder kleinen Kapitalgesellschaften als auch bei Personengesellschaften durchaus erforderlich sein, weitere Unterlagen anzufordern, z. B. Nachweise über Auftragsbestand, Umsatzzahlen, systematische Finanzplanung, Liquiditätsvorschau, Grundbuchauszüge, Einkommensteuerbescheide mit Einkommensteuererklärungen der persönlich haftenden Gesellschafter, betriebswirtschaftliche Auswertungen (BWA), kurzfristige Erfolgsrechnungen oder vorläufige Jahresabschlüsse des Folgejahres etc., um sich ein umfassendes Bild über die wirtschaftlichen Verhältnisse des Kreditnehmers verschaffen zu können.

Darüber hinaus müssen die vorgelegten Unterlagen ein zeitnahes Bild über die wirtschaftlichen Verhältnisse des Kreditnehmers vermitteln. Dieses Erfordernis ist in der Regel nicht mehr erfüllt, wenn die testierten bzw. geprüften Jahresabschlüsse nicht innerhalb der neun bzw. zwölf Monate (vgl. Abschn. 4.6) vorgelegt werden. Damit die zeitliche Nähe der Vorlage durch die Kreditinstitute laufend überwacht werden kann, fordert das BAK von diesen die Einführung angemessener organisatorischer Maßnahmen, um die Abschlüsse möglichst frühzeitig anzufordern. Sollte die rechtzeitige Einreichung der testierten bzw. geprüften Jahresabschlussunterlagen durch den Kreditnehmer nicht möglich sein, hat die Bank auch in diesem Falle weitere Unterlagen (Regelfrist: zwei Monate nach Erstellung) – wie oben bereits aufgeführt – heranzuziehen, um sich ein klares, zeitnahes Bild über die wirtschaftliche Situation des Kreditnehmers verschaffen zu können. Muss der Kreditnehmer seinen Jahresabschluss nicht testieren lassen und lässt er ihn auch nicht freiwillig prüfen und mit einem uneingeschränkten Bestätigungs- bzw. Prüfungsvermerk versehen, ist die Vorlage weiterer zeitnaher Unterlagen auf jeden Fall erforderlich, um die wirtschaftlichen Verhältnisse durchleuchten zu können. Auf weitere Unterlagen wird das Kreditinstitut selbst bei Mitwirkung eines Angehörigen der wirtschaftsprüfenden und steuerberatenden Berufe insbesondere dann nicht verzichten können, wenn der Jahresabschluss ungeprüft aus den zur Verfügung gestellten Unterlagen erstellt wurde oder Anlass besteht, die Verlässlichkeit des Jahresabschlusses insbesondere im Hinblick auf die Person des Mitwirkenden oder die im Jahresabschluss enthaltenen Angaben in Zweifel zu ziehen (vgl. Anlage 2a).

Aber auch bei **zeitnaher Vorlage** testierter bzw. auf freiwilliger Basis gem. Handelsrecht geprüfter Jahresabschlüsse kann es erforderlich sein, dass Zusatzunterlagen durch die Bank anzufordern sind, nämlich wenn die Jahresabschlüsse kein klares, hinreichend verlässliches Bild über die wirtschaftlichen Verhältnisse ermöglichen, insbesondere wenn die Wertansätze zweifelhaft erscheinen. Oft wird es auch erforderlich sein, dass die Bank den Prüfungsbericht auswertet, um sich den erforderlichen Überblick zu verschaffen.

Für Objektgesellschaften reicht die sog. Kapitaldienstrechnung in keinem Fall aus, die Voraussetzungen des § 18 Satz 1 KWG zu erfüllen. Selbst wenn diese Gesellschaft nur das finanzierte Objekt allein im Bestand hat, sind Jahresabschlussunterlagen sowie Unterlagen und Informationen über die Initiatoren, ggf. auch über die Mieterstruktur sowie die Vermietbarkeit des Objekts, erforderlich.

Ist zur Bildung eines klaren Urteils auch die Offenlegung der wirtschaftlichen Verhältnisse eines persönlich haftenden Gesellschafters einer Personenhandelsgesellschaft oder des Bürgen einer Kapitalgesellschaft erforderlich, sind eine zeitnahe Aufstellung der Vermögenswerte und Verbindlichkeiten sowie ein geeigneter Einkommensnachweis bei der finanzierenden Bank einzureichen. Bei Selbständigen bzw. Freiberuflern ist dieser Einkommensnachweis in Form einer Gewinnermittlung nach § 4 Abs. 3 EStG zu erbringen, ergänzt um die Einkommensteuerbescheide. Die Vermögensaufstellung muss durch einen unabhängigen sachverständigen Gutachter erstellt und durch Grundbuchauszüge zur Absicherung der Informationen ergänzt werden. Sollten Einkommensteuerbescheide nicht innerhalb von zwölf Monaten nach dem Veranlagungszeitraum vorgelegt werden können, ist es zur Verschaffung eines zeitnahen Bildes über die wirtschaftlichen Verhältnisse einer haftenden Person erforderlich, weitere Unterlagen hereinzunehmen, die bei Gewerbetreibenden und Freiberuflern aus den oben aufgeführten Nachweisen und Berechnungen bestehen sollten. Bei der Vermögensaufstellung müssen die Wertansätze, insbesondere für Beteiligungen und Immobilien, nachvollziehbar sein, während die Überschussrechnungen eine entsprechende Informationstiefe vergleichbar der von Gewinn- und Verlustrechnungen bilanzierender Unternehmen haben müssen. Die Vermögensaufstellungen und Überschussrechnungen sind mit Ort und Datum zu versehen und durch den Haftenden persönlich zu unterschreiben. Außerdem sind sie jährlich zu aktualisieren und dem Kreditinstitut einzureichen. Bei persönlich haftenden Gesellschaftern oder Bürgen, die Lohn- oder Gehaltsempfänger sind, sind deren Bezüge durch eine Lohn- bzw. Gehaltsbescheinigung des Arbeitgebers nachzuweisen (Ausnahme: Die kreditgewährende Bank führt das Lohn- bzw. Gehaltskonto der haftenden Person, in diesem Fall genügt ein entsprechender EDV-Ausdruck der Kontendaten).

Bei der Vergabe von Darlehen zur Gründung mittelständischer Vollexistenzen, für die Finanzierungshilfen des Bundes und der Länder nach den jeweiligen Förderrichtlinien gewährt werden, ist die Offenlegung nach § 18 KWG auch ohne Bonitätsprüfung erfüllt, wenn die kreditgewährende Bank von der nachhaltigen Tragfähigkeit des zu finanzierenden Vorhabens überzeugt ist. Hierzu ist insbesondere die Risikostruktur des Vorhabens anhand geeigneter Unterlagen darzulegen. Eine anfänglich nicht zweifelsfrei zu beurteilende Bonität des Kreditnehmers steht insofern lt. BAK einer Kreditvergabe nicht im Wege.

2.3.2 Die Auswertung der einzureichenden Unterlagen

§ 18 Satz 1 KWG erstreckt sich nicht allein auf die Vorlage der erforderlichen Unterlagen, sondern das Kreditinstitut hat die eingereichten Unterlagen

a) **zukunftsgerichtet auszuwerten,**
b) **auf Plausibilität und innere Widersprüchlichkeit zu überprüfen und**
c) **mit anderweitigen Informationen und Erkenntnissen abzustimmen.**

Der Zweck der Auswertung ist darauf gerichtet, der Bank eine abschließende Entscheidung über die Kreditgewährung zu ermöglichen. Kann die Bank aufgrund der vorgelegten Unterlagen kein eindeutiges Bild von den wirtschaftlichen Verhältnissen des Kreditnehmers erlangen, sind weitere Unterlagen anzufordern und auszuwerten sowie evtl. eigene Ermittlungen, etwa im Bereich der Bewertung von Vermögensgegenständen, anzustellen. Sollte eine eindeutige Beurteilung des Kreditnehmers anhand der testierten bzw. geprüften Zahlen nicht möglich sein, ist durch die Bank der Prüfungsbericht des Abschlussprüfers zu analysieren, insbesondere um die Anwendung von Bewertungswahlrechten ausfindig zu machen und in die Beurteilung einfließen zu lassen. Besteht für den Kreditnehmer die gesetzliche Pflicht zur Abschlussprüfung (zu beachten ist auch die beabsichtigte Gesetzesänderung des § 335 Abs. 3 HGB durch das KapCoRiLiG) und unterlässt er diese trotzdem, darf der Kredit nur gewährt werden, wenn die vorgelegten Unterlagen insgesamt geeignet sind, einen umfassenden Überblick über die wirtschaftliche Situation des Kreditnehmers zu gewinnen.

Erst wenn die Auswertung durch einen internen Sachverständigen erfolgt ist und ein klares Bild über die wirtschaftlichen Verhältnisse des Kreditnehmers besteht, kann der Kredit durch den Entscheidungsträger genehmigt oder prolongiert werden.

2.3.3 Die Dokumentation der eingereichten und ausgewerteten Unterlagen

Die vorgelegten Unterlagen sowie die Jahresabschlüsse bzw. deren vollständige Kopie sowie die Auswertung der Unterlagen und ihr Ergebnis sind zu den Akten zu nehmen und mindestens sechs Jahre aufzubewahren, sodass ein sachverständiger Dritter (Geschäftsleitung, Innenrevision, Abschlussprüfer, Bankenaufsicht) jederzeit in der Lage ist, sich anhand der Aktenlage ein Bild zu verschaffen, ob die Anforderungen des § 18 Satz 1 KWG von dem Kreditinstitut erfüllt wurden und werden.

2.4 Ausnahmen von § 18 Satz 1 KWG

Auf die Offenlegung im Sinne von § 18 Satz 1 KWG darf nach § 18 Satz 2 KWG verzichtet werden, wenn

- von dem Kreditnehmer einwandfreie Sicherheiten gestellt werden oder
- Mitverpflichtete unzweifelhafter Bonität vorhanden sind,

sodass Zweifel an der ordnungsgemäßen Bedienung des Kredits nicht vernünftig begründet werden können.

Es muss also in jedem Fall die **fristgerechte und vollständige Rückzahlung** des Kredits gewährleistet sein (vgl. Reischauer/Kleinhaus, Kommentar zum KWG, Kap. 115, § 18, S. 18, Abschn. 14). Die Bank muss demnach **in jedem Einzelfall** gesondert prüfen, ob im Hinblick auf die gestellten Sicherheiten oder den Mitverpflichteten auf die Offenlegung der wirtschaftlichen Verhältnisse verzichtet werden darf. § 18 Satz 2 KWG entbindet die Kreditinstitute also von der Pflicht, sich die wirtschaftlichen Verhältnisse offen legen zu lassen, wenn dies im Hinblick auf die gestellten Sicherheiten offensichtlich unbegründet wäre; die Offenlegung ist offensichtlich dann unbegründet ist, wenn die gestellten Sicherheiten derart beschaffen sind, dass ihre **Realisierung in jedem Fall das zur Verfügung gestellte Kapital und die Zinsen voll abdeckt.** Indem der Gesetzgeber den § 18 Satz 2 KWG als Ausnahmetatbestand definiert, bringt er eindeutig zum Ausdruck, dass den Ausführungen unter Abschn. 1.1 entsprechend die nachhaltige Kapitaldienstfähigkeit das oberste Beurteilungskriterium der Kreditwürdigkeit darstellt.

Als Sicherheiten kommen lt. BAK Grundpfandrechte, Wertpapiere, Beteiligungen, Sparguthaben, Termineinlagen, Bausparguthaben, Lebensversicherungen und Edelmetalle in Betracht.

Bei der Beurteilung, ob Vermögensgegenstände den Kreditbetrag voll abdecken, sind vorsorglich **Wertabschläge** vorzunehmen, damit die Qualität der Sicherung auch bei unerwarteten Wertverlusten nicht beeinträchtigt wird.

Danach kommen grundsätzlich folgende Sicherheiten unter Vornahme etwaiger Wertabschläge in Frage:

1 Sicht-, Spar- und Termineinlagen

    1.1 Offene und bestätigte Abtretung von oder Pfandrechte an Rückzahlungsansprüchen aus Sicht-, Spar- und Termineinlagen bis zur Höhe des aktuellen Kapitalbetrages

    1.2 Offene und bestätigte Abtretung von oder Pfandrechte an Rückzahlungsansprüchen aus Spar- und Termineinlagen bei Kreditinstituten der Zone A (vgl. die Anlage zum Rundschreiben 9/1998) bis zu 80% des aktuellen Kapitalbetrages

2 Offene und bestätigte Abtretung von oder Pfandrechte an Rückzahlungsansprüchen aus Bausparguthaben bis zu dem Ansparwert.

3 Offene und bestätigte Abtretung von oder Pfandrechte an Rückzahlungsansprüchen aus Lebensversicherungen bei im Bundesgebiet zum Geschäftsbetrieb zugelassenen Versicherungsunternehmen bis zur Höhe von 80% des Rückkaufwertes.

4 Pfandrechte an folgenden Wertpapieren

    4.1 Anleihen

        4.1.1 Zone A

            4.1.1.1 Festverzinsliche Anleihen einer Gebietskörperschaft, Restlaufzeit bis zu 1 Jahr, sowie variabel verzinsliche Anleihen, bis 95% vom Kurswert, sofern an einer Börse der Zone A gehandelt.

            4.1.1.2 Festverzinsliche Anleihen einer Gebietskörperschaft, Restlaufzeit von 1 Jahr bis zu 10 Jahren, sofern an einer Börse der Zone A gehandelt bis zu 90% vom Kurswert.

            4.1.1.3 Festverzinsliche Anleihen einer Gebietskörperschaft, Restlaufzeit über 10 Jahre, bis zu 80% vom Kurswert, sofern an einer Börse der Zone A gehandelt.

            4.1.1.4 Bundesschatzbriefe, Finanzierungsschätze des Bundes bis zu 100% vom aktuellen Kapitalbetrag.

            4.1.1.5 Weitere mündelsichere Schuldverschreibungen unter Vornahme der entsprechenden laufzeitabhängigen Wertabschläge für Anleihen von Gebietskörperschaften.

4.1.1.6 Festverzinsliche Anleihen eines Kreditinstituts auf Währung eines Zone-A-Landes denominiert, sofern sie an einer Börse der Zone A gehandelt werden, Restlaufzeit bis 1 Jahr, bis zu 90% vom Kurswert.

4.1.1.7 Festverzinsliche Anleihen eines Kreditinstituts auf Währung eines Zone-A-Landes denominiert, sofern sie an einer Börse der Zone A gehandelt werden, Restlaufzeit über 1 Jahr, bis zu 80% vom Kurswert.

4.1.1.8 Variabel verzinsliche Anleihen eines Kreditinstituts auf Währung eines Zone-A-Landes denominiert, sofern sie an einer Börse der Zone A gehandelt werden, alle Restlaufzeiten, bis zu 90% vom Kurswert.

4.1.1.9 Festverzinsliche und variabel verzinsliche Anleihen eines Nicht-Kreditinstituts auf Währung eines Zone-A-Landes denominiert, sofern sie an einer Börse der Zone A gehandelt werden, alle Restlaufzeiten, bis zu 70% zum Kurswert.

4.1.2 Zone B
Börsennotierte Anleihen auf Währung eines Zone-A-Landes denominiert, bis zu 60% vom Kurswert.

4.2 An inländischen Börsen notierte Aktien in DM notiert, bis zu 60% vom Kurswert.

5 Pfandrechte an Edelmetallen und Edelmetallzertifikaten bis zu 50% des Metallwertes.

6 Pfandrechte an folgenden Investmentzertifikaten

6.1 Anteile an Wertpapiersondervermögen, die von einer inländischen Kapitalanlagegesellschaft verwaltet werden, wenn die Vermögenswerte entsprechend den Vertragsbedingungen überwiegend in Wertpapieren anzulegen sind, die an einer inländischen Börse gehandelt werden, bis zu 60% des Rücknahmepreises

6.2 Anteile an Grundstück-Sondervermögen, die von einer inländischen Kapitalanlagegesellschaft verwaltet werden, wenn seit dem Zeitpunkt der Bildung des Sondervermögens eine Frist von vier Jahren verstrichen ist, bis zu 50% des Rücknahmepreises.

7 Grundpfandrechte bis zu 50% des (jährlich zu ermittelnden) Verkehrswertes der (auch ausländischen) Liegenschaft.

Grundpfandrechte gelten auch bei unerwarteten Wertverlusten noch als werthaltig, wenn sie die Voraussetzungen des § 21 Abs. 3 Nr. 1 KWG erfüllen, also **realkreditfähig im Sinne des § 11 HypothekenbankG sind**, d. h. bei 60% der Beleihungswerte der verpfändeten Liegenschaften auslaufen. Der Beleihungswert ist der um einen Sicherheitsabschlag reduzierte Verkehrswert eines Objektes, wobei sich der Sicherheitsabschlag je nach Alter und Nutzung des Objektes zwischen 0 und 30% des Verkehrswertes bewegen kann. Aber auch ohne Erfüllung der Voraussetzungen des § 21 Abs. 3 Nr. 1 KWG (z. B. wenn eine Finanzierung nicht langfristig ist oder der Beleihungswert aufgrund hohen Alters der verpfändeten Liegenschaft deutlich unter dem Verkehrswert liegt) kann die Besicherung eines Kredites durch ein Grundpfandrecht einen Verzicht auf Offenlegung der wirtschaftlichen Verhältnisse begründen. Das ist stets dann der Fall, wenn die Rückführung des besicherten Kredites unter Annahme eines Wertabschlages von 50% auf den Verkehrswert der verpfändeten Liegenschaft, evtl. zusammen mit anderen gestellten Sicherheiten, gewährleistet ist.

Andere bisher nicht aufgeführte Sicherheiten können vorbehaltlich der Zustimmung des BAK in besonders gelagerten Einzelfällen als geeignete Sicherheiten gem. § 18 Satz 2 KWG berücksichtigt werden. Hierzu ist ein Antrag des Kreditinstituts beim BAK erforderlich, in dem die Qualität der beantragten Sicherheit entsprechend § 18

2.4 Ausnahmen von § 18 Satz 1 KWG

Satz 2 KWG, wie Veräußerbarkeit und Verwertbarkeit, nachgewiesen wird. Das BAK entscheidet dann, ob und gegebenenfalls zu welchem Anrechnungssatz die beantragte Sicherheit berücksichtigt werden kann (vgl. Anlage 2b).

Während der **gesamten Kreditlaufzeit** hat die Bank die Werthaltigkeit der Sicherheit zu überprüfen, um bei Wegfall (z. B. durch Freigabe) oder Wertminderung des Pfandgegenstandes (Bestimmung des Verkehrswertes von Grundstücken mindestens einmal jährlich) sofort nachprüfen zu können, ob die Voraussetzungen des § 18 Satz 2 KWG weiterhin erfüllt sind. Sollte die Bank nämlich feststellen, dass zwischenzeitlich § 18 Satz 2 KWG nicht mehr erfüllt wird, muss sie sich umgehend die wirtschaftlichen Verhältnisse des Kreditnehmers offen legen lassen. Die Prüfung sowie ihr Ergebnis sind sodann aktenkundig zu machen.

Von der Offenlegung der wirtschaftlichen Verhältnisse darf auch abgesehen werden, wenn die Bonität des Mitverpflichteten dies rechtfertigt, d. h. seine einwandfreie Bonität muss zweifelsfrei feststehen sowie dem Kreditinstitut nachgewiesenermaßen bekannt sein. Als **Mitverpflichtete** i. S. des § 18 Satz 2 KWG kommen nur Personen oder Unternehmen in Betracht, die sich **rechtsgeschäftlich neben dem Kreditnehmer für einen bestimmten Kredit verpflichtet haben**, wie etwa Wechselaussteller oder -indossanten oder Bürgen, und keine wirtschaftliche Identität mit dem Kreditnehmer darstellen (wirtschaftliche Identität liegt vor, wenn der Kreditnehmer wesentliche Bedeutung für die wirtschaftliche Situation des Mitverpflichteten hat). Von diesem Personenkreis sind die wirtschaftlichen Verhältnisse in gleicher Weise offen zu legen, wie es von dem Kreditnehmer selbst verlangt werden würde, wobei allerdings § 18 KWG bereits dann erfüllt ist, wenn bei mehreren **ein** Mitverpflichteter die Bonität nachweist, die erforderlich ist, um den Kredit als gesichert einzustufen.

In den Fällen, in denen von einer Offenlegung der wirtschaftlichen Verhältnisse des Kreditnehmers abgesehen wird, sollte das Kreditinstitut dies mit einer entsprechenden Erklärung in der Kreditakte schriftlich festhalten. Das BAK hat in seinem Schreiben vom 9. 8. 1976 – I 3-5-4/76 darauf hingewiesen, dass die Prüfung hierauf besonders zu achten hat.

In Ergänzung zur bereits angesprochenen wirtschaftlichen Identität ist noch festzustellen, dass Personen oder Unternehmen, die gemäß § 19 Abs. 2 KWG mit dem Kreditnehmer eine Kreditnehmereinheit bilden, als Mitverpflichtete gemäß § 18 Satz 2 KWG nicht in Betracht kommen. Persönlich haftende Gesellschafter einer Personenhandelsgesellschaft bzw. eine mithaftende Konzerngesellschaft scheiden somit als Mitverpflichtete aus.

Die einwandfreie Bonität des Mitverpflichteten muss dem Kreditinstitut bekannt und seine Mithaftung darf weder gesetzlich noch rechtsgeschäftlich beschränkt sein. Aus diesem Grunde hat sich die Bank die wirtschaftlichen Verhältnisse des Mitverpflichteten offen legen zu lassen, bevor sie von einer Offenlegung der wirtschaftlichen Verhältnisse des Kreditnehmers absieht.

Beispiele von Ausnahmen zur Offenlegung nach § 18 KWG

	TDM
I)	
Gesamtengagement	
(keine Sicherheiten vorhanden)	500

Es besteht keine Offenlegungspflicht nach § 18 Satz 1 KWG, da die Offenlegungsgrenze nicht überschritten wurde. Bei einem Engagement von 500 001 DM muss offen gelegt werden.

	TDM
II)	
Gesamtengagement	1 000
abzügl. Realkreditanteil	− 1 000
Restengagement	0

Hier existiert keine Offenlegungspflicht nach § 20 Abs. 2 KWG i. V. mit § 11 und 12 Hypothekenbankgesetz. Bei einem durch realkreditfähige Sicherheiten vollständig besicherten Kredit besteht keine Verpflichtung zur Offenlegung. (Zur Definition der Realkreditfähigkeit siehe Abschn. 2.4. Seite 13.)

	TDM
III)	
Gesamtengagement	1 000
abzügl. Realkreditanteil	− 500
Restengagement	500

Es besteht keine Offenlegungspflicht nach § 18 Satz 1 KWG, da der nicht realkreditbesicherte Kreditteil sich unterhalb der Offenlegungsgrenze bewegt.

	TDM
IV)	
Gesamtengagement	1 001
abzügl. Realkreditanteil	− 500
abzügl. durch banktübliche, werthaltige Sicherheiten gem. § 18 Satz 2 KWG gedeckter Kreditteil	− 501
Restengagement	0

Es besteht keine Offenlegungspflicht nach § 18 Satz 1 KWG, da das Gesamtengagement einerseits durch realkreditfähige Sicherheiten und andererseits durch werthaltige Sicherheiten gem. § 18 Satz 2 KWG vollständig besichert ist.

	TDM
V)	
Gesamtengagement	1 000
abzügl. Realkreditanteil	− 499
abzügl. durch banktübliche, werthaltige Sicherheiten gem. § 18 Satz 2 KWG gedeckter Kreditanteil	− 400
Restengagement	101

Es besteht Offenlegungspflicht nach § 18 Satz 1 KWG, obwohl der nicht durch werthaltige Sicherheiten gedeckte Kreditanteil unterhalb der Offenlegungsgrenze liegt. Das BAK legt offensichtlich den Sicherheiten, die die Kriterien des § 18 Satz 2 KWG erfüllten, nicht das gleiche Bewertungsniveau zugrunde wie den realkreditfähigen Sicherheiten, wobei es allerdings nur schwer nachzuvollziehen ist, warum sie dieses (höhere) Niveau plötzlich erreichen, wenn das Engagement vollständig durch Sicherheiten beider Kategorien gedeckt ist.

2.5 Praxisorientierte Sonderregelungen

Das BAK hat in seinem Rundschreiben 9/98 vom 7. Juli 1998 (vgl. Anlage 2) darauf hingewiesen, dass es sich bei dieser Verlautbarung um eine zusammenfassende Darstellung aller bisherigen BAK-Verlautbarungen zu § 18 KWG handelt. Nicht beabsichtigt sei mit dieser neuen Verlautbarung eine Verstärkung der bisherigen Anforderungen des § 18 KWG. Um für einzelne Umstände des praktischen Kreditalltags Klarheit zu verschaffen, hat das BAK daher nach einem Gespräch mit Vertretern des Bankenfachausschusses am 23. 11. 1995 die folgenden zusätzlichen Erklärungen abgegeben:

- Die Jahresabschlussunterlagen sind zumindest in Kopie zu den Kreditakten zu nehmen. Die bloße Einsichtnahme durch einen leitenden Angestellten der Bank mit anschließender Dokumentation reicht nicht aus, da einem sachverständigen Dritten (Innenrevisor, Abschlussprüfer, Bankenaufsicht) aus den Ursprungsunterlagen ein Urteil ermöglicht werden muss, ob die Anforderungen des § 18 KWG durch die Bank erfüllt wurden.

- Wenn ein Konzernabschluss aufgrund gesetzlicher Erleichterungen nicht aufgestellt werden muss, hat die Bank trotzdem weitere Informationen und Unterlagen anzufordern, aus denen die wirtschaftliche Lage des Konzerns erkennbar ist. Entsprechend ist bei ausländischen Kreditnehmern zu verfahren, die keinen Einzelabschluss erstellen, ein Konzernabschluss aber vorliegt.

- Die Vorlage weiterer Unterlagen ist zwingend erforderlich, wenn nicht innerhalb von neun (siehe abweichende Offenlegungsfrist gem. HGB) Monaten (zwölf Monaten bei kleinen Kapitalgesellschaften) nach dem Bilanzstichtag des Kreditnehmers ein testierter bzw. geprüfter Jahresabschluss vorliegt, wobei dies auch für Kredite gilt, die nach Ablauf der 9-Monatsfrist (bzw. 12-Monatsfrist) gewährt werden. Lt. BAK ist somit die Auflage der zeitlichen Nähe auch dann erfüllt, wenn die Vorlage des testierten bzw. geprüften Jahresabschlusses spätestens 21 Monate (bzw. 24 Monate bei kleinen Kapitalgesellschaften) nach dem Bilanzstichtag des letzten vorgelegten Jahresabschlusses erfolgt, in diesem Fall sind allerdings stets zusätzliche aktuelle Unterlagen, die eine zeitnahe Beurteilung der wirtschaftlichen Verhältnisse ermöglichen, zwischenzeitlich vorzulegen. Wird ein **nicht testierter** bzw. **nicht geprüfter** Jahresabschluss vorgelegt, sind ebenfalls stets zusätzliche Unterlagen bei der Bank einzureichen.

- Bei der Vorlage vorläufiger Jahresabschlüsse mit weiteren Unterlagen innerhalb von neun Monaten (bzw. zwölf Monaten bei kleinen Kapitalgesellschaften) ist § 18 KWG dann erfüllt, wenn sich das Kreditinstitut den testierten bzw. geprüften Jahresabschluss so bald als möglich nachreichen lässt.

- Bei Objektgesellschaften hat sich das Kreditinstitut Unterlagen über die Initiatoren vorlegen zu lassen, die über Seriosität, Erfahrung, Know-how, erfolgreiche Durchführung von Projekten, vertraglich gebundenes Durchführungsvolumen sowie Geschäftsgebaren, über Vermietungsstand des Objekts, Standort etc. Auskunft geben.

- Selbstauskünfte von persönlich haftenden Gesellschaftern und Bürgen erfüllen dann die Anforderungen des § 18 KWG, wenn die Angaben vollständig sind und glaubhaft gemacht werden sowie mit den dem Kreditinstitut bekannten Tatsachen übereinstimmen und plausibel sind. Zur Absicherung der Selbstauskunft sind geeignete Nachweise, wie Lohn- und Gehaltsbescheinigungen und Vermögensaufstellungen, z. B. Depotaufstellungen einer Bank, Einkommensteuerbescheide etc., heranzuziehen. Auch hier gilt die 9-Monate-Regelung (bzw. 12-Monate-Regelung für Bürgen kleiner Kapitalgesellschaften).

- Das BAK hat in seiner Verlautbarung (vgl. Anlage 2) wie folgt Stellung genommen: Wird der testierte Jahresabschluss innerhalb von neun Monaten nach dem Bilanzstichtag bei der den Kredit ausreichenden Bank eingereicht, ist die Vorlage weiterer Unterlagen entbehrlich. Wird aber über die Vergabe, Erhöhung oder Prolongation eines Kredites an einen Kreditnehmer, der einen testierten Jahresabschluss zum Bilanzstichtag 31. 12. 1995 vorlegt, nicht vor dem 1. 10. 1996 entschieden, so sind dem Kreditinstitut weitere geeignete Unterlagen vorzulegen, um die erforderliche Zeitnähe zu gewährleisten.

- Bei der laufenden Offenlegung im Rahmen eines bestehenden Kreditverhältnisses genügt es in der Regel grundsätzlich, dass der Kreditnehmer den testierten bzw. geprüften Jahresabschluss innerhalb von neun Monaten (bzw. zwölf Monaten bei kleinen Kapitalgesellschaften) nach dem Bilanzstichtag einreicht. Somit können zwischen den Bilanzstichtagen des letzten vorgelegten Jahresabschlusses und dem Datum der Einreichung des Jahresabschlusses für das Folgejahr maximal 21 Monate (bzw. 24 Monate bei kleinen Kapitalgesellschaften) liegen, um dem Erfordernis der zeitlichen Nähe zu entsprechen.

Die letztgenannten Regelungen gelten nur grundsätzlich. **Bei allen Fällen, bei denen der testierte Jahresabschluss oder anderweitige Erkenntnisse der Bank Anlass zu Zweifeln geben, ist die Heranziehung weiterer geeigneter Unterlagen geboten**.

Zur Problematik der Vorlage testierter bzw. geprüfter oder lediglich erstellter Jahresabschlüsse hat das BAK ebenfalls Stellung bezogen. Wir verweisen in diesem Zusammenhang auf Abschn. 4.5 dieser Ausführung, unter dem dieses Problem ausführlich behandelt wird. Verkürzt kann hier festgehalten werden, dass prüfungspflichtige Gesellschaften (mittlere und große Kapitalgesellschaften und die ihnen gleichgestellten Personengesellschaften i. S. d. § 264a HGB) sowie Gesellschaften, die sich freiwillig von Abschlussprüfern i. S. des § 319 HGB prüfen lassen, testierte bzw. ge-

2.5 Praxisorientierte Sonderregelungen

prüfte Jahresabschlüsse bei Banken vorlegen müssen, während für die anderen Gesellschaften ein vom Steuerberater oder Steuerbevollmächtigten erstellter mit einem Abschlussvermerk versehener Jahresabschluss zur Erfüllung des § 18 KWG genügt. Auf keinen Fall genügt jedoch ein vom Steuerberater bzw. Steuerbevollmächtigten ohne Abschlussvermerk erstellter Jahresabschluss. Für diesen Fall müssen weitere geeignete Unterlagen eingereicht werden.

Nachdem – wie bereits oben angesprochen – § 18 KWG als gesetzliche Verankerung des Kriteriums der nachhaltigen Kapitaldienstfähigkeit zu verstehen ist und § 18 Satz 1 KWG mit der Formulierung *„insbesondere durch Vorlage der Jahresabschlüsse"* deutlich macht, wie dieses Kriterium speziell bei bilanzierenden gewerblichen Kreditnehmern zu erfüllen ist, sollen nun im Rahmen der folgenden Ausführungen ausführlich die einzelnen Bilanz- und GuV-Positionen sowie deren Bedeutung für die Jahresabschlussanalyse behandelt werden.

3. Die Buchführung als Grundlage der Rechnungslegung nach Handels- und Steuerrecht

Welche Unterlagen die Unternehmer oder Freiberufler nach § 18 KWG den Kreditinstituten vorzulegen haben, richtet sich danach, ob es sich um einen

- **bilanzierenden Kreditnehmer** (ist buchführungspflichtig und erstellt einen Jahresabschluss) oder
- **nichtbilanzierenden Kreditnehmer** (ist nicht buchführungspflichtig und erstellt eine Einnahmen-Überschussrechnung)

handelt.

Nach § 18 KWG müssen zur Buchführung und Bilanzaufstellung verpflichtete Unternehmen (z. B. nach §§ 1 ff., 238 ff., 242 ff. HGB) den Kreditinstituten einen Jahresabschluss (vgl. Anlage 2) vorlegen, der von diesen zu analysieren ist. § 18 KWG unterscheidet nicht, ob die Verpflichtung nach Handels- oder Steuerrecht besteht.

Nichtbilanzierende Kreditnehmer sind nach § 18 KWG verpflichtet, den Kreditinstituten eine Einnahmen-Überschussrechnung und eine Vermögensaufstellung vorzulegen (vgl. Anlage 2).

3.1 Die Buchführungspflicht nach Handelsrecht

Zur Klärung der Frage, ob Buchführungspflicht besteht und deshalb ein Jahresabschluss erstellt werden muss, ist primär die **Kaufmannseigenschaft** aufgrund der handelsrechtlichen Vorschriften entscheidend. Durch Gesetzesänderung wurde der Kaufmannsbegriff im Jahr 1998 an das moderne Wirtschaftsleben angepasst und zugleich erheblich vereinfacht (Bundestags-Drucksache 13/8444 S. 19). Zu unterscheiden ist zunächst zwischen Kaufleuten und Nichtkaufleuten.

Von den Vorschriften über die Handelsbücher (Jahresabschluss) sind im HGB nur die „Kaufleute" erfasst. Dies bedeutet, dass Nichtkaufleute, z. B. Freiberufler (Ärzte, Anwälte etc.), Kleingewerbetreibende, die nicht im Handelsregister eingetragen sind, nicht den Vorschriften des HGB unterliegen und deshalb z. B. keinen Jahresabschluss erstellen müssen. Die Kaufleute werden nach dem HGB n. F. (ab 1. 7. 1998) wie folgt unterteilt (Müller, BBK Fach 2 S. 1116):

3.1.1 Musskaufleute (§ 1 HGB n. F.)

Musskaufleute sind alle Gewerbetreibenden, deren Gewerbe einen in kaufmännischer Weise eingerichteten Geschäftsbetrieb erfordert. Es wird also allein auf das Merkmal „**in kaufmännischer Weise eingerichteter Geschäftsbetrieb**" abgestellt. Dies führt im Vergleich zum bisherigen Recht zu einer erheblichen Vereinfachung, da nunmehr die Unterteilung der Musskaufleute in Vollkaufleute (i. S. des § 1 HGB a. F.) und Minderkaufleute (i. S. des § 4 HGB a. F.) entfällt. (Die Vorschriften über die Firma, Prokura und Handelsbücher galten für Minderkaufleute nicht.)

Musskaufleute unterliegen allen Vorschriften des HGB uneingeschränkt, und die Handelsregistereintragung wirkt nur deklaratorisch. Die bisherigen Minderkaufleute

(Kleingewerbetreibenden) werden nach neuem Recht ebenfalls – wie schon bisher die Betriebe der Land- und Forstwirtschaft (§ 3 HGB) – zu Kannkaufleuten (§ 2 HGB n. F.).

3.1.2 Kannkaufleute (i. S. des § 2 HGB n. F.)

Kannkaufleute sind (zusätzlich zu den bisherigen Kannkaufleuten des § 3 HGB) in erster Linie **Kleingewerbetreibende**, deren Unternehmen einen in kaufmännischer Weise eingerichteten Geschäftsbetrieb nicht erfordert. Sie unterliegen damit den Vorschriften des bürgerlichen Rechts und nicht denen des Handelsrechts, insofern auch nicht den verschärften Pflichten des Handelsrechts, die nur für die Kaufleute gelten, wie beispielsweise

- Registerpublizität,
- die sofortige Untersuchung und Rüge von Mängeln (§ 373 HGB) wegen der Konsequenz des Verlusts der Gewährleistungsrechte,
- Herabsetzungsmöglichkeiten von Vertragsstrafen (§ 343 HGB),
- das Führen von Handelsbüchern (§ 238 HGB). (Kleingewerbetreibende dürfen eine Einnahmen-Überschussrechnung nach § 4 Abs. 3 EStG erstellen; vgl. Abschn. 3.5).

Andererseits sind die Kleingewerbetreibenden ausdrücklich von Spezialregelungen des HGB erfasst, wenn

- das **Schutzbedürfnis** des Kleingewerbetreibenden im Vordergrund steht (z. B. bezüglich des Ausgleichsanspruchs des Handelsvertreters nach § 89 b HGB);
- das Interesse des Geschäftsverkehrs und der **Rechtssicherheit** dies für bestimmte Gewerbetreibende erfordert (z. B. § 84 Abs. 4 HGB, § 93 Abs. 3 HGB; vgl. Bundestags-Drucksache 13/8444 S. 29).

Die Kleingewerbetreibenden, die eines der aufgeführten Gewerbe betreiben, sind also nur bezüglich bestimmter Spezialregelungen dem HGB unterworfen, ohne dass sie Kaufmann geworden sind. Dem Schutzbedürfnis der Kleingewerbetreibenden, nicht in aller Strenge dem HGB und damit den kaufmännischen Vorschriften unterworfen zu werden, wird damit Rechnung getragen (Bundestags-Drucksache 13/8444 S. 28). Allerdings ist die Vorschrift des § 1 Abs. 2 HGB n. F. als gesetzliche **Beweislastregel** so ausgestaltet, dass die Beweislast denjenigen Gewerbetreibenden trifft, der sich darauf beruft, dass sein Unternehmen einen nach Art oder Umfang in kaufmännischer Weise eingerichteten Geschäftsbetrieb nicht erfordert und er deshalb Nicht-Kaufmann ist.

Aufgrund des § 2 HGB n. F. **können** sich Kleingewerbetreibende jedoch in das Handelsregister *eintragen lassen*. Diese Möglichkeit besteht nach § 105 Abs. 2 HGB auch für vermögensverwaltende bzw. gewerblich tätige BGB-Gesellschaften. Diese sind dann mit der Eintragung „Kaufleute". Die Eintragung wirkt konstitutiv, d. h. sie werden erst mit der Eintragung Kaufmann. Die Vorschriften des Handelsrechts sind dann jedoch voll anzuwenden (wie z. B. die Vorschriften über die Firma, Prokura, Handelsbücher). Die Entscheidung des Kleingewerbetreibenden, seine Kaufmannseigenschaft herbeizuführen, ist jedoch nicht in dem Sinne „**endgültig**", dass ein freiwilliges „Zurück" in den Nicht-Kaufmannsstatus ausgeschlossen ist (Bundestags-

Drucksache 13/8444 S. 32). Er hat nämlich ein **Löschungsrecht**, das jedoch dann nicht mehr gegeben ist, wenn sein Gewerbebetrieb zwischenzeitlich einen in kaufmännischer Weise eingerichteten Geschäftsbetrieb erfordert.

Das gleiche Löschungsrecht steht nach § 105 Abs. 2 Satz 2 i. V. m. § 2 Satz 2 und 3 HGB n. F. auch den vermögensverwaltenden bzw. gewerblich tätigen BGB-Gesellschaften zu, sodass ein freiwilliges „Zurück" in den Nicht-Kaufmannsstatus diesen Gesellschaften jederzeit möglich ist. Damit wird den kleinen Unternehmen mehr Gestaltungsfreiheit bei der Wahl der für sie passenden Rechtsform eingeräumt.

Erfüllte eine Personengesellschaft bei Eintragung das Kriterium des in kaufmännischer Weise eingerichteten Geschäftsbetriebs und wird infolge anhaltenden Geschäftsrückgangs das Kriterium dauerhaft nicht mehr erfüllt, so wird sie nicht automatisch (wie bisher) zur BGB-Gesellschaft. Die Gesellschaft kann vielmehr entsprechend § 105 Abs. 2 HGB n. F. einer Amtslöschung widersprechen (Bundestags-Drucksache 13/8444 S. 64) und damit mit allen Konsequenzen im Handelsregister als Personenhandelsgesellschaft verbleiben. Umgekehrt wird aber eine bisher kleingewerbetreibende BGB-Gesellschaft automatisch zur OHG, wenn der Geschäftsbetrieb infolge dauerhafter Umsatzerweiterung nunmehr in kaufmännischer Weise eingerichtet ist.

Die bisherigen **Sollkaufleute** (§ 2 HGB a. F.), also Gewerbetreibende, die kein Grundhandelsgewerbe betreiben (z. B. Bauunternehmer), deren Gewerbebetrieb jedoch nach Art und Umfang einen in kaufmännischer Weise eingerichteten Geschäftsbetrieb erforderte, waren, solange sie nicht im Handelsregister eingetragen waren, keine Kaufleute. Sie wurden erst mit der Eintragung ins Handelsregister Kaufleute. Die Eintragung wirkte konstitutiv. Durch die Vorschrift des § 262 HGB a. F. waren aber diese so genannten Sollkaufleute bereits vor Eintragung ihres Unternehmens in das Handelsregister verpflichtet, die Vorschriften über die Handelsbücher zu beachten. Sie mussten daher auch einen Jahresabschluss erstellen. Durch die Neuregelung gibt es jedoch keine Sollkaufleute mehr (vgl. Musskaufleute), sodass auch die Vorschrift des § 262 HGB a. F. entfällt.

3.1.3 Formkaufleute (§ 6 Abs. 2 HGB)

Die Formkaufleute i. S. des § 6 Abs. 2 HGB (GmbH, AG, KGaA, e. G.) gelten kraft Gesetzes ohne Rücksicht auf den Umfang des Geschäftsbetriebes und den Gegenstand des Unternehmens immer als **Kaufleute**. Sie können deshalb, selbst wenn der Geschäftsbetrieb noch so klein ist, niemals Nicht-Kaufleute sein. Die Handelsregistereintragung wirkt konstitutiv, d. h. erst mit der Eintragung ins Handelsregister entsteht der Formkaufmann.

3.1.4 Scheinkaufleute (§ 5 HGB)

Der Scheinkaufmann (z. B. ein im Handelsregister eingetragener Unternehmer, der keinen Gewerbebetrieb unterhält) muss sich gegenüber demjenigen, der auf den Rechtsschein des Handelsregistereintrags gesetzt hat (gutgläubiger Dritter), wie ein Kaufmann behandeln lassen. Dies betrifft seine Haftung, nicht aber die Vorschriften über die Rechnungslegung (Küting/Weber, § 238 Rz. 4). Ein Scheinkaufmann ist kein Kaufmann und muss deshalb auch keine Bücher führen bzw. einen Jahresabschluss erstellen. Zu beachten ist auch, dass Kleingewerbetreibende, die sich in das Handelsregister eintragen ließen, aufgrund der Gesetzesänderung (Streichung des Verweises in § 5 HGB a. F. auf § 4 Abs. 1 HGB a. F.) keine Scheinkaufleute mehr sein können, sondern Kaufleute mit allen Rechten und Pflichten sind.

3.1.5 Zusammenfassender Überblick
3.1.5.1 Kaufleute
Nach neuem Recht sind Kaufleute (ohne Kannkaufleute § 3 HGB):

Abbildung 1: Kaufmannsbegriff nach neuem Recht

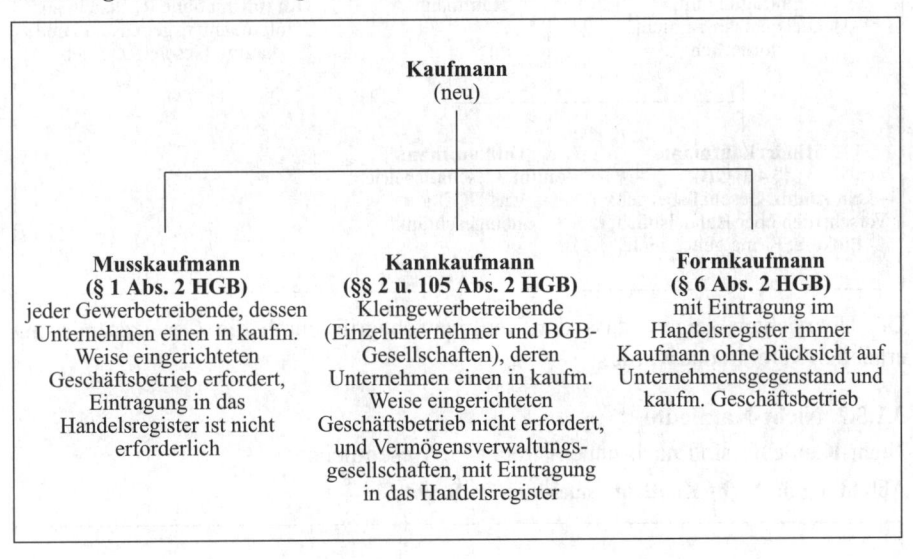

```
                        Kaufmann
                         (neu)
          ┌────────────────┼────────────────┐
    Musskaufmann      Kannkaufmann      Formkaufmann
    (§ 1 Abs. 2 HGB)  (§§ 2 u. 105 Abs. 2 HGB)  (§ 6 Abs. 2 HGB)
```

Musskaufmann (§ 1 Abs. 2 HGB)	Kannkaufmann (§§ 2 u. 105 Abs. 2 HGB)	Formkaufmann (§ 6 Abs. 2 HGB)
jeder Gewerbetreibende, dessen Unternehmen einen in kaufm. Weise eingerichteten Geschäftsbetrieb erfordert, Eintragung in das Handelsregister ist nicht erforderlich	Kleingewerbetreibende (Einzelunternehmer und BGB-Gesellschaften), deren Unternehmen einen in kaufm. Weise eingerichteten Geschäftsbetrieb nicht erfordert, und Vermögensverwaltungsgesellschaften, mit Eintragung in das Handelsregister	mit Eintragung im Handelsregister immer Kaufmann ohne Rücksicht auf Unternehmensgegenstand und kaufm. Geschäftsbetrieb

Kaufleute nach bisherigem Recht (ohne die Kannkaufleute = Betriebe der Land- und Forstwirtschaft § 3 HGB) waren:

Abbildung 2: Kaufmannsbegriff nach bisherigem Recht

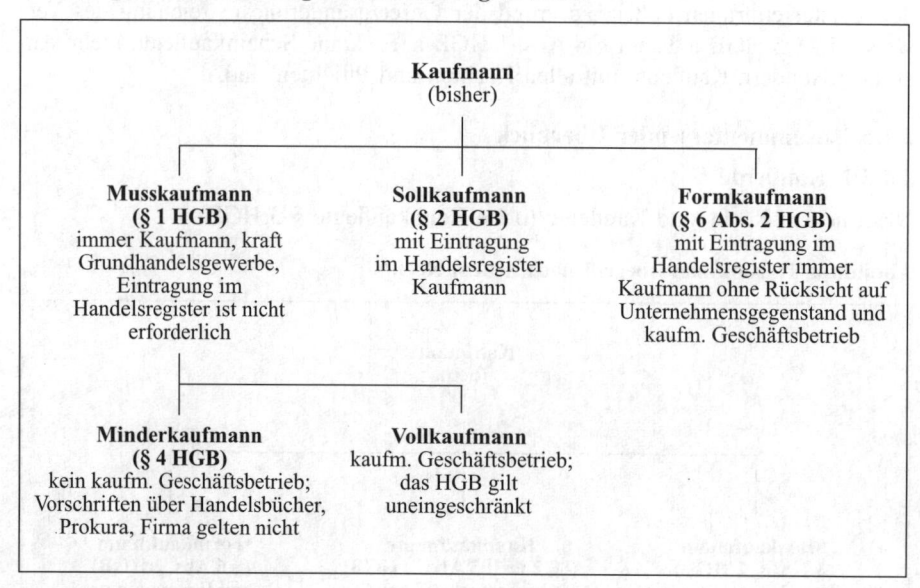

```
                            Kaufmann
                            (bisher)
                               |
        ┌──────────────────────┼──────────────────────┐
   Musskaufmann          Sollkaufmann            Formkaufmann
    (§ 1 HGB)             (§ 2 HGB)            (§ 6 Abs. 2 HGB)
 immer Kaufmann, kraft  mit Eintragung        mit Eintragung im
 Grundhandelsgewerbe,   im Handelsregister    Handelsregister immer
 Eintragung im          Kaufmann              Kaufmann ohne Rücksicht auf
 Handelsregister ist nicht                    Unternehmensgegenstand und
 erforderlich                                 kaufm. Geschäftsbetrieb
        |
   ┌────┴─────────────┐
 Minderkaufmann    Vollkaufmann
   (§ 4 HGB)       kaufm. Geschäftsbetrieb;
 kein kaufm. Geschäftsbetrieb;  das HGB gilt
 Vorschriften über Handelsbücher,  uneingeschränkt
 Prokura, Firma gelten nicht
```

Die Übersichten zeigen, dass der Kaufmannsbegriff durch die Gesetzesänderung erheblich vereinfacht wurde.

3.1.5.2 Nicht-Kaufleute

Nicht-Kaufleute sind nach neuem Recht im Wesentlichen:

Abbildung 3: Nicht-Kaufleute nach neuem Recht

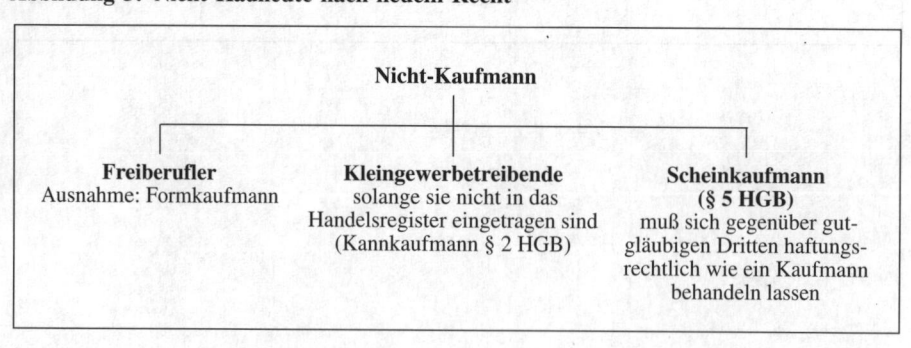

```
                       Nicht-Kaufmann
                             |
        ┌────────────────────┼────────────────────┐
    Freiberufler      Kleingewerbetreibende     Scheinkaufmann
 Ausnahme: Formkaufmann  solange sie nicht in das    (§ 5 HGB)
                     Handelsregister eingetragen sind  muß sich gegenüber gut-
                       (Kannkaufmann § 2 HGB)     gläubigen Dritten haftungs-
                                                  rechtlich wie ein Kaufmann
                                                  behandeln lassen
```

3.2 Die Buchführungspflicht nach Steuerrecht

Die Abgrenzung, wann ein in kaufmännischer Weise eingerichteter Geschäftsbetrieb erforderlich ist, ist in der Praxis nicht immer leicht zu ziehen. Zunächst ist festzustellen, dass es im Steuerrecht *starre Kriterien* gibt, bei deren Erreichen – gleichgültig ob ein in kaufmännischer Weise eingerichteter Geschäftsbetrieb (Kaufmannseigenschaft) vorliegt oder nicht – eine Buchführungspflicht besteht.

Das Steuerrecht hat unabhängig vom Handelsrecht in § 141 Abs. 1 AO folgende Grenzwerte für die Buchführungspflicht festgelegt:

(1) Umsatzerlöse von mehr als 500 000 DM
(einschl. steuerfreier Umsätze, jedoch ausgenommen Umsätze nach § 4 Nr. 8 bis 10 UStG)
oder

(2) Gewinn von mehr als 48 000 DM.

Wird auch nur ein Grenzwert überschritten, ist der Gewerbetreibende nach dem Steuerrecht gem. § 141 Abs. 1 AO buchführungspflichtig und muss somit ohne Rücksicht auf das Handelsrecht einen Jahresabschluss erstellen. Diese Pflicht trifft ihn aber erst ab dem Wirtschaftsjahr, das auf die Bekanntgabe der Mitteilung des Finanzamts folgt (§ 141 Abs. 2 Satz 1 AO). Dies führt dazu, dass die Buchführungspflicht i. d. R. nicht sofort mit dem Überschreiten eines Grenzwertes eintritt. Wurde beispielsweise im Jahr 01 ein Grenzwert des § 141 Abs. 1 AO überschritten und teilt das Finanzamt im Jahr 02, nachdem ihm die Steuererklärungen und die Einnahmen-Überschussrechnung für das Jahr 01 vorliegen, dem Steuerpflichtigen mit, dass er buchführungspflichtig geworden ist, so hat der Steuerpflichtige dies erstmals mit Beginn des Jahres 03 zu beachten.

Nach § 141 Abs. 2 Satz 2 AO endet bei einer Unterschreitung **aller Grenzwerte** die Buchführungspflicht erst mit dem Ablauf des Wirtschaftsjahres, das auf das Jahr folgt, in dem die Finanzbehörde den Wegfall der Voraussetzung festgestellt hat. Den Wegfall der Voraussetzung hat das Finanzamt bereits dann festgestellt, wenn es z. B. bei der Bearbeitung der Steuererklärung von dem Gewinn Kenntnis nimmt. Eine gesonderte Mitteilung an den Steuerpflichtigen ist nicht erforderlich (BMF-Schreiben vom 27. 3. 1981, BStBl. 1981 I S. 282).

Zu beachten ist außerdem, dass beim jeweiligen Übergang von der Einnahmen-Überschussrechnung zur Bilanzierung oder umgekehrt ein so genannter **Übergangsgewinn** zu berücksichtigen ist. Einzelheiten zur Ermittlung des Übergangsgewinns regelt R 17 Abs. 2 EStR.

3.3 Fall zur Buchführungspflicht

Mit der Erlangung der Kaufmannseigenschaft sind auch die Vorschriften über das Führen der Handelsbücher (§§ 238 – 263 HGB) zwingend zu beachten. Ein Verstoß führt zu einschneidender strafrechtlicher Sanktion (§§ 283 ff. StGB). Ein Kaufmann hat deshalb zwingend eine Handelsbilanz aufzustellen, was auch durch das Maßgeblichkeitsprinzip (vgl. Abschn. 7.1) zum Ausdruck kommt.

Das Zusammenspiel der unterschiedlichen Vorschriften, wann nach Handels- und Steuerrecht Bücher zu führen sind, ein Jahresabschluss zu erstellen ist und wie das Kriterium „kaufmännischer Geschäftsbetrieb" definiert wird, zeigt folgender Fall:

Zwei Gewerbetreibende betreiben zusammen eine Herrenboutique, in der auch zwei Aushilfskräfte (geringfügig Beschäftigte) angestellt sind. Die Umsatzerlöse betrugen im vergangenen Geschäftsjahr 440 000 DM und das Ergebnis der Einnahmen-Überschussrechnung ./. 70 000 DM. Das Finanzamt vertrat in einem Schreiben an die beiden BGB-Gesellschafter folgende Auffassung:

Betreff: Buchführungspflicht

Sehr geehrte Herren,

die o. g. GbR ist nach § 238 i. V. mit § 1 Abs. 2 HGB a. F. zur Buchführung verpflichtet.

Gemäß § 140 AO besteht daher auch steuerrechtlich Buchführungspflicht, eine Gewinnermittlung durch Einnahmen-Überschussrechnung nach § 4 Abs. 3 EStG ist somit nicht zulässig.

Ich bitte daher, künftig die Gewinnermittlung nach §§ 4 Abs. 1, 5 EStG durchzuführen und im Jahr des Übergangs einen evtl. Übergangsgewinn/-verlust zu ermitteln.

Bitte informieren Sie Ihren steuerlichen Berater entsprechend.

Ist die Auffassung des Finanzamts, das sich darauf beruft, dass ein in kaufmännischer Weise eingerichteter Geschäftsbetrieb vorliege und die Gesellschaft damit automatisch zum Kaufmann, d. h. auch zu einer OHG geworden sei, richtig? Die Gesellschaft wäre, falls die Auffassung des Finanzamts zutrifft, nach Handelsrecht buchführungspflichtig.

Im vorstehenden Fall sind aber die starren steuerrechtlichen Grenzen für die Buchführungspflicht nicht überschritten, da die Umsatzerlöse unter 500 000 DM liegen und kein Gewinn erzielt wurde. Aus diesem Grunde versuchte das Finanzamt, die Buchführungspflicht mit den handelsrechtlichen Vorschriften durchzusetzen.

Nach Handelsrecht ist ein Gewerbetreibender nach § 238 i. V. mit § 1 Abs. 2 HGB n. F. buchführungspflichtig, wenn ein in kaufmännischer Weise eingerichteter Geschäftsbetrieb erforderlich ist.

Anhaltspunkte für einen in kaufmännischer Weise eingerichteten Geschäftsbetrieb sind:

- hoher **Umsatz**,
- hohe **Mitarbeiterzahl**,
- **vielseitiges Angebot**,
- **vielseitige Geschäftskontakte**.

Im Gegensatz zum Steuerrecht ist der Kaufmannsbegriff und damit die Buchführungspflicht im Handelsgesetzbuch also nicht starr definiert, sondern es kommt immer auf die Umstände des jeweiligen Einzelfalles an. Die Einzelfallüberprüfung ergab aber, dass ein in kaufmännischer Weise eingerichteter Geschäftsbetrieb nicht erforderlich ist. Die Auffassung des Finanzamts, dass die Gesellschaft buchführungspflichtig sei, war nicht richtig. Die Einzelheiten ergeben sich aus dem nachstehenden Schreiben an das Finanzamt.

3.3 Fall zur Buchführungspflicht

Betreff: Buchführungspflicht

Sehr geehrte Damen und Herren,

die in Ihrem Schreiben vertretene Auffassung, dass mein Mandant gemäß § 238 HGB i. V. mit § 1 Abs. 2 HGB buchführungspflichtig ist, kann ich aus folgenden Gründen nicht teilen.

*Der Betrieb der GbR erfordert keinen in „**kaufmännischer Weise eingerichteten Geschäftsbetrieb**", da*

- *die Ware ausschließlich bar bezahlt wird,*
- *die Abrechnung Wareneinkauf und Warenverkauf deshalb äußerst einfach ist,*
- *außer zwei Aushilfskräften keine weiteren Mitarbeiter beschäftigt werden,*
- *wegen der einfachen Abrechnung ein Umsatz von rund 440 000 DM noch kein Kriterium für einen vollkaufmännischen Betrieb ist (OLG Celle, BB 1963 S. 324).*

Im Übrigen ist die GbR als Nicht-Kaufmann auch nicht nach steuerlichen Vorschriften (§ 141 AO) buchführungspflichtig, da im Steuerrecht die Umsatzgrenze auf 500 000 DM pro Kalenderjahr festgesetzt ist. Auch das weitere Merkmal des § 141 AO ist nicht überschritten. Ich werde deshalb für meinen Mandanten nach wie vor eine Einnahmen-Überschussrechnung abgeben. Die Erstellung eines Jahresabschlusses würde nur unnötige Kosten verursachen.

Die Lösung dieses nach altem Recht tatsächlich zugetragenen Falls zeigt, dass es für das Merkmal „in kaufmännischer Weise eingerichteter Geschäftsbetrieb" immer auf die Gesamtumstände ankommt. Die Grenzwerte des § 141 AO können jedoch unabhängig von der Kaufmannseigenschaft zur steuerlichen Buchführungspflicht führen, wobei die Steuerbilanz nach § 5 Abs. 1 EStG aufzustellen ist. Nach dieser Vorschrift ist die Steuerbilanz nach den handelsrechtlichen Grundsätzen ordnungsgemäßer Buchführung zu erstellen, sodass auch im Steuerrecht die Vorschriften über die Handelsbücher (§§ 238 – 263 HGB) anzuwenden sind, soweit nicht steuerliche Vorschriften entgegenstehen (wie z. B. § 5 Abs. 4a EStG). Im Übrigen zeigt der Fall auch, dass Finanzbeamte unter Umständen Schwierigkeiten bei der Auslegung handelsrechtlicher Vorschriften haben. Zudem wird der Unterschied zwischen einer starren Grenzziehung (§ 141 AO) und der doch flexiblen Grenzziehung des Handelsrechts, die auf das Gesamtbild des Betriebes anhand einer Kombination von Merkmalen abstellt, deutlich. Auch die Feststellung des Zeitpunkts, wann die Kaufmannseigenschaft tatsächlich gegeben ist, würde bei einer starren Regelung Schwierigkeiten bereiten, denn wie die steuerlichen Vorschriften zeigen, lässt sich die steuerliche Buchführungspflicht nur rückwirkend feststellen. Von der Kaufmannseigenschaft soll aber bereits schon derjenige erfasst werden, dessen Gewerbe einen in kaufmännischer Weise eingerichteten Geschäftsbetrieb **erfordert**. D. h. der in kaufmännischer Weise eingerichtete Geschäftsbetrieb braucht z. B. bei einer Neugründung nicht bereits tatsächlich von Anfang an eingerichtet zu sein (Bundestags-Drucksache 13/8444 S. 25), damit die Kaufmannseigenschaft von Anfang an besteht. Der Nachteil dieser Regelung ist allerdings, dass es zu praktischen Abgrenzungsproblemen kommen kann, ob ein in kaufmännischer Weise eingerichteter Geschäftsbetrieb erforderlich ist oder nicht.

3.4 Die Soll-Ist-Besteuerung nach dem UStG

Nach § 20 UStG wird es Unternehmen (der umsatzsteuerliche Unternehmerbegriff ist weit gefasst), deren **Gesamtumsatz nicht mehr als 250 000 DM** beträgt, auf Antrag gestattet, die USt nach dem vereinnahmten Entgelt zu berechnen (**Istbesteuerung**). D. h., die USt ist erst dann, wenn das Geld auf dem Bankkonto bzw. in der Kasse eingegangen ist, in der USt-Voranmeldung zu erfassen. Die Umsatzsteuer aus einer Tätigkeit als **Freiberufler** ist ohne Rücksicht auf die Höhe des Gesamtumsatzes **auf Antrag** nach dem vereinnahmten Entgelt zu berechnen.

Die **Regelbesteuerung** ist jedoch die **Sollbesteuerung**, bei der bereits bei Rechnungsstellung (Ausführung der Leistung zum vereinbarten Entgelt), unabhängig von der Zahlung, die Umsatzsteuer in der USt-Voranmeldung zu erfassen ist.

Die **Istbesteuerung** entspricht den Regeln der **Überschussrechnung** und ist deshalb, wenn keine Buchführungspflicht besteht, für den Kaufmann ein Vorteil, weshalb Überschussrechner immer den Antrag auf Istbesteuerung stellen. Überschreitet der Umsatz jedoch die Grenze von 250 000 DM, so ist lt. Gesetz nur noch die Sollbesteuerung zulässig, und dies auch wenn u. U. keine Buchführungspflicht gegeben ist, sodass ausschließlich für Umsatzsteuerzwecke Bücher zu führen sind (zumindest weitergehende Aufzeichnungen zu machen sind!). Das ist unbefriedigend und eine sachliche Härte und lt. Plückebaum/Malitzky, USt-Kommentar, § 20 Rz. 48-52, nicht im Sinne des Gesetzgebers. Abhilfe kann aber nur durch eine Gesetzesänderung geschaffen werden, die jedoch seit langem aussteht.

Freiberufler dagegen haben keine Probleme; sie können nach § 20 UStG unabhängig von der Höhe des Umsatzes immer die Istbesteuerung beantragen.

3.5 Die Gestaltungsspielräume der Überschussrechnung (nicht bilanzierende Kreditnehmer)

Die Gestaltungsspielräume und damit die Möglichkeiten, das Ergebnis, d. h. den Gewinn oder Verlust zu beeinflussen, sind beim Einnahmen-Überschussrechner extrem groß. Dies ist zum einen darin begründet, dass bei dieser „Einkunftsermittlung", die ausschließlich im Steuerrecht (§ 4 Abs. 3 EStG) geregelt ist, das **Stichtagsprinzip** (vgl. Abschn. 4.2) **nicht gilt**, es also nur auf den Zufluss (Geldeingang) oder Abfluss (Geldausgang) ankommt. Zum anderen gilt, dass es keine Aktiva und Passiva, d. h. auch keine Forderungen bzw. Bestände (Warenbestände) und Verbindlichkeiten gibt. Wareneinkäufe sind z. B. im Zeitpunkt der Zahlung in voller Höhe Aufwand. Es kommt somit nicht darauf an, wie viel von der Ware verkauft ist oder noch auf Lager liegt. Was das abnutzbare Anlagevermögen betrifft, darf der Einnahmen-Überschussrechner wie der Bilanzierer jedoch auch nur die anteilig zulässige Abnutzung ansetzen und nicht den vollen Kaufpreis im Zeitpunkt der Zahlung.

Im Übrigen ist beim Einnahmen-Überschussrechner das Zu- und Abflussprinzip des § 11 EStG strikt zu beachten. Eine Durchbrechung des Zu- und Abflussprinzips gibt es jedoch in folgenden Fällen:

3.5 Die Gestaltungsspielräume der Überschussrechnung

- bei Zu- und Abflüssen, die regelmäßig kurze Zeit nach Beendigung des Kalenderjahres (H 116 EStH) zu- und abfließen. Diese gelten noch in dem Kalenderjahr, das sie betrifft, als bezogen oder ausgegeben (§ 11 EStG; z. B: Resthonorare einer Kassenärztlichen Vereinigung, BFH, BStBl. 1996 II S. 266 ff.). Entsprechendes gilt auch für Zu- und Abflüsse vor Beendigung eines Kalenderjahres;
- beim Anlagevermögen (nur die Abschreibungen sind anzusetzen);
- beim Verkauf von Anlagevermögen (nur der Restwert ist als Aufwand zu buchen);
- bei Darlehen und Kautionen.

Allerdings führt die Einnahmen-Überschussrechnung, wenn man die Totalperiode (gesamte Lebensdauer des Unternehmens = von der Gründung bis zur Liquidation) betrachtet, zum gleichen Ergebnis wie beim bilanzierenden Kreditnehmer. Diese rein steuerliche Gewinnermittlungsart eröffnet dem Überschussrechner jedoch weite Gestaltungsspielräume, das Ergebnis zwischen den einzelnen Perioden zu verschieben. So kann der Überschussrechner,

- wenn es ihm schlecht geht, seine **Rechnungen nicht bezahlen** und deshalb den Aufwand in die nächste oder gar übernächste Periode verlagern. Das Ergebnis wird dann viel zu gut dargestellt;
- wenn es ihm gut geht, die **Rechnungsstellung** in das nächste Jahr **verlagern**. Das Ergebnis wird dann zu schlecht abgebildet;
- durch geschickte **Disposition von Wareneinkäufen** ebenfalls das Ergebnis des Geschäftsjahres wesentlich positiv oder negativ beeinflussen.

Zu beachten ist aber, dass aufgrund der BFH-Rechtsprechung bei Zahnärzten ein Überbestand an Gold nicht sofort als Aufwand angesetzt werden darf.

Diese Gestaltungsspielräume, die beim Einnahmen-Überschussrechner unter Kreditwürdigkeitsgesichtspunkten äußerst problematisch sind, versucht das Bundesaufsichtsamt für das Kreditwesen (BAK) dadurch auszuschalten, dass für die Offenlegung der Vermögensverhältnisse nicht bilanzierender Kreditnehmer neben der Einnahmen-Überschussrechnung eine **aktuelle** Aufstellung der Vermögenswerte und Verbindlichkeiten (Vermögensaufstellung) unerlässlich ist (vgl. Anlage 2). Liegt der Bank eine Vermögensaufstellung vor, so werden auch die vorgenommenen Manipulationen transparent. Sie sollte deshalb im Regelfall vom Kreditnehmer gleich mit der Einnahmen-Überschussrechnung vorgelegt werden.

Die Vermögensaufstellung hat also nicht nur das Vermögen, sondern auch die Verbindlichkeiten (Darlehen, Leasingverbindlichkeiten etc.) auszuweisen (Moldzio, NWB Fach 30, S. 1263 ff.). Sie muss zudem aus sich heraus **ein schlüssiges Bild der wirtschaftlichen Verhältnisse vermitteln.** Deshalb müssen insbesondere die Wertansätze in der Vermögensaufstellung der Beteiligungen und Immobilien für die Bank nachvollziehbar dokumentiert und durch geeignete Nachweise unterlegt werden (z. B. durch Ansatz mit Bodenrichtwerten etc.). Für die Vermögensaufstellung gibt es jedoch keine Formvorschriften. Die Überschussrechnung muss (vgl. Anlage 2)

- aus sich heraus ein **schlüssiges Bild** der wirtschaftlichen Verhältnisse **vermitteln**;
- eine **Informationstiefe** haben, die mit der einer **ungekürzten GuV** vergleichbar ist.

Entspricht die Überschussrechnung nicht diesen Anforderungen und wird sie nicht zeitnah, also binnen **von zwölf Monaten** (vgl. Abschn. 4.6), mit der Vermögensaufstellung vorgelegt, so ist bei Gewerbetreibenden und Freiberuflern, entsprechend der Regelung zu den Jahresabschlüssen (vgl. Anlage 2), die Heranziehung weiterer Unterlagen (wie Nachweise über Auftragsbestände und Umsatzzahlen, betriebswirtschaftliche Auswertungen, Umsatzsteueranmeldungen, Erfolgs- und Liquiditätspläne, Einkommensnachweise usw.) zwingend geboten.

Zur Absicherung der Angaben des Kreditnehmers muss außerdem der Einkommensteuerbescheid nebst **Einkommensteuererklärung** binnen zwölf Monaten ab Ende des Veranlagungszeitraumes den Kreditgebern vorgelegt werden (vgl. Anlage 2). Somit ergibt sich nach § 18 KWG, dass nur dann von der Heranziehung weiterer Unterlagen abgesehen werden darf, wenn

- die Einnahmen-Überschussrechnung,
- die Vermögensaufstellung und
- die Einkommensteuererklärung einschl. Einkommensteuerbescheid

innerhalb von **zwölf Monaten** der Bank vorliegen. Hinzu kommt außerdem, dass zur weiteren Absicherung der Informationen der Bank geeignete Nachweise wie Grundbuchauszüge vorliegen und eine Wirtschaftlichkeitsberechnung des zu finanzierenden Vorhabens durchzuführen ist. Falls das Kreditinstitut für die Wirtschaftlichkeitsberechnung den erforderlichen Sachverständigen (Sachverstand) nicht im Haus hat, ist ein Gutachten eines Sachverständigen einzuholen. Die Durchführung einer Wirtschaftlichkeitsberechnung ist sicherlich überzogen, da bilanzierende Kreditnehmer, falls diese die nach § 18 KWG geforderten Unterlagen rechtzeitig einreichen, den Sinn ihrer Investitionen nicht durch eine Wirtschaftlichkeitsberechnung nachweisen müssen. Insoweit würde auch die Bank letztendlich selbst eine unternehmerische Entscheidung treffen. Soweit kann und darf der Einfluss der Banken nicht gehen, wenn das Unternehmen eine einwandfreie Bonität hat bzw. einwandfrei offen legt. Bei größeren Immobilieninvestitionen mag allerdings diese Vorschrift durchaus sinnvoll sein, sodass abzuwarten bleibt, wie die Vorstellungen des BAK in der Praxis umgesetzt werden.

Zu beachten ist ferner, dass die Überschussrechnung wie auch die Vermögensaufstellung vom Gewerbetreibenden oder Freiberufler mit Ortsangabe und Datum versehen zu unterzeichnen sind (vgl. Anlage 2). Dies wird vom BAK ausdrücklich vorgeschrieben, da es bei den nicht bilanzierenden Kreditnehmern keine gesetzliche Vorschrift gibt, die die Unterzeichnung dieser Unterlagen vorschreibt (vgl. auch Abschn. 4.3).

3.6 Zusammenfassender Überblick der buchführungspflichtigen Kaufleute (bilanzierenden Kreditnehmer)

3.6.1 Vorschriften des HGB

Folgende Kaufleute sind aufgrund § 238 HGB i. V. mit §§ 1, 2 und 6 HGB buchführungspflichtig:

3.6 Zusammenfassender Überblick der buchführungspflichtigen Kaufleute

Abbildung 4: Übersicht der nach HGB buchführungspflichtigen Kaufleute

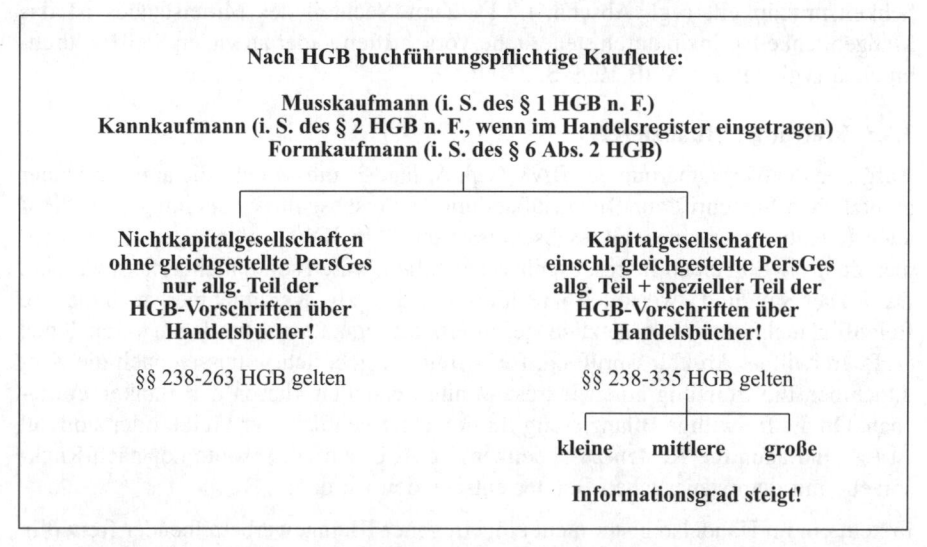

```
Nach HGB buchführungspflichtige Kaufleute:

Musskaufmann (i. S. des § 1 HGB n. F.)
Kannkaufmann (i. S. des § 2 HGB n. F., wenn im Handelsregister eingetragen)
Formkaufmann (i. S. des § 6 Abs. 2 HGB)

┌─────────────────────────────┬─────────────────────────────┐
Nichtkapitalgesellschaften     Kapitalgesellschaften
ohne gleichgestellte PersGes   einschl. gleichgestellte PersGes
nur allg. Teil der             allg. Teil + spezieller Teil der
HGB-Vorschriften über          HGB-Vorschriften über
Handelsbücher!                 Handelsbücher!

§§ 238-263 HGB gelten          §§ 238-335 HGB gelten

                               kleine   mittlere   große

                               Informationsgrad steigt!
```

Zur besseren Übersicht wurden die buchführungspflichtigen Kaufleute in Nichtkapitalgesellschaften und in Kapitalgesellschaften eingeteilt. Sie müssen zwingend eine Handelsbilanz erstellen (nur die Handelsbilanz hat Gläubigerschutzfunktion und ist offenlegungspflichtig). Nach Steuerrecht müssen diese Kaufleute nach § 140 AO ebenfalls eine **Steuerbilanz** erstellen, in der die **handelsrechtlichen Wahlrechte** zugunsten des Fiskus aufgrund steuerlicher Vorschriften **eingeschränkt** sind. Es ist aber üblich, da auch handelsrechtlich zulässig, dass die Handelsbilanz der Steuerbilanz entspricht, zwingend ist dies jedoch nicht (vgl. auch Abschn. 4.7.1).

Die **GmbH & Co KG** ist durch das KapCoRiLiG, wenn die Voraussetzungen des § 264a HGB vorliegen, künftig den **Kapitalgesellschaften gleichgestellt** (vgl. Abschn. 6.1.1).

3.6.2 Vorschriften des Steuerrechts (§ 141 AO)

Von dieser Vorschrift werden nur die Kleingewerbetreibenden (Einzelkaufleute, BGB-Gesellschaften vgl. Abschn. 3.1.2) erfasst, deren Geschäftsbetrieb nicht nach Art und Umfang in kaufmännischer Weise eingerichtet ist und die nicht im Handelsregister eingetragen sind, die aber einen der Grenzwerte des § 141 AO erfüllen und vom Finanzamt zur Buchführung aufgefordert wurden.

Dieser Kaufmann erstellt dann jedoch keine Handelsbilanz, sondern eine **Steuerbilanz**, da er nur aufgrund steuerlicher Vorschriften buchführungspflichtig ist, es sei denn, ein in kaufmännischer Weise eingerichteter Geschäftsbetrieb ist erforderlich.

Die Steuerbilanz ist jedoch nach § 5 Abs. 1 EStG aufzustellen. Nach dieser Vorschrift ist die Steuerbilanz jedoch ebenso nach den handelsrechtlichen Grundsätzen ordnungsmäßiger Buchführung zu errichten, sodass auch im Steuerrecht die Vorschriften über die Handelsbücher (§§ 238 – 263 HGB) anzuwenden sind, soweit das Maßgeblichkeitsprinzip gilt (vgl. Abschn. 4.7.1). Zum Nachteil des Mittelstandes ist das Maßgeblichkeitsprinzip durch steuerliche Vorschriften leider an vielen Stellen durchbrochen (vgl. Müller, StuB 1999 S. 310 ff.).

3.6.3 Freiwillige Bilanzierer

Aufgrund der Verlautbarung des BAK (vgl. Anlage 2) müssen nur die aufgrund einer gesetzlichen Vorschrift zur Bilanzaufstellung (Jahresabschlussaufstellung) verpflichteten Kreditnehmer einen Jahresabschluss nach § 18 KWG offen legen. Kreditnehmer, die freiwillig einen Jahresabschluss aufstellen, wären somit nicht erfasst worden. Da es aber Sinn und Zweck des § 18 KWG ist, dass alle Kreditnehmer, auch die, die freiwillig mehr tun als gesetzlich gefordert, die erstellten Unterlagen offen legen (z. B. freiwillige Abschlussprüfung, freiwilliger Lagebericht), müssen auch die Kreditnehmer, die freiwillig einen Jahresabschluss erstellen, diesen den Banken einreichen. Ob die freiwillige Bilanzierung für den Unternehmer oder Freiberufler sinnvoll ist (es sind auch die Kosten zu bedenken, vgl. Abschn. 4.5), sollte nur nach Rücksprache mit dem steuerlichen Berater entschieden werden.

Erstellt ein im Handelsregister nicht eingetragener Kleingewerbetreibender freiwillig eine Bilanz, so ist m. E. davon auszugehen, dass es sich dabei immer um eine reine **Steuerbilanz** handelt, die allerdings nach § 5 Abs. 1 EStG nach den handelsrechtlichen Grundsätzen ordnungsmäßiger Buchführung zu erstellen ist. Die reine Steuerbilanz weicht aber i. d. R. von der Handelsbilanz ab, da – wie erwähnt – die Maßgeblichkeit an vielen Stellen durchbrochen ist (vgl. Abschn. 4.7; Müller, StuB 1999 S. 310 ff.).

4. Wichtige Vorschriften und Grundsätze für bilanzierende Kreditnehmer

4.1 Die Vorschriften über die Handelsbücher

Im HGB sind im Dritten Buch (§§ 238 – 339) die Rechnungslegungsvorschriften zusammengefasst. Diese Rechnungslegungsvorschriften können weiter unterteilt werden in:

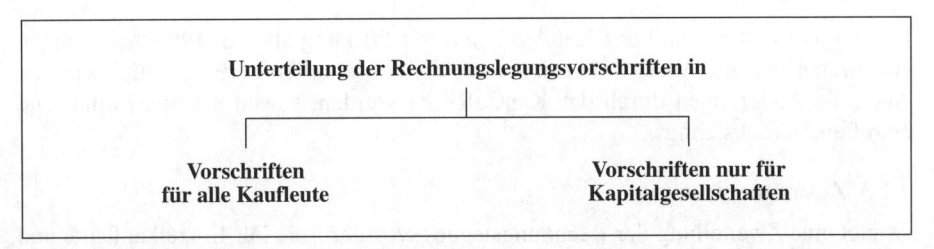

```
          Unterteilung der Rechnungslegungsvorschriften in
         ┌──────────────────────┴──────────────────────┐
         Vorschriften                         Vorschriften nur für
         für alle Kaufleute                   Kapitalgesellschaften
```

Daneben gibt es noch spezielle Vorschriften für Einzelkaufleute und Personengesellschaften nach dem Publizitätsgesetz (PublG). Diese kommen jedoch erst dann zur Anwendung, wenn zwei der folgenden drei Merkmale an drei aufeinander folgenden Stichtagen überschritten werden.

Bilanzsumme Mio. DM	Umsatzerlöse Mio. DM	Arbeitnehmer
125,0	250,0	5 000

D. h. die Anwendung dieser Vorschriften ist auf wenige Ausnahmefälle beschränkt. Für Kapitalgesellschaften gibt es hinsichtlich der Rechnungslegung noch ergänzende Vorschriften für:

- **die GmbH**
  in den §§ 29, 41, 42 GmbHG und
- **die Aktiengesellschaft** in den §§ 150, 152, 158, 160 AktG.

4.1.1 Die Vorschriften für alle Kaufleute (§§ 238 – 263 HGB)

Sie unterteilen sich in:

Buchführung u. Inventar	§§ 238 – 241
Eröffnungsbilanz, Jahresabschluss	§§ 242 – 256
Aufbewahrung und Vorlage	§§ 257 – 261
Sollkaufleute, Landesrecht	§§ 262 – 263

4.1.2 Die Vorschriften für Kapitalgesellschaften (§§ 264 – 335 HGB)

Sie unterteilen sich in:

Jahresabschluss der Kapitalgesellschaft und Lagebericht	§§ 264 – 289
Konzernabschluss und Konzernlagebericht	§§ 290 – 315
Prüfung	§§ 316 – 324
Offenlegung, Veröffentlichung und Vervielfältigung, Prüfung durch das Registergericht	§§ 325 – 329
Verordnungsermächtigung über Formblätter und andere Vorschriften	§ 330
Straf- und Bußgeldvorschriften, Zwangsgelder	§§ 331 – 335

Durch das KonTraG und das KapAEG sind mit Wirkung ab 1. 5. 1998 Änderungen eingetreten, die im Wesentl. bei den einzelnen Abschnitten berücksichtigt wurden. Auch die Änderungen durch das KapCoRiLiG wurden, soweit sie den Mittelstand betreffen, berücksichtigt.

4.1.3 Zusammenfassung

Es gibt eine Zweiteilung der Rechnungslegungsvorschriften. Für Einzelkaufleute und Personengesellschaften gelten nur die allgemeinen Vorschriften des HGB – evtl. ergänzt um spezielle Vorschriften des PublG –, während für die Kapitalgesellschaften und die gleichgestellten Personengesellschaften auch noch die speziellen Vorschriften des HGB wie auch Spezialvorschriften im GmbHG bzw. im AktG gelten. Gesetzestechnisch erfolgt dies dadurch, dass der allgemeine Teil am Anfang steht und sich die speziellen Regelungen anschließen oder in Spezialgesetzen geregelt sind. Durch diese Zweiteilung ist klargestellt, welche Vorschriften Nichtkapitalgesellschaften bzw. Kapitalgesellschaften zu beachten haben.

4.2 Die Grundsätze ordnungsmäßiger Buchführung (GoB)

Von besonderer Bedeutung für bilanzierende Kreditnehmer sind die Grundsätze ordnungsmäßiger Buchführung. Sie sind in den §§ 243 Abs. 2, 246 Abs. 1, 252 Abs. 1, 264 Abs. 2 u. 265 Abs. 1 HGB geregelt. Es sind dies im Einzelnen:

Abbildung 5: Zusammenstellung der Grundsätze ordnungsmäßiger Buchführung

Grundsatz	gilt für	
	NichtKapGes.	KapGes.
Klarheit und Übersichtlichkeit (§ 243 Abs. 2 HGB)	x	x
Vollständigkeit (§ 246 Abs. 1 HGB)	x	x
Bilanzidentität (§ 252 Abs. 1 Nr. 1 HGB)	x	x
Fortführung der Unternehmenstätigkeit (§ 252 Abs. 1 Nr. 2 HGB)	x	x
Einzelbewertung (§ 252 Abs. 1 Nr. 3 HGB)	x	x
Verrechnungsverbot (§ 252 Abs. 1 Nr. 3 HGB)	x	x
Vorsicht (§ 252 Abs. 1 Nr. 4)	x	x
Periodenabgrenzung (§ 252 Abs. 1 Nr. 5 HGB)	x	x
Materielle Bilanzkontinuität (§ 252 Abs. 1 Nr. 6 HGB)	x	x
Bilanzwahrheit (§ 264 Abs. 2 Satz 1 HGB)	–	x

4.2 Die Grundsätze ordnungsmäßiger Buchführung (GoB)

Grundsatz	gilt für	
	NichtKapGes.	KapGes.
Formelle Bilanzkontinuität, formale Stetigkeit (§ 265 Abs. 1 HGB)	–	×

Anmerkungen zu den Grundsätzen ordnungsmäßiger Buchführung:

1. Der Grundsatz der **Klarheit und Übersichtlichkeit** besagt, dass die Bezeichnung der einzelnen Positionen klar und verständlich sein muss, d. h. die gesetzlichen Begriffsinhalte sind bindend (Gelhausen, in: WP-Handbuch 1996, Rz. E 423).

2. Der Grundsatz der **Vollständigkeit** besagt, dass in der Bilanz sämtliche Vermögensgegenstände und Schulden anzusetzen sind (Gelhausen, in: WP-Handbuch 1996, Rz. E 9). Eine Verletzung des Grundsatzes der Vollständigkeit kann unter Umständen sogar zur Nichtigkeit des Jahresabschlusses führen (BGHZ 83 S. 341 ff.).

3. Der Grundsatz der **Bilanzidentität** besagt, dass die Schlussbilanz des letzten Jahres mit der Eröffnungsbilanz des lfd. Jahres übereinstimmen muss.

4. Der Grundsatz der **Fortführung der Unternehmenstätigkeit** besagt, dass die Anschaffungs- und Herstellungskosten vermindert um evtl. Abschreibungen nur solange anzusetzen sind, wie die Unternehmensfortführung nach den tatsächlichen und rechtlichen Gegebenheiten unterstellt werden kann. Ist die Unternehmensfortführung in Frage gestellt, so sind die Vermögensgegenstände mit den voraussichtlichen Nettoveräußerungserlösen anzusetzen, wobei jedoch die Anschaffungs- und Herstellungskosten nicht überschritten werden dürfen (Gelhausen, in: WP-Handbuch 1996, Rz. E 200).

5. Der Grundsatz der **Einzelbewertung** besagt, dass jeder Vermögensgegenstand und jeder Schuldenposten bei der Aufstellung der Bilanz wertmäßig einzeln zu berücksichtigen ist (Gelhausen, in: WP-Handbuch 1996, Rz. E 201).

    Es dürfen allerdings nur Vermögensgegenstände im Sinne des Handelsrechts erfasst werden. So dürfen z. B. Bauten auf fremdem Grund und Boden in der Handelsbilanz des Kaufmanns nur dann aktiviert werden, wenn sie seinem Vermögen wirtschaftlich zugerechnet werden können. Dies ist dann der Fall, wenn Substanz und Ertrag des Vermögensgegenstandes vollständig und auf Dauer dem bilanzierenden Kaufmann und nicht dem bürgerlich-rechtlichen Eigentümer zuzurechnen sind (BGH, DB 1996 S. 268). Ein wirtschaftliches Eigentum liegt somit dann vor, wenn die vorzeitige Beendigung des Grundstückmietvertrages praktisch ausgeschlossen ist oder dem Kaufmann im Falle einer vorzeitigen Beendigung ein Verwendungsersatzanspruch gegen den Grundstückseigentümer zusteht.

6. Der Grundsatz des **Verrechnungsverbots** besagt, dass Forderungen und Verbindlichkeiten im Normalfall nicht saldiert werden dürfen. Dies trifft allerdings für

    • die Anzahlungen, die offen mit den Vorräten saldiert werden dürfen (vgl. Abschn. 6.2.6.2),

- die offene Saldierung der nicht eingeforderten ausstehenden Einlagen mit dem gezeichneten Kapital (vgl. Abschn. 6.2.6.2) sowie
- für die nicht offene Saldierung der Wertberichtigungen mit den Forderungen nicht zu.

7. Der Grundsatz der **Vorsicht** ist für den Jahresabschluss eine der wichtigsten Vorschriften, denn er besteht aus folgenden Untergrundsätzen:

- **Anschaffungswertprinzip**
Dies bedeutet, dass eine höhere Bewertung als zu Anschaffungs- oder Herstellungskosten ausgeschlossen ist (vgl. Abschn. 4.8.1.3). Das Anschaffungswertprinzip führt zwangsläufig zu stillen Reserven bei Vermögensgegenständen, die langfristig dem Betrieb dienen, wenn die Werte steigen (Inflation), insbesondere beim Grundvermögen, wo es in der Vergangenheit zu erheblichen Wertsteigerungen kam. Diese durch die Bilanzierung gebildeten stillen Reserven sind in der Bilanzanalyse – soweit wie möglich – zu quantifizieren (vgl. Abschn. 8.2.1).

- **Realisationsprinzip**
Dies bedeutet, dass Gewinne nur dann zu berücksichtigen sind, wenn sie am Abschlussstichtag realisiert sind. Die Realisierung setzt also den Abschluss eines Verkaufsaktes oder eines ähnlichen Vorganges voraus. Noch nicht realisierte Gewinne sind nach diesem Grundsatz nicht aktivierbar; die Gewinnrealisierung tritt in der Regel erst ein, wenn unter Berücksichtigung der bürgerlichrechtlichen Vorschriften die geschuldete Leistung an den Gläubiger bewirkt wurde (BFH, BStBl. 1983 II S. 369).

- **Imparitätsprinzip**
Nach dem Imparitätsprinzip sind nicht realisierte Verluste bereits an dem Bilanzstichtag in voller Höhe auszuweisen, an dem sie erkennbar sind (vgl. Abschn. 7.3.1.2). Drohverlustrückstellungen sind danach in der Handelsbilanz gemäß § 249 Abs. 1 HGB zwingend zu bilden. In der Steuerbilanz aber dürfen Drohverlustrückstellungen aufgrund des Gesetzes zur Fortsetzung der Unternehmenssteuerreform für Wirtschaftsjahre, die nach dem 31. 12. 1996 enden, gemäß § 5 Abs. 4a EStG i. V. mit § 52 Abs. 6a EStG nicht mehr gebildet werden (vgl. auch Verlautbarung des HFA FN-IDW Nr. 11/1997 S. 553). Das Vorsichtsprinzip führt daher bei den Drohverlustrückstellungen zwingend immer zu einer von der Handelsbilanz abweichenden Steuerbilanz (vgl. Abschn. 7.3.1.2).

Das Vorsichtsprinzip begünstigt aber auch die Bildung stiller Reserven zum Beispiel durch folgende gesetzlich zulässigen Möglichkeiten:

- **Beurteilungsreserven**
Beurteilungsreserven ergeben sich aus Abschreibungen i. S. des § 253 Abs. 4 HGB. Dieser Paragraph gestattet Nichtkapitalgesellschaften, zusätzlich Abschreibungen im Rahmen **vernünftiger kaufmännischer Beurteilung** vorzunehmen. Eine willkürliche Bildung stiller Reserven ist unzulässig, wobei der Begriff „kaufmännische Beurteilung" weit gespannt ist. Diese stillen Reserven führen im Jahr der Bildung sowie im Jahr der Auflösung zu einer Verfälschung bilanzanalytischer Kennzahlen.

4.2 Die Grundsätze ordnungsmäßiger Buchführung (GoB)

- **Zwangsreserven**
  Diese ergeben sich aus dem Anschaffungswertprinzip (s. o.) und haben bei der Bilanzanalyse große Bedeutung. Sie führen jedoch erst bei Auflösung zu einer Verfälschung des Bilanzbildes.
- **Dispositionsreserven**
  Hierunter sind alle Ansatzwahlrechte und alle Bewertungswahlrechte (Abwertungswahlrechte, Beibehaltungswahlrechte und Methodenwahlrechte) zu verstehen. Sie verfälschen die Bilanzanalyse sowohl bei Bildung als auch bei Auflösung der stillen Reserven.
- **Ermessensreserven**
  Hierbei handelt es sich um Spielräume, die im Ermessen des Kaufmanns liegen, so z. B. die Festlegung der Nutzungsdauer. Auch die Ermessensreserven verfälschen bei Bildung oder Auflösung das Ergebnis der Bilanzanalyse.

Deshalb sind bei einer exakten Bilanzanalyse auch diese stillen Reserven aufzuspüren; insbesondere ist ihr Einfluss auf das Jahresergebnis zu ermitteln, um Zahlen zu erhalten, die eine objektive Beurteilung des Unternehmens zulassen. Von Bedeutung für die Analyse ist außerdem, ob diese stillen Reserven bereits versteuert sind. **Versteuerte stille Reserven** sind z. B. zurückzuführen auf:

- die Bewertung der Vorräte mit Einzelkosten anstatt mit Einzel- und Gemeinkosten (vgl. Abschn. 4.8.1.3),
- die Bildung einer Rückstellung für unterlassene Instandhaltungen, die erst nach drei Monaten durchgeführt werden.

Es handelt sich bei den versteuerten stillen Reserven also um handelsrechtliche Wahlrechte, die im Steuerrecht nicht gewährt werden. In der Steuerbilanz sind diese Wertansätze nicht zulässig, weshalb, wenn diese Wahlrechte in Anspruch genommen werden, die Steuerbilanz von der Handelsbilanz abweicht. Versteuerte stille Reserven weisen auf eine zurückhaltende Ausschüttungspolitik der Gesellschaft an Gesellschafter hin. Sie sind deshalb bei der Bilanzanalyse zu berücksichtigen und problemlos festzustellen, indem geklärt wird, ob die Handelsbilanz von der Steuerbilanz abweicht (vgl. Abschn. 4.8.1.3 und Anlage 1).

Nicht versteuerte stille Reserven sind z. B. zurückzuführen auf:

- die Bewertung der Vorräte ohne Verwaltungsgemeinkosten oder
- den Ansatz des Anlagevermögens zu Anschaffungs- und Herstellungskosten.

Auch diese stillen Reserven müssen wie oben aufgeführt separat festgestellt werden, und u. U. muss zusätzlich die Steuerbelastung bei der Bilanzanalyse berücksichtigt werden.

8. Der Grundsatz der **Periodenabgrenzung** besagt, dass Aufwendungen und Erträge des Geschäftsjahres unabhängig vom Zeitpunkt der Zahlung in dem Jahresabschluss, den sie betreffen, zu berücksichtigen sind (Gelhausen, in: WP-Handbuch 1996, Rz. E 209).

9. Der Grundsatz der **materiellen Bilanzkontinuität**, auch Grundsatz der Bewertungsstetigkeit genannt, verlangt, dass die Bewertungsmethoden für die im Jahresabschluss ausgewiesenen Vermögensgegenstände und Schulden unverändert angewandt werden. Unter dem Begriff Bewertungsmethoden sind bestimmte in ihrem Ablauf definierte Verfahren der Wertfindung zu verstehen (vgl. Abschn.

4.8.1.3). Abweichungen bei den Bewertungsmethoden sind bei der Bilanzanalyse besonders kritisch zu betrachten, da sie das Ergebnis wesentlich verändern können, d. h. unter Umständen eine schlechte Bilanz besser bzw. eine gute Bilanz schlechter machen können. Die Banken sind **verpflichtet**, den Jahresabschluss zu analysieren, um zu erkennen, welchen Gebrauch der Kreditnehmer von Bewertungswahlrechten (vgl. Abschn. 8) gemacht hat, um dadurch auch eine zuverlässige Aussage über das Kreditengagement treffen zu können (vgl. auch Anlage 2).

10. Der Grundsatz der **Bilanzwahrheit** (Generalnorm der Kapitalgesellschaften) ist anspruchsvoll formuliert, jedoch in der Praxis auf Extremfälle begrenzt (vgl. Abschn. 6.2.5.1), d. h. Inhalt und Umfang des Jahresabschlusses sind in erster Linie aus den Einzelvorschriften herzuleiten, und die Generalnorm ist dann nur heranzuziehen, wenn Zweifel bei der Auslegung oder bei der Anwendung entstehen oder Lücken zu schließen sind (Gelhausen, in: WP-Handbuch 1996, Rz. F 5).

11. Der Grundsatz der **formellen Bilanzkontinuität**, auch Grundsatz der Darstellungsstetigkeit, besagt, dass die Gliederung aufeinander folgender Bilanzen und Gewinn- und Verlustrechnungen beizubehalten ist, es sei denn, dass besondere Umstände Abweichungen erforderlich machen. Ein willkürlicher Wechsel zwischen verschiedenen Darstellungsformen ist somit unzulässig (Gelhausen, in: WP-Handbuch 1996, Rz. F 10).

Aus der Übersicht der Grundsätze ordnungsmäßiger Buchführung ergibt sich, dass die Grundsätze der **Bilanzwahrheit** und der **formalen Stetigkeit** bei Nichtkapitalgesellschaften nicht gelten. Aus diesem Grunde dürfen Nichtkapitalgesellschaften stille Reserven nach § 253 Abs. 4 HGB bilden, während die Bildung dieser stillen Reserven den Kapitalgesellschaften nicht gestattet ist. Außerdem sind Nichtkapitalgesellschaften nicht verpflichtet, die Gliederung der Bilanz und GuV beizubehalten, doch werden die Banken solche Abschlüsse nicht akzeptieren, worauf auch die Bundessteuerberaterkammer hinweist (vgl. Anlage 6).

4.3 Die Unterzeichnung des Jahresabschlusses durch den Kaufmann

Die Unterzeichnungspflicht des Jahresabschlusses durch den Kaufmann ist in § 245 HGB geregelt. Mit der Unterzeichnung des Jahresabschlusses übernimmt der Kaufmann die **Verantwortung für** dessen **Richtigkeit** und **Vollständigkeit**. Aus diesem Grunde legen die Banken großen Wert darauf, dass der Jahresabschluss auch vom Kreditnehmer (Kaufmann) unterzeichnet ist.

Für den Jahresabschluss ergibt sich die Unterzeichnungspflicht bereits aus § 245 HGB, sodass das BAK dies in seinem Rundschreiben (vgl. Anlage 2), im Gegensatz zum nicht bilanzierenden Kreditnehmer (vgl. Abschn. 3.3), nicht ausdrücklich erwähnen musste. Es ist aber darauf zu achten, dass nur unterschriebene Jahresabschlüsse und Einnahmen-Überschussrechnungen den Kreditinstituten vorgelegt werden. Dies gilt auch, wenn der Jahresabschluss in Form eines elektronischen Datenträgers (vollständige Kopie) übergeben wird (nach BAK zulässig, vgl. Anlage 2).

4.3 Die Unterzeichnung des Jahresabschlusses durch den Kaufmann

Hier muss sich die Bank zumindest aufgrund der Originalunterlagen überzeugen, dass der Jahresabschluss ordnungsgemäß unterzeichnet ist, und muss dies auch dokumentieren. Folgende wichtige Punkte sind bei der Unterzeichnung des Jahresabschlusses zu beachten.

4.3.1 Die höchstpersönliche Unterzeichnung

Zu beachten ist, dass der Kaufmann den Jahresabschluss höchstpersönlich unterzeichnet. Eine mechanische bzw. faksimilierte Unterschrift genügt nicht. Der Kaufmann darf sich außerdem bei der Unterzeichnung nicht vertreten lassen, d. h. die Unterzeichnung hat zwingend **höchstpersönlich** zu erfolgen.

Beim Einzelunternehmer ist die Frage, wer den Jahresabschluss zu unterzeichnen hat, noch problemlos zu beantworten. Bei den Personengesellschaften und den Kapitalgesellschaften ist das schon erheblich schwieriger.

- Bei den Personengesellschaften müssen **sämtliche persönlich haftenden Gesellschafter** und
- bei den Kapitalgesellschaften **sämtliche Geschäftsführer** bzw. **Mitglieder des Vorstandes** unterzeichnen.

Im Einzelnen sind die unterzeichnungspflichtigen Personen aus der nachstehenden Zusammenstellung ersichtlich:

Abbildung 6: Zusammenstellung der unterzeichnungspflichtigen Kaufleute

Rechtsform	Personenkreis
Einzelunternehmen	Kaufmann
OHG	sämtliche Gesellschafter
KG	sämtliche Komplementäre (persönlich haftenden Gesellschafter)
GmbH & Co KG	(siehe Anmerkung)[1]
GmbH	sämtl. Geschäftsführer[2]
KGaA	sämtliche persönlich haftenden Gesellschafter
AG	sämtl. Mitglieder des Vorstands

[1] Bei einer GmbH & Co KG soll es ausreichen, wenn die Unterzeichnung des Jahresabschlusses durch die GmbH durch so viele Geschäftsführer der GmbH erfolgt, wie zur Vertretung erforderlich sind (vgl. Maluck/Göbel, S. 628). Da aber bei der Vollhafter-GmbH alle Geschäftsführer unterzeichnen müssen, kann dies auch bei der KG nicht anders sein, zumal die Vollhafter-GmbH i. d. R. keine Tätigkeit entfaltet. (vgl. 2).

[2] Die Unterzeichnung des Jahresabschlusses ist eine Maßnahme der Geschäftsführung, die nicht delegierbar ist, weshalb sämtliche Geschäftsführer zu unterzeichnen haben.

Bei den Kapitalgesellschaften ist außerdem das Fehlen auch nur einer Unterschrift unter dem Jahresabschluss eine Ordnungswidrigkeit gem. § 334 Abs. 1 Nr. 1a HGB, die mit einer Geldstrafe geahndet werden kann.

4.3.2 Die Teile des Jahresabschlusses

Der Jahresabschluss ist unter dem räumlich letzten Teil zu unterzeichnen (Erle, WPg 1987 S. 637 ff.). Deshalb ist zunächst zu klären, aus welchen gesetzlich vorgeschriebenen Teilen der Jahresabschluss besteht.

Abbildung 7: Bestandteile des Jahresabschlusses

Kaufmann	Bestandteile des Jahresabschlusses		
	Bilanz	GuV	Anhang
Nichtkapitalgesellschaften gem. § 242 Abs. 2 HGB	ja	ja	nein
Kapitalgesellschaften gem. § 264 Abs. 1 HGB	ja	ja	ja

Der Jahresabschluss einer Nichtkapitalgesellschaft besteht also gem. § 242 HGB aus Bilanz und GuV, sodass der Jahresabschluss einer Nichtkapitalgesellschaft unter der GuV vom Kaufmann zu unterzeichnen ist. Bei den Kapitalgesellschaften kommt noch der Anhang hinzu (§ 264 Abs. 1 Satz 1 HGB), ein wichtiger Teil (vgl. Abschn. 6.2.8), der aufgrund der Verlautbarung des BAK zu § 18 KWG (vgl. Anlage 2) von den Kreditinstituten zwingend einzuholen ist. Somit ist der Anhang der räumlich letzte Teil des Jahresabschlusses der Kapitalgesellschaft, sodass der Jahresabschluss einer Kapitalgesellschaft und der gleichgestellten Personengesellschaft unter dem Anhang vom Kaufmann zu unterzeichnen ist.

4.3.3 Die Stufen des Jahresabschlusses

Ein Jahresabschluss durchläuft, bis er für endgültig erklärt, d. h. für alle Beteiligten verbindlich ist, bzw. bis er offen gelegt wird, mehrere Stufen:

Stufe 1 = Aufstellung

Die Aufstellung des Jahresabschlusses, also seine Aufbereitung (Vorbereitung) bis zur Beschlussreife, fällt in die alleinige Kompetenz der vollhaftenden Gesellschafter bei den Personengesellschaften (BGH, ZIP 1996 S. 750 ff.), der Vorstandsmitglieder bei der AG und der Geschäftsführer der GmbH. Eine interne Geschäftsaufteilung entbindet die Geschäftsführer einer GmbH nicht von ihrer Verantwortung für die Aufstellung des Jahresabschlusses, da es sich um eine allen Geschäftsführern als Organ der Gesellschaft vom Gesetz auferlegte Pflicht handelt (BGH, DStR 1994 S. 1092).

Der aufgestellte Jahresabschluss ist also ein jederzeit änderbarer Entwurf und damit noch nicht verbindlich. Die Frist für die Aufstellung des Jahresabschlusses ist jedoch erheblich kürzer als die Frist zu seiner Feststellung (vgl. Abschn. 4.6). Deshalb versuchen die Kreditinstitute, bereits den aufgestellten Jahresabschluss frühzeitig zu bekommen. Unterzeichnungspflichtig nach § 245 HGB ist nicht der aufgestellte, sondern der festgestellte Jahresabschluss (vgl. Stufe 2), wobei in der Krise (vgl. Abschn. 4.6.3) wegen der Rechtsfolgen der §§ 283 – 283b StGB (Bankrott, besonders schwerer Bankrott, Verletzung der Buchführungspflicht) bereits die Unterzeichnung des aufgestellten Jahresabschlusses durch den Kaufmann empfohlen wird. Auch die Kreditinstitute sind daran interessiert, die vorläufigen Jahresabschlüsse als weitere Unterlagen vorab einzufordern, damit sie sich insbesondere bei zweifelhaften Kreditengagements frühzeitig informieren können. Die Kreditinstitute sind dann aber nicht von der Verpflichtung entbunden, den testierten und festgestellten Jahresabschluss, sobald dieser vorliegt, einzufordern.

Stufe 2 = Feststellung

Die Feststellung des Jahresabschlusses, d. h. seine Verbindlicherklärung im Verhältnis der Gesellschafter untereinander und im Verhältnis der Gesellschafter zu Dritten (z. B. der Bank), ist keine Geschäftsführungshandlung, sondern ein **Grundlagengeschäft**, das nur dann wirksam zustande kommt, wenn die **Gesellschafterversammlung** den Jahresabschluss feststellt (BGH, ZIP 1980 S. 447; 1996 S. 750 ff.).

Bei der Feststellung des Jahresabschlusses einer Personengesellschaft geht es insbesondere auch um die Festlegung der Grundlage für die Berechnung der Gewinnansprüche sämtlicher Gesellschafter. Insoweit sind die **Rechte der Gesellschafter einer Personengesellschaft größer** als bei einer Kapitalgesellschaft, denn zur Feststellung ist bei einer Personengesellschaft die Zustimmung aller Gesellschafter – bei einer KG auch der Kommanditisten – erforderlich, wenn nicht der Gesellschaftsvertrag eine anderweitige Regelung enthält (BGH, ZIP 1996 S. 750 ff.). Eine solche Regelung muss aber nach der so genannten Kernbereichslehre ausdrücklich Ausmaß und Umfang des zulässigen Eingriffs erkennen lassen (Müller, EWiR 1996 S. 514). Sie muss deshalb regeln, welche Bilanzierungsentscheidungen, die wirtschaftlich eine Ergebnisverwendung darstellen (vgl. Abschn. 4.7.1), dem Komplementär gestattet sind. Es kann deshalb nur empfohlen werden, in den Gesellschaftsvertrag einen entsprechenden Beschlusskatalog aufzunehmen (Kraffel/König, DStR 1996 S. 1130 ff.). Enthält der Gesellschaftsvertrag nur eine allgemeine Stimmrechtsregelung, ist diese nach obigen Grundsätzen nichtig.

Die Feststellung des Jahresabschlusses erfolgt:

- beim **Einzelunternehmer** durch **Unterzeichnung**,
- bei den **Personen- und Kapitalgesellschaften** durch **Feststellungsbeschluss** in der Gesellschafterversammlung, wobei in der Einmann-GmbH bzw. -GmbH & Co KG der Alleingesellschafter dies selbst bestimmt.

Aufgrund der Rechtsprechung ist nach § 245 HGB der festgestellte – also der verbindliche Jahresabschluss – zu unterzeichnen (BGH, BB 1985 S. 567). Mit der Feststellung des Jahresabschlusses wird dieser für die Gesellschaft und die Gesellschafter bindend (Schmidt, in: Kommentar zum GmbHG, § 46 Rz. 28).

Stufe 3 = Offenlegung

Die Kapitalgesellschaften und zukünftig auch die GmbH & Co KG müssen den Jahresabschluss beim Handelsregister offen legen (§§ 325, 326 HGB). Somit können auch fremde Dritte – falls der Jahresabschluss offen gelegt wird (vgl. Abschn. 6.2.3) – Einblick nehmen. Das HGB gewährt jedoch dem Kaufmann, der offen legt, Erleichterungen, sodass er bei der Offenlegung nicht so ausführlich informieren muss wie bei der Aufstellung und Feststellung, bei denen die Informationen nur für einen internen Kreis bestimmt sind. So dürfen z. B. bestimmte Kapitalgesellschaften bei der Offenlegung erhebliche Informationen zurückhalten (vgl. Abschn. 6.2.2).

Würde nun der Kreditnehmer den Kreditinstituten den verkürzten Jahresabschluss vorlegen, würden diesen wesentliche Informationen vorenthalten. Deshalb dürfen die Kreditinstitute auf keinen Fall Jahresabschlüsse akzeptieren, in denen diejenigen Teile fehlen, für die aufgrund gesetzlicher Erleichterungen keine Publizitätspflicht (Offenlegungspflicht) besteht (vgl. Abschn. 6.2.2).

4.4 Die Unterzeichnung des Lageberichts durch den Kaufmann

Die Kapitalgesellschaften und künftig auch die GmbH & Co KG (vgl. Abschn. 6.1.1) haben einen Lagebericht, der nicht Bestandteil des Jahresabschlusses ist, zu erstellen, festzustellen und offen zu legen. Diese Verpflichtung trifft jedoch nicht alle KapGes. bzw. gleichgestellten PersGes., sondern sie ist von den Größenklassen (vgl. Abschn. 6.2.1) abhängig, wie die folgende Übersicht zeigt:

Größenklassen der KapGes.	Pflicht zur Erstellung eines Lageberichts
klein	nein
mittelgroß	ja
groß	ja

Liegt ein Lagebericht vor, so ist dieser den Kreditinstituten vorzulegen, selbst wenn er nur freiwillig (z. B. bei einer kleinen KapGes.) erstellt wurde (vgl. Anlage 2). Zu beachten ist allerdings, dass Tochter-Kapitalgesellschaften zukünftig u. U. keinen eigenen Lagebericht mehr erstellen müssen (vgl. Abschn. 6.3).

Eine Unterzeichnung des Lageberichts durch den Kaufmann ist jedoch in § 245 HGB nicht vorgesehen. In der Praxis deckt die Unterzeichnung des Jahresabschlusses auch den Lagebericht mit ab (Gelhausen, in: WP-Handbuch 1996, Rz. F 660). Zu empfehlen ist jedoch, dass der Kaufmann auch den Lagebericht, wegen seines eigenen Gewichts innerhalb der Rechnungslegung, separat unterzeichnet (analog § 245 HGB; Strieder, DB 1998 S. 1677 ff.).

4.5 Die Bescheinigungen und Vermerke der steuerberatenden und wirtschaftsprüfenden Berufe

Die steuerberatenden und wirtschaftsprüfenden Berufe erteilen, wenn sie für den Kreditnehmer einen Jahresabschluss, eine Einnahmen-Überschussrechnung oder eine Vermögensübersicht erstellen oder diese prüfen, Bescheinigungen und Vermerke. Diese geben Aufschluss über den Umfang der Erstellungstätigkeit bzw. über den Prüfungsumfang und die Prüfungshandlungen. Auch im Hinblick auf § 18 KWG sind diese Bescheinigungen und Vermerke von Bedeutung.

4.5 Bescheinigungen und Vermerke

So müssen die Jahresabschlüsse der mittelgroßen und großen Kapitalgesellschaften und der gleichgestellten Personengesellschaften nach § 316 HGB von einem Abschlussprüfer (vgl. Abschn. 4.5.2.2) geprüft werden. Die Kreditinstitute sind nach § 18 KWG bei Kreditnehmern, die den Jahresabschluss aufgrund gesetzlicher Verpflichtung (vgl. Abschn. 6.2.2) prüfen lassen (zur Problematik dieser Formulierung vgl. Abschn. 6.2.4) oder die sich einer freiwilligen Prüfung durch einen Abschlussprüfer im Sinne des § 319 HGB unterziehen, die nach Art und Umfang der handelsrechtlichen Pflichtprüfung entspricht, verpflichtet, sich den **testierten Jahresabschluss** (vgl. Abschn. 4.5.2.2) vorlegen zu lassen. Bei mittelgroßen und großen Gesellschaften müssen also zur Einhaltung der Anforderungen des § 18 KWG die Jahresabschlüsse

- testiert sein und
- binnen neun Monaten vorliegen (die Offenlegungsfrist nach dem HGB beträgt 12 Monate; vgl. Abschn. 4.6.2 ff.),

damit die Vorlage anderer (weiterer) Unterlagen entbehrlich ist.

Die Jahresabschlüsse der kleinen Kapitalgesellschaften und der gleichgestellten Personengesellschaften bzw. sonstiger nicht prüfungspflichtiger, aber bilanzierender Kreditnehmer (Einzelunternehmen und Personengesellschaften; vgl. Abschn. 3.1 ff. und 6.1.1) werden **meist** von den Angehörigen der steuerberatenden und wirtschaftsprüfenden Berufe **erstellt**. Eine Prüfung, die nach Art und Umfang einer handelsrechtlichen Pflichtprüfung entspricht (vgl. Abschn. 4.5.1.4 und 4.5.2.2), erfolgt in der Regel nicht. Sie wäre auch ein zusätzlicher Kostenfaktor. Trotzdem verlangt das Bundesaufsichtsamt in seinem Rundschreiben 16/99 vom 29. 11. 1999 (vgl. Anlage 2a), dass die Jahresabschlüsse dieser Gesellschaften mit einem uneingeschränkten Bestätigungsvermerk (vgl. Abschn. 4.5.2.2) oder mit einem Prüfungsvermerk (vgl. Abschn. 4.5.1.4) versehen sind, also auf freiwilliger Basis nach den Grundsätzen einer handelsrechtlichen Pflichtprüfung (§§ 316 ff. HGB) geprüft sind. Ist dies der Fall und werden die Jahresabschlüsse innerhalb von 12 Monaten eingereicht, so kann in der Regel auf die Vorlage weiterer Unterlagen verzichtet werden, wenn kein Anlass besteht, die Verlässlichkeit des Jahresabschlusses in Zweifel zu ziehen. Zweifel können sich insbesondere im Hinblick auf

- die im Jahresabschluss enthaltenen Angaben
- die Qualifikation bzw. Person des Prüfers

ergeben. Zu beachten ist, dass – falls der geprüfte Jahresabschluss allein kein klares hinreichend verlässliches Urteil über die wirtschaftlichen Verhältnisse des Kreditnehmers vermittelt – insbesondere wenn die Wertansätze Anlass zum Zweifel geben, auch der **Prüfungsbericht** von den Kreditinstituten **auszuwerten** ist.

Ist dies nicht der Fall, wurde also der Jahresabschluss eines nicht prüfungspflichtigen, aber bilanzierungspflichtigen Kreditnehmers fristgerecht, jedoch ohne einen Vermerk, der in Art und Umfang einer handelsrechtlichen Pflichtprüfung entspricht, eingereicht (Regelfall), so muss das Kreditinstitut unter Berücksichtigung der Umstände des jeweiligen Einzelfalls prüfen, **ob** und **gegebenenfalls in welchem Umfang** weitere (zeitnahe) Unterlagen heranzuziehen sind, um sich ein klares Bild über die wirtschaftlichen Verhältnisse des Kreditnehmers verschaffen zu können. Ob weitere Unterlagen anzufordern sind, hängt

- von der **Qualität der Bescheinigung** oder des Vermerkes bzw.
- von der **Qualität des Jahresabschlusses** ab.
  Insbesondere müssen
  - die wesentlichen Positionen aussagefähig und detailliert erläutert und erklärt werden,
  - aussagefähige Angaben über die Bewertung enthalten sein, auch zu Bewertungsänderungen bei den Nichtkapitalgesellschaften,
  - die wesentlichen Einflüsse auf die Vermögens-, Finanz- und Ertragslage dargestellt und erläutert werden.

Darüber hinaus hängt der Bedarf an zusätzlichen Unterlagen

- von der **Verlässlichkeit** des Jahresabschlusses im Hinblick auf die Person des Mitwirkenden (Steuerberater, Wirtschaftsprüfer etc.) und
- von **Zweifeln** bezüglich der im Jahresabschluss enthaltenen **Angaben** ab.

Wurde ein **ungeprüfter Jahresabschluss** (Abschlussbescheinigung, vgl. Abschn. 4.5.1.1, oder Bescheinigung ohne Prüfungshandlung, vgl. Abschn. 4.5.2.1.1) eingereicht, so sind, selbst bei Mitwirkung der steuerberatenden und wirtschaftsprüfenden Berufe **weitere Unterlagen** heranzuziehen. Die Diskriminierung der steuerberatenden Berufe, wie sie noch im Rundschreiben 8/98 enthalten war, ist somit entfallen. Die steuerberatenden Berufe sind mit dem geänderten Rundschreiben (vgl. Anlage 2a) den wirtschaftsprüfenden Berufen gleichgestellt.

Die Qualität des Abschlusses spielt somit für die Anforderungen nach § 18 KWG eine große Rolle. Es kann daher dem Unternehmer nur empfohlen werden, den Kreditinstituten rechtzeitig einen möglichst **qualifizierten Jahresabschluss,** d. h.

- mit ausreichenden Erläuterungen (vgl. auch Abschn. 7.3.1) und möglichst einer **aussagefähigen Vermögens-, Finanz- und Ertragslage,** sowie
- einer **qualifizierten Bescheinigung** oder einem **qualifizierten Vermerk** (ungeprüfte Jahresabschlüsse reichen nicht aus)

vorzulegen. Ansonsten ist die Bank nach den Vorschriften des § 18 KWG gezwungen, weitere Unterlagen anzufordern. Genügt ein Jahresabschluss den Anforderungen des § 18 KWG nicht, so ist dies für den Kreditnehmer von Nachteil, denn die Vorlage **weiterer Unterlagen** verursacht meist erhebliche Kosten. Der Kreditnehmer muss also abwägen zwischen den Mehrkosten, die eine qualifizierte Bescheinigung oder ein qualifizierter Vermerk erfordern, und den Mehrkosten, die die Bereitstellung der weiteren Unterlagen erfordern.

Auch unter haftungsrechtlichen Gesichtspunkten sind die Bescheinigungen und Vermerke für den Kreditnehmer und den Kreditgeber von Bedeutung. Schadensersatzansprüche aus positiver Vertragsverletzung, die z. B. ein Kreditinstitut geltend macht, setzen die Einbeziehung Dritter in den Schutzbereich des Vertrages (z. B. in den Vertrag des Kreditnehmers mit dem Steuerberater) voraus (BGH, BB 1996 S. 899 f.). Ist das Kreditinstitut in den Schutzbereich einbezogen (Regelfall), so haftet der Berufsträger (z. B. der Steuerberater), es sei denn, er kann beweisen, dass der

Schaden auch bei einem fehlerfrei erstellten Jahresabschluss (bei rechtmäßigem Alternativverhalten) eingetreten wäre (BGH, NJW 1993 S. 520 ff.). Dieser Beweis dürfte jedoch normalerweise schwer zu erbringen sein.

Die speziellen Schadensersatzansprüche bei Pflichtprüfungen nach § 323 HGB stehen nur der geprüften Kapitalgesellschaft bzw. der geprüften Personengesellschaft oder verbundenen Unternehmen zu, nicht jedoch einem Dritten (FN-IDW Nr. 6/1998 S. 229 ff.). Die Haftsumme wird für Abschlussprüfungen von Jahresabschlüssen, die nach dem 31. 12. 1998 beginnende Geschäftsjahre betreffen, von 500 000 DM auf 2 Mio. DM (für börsennotierte Aktiengesellschaften auf 8 Mio. DM) erhöht (§ 323 Abs. 2 Satz 1 HGB n. F.). Werden allgemeine Auftragsbedingungen verwendet, muss die Versicherungssumme das Vierfache von 2 Mio. DM, also 8 Mio. DM, betragen (FN-IDW Nr. 6/1998 S. 229 ff.). Ein Dritter (z. B. ein Kreditinstitut) kann aber aufgrund besonderer Umstände in den Schutzbereich einbezogen werden, sodass es dann auch bei einer Pflichtprüfung zu einer Haftung gegenüber Dritten kommen kann (BGH, BB 1998 S. 1152).

4.5.1 Die Bescheinigungen und Vermerke der steuerberatenden Berufe

Die Unterzeichnungspflicht des Jahresabschlusses nach § 245 HGB trifft nur den Kaufmann. Die den Jahresabschluss erstellenden Berufsangehörigen (Steuerberater, Steuerbevollmächtigte) dürfen den Jahresabschluss aus berufsrechtlichen Gründen nicht unterzeichnen. Die bloße Unterzeichnung bzw. Mitunterzeichnung eines Jahresabschlusses durch den Berufsträger oder die Verwendung von Brief- und Arbeitsbogen mit Namensdruck ohne jeden Vermerk erwecken den Eindruck der vollen Mitverantwortung für den gesamten Inhalt und müssen aus berufsrechtlichen Gründen unterbleiben. Außerdem bestehen erhebliche Haftungsgefahren, wenn ein Berufsträger die volle Mitverantwortung übernimmt (vgl. Anlage 4).

Nach § 57 Abs. 3 Nr. 3 StBerG können die steuerberatenden Berufe jedoch **Bescheinigungen** und **Vermerke** erteilen. Diese haben insbesondere den Zweck, den Auftraggeber und Dritte (z. B. die Bank), die damit in den Schutzbereich einbezogen werden (BGH, NJW 1987 S. 1758 ff.), über den Inhalt, den Umfang und das Ergebnis der Tätigkeit des Steuerberaters zu informieren. Sie grenzen die **Verantwortlichkeit** des Berufsträgers ab und können ihn insbesondere vor unberechtigten Haftungsansprüchen und strafrechtlichen Maßnahmen schützen (vgl. Anlage 4). Im Einzelnen kommen folgende Bescheinigungen bzw. Vermerke (vgl. Abschn. 4.5.3) in Betracht:

- **Abschlussbescheinigungen,**
- **Abschlussvermerke,**
- **Prüfungsbescheinigungen und**
- **Prüfungsvermerke.**

Die einzelnen Bescheinigungen und Vermerke wurden so gegliedert, dass die schwächste Bescheinigung, die Abschlussbescheinigung, an erster Stelle steht und die weiteren entsprechend der Gewichtigkeit aufsteigend aufgezählt sind. Der Wortlaut der Bescheinigungen und Vermerke soll einer klaren Unterrichtung der Adressaten dienen, um einen falschen Eindruck über ihren Inhalt und ihre Tragweite zu vermeiden. Die verschiedenen Bescheinigungen und Vermerke der Steuerbevollmächtigten und Steuerberater sollen daher auch den Kreditnehmern bekannt sein, damit sie sie richtig einordnen und überprüfen können.

Die Bescheinigungen und Vermerke dürfen nur von Personen im Sinne des § 3 StBerG, also Steuerberater und Steuerbevollmächtigte, unterzeichnet werden.

4.5.1.1 Abschlussbescheinigungen

Erstellt der Berufsangehörige den Jahresabschluss selbst, entweder aufgrund der von ihm gefertigten oder der vom Auftraggeber gefertigten Buchführung, **ohne** dass er irgendwelche **Prüfungshandlungen**, die einer handelsrechtlichen Pflichtprüfung entsprechen, durchführt, so darf er nur eine Abschlussbescheinigung, die wie folgt lautet, erteilen:

„Die Buchführung und der Jahresabschluss wurden aufgrund der vom Auftraggeber vorgelegten Unterlagen sowie der von ihm erteilten Auskünfte von mir erstellt. Die Prüfung der Unterlagen und der Posten des Jahresabschlusses war nicht Gegenstand meines Auftrages."

In der Regel lehnt der Berufsangehörige mit dieser Bescheinigung jegliche Verantwortung für den Jahresabschluss ab, sodass er auch nicht für Fehler haften kann, es sei denn, der **Fehler** hätte sich einem gewissenhaften Bilanzersteller **aufgedrängt**. Hierzu gibt es eine umfangreiche Rechtsprechung des BGH. Ist der Jahresabschluss nur mit einer Abschlussbescheinigung versehen, so wird das Kreditinstitut selbst bei fristgerechter Vorlage nicht auf die Heranziehung weiterer Unterlagen verzichten können (vgl. Anlage 2a)

4.5.1.2 Abschlussvermerke

Erstellt der Berufsangehörige den Jahresabschluss selbst, entweder aufgrund der von ihm gefertigten oder der vom Auftraggeber vorgelegten Buchführung, und kann er bestätigen, dass der Jahresabschluss den gesetzlichen Vorschriften und gegebenenfalls dem Gesellschaftsvertrag entspricht, so darf er einen Abschlussvermerk erteilen. Er muss sich jedoch seine Überzeugung nach den Grundsätzen bilden, die hinsichtlich Art und Umfang der durchzuführenden **Prüfungshandlungen** bei einer **handelsrechtlichen Pflichtprüfung** (vgl. Abschn. 4.5.2.1.3) gelten. Der Abschlussvermerk lautet:

„Die Buchführung und der Jahresabschluss wurden von mir erstellt. Der Jahresabschluss entspricht den gesetzlichen Vorschriften und dem Gesellschaftsvertrag. Auf meinen schriftlichen Bericht (vom . . .) wird verwiesen."

Lag bisher ein Abschlussvermerk vor, so war normalerweise die Anforderung weiterer Unterlagen durch das Kreditinstitut zur Offenlegung der wirtschaftlichen Verhältnisse nach § 18 KWG nicht erforderlich (StBK München 1996, S. 93). Zukünftig **reicht** ein **Abschlussvermerk** zur Erfüllung der Anforderungen des § 18 KWG **nur bedingt** aus. Die Kreditinstitute haben vielmehr unter Berücksichtigung der Umstände des jeweiligen Einzelfalles zu prüfen, ob und gegebenenfalls in welchem Umfang weitere (zeitnahe) Unterlagen heranzuziehen sind. Dabei werden die Kreditinstitute bei ihrer Beurteilung insbesondere berücksichtigen, ob der Jahresab-

4.5 Bescheinigungen und Vermerke

schluss für Zwecke der Kreditgewährung ausreichend erläutert und erklärt ist, und gegebenenfalls auch auf eine aussagefähige Darstellung der Vermögens-, Finanz- und Ertragslage achten (vgl. Abschn. 4.5). Erfüllt der mit dem Abschlussvermerk versehene Jahresabschluss diese Anforderungen, so können die Kreditinstitute von der Heranziehung weiterer Unterlagen absehen. Sobald aber ein Anlass besteht, die Verlässlichkeit des Jahresabschlusses im Hinblick auf

- die Person des Mitwirkenden bzw.
- die im Jahresabschluss enthaltenen Angaben

in Zweifel zu ziehen, haben die Kreditinstitute immer weitere Unterlagen anzufordern.

4.5.1.3 Prüfungsbescheinigungen

Eine Prüfungsbescheinigung darf nur erteilt werden, wenn der Jahresabschluss nach den handelsrechtlichen Grundsätzen, wie sie für Kapitalgesellschaften gelten, vom Auftraggeber selbst aufgestellt worden ist und der Berufsangehörige nach Art und Umfang eine Prüfung, die der **handelsrechtlichen Pflichtprüfung** nach §§ 316 ff. HGB entspricht, jedoch ohne entsprechende Beachtung der Inkompatibilitätsvorschriften des § 319 Abs. 2 u. 3 HGB vorgenommen hat (der Berufsangehörige hätte nach den strengeren Vorschriften für Wirtschaftsprüfer und vereidigte Buchprüfer den Jahresabschluss nicht prüfen dürfen). Die Prüfungsbescheinigung hat folgenden Wortlaut:

„Ich habe auftragsgemäß die Prüfung des Jahresabschlusses durchgeführt, obwohl ... (z. B.: ich Anteile an der geprüften Gesellschaft besitze) ... und erteile folgende Bescheinigung:

Die Buchführung und der Jahresabschluss entsprechen nach meiner pflichtgemäßen Prüfung den gesetzlichen Vorschriften. Der Jahresabschluss vermittelt unter Beachtung der Grundsätze ordnungsmäßiger Buchführung ein den tatsächlichen Verhältnissen entsprechendes Bild der Vermögens-, Finanz- und Ertragslage der **Kapitalgesellschaft**. Der Lagebericht steht im Einklang mit dem Jahresabschluss."

Die Prüfungsbescheinigung ist, da nicht der Berufsangehörige den Jahresabschluss erstellt, sondern der Kaufmann selbst, und somit der Berufsangehörige sich nicht selbst prüft, höherwertiger als ein Abschlussvermerk und dies, obwohl er das Wort „Bescheinigung" enthält. Ob diese Bescheinigung zur Erfüllung der Anforderung des § 18 KWG selbst bei fristgerechter Vorlage des Jahresabschlusses ausreicht, ist vom Kreditinstitut zu prüfen, wobei es auf die Umstände des Einzelfalles ankommt (vgl. Abschn. 4.5.1.2.).

Wurde der Jahresabschluss eines Einzelkaufmanns oder einer Personenhandelsgesellschaft durch einen Berufsangehörigen geprüft, der nur nach den allgemeinen Rechnungslegungsvorschriften, die für alle Kaufleute gelten (§§ 238 – 263 HGB), aufgestellt wurde, so kann, wenn eine Prüfung nach den Grundsätzen einer handelsrechtlichen Pflichtprüfung stattgefunden hat, ein Prüfungsvermerk erteilt werden, der dann aber weniger umfassend ist.

Erstellt dagegen ein Einzelkaufmann oder eine Personenhandelsgesellschaft den Jahresabschluss nach den strengen nur für Kapitalgesellschaften und gleichgestellten

Personengesellschaften geltenden Vorschriften (§§ 264 – 288 HGB), was die Aufstellung eines Anhangs und die Einhaltung der für die Kapitalgesellschaften und die gleichgestellten Personengesellschaften geltenden Gliederungs- und Bewertungsvorschriften beinhaltet, so kann der umfassende Prüfungsvermerk erteilt werden, wobei an die Stelle des Wortes „Kapitalgesellschaft" das Wort „Gesellschaft" oder „Unternehmer" tritt.

4.5.1.4 Prüfungsvermerke

Wurde der Jahresabschluss einer **nicht prüfungspflichtigen Gesellschaft** nach den Grundsätzen einer handelsrechtlichen Pflichtprüfung (§§ 316 ff. HGB) unter Beachtung der Inkompatibilitätsvorschriften des § 319 Abs. 2 und 3 HGB von einem Berufsangehörigen geprüft und wurde dieser vom Auftraggeber selbst erstellt, so darf ein Prüfungsvermerk (stärkster Vermerk) erteilt werden. Der Prüfungsvermerk lautet:

„Die Buchführung und der Jahresabschluss entsprechen nach meiner pflichtgemäßen Prüfung den gesetzlichen Vorschriften. Der Jahresabschluss vermittelt unter Beachtung der Grundsätze ordnungsmäßiger Buchführung ein den tatsächlichen Verhältnissen entsprechendes Bild der Vermögens-, Finanz- und Ertragslage des **Unternehmens**."

Eine freiwillige Abschlussprüfung unterliegt zwar nicht einer gesetzlichen Regelung, sie kann jedoch zu weitreichenden Rechtsfolgen für den Berufsangehörigen führen, denn die Adressaten des Prüfungsvermerks müssen sich darauf verlassen können, dass der Berufsangehörige die fachlichen Grundsätze, wie sie in den Fachgutachten und Stellungnahmen des IDW (vgl. IDW, FG 1/1988 – 3/1988, die aufgrund der Änderungen durch das KonTraG, KapAEG und KapCoRiLiG überarbeitet werden und als IDW PS (Prüfungsstandards) 100–400 bereits endgültig bzw. im Entwurf vorliegen) enthalten sind, einhält (vgl. auch Abschn. 4.5.2.1.3) und den Jahresabschluss tatsächlich nur geprüft (Vier-Augen-Prinzip) und nicht selbst erstellt oder an seiner Erstellung mitgewirkt hat. Er darf auch nicht als Interessenvertreter des Auftraggebers handeln, sondern muss die Prüfungstätigkeit unparteiisch, objektiv und unbefangen vornehmen. Hat z. B. der Berufsangehörige bei der **Führung der Bücher** oder der Aufstellung des zu prüfenden Jahresabschlusses über die Prüfungstätigkeit hinaus **mitgewirkt**, darf er anstelle eines Prüfungsvermerks nur einen **Abschlussvermerk** erteilen. Ein mit einem Prüfungsvermerk versehener Jahresabschluss erfüllt die Anforderung des § 18 KWG (vgl. Anlage 2a), es sei denn, es besteht ein Anlass,

- die in ihm enthaltenen Angaben bzw.
- die Person oder Qualifikation des Prüfers

in Zweifel zu ziehen. Ist dies der Fall, sind grundsätzlich weitere Unterlagen anzufordern.

4.5.2 Die Bescheinigungen und Vermerke der wirtschaftsprüfenden Berufe

Die wirtschaftsprüfenden Berufe (Wirtschaftsprüfer und vereidigte Buchprüfer) verwenden andere Bescheinigungen als die steuerberatenden Berufe (vgl. Anlage 5). Im Hinblick auf die Qualität des Jahresabschlusses sind diese Bescheinigungen und Vermerke von Bedeutung. Die wirtschaftsprüfenden Berufe unterscheiden, ob sie

4.5 Bescheinigungen und Vermerke

Bescheinigungen im Rahmen der **Erstellung von Jahresabschlüssen** oder **Vermerke** im Rahmen einer **gesetzlichen Pflichtprüfung (i. S. des § 319 HGB)** oder einer vergleichbaren freiwilligen Prüfung erteilen.

4.5.2.1 Die Bescheinigungen im Rahmen der Erstellung von Jahresabschlüssen

Bei der Erstellung von Jahresabschlüssen haben die Wirtschaftsprüfer und vereidigten Buchprüfer die einschlägigen Normen der WPO, die Berufsgrundsätze und damit auch die Verlautbarungen, Fachgutachten und Stellungnahmen sowie die Prüfungsstandards zu beachten. Dabei gelten die Grundsätze der Unabhängigkeit, der Eigenverantwortlichkeit und der Unparteilichkeit (§ 43 Abs. 1 WPO). Sie müssen deshalb die berufliche Tätigkeit versagen, wenn die Unabhängigkeit gefährdet ist oder die Besorgnis der Befangenheit besteht (§§ 43, 49 WPO). Auch Wirtschaftsprüfer und vereidigte Buchprüfer sollen selbst in den Fällen, in denen sie die volle Verantwortung für den Jahresabschluss übernehmen, diesen nicht einfach mitunterzeichnen bzw. Siegel oder Briefbogen mit Namensdruck verwenden. Für die Erteilung von Bescheinigungen gelten die Grundsätze der Verlautbarung HFA 4/1996. Danach muss die Bescheinigung als solche bezeichnet werden und darf nur erteilt werden, wenn kein Anlass besteht, an der Ordnungsmäßigkeit des bescheinigten Sachverhaltes zu zweifeln. Zudem ist eine Vollständigkeitserklärung einzuholen, die aber die Erstellungshandlungen und die auftragsabhängig durchzuführenden Beurteilungen der Ordnungsmäßigkeit der zugrundegelegten Unterlagen nicht ersetzt. Entsprechend weit verbreiteter Praxis ist außerdem ein Bericht über die Erstellung des Jahresabschlusses (Erstellungsbericht) zu fertigen; die wirtschaftlichen Grundlagen sind darzustellen und der Jahresabschluss ist zu erläutern. Die Bescheinigungen sind in der Verlautbarung HFA 4/1996 wie folgt abgestuft:

- Erstellung **ohne Prüfungshandlungen**,
- Erstellung **mit Plausibilitätsbeurteilung** und
- Erstellung **mit umfassenden Prüfungshandlungen**.

4.5.2.1.1 Erstellung ohne Prüfungshandlungen

Eine Erstellung des Jahresabschlusses ohne Prüfungshandlung liegt vor, wenn der Jahresabschluss normentsprechend aus den vorgelegten Unterlagen (Konten und Bestandsnachweisen etc.) unter Berücksichtigung der erhaltenen Informationen sowie der daraufhin vorgenommenen Abschlussbuchungen abgeleitet wird. Die vom Auftraggeber überlassenen Unterlagen werden ungeprüft, d. h. ohne Beurteilung ihrer Ordnungsmäßigkeit, übernommen. Daher fallen Mängel der Unterlagen und Informationen sowie sich daraus ergebende Folgewirkungen für den Jahresabschluss auftragsgemäß nicht in die Verantwortung des Berufsträgers. Eine solche Bescheinigung lautet:

„Vorstehender Jahresabschluss wurde von mir/uns auf der Grundlage der mir/uns vorgelegten Bücher und Bestandsnachweise sowie der erteilten Auskünfte der ... (Firma) ... erstellt. Eine Beurteilung der Ordnungsmäßigkeit dieser Unterlagen und der Angaben des Unternehmens war nicht Gegenstand meines/unseres Auftrags."

Dieser Vermerk befreit aus Haftungsgründen (vgl. auch Abschn 4.5.1.1) den Wirtschaftsprüfer bzw. vereidigten Buchprüfer jedoch nicht davon, die ihm vorgelegten Unterlagen und den von ihm erstellten Jahresabschluss auf **offensichtliche Unrichtigkeiten** durchzusehen (HFA 4/1996). Werden im Rahmen der Auftragsdurchführung wesentliche Fehler bekannt, so ist deren Beseitigung zu veranlassen. Da diese Bescheinigung keine Erklärungen über Prüfungsergebnisse enthält, darf sie auch nicht mit einem Siegel versehen werden (HFA 4/1996). Im Übrigen entspricht diese Bescheinigung der Abschlussbescheinigung der steuerberatenden Berufe (vgl. auch Abschn. 4.5.1.1). Ein mit dieser Bescheinigung versehener Jahresabschluss erfüllt die Anforderungen des § 18 KWG nicht (vgl. Abschn. 4.5 und 4.5.1.1), so dass die Kreditinstitute angehalten sind, weitere Unterlagen anzufordern.

4.5.2.1.2 Erstellung mit Plausibilitätsbeurteilung

Bei einer Erstellung des Jahresabschlusses mit Plausibilitätsbeurteilung sind neben der eigentlichen Erstellungstätigkeit die dem Jahresabschluss zugrunde liegenden Bücher und Bestandsnachweise durch **Befragungen** und **analytische Prüfungshandlungen** auf ihre Plausibilität zu überprüfen. Die Plausibilitätsbeurteilungen sollen die Feststellung ermöglichen, dass keine Sachverhalte bekannt geworden sind, die gegen die Ordnungsmäßigkeit der Buchführung und der Bestandsnachweise in allen für den Jahresabschluss wesentlichen Belangen sprechen (HFA 4/1996). Hierzu gibt es einen umfangreichen Maßnahmenkatalog, der einen einheitlichen Standard dieser Plausibilitätsprüfungen gewährleisten soll (Anlage zu HFA 4/1996). Da auch die Kreditinstitute nach § 18 KWG den Jahresabschluss auf Plausibilität und innere Widersprüche zu überprüfen haben, ist dieser Maßnahmenkatalog auch für Kreditinstitute bestens geeignet, in Zweifelsfällen oder wenn weitere Unterlagen heranzuziehen sind, einen Einstieg zu finden, was und wie auf Plausibilität zu prüfen ist. Die Kreditnehmer müssen sich deshalb darauf einstellen, dass auch den Kreditinstituten dieser Maßnahmenkatalog bekannt ist; sie sollten sich daher auf entsprechende Fragen vorbereiten. Eine Plausibilitätsbescheinigung hat folgenden Wortlaut:

„Vorstehender Jahresabschluss wurde von mir/uns auf der Grundlage der mir/uns vorgelegten Bücher und Bestandsnachweise sowie der erteilten Auskünfte der ... (Firma) ... erstellt. Die Buchführung und das Inventar habe(n) ich/wir auf ihre Plausibilität beurteilt. Dabei sind mir/uns keine Sachverhalte bekannt geworden, die gegen die Ordnungsmäßigkeit des Jahresabschlusses sprechen."

Die Inkompatibilitätsvorschriften sind bei diesen Prüfungshandlungen im Rahmen der Erstellung nicht zu beachten. Die wirtschaftsprüfenden Berufe sind bezüglich des Vier-Augen-Prinzips bei der Erstellung des Jahresabschlusses und dessen Prüfung nicht den strengen Vorschriften unterworfen, die für Pflichtprüfungen nach § 319 HGB gelten.

Diese Bescheinigung darf auch, da sie Erklärungen über Prüfungsergebnisse enthält, mit einem Siegel versehen werden.

Da diese Bescheinigung auch dem entspricht, was die Banken nach § 18 KWG zu beachten haben (nämlich den Jahresabschluss auf Plausibilität und innere Widersprü-

4.5 Bescheinigungen und Vermerke

che zu überprüfen, vgl. Anlage 2), und zudem die Haftungsansprüche bei Verstößen des Berufsangehörigen gegenüber der Erstellung ohne Prüfungshandlungen erweitert sind, müsste ein Jahresabschluss einer kleinen Kapitalgesellschaft bzw. einer gleichgestellten Personengesellschaft sowie einer Nicht-Kapitalgesellschaft mit dieser Bescheinigung, den Anforderungen des § 18 KWG genügen. Voraussetzung ist jedoch, dass er fristgerecht vorliegt und ausreichend erläutert und erklärt ist. Es ist allerdings zu beachten, dass es immer auf die Umstände des jeweiligen Einzelfalls ankommt (vgl. Abschn. 4.5.1.2). Zumindest hat ein Jahresabschluss mit diesem Vermerk eine erheblich bessere Qualität als ein ohne Prüfungshandlungen erstellter Jahresabschluss. Sobald aber ein Anlass besteht, der die Verlässlichkeit des Jahresabschlusses im Hinblick auf

- die Person des Mitwirkenden bzw.
- die im Jahresabschluss enthaltenen Angaben

in Zweifel zieht, hat das Kreditinstitut grundsätzlich weitere Unterlagen anzufordern.

4.5.2.1.3 Erstellung mit Prüfungshandlungen

Bei der Erstellung eines Jahresabschlusses mit umfassenden Prüfungshandlungen muss sich der Berufsträger durch geeignete Prüfungshandlungen i. S. des Fachgutachtens 1/1988 bzw. i. S. v. IDW PS 200 und 201 von der Ordnungsmäßigkeit der dem Jahresabschluss zugrunde liegenden Buchführung und Bestandsnachweise überzeugen. Seine **Handlungspflichten** stimmen in diesem Fall mit denen bei **einer handelsrechtlichen Jahresabschlussprüfung** überein (vgl. auch Abschn. 4.5.2.2). So hat der Berufsträger (Wirtschaftsprüfer oder vereidigter Buchprüfer) sich nach § 317 HGB n. F. von der Ordnungsmäßigkeit der Buchführung sowie dem Vorhandensein und der Wirksamkeit eines ausreichenden internen Kontrollsystems zu überzeugen. Darüber hinaus muss er sich von der Zuverlässigkeit der Bestandsnachweise (körperliche Bestandsaufnahme, Buchinventur) überzeugen und die Prüfung so anlegen, dass Unrichtigkeiten und Verstöße gegen die gesetzlichen Vorschriften und die ergänzenden Bestimmungen des Gesellschaftsvertrages oder der Satzung, die wesentliche Auswirkungen auf die Vermögens-, Finanz- und Ertragslage des Unternehmens zur Folge haben, bei gewissenhafter Berufsausübung erkannt werden (vgl. auch Stellungnahme HFA 7/1997). Vom Ergebnis dieser Prüfung hängt es ab, ob die Buchführung und die Bestandsnachweise als ausreichend verlässlich beurteilt werden können (HFA 4/1996). Sind die Vorräte des Unternehmens absolut oder relativ von Bedeutung, so hat der den Jahresabschluss erstellende Berufsträger bei der körperlichen Bestandsaufnahme anwesend zu sein (vgl. Fachgutachten 1/1988). Auch sind zum Nachweis der Forderungen und Verbindlichkeiten Saldenbestätigungen einzuholen. Außerdem kann bei risikobehafteten Vermögensgegenständen und ungewissen Verbindlichkeiten auch die Einholung einer Rechtsanwaltsbestätigung erforderlich sein.

Die entsprechende Bescheinigung lautet, wenn der Berufsträger

- die Bücher nicht geführt und bei der Anfertigung des Inventars nicht mitgewirkt hat: „Vorstehender Jahresabschluss wurde von mir/uns auf der Grundlage der Buchführung und des Inventars der .... (Firma) .... unter Beachtung der handelsrechtlichen Vorschriften und des Gesellschaftsvertrages erstellt. Ich/wir habe(n) mich/uns von der Ordnungsmäßigkeit der zugrunde liegenden Buchführung und des Inventars überzeugt."

- die Bücher geführt* und bei der Anfertigung des Inventars mitgewirkt hat: „Vorstehender Jahresabschluss wurde von mir/uns auf der Grundlage der von mir/uns geführten Bücher der ... (Firma) .... sowie unter Mitwirkung bei der Anfertigung des Inventars unter Beachtung der handelsrechtlichen Vorschriften und des Gesellschaftsvertrages erstellt."

* Ein Urteil über die Ordnungsmäßigkeit der Buchführung ist in diesem Fall nicht zulässig.

Da der Berufsangehörige sich selbst prüft, ist diese Bescheinigung in ihrer Wertigkeit nur mit dem Abschlussvermerk (vgl. Abschn. 4.5.1.2) der steuerberatenden Berufe vergleichbar. Bezüglich der Qualität dieser Bescheinigung, was die Vorschriften des § 18 KWG anbelangt, wird auf Abschn. 4.5.2.1.2 verwiesen. Es ist allerdings zu beachten, dass diese Bescheinigung, da nach den Grundsätzen einer handelsrechtlichen Pflichtprüfung geprüft wird, einen höheren Standard als die Plausibilitätsbescheinigung hat. Auch dies dürfte bei der Beurteilung der Kreditinstitute, ob sie diese Bescheinigung ohne die Hinzuziehung weiterer Unterlagen akzeptieren, neben der Qualität des Jahresabschlusses eine Rolle spielen. Da diese Bescheinigung selbstverständlich Erklärungen über Prüfungsergebnisse enthält, darf sie mit einem Siegel versehen werden.

4.5.2.2 Der Bestätigungsvermerk (Testat)

Ist der Kreditnehmer eine nach § 316 HGB prüfungspflichtige Gesellschaft (gem. § 316 Abs. 1 u. 2 HGB mittelgroße und große KapGes. oder gleichgestellte Pers.Ges., insbesondere die GmbH & Co KG), ist eine handelsrechtliche Jahresabschlussprüfung (vgl. Abschn. 4.5.2.1.3) durchzuführen. Die Vorlage eines von einem Abschlussprüfer im Sinne des § 319 HGB, das sind Wirtschaftsprüfer bzw. vereidigte Buchprüfer, testierten Jahresabschlusses ist daher **nach § 18 KWG** bei diesen Gesellschaften der Regelfall (vgl. auch Abschn. 6.2.4). Testierte Jahresabschlüsse sind auch dann vorzulegen, wenn sich der Kreditnehmer einer solchen Prüfung freiwillig unterzieht (vgl. Anlage 2). Den Jahresabschluss einer nach § 316 HGB prüfungspflichtigen Gesellschaft dürfen nach § 319 HGB nur die wirtschaftsprüfenden Berufe testieren, keinesfalls jedoch Steuerberater oder Steuerbevollmächtigte. Über diese Prüfung, die immer unter Beachtung der Inkompatibilitätsvorschriften zu erfolgen hat, ist ein Bestätigungsvermerk (§ 322 HGB) zu erteilen. Dieser lautete bisher (§ 322 HGB a. F.):

„Die Buchführung und der Jahresabschluss entsprechen nach meiner/unserer pflichtgemäßen Prüfung den gesetzlichen Vorschriften. Der Jahresabschluss vermittelt unter Beachtung der Grundsätze ordnungsmäßiger Buchführung ein den tatsächlichen Verhältnissen entsprechendes Bild der Vermögens-, Finanz- und Ertragslage der Kapitalgesellschaft. Der Lagebericht steht im Einklang mit dem Jahresabschluss."

Aufgrund der Neufassung des § 322 HGB durch das KonTraG und das KapAEG wird das bisherige „Formeltestat" spätestens für nach dem 31. 12. 1998 beginnende Geschäftsjahre durch einen im Grundsatz frei zu formulierenden **Bestätigungsbericht** abgelöst (im Einzelnen vgl. IDW PS 400). Im Wesentlichen soll der Bestätigungsbericht (vgl. Böcking/Orth DB 1998 S. 1241 ff.)

4.5 Bescheinigungen und Vermerke

- in einem so genannten **Kernsatz** das Ergebnis der Abschlussprüfung zusammenfassen (§ 322 Abs. 1 Satz 1 und 3 HGB n. F.),
- Gegenstand, Art und Umfang der Prüfung problemorientiert und allgemein verständlich beschreiben (§ 322 Abs. 1 Satz 2 HGB n. F.),
- die Risiken, die den Fortbestand des Unternehmens gefährden, darstellen (§ 322 Abs. 2 HGB n. F.),
- die zutreffende Darstellung des Lageberichts und der Risiken der künftigen Entwicklung bescheinigen (§ 322 Abs. 3 HGB n. F.); zu Einzelheiten der Prüfung des Lageberichts vgl. IDW PS 350.

Aufgabe des Bestätigungsvermerks bzw. Bestätigungsberichts ist es, den Aufsichtsrat bei der Überwachung des Vorstands zu unterstützen und den Leser (also auch die Kreditinstitute) des Jahresabschlusses und des Lageberichts in Kurzform über das Ergebnis der Prüfung zu unterrichten. Befindet sich die Gesellschaft jedoch in einer sehr schwierigen Situation, besteht die Verpflichtung, um beim außenstehenden Leser Missverständnisse über den Inhalt der Abschlussprüfung und die Tragweite des zu erteilenden Bestätigungsvermerks zu vermeiden, diesen zu ergänzen. Aus diesem Grunde werden die Kreditinstitute immer darauf achten, ob der Bestätigungsvermerk Zusätze enthält. Diese können

- in Form eines Vorbehalts oder
- in Form einer Ergänzung

bestehen.

Dies bedeutet, dass in den Fällen, in denen der Bestätigungsvermerk bzw. Bestätigungsbericht Vorbehalte enthält und auf Risiken eingeht, die den Fortbestand des Unternehmens und die zukünftige Entwicklung gefährden, sich die Kreditnehmer darauf einstellen müssen, dass die Bank genauer nachfragt, welche Gründe für einen Vorbehalt maßgeblich waren, und sich über die Risiken genauer informieren lässt. Im Zweifelsfall werden dann von den Banken weitere Unterlagen angefordert.

Im Übrigen müssen die Banken selbst bei testierten bzw. auf freiwilliger Basis geprüften Jahresabschlüssen immer dann weitere Unterlagen heranziehen, wenn

- der Jahresabschluss allein kein klares, hinreichend verlässliches Urteil über die wirtschaftlichen Verhältnisse des Kreditnehmers ermöglicht oder
- die Wertansätze in den Jahresabschlussunterlagen Anlass zu Zweifeln geben.

Dies wird vielfach dazu führen, dass sich die Banken auch den **Prüfungsbericht** vorlegen lassen (vgl. Abschn. 7.3.3).

4.5.3 Übersicht über die Bescheinigungen und Vermerke

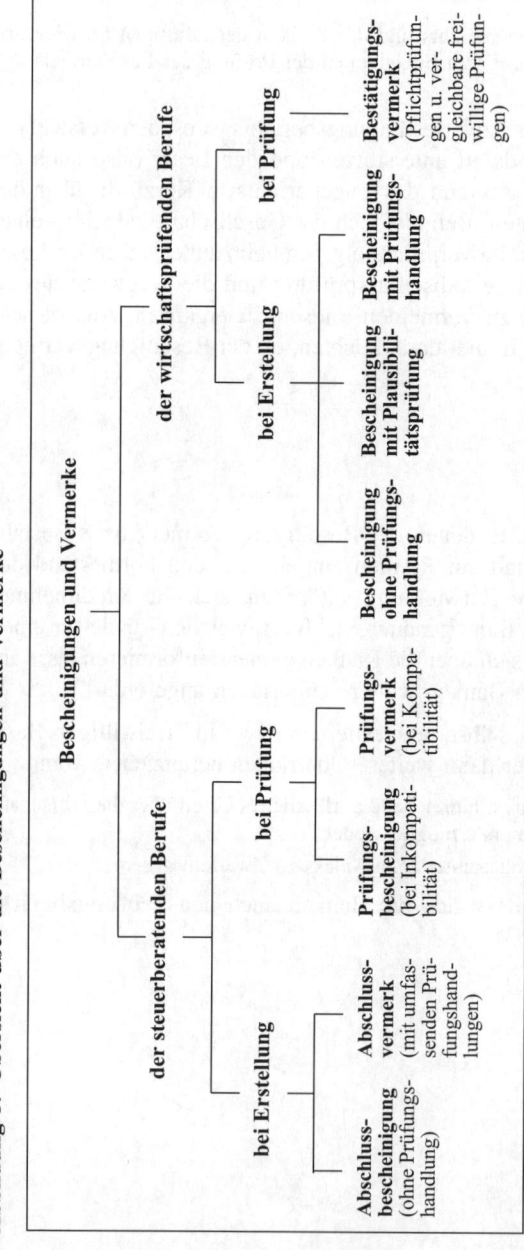

Abbildung 8: Übersicht über die Bescheinigungen und Vermerke

Bescheinigungen und Vermerke

- der steuerberatenden Berufe
  - bei Erstellung
    - Abschlussbescheinigung (ohne Prüfungshandlung)
    - Abschlussvermerk (mit umfassenden Prüfungshandlungen)
  - bei Prüfung
    - Prüfungsbescheinigung (bei Inkompatibilität)
    - Prüfungsvermerk (bei Kompatibilität)
- der wirtschaftsprüfenden Berufe
  - bei Erstellung
    - Bescheinigung ohne Prüfungshandlung
    - Bescheinigung mit Plausibilitätsprüfung
    - Bescheinigung mit Prüfungshandlung
  - bei Prüfung
    - Bestätigungsvermerk (Pflichtprüfungen u. vergleichbare freiwillige Prüfungen)

4.6 Die Fristen für die Aufstellung, Feststellung und Offenlegung des Jahresabschlusses

Da die Kreditinstitute wegen der Vorschriften des § 18 KWG daran interessiert sind, dass die Kreditnehmer die Jahresabschlüsse möglichst frühzeitig vorlegen, spielen die Fristen, nach denen die Jahresabschlüsse aufzustellen, festzustellen und offen zu legen sind, eine besonders große Rolle. Die Kreditnehmer müssen sich nämlich darauf einstellen, dass, insbesondere wenn anderweitige Erkenntnisse der Bank Anlass zu Zweifeln über das Kreditengagement geben, die Bank einen vorläufigen Jahresabschluss (vgl. Abschn. 4.3.3) frühzeitig anfordert. Bezüglich der Fristen ist zunächst zu unterscheiden, ob es sich um **Nichtkapitalgesellschaften** oder um **Kapitalgesellschaften** bzw. gleichgestellte Personengesellschaften oder gar um ein **Unternehmen in der Krise** handelt. Außerdem ist zu beachten, dass die Fristen sehr unterschiedlich sind, wobei sich die Unterschiede einmal aus der Unternehmensform und zum anderen aus den verschiedenen Stufen des Jahresabschlusses ergeben. Zudem sind nach § 18 KWG die Kreditinstitute verpflichtet, weitere Unterlagen anzufordern (vgl. Anlage 2), wenn der Jahresabschluss nicht zeitnah offen gelegt wird.

4.6.1 Die Fristen der Nichtkapitalgesellschaften

Der Jahresabschluss der Einzelkaufleute und Personenhandelsgesellschaften ist gem. § 243 Abs. 3 HGB **innerhalb** der einem **ordnungsmäßigen Geschäftsgang** entsprechenden Zeit aufzustellen. Für die Nichtkapitalgesellschaften ist im HGB somit nur die Frist für die Aufstellung, jedoch nicht für die Feststellung des Jahresabschlusses geregelt. Die Frist ist zudem unbestimmt und deshalb von den individuellen Verhältnissen der Gesellschaft abhängig. Im Vergleich zu den Fristen der Kapitalgesellschaften und der gleichgestellten Personengesellschaften, bei denen die längste Frist sechs Monate (kleine Kapitalgesellschaft) für die Aufstellung beträgt (vgl. Abschn. 4.6.2), wird die Auffassung vertreten, dass auch die Nichtkapitalgesellschaften den Jahresabschluss innerhalb von sechs Monaten aufzustellen haben (ADS, § 243 Rz. 41 ff.). Andererseits ist, da die Gesellschafter der Personengesellschaften größere Mitspracherechte (vgl. auch Abschn. 4.3.3) als die der Kapitalgesellschaften haben, ein **längerer Zeitraum** als sechs Monate **angebracht** (Budde/Kunz, in: Beck'scher Bilanzkommentar, § 242 Rz. 93). Den Kapitalgesellschaften gleichgestellten Personengesellschaften i. S. des § 264a HGB (im Wesentlichen die GmbH & Co KG) wird allerdings auch keine längere Frist eingeräumt. Auf jeden Fall ist der Jahresabschluss aber nicht mehr innerhalb der dem ordnungsmäßigen Geschäftsgang entsprechenden Zeit aufgestellt, wenn er nach Ablauf eines Jahres nach Abschluss des Geschäftsjahres aufgestellt wird (BFH, BStBl. 1984 II S. 227 – 231). Dieses Urteil ist allerdings in einer Zeit ergangen, in der die jetzigen Rechnungslegungsvorschriften noch nicht galten. Nimmt man die Kapitalgesellschaften als Maßstab, so ist auch bei den Nichtkapitalgesellschaften, was die Fristen betrifft, zwischen Aufstellung und Feststellung des Jahresabschlusses zu unterscheiden. Unter Berücksichtigung der größeren Mitspracherechte der Gesellschafter von Personenhandelsgesellschaften ist

- für die **Aufstellung** eine Frist von **neun Monaten** und
- für die **Feststellung** eine Frist von **zwölf Monaten**

angebracht. Somit bleibt den Gesellschaftern zwischen Aufstellung und Feststellung genügend Zeit, ihre Rechte wahrzunehmen.

Legt man diese Fristen zugrunde, könnten die Banken in Zweifelsfällen den vorläufigen Abschluss spätestens nach neun Monaten verlangen. Sie werden dann aber, da sie hierzu nach § 18 KWG verpflichtet sind, den endgültigen (festgestellten) Jahresabschluss sobald er vorliegt, spätestens nach zwölf Monaten zusätzlich einfordern (vgl. Anlage 2).

4.6.2 Die Fristen der Kapitalgesellschaften und der gleichgestellten Personengesellschaften

Bei den Kapitalgesellschaften und den gleichgestellten Personengesellschaften werden die Fristen nach Aufstellung, Feststellung und Offenlegung des Jahresabschlusses unterschieden.

Abbildung 9: Übersicht über Fristen für Aufstellung, Feststellung und Offenlegung des Jahresabschlusses der Kapitalgesellschaften und der gleichgestellten Personengesellschaften

Stufen des Jahresabschlusses	Fristen nach Größenklassen		
	kleine	mittelgroße	große
1. Aufstellung	innerhalb des ordnungsmäßigen Geschäftsgangs, **spätestens** innerhalb der ersten **sechs Monate** des Geschäftsjahres (§ 264 Abs. 1 Satz 3 HGB)	in den ersten **drei Monaten** des Geschäftsjahres (§ 264 Abs. 1 Satz 2 HGB)	
2. Feststellung	unverzüglich nach Aufstellung (§ 42a Abs. 1 Satz 1 GmbHG), spätestens bis zum Ablauf von **elf Monaten** (§ 42a Abs. 2 GmbHG)	unverzüglich nach Eingang des Prüfungsberichtes (§ 42a Abs. 1 Satz 2 GmbHG), spätestens bis zum Ablauf von **acht Monaten** (§ 42a Abs. 2 GmbHG)	
3. Offenlegung	bis zum Ablauf von **zwölf Monaten** (§ 325 Abs. 1 Satz 1 HGB)		

Besondere Bedeutung kommt dabei in Zweifelsfällen dem **aufgestellten Jahresabschluss** und Lagebericht zu. Relativ schnell kann die Bank nämlich von Kapitalgesellschaften und den gleichgestellten Personengesellschaften den aufgestellten (vorläufigen) Jahresabschluss und Lagebericht verlangen; dies allerdings mit dem Risiko, dass es sich dabei nicht um den endgültigen Jahresabschluss und Lagebericht handelt, da der Jahresabschluss, solange er nicht festgestellt ist – wie bereits ausgeführt (vgl. Abschn. 4.3.3) –, ein jederzeit änderbarer Entwurf ist. Außerdem kann der Jahresabschluss bei prüfungspflichtigen Gesellschaften (mittelgroße und große Gesellschaften) durch die Prüfung des Jahresabschlussprüfers verändert werden. Durch die Anforderung des aufgestellten Jahresabschlusses erhalten die Kreditinstitute jedenfalls Vorabinformationen, die für sie nicht unwichtig sind, zumal der aufgestellte Jahresabschluss die wesentlichen Jahresabschlussbuchungen enthalten soll (siehe § 270

HGB). Deshalb sollten die Kreditnehmer immer darauf achten, dass sie bereits bei der Aufstellung des Jahresabschlusses die Möglichkeiten der Bilanzpolitik (vgl. Abschn. 7) ausschöpfen, damit der vorläufige Jahresabschluss den Kreditinstituten einen möglichst positiven Eindruck vermittelt. Durch das Vorziehen der Aufstellung gewinnt die Aussagefähigkeit des Jahresabschlusses an Bedeutung. Er ist aktueller und kann somit auch viel besser zur Steuerung des Unternehmens genutzt werden. Findet dann noch ein wesentlicher Teil der Abschlussprüfung bereits während der Erstellung statt, so wird die Aussagefähigkeit noch zusätzlich verbessert (Loitz, BB 1996 S. 250 ff.). Sollte sich der festgestellte Jahresabschluss gegenüber dem aufgestellten Jahresabschluss jedoch wesentlich verändern, muss damit gerechnet werden, dass die Bank sich die Veränderungen erklären lässt und sie im Zweifelsfall besonders kritisch würdigt. **Vorläufige Jahresabschlüsse** können zusammen **mit weiteren Unterlagen** zur Erfüllung der Anforderungen von § 18 KWG ausreichen, sofern sie ein Urteil über die wirtschaftlichen Verhältnisse des Kreditnehmers ermöglichen und keinen Anlass zu Zweifeln geben. Auf jeden Fall werden die Kreditinstitute den festgestellten Jahresabschluss nachfordern.

In diesem Zusammenhang ist darauf hinzuweisen, dass die nach HGB (§ 325 HGB) für alle Gesellschaften einheitlich auf zwölf Monate verlängerte Offenlegungsfrist

- dem Offenlegungszweck zuwiderläuft (vgl. Strobel, DB 2000 S. 53 ff. und Abschn. 6.2.3),
- nicht zu den Aufstellungsfristen der mittelgroßen und großen Gesellschaften passt (vgl. Abschn. 4.6.4),
- nicht mit den Rundschreiben des BAK (vgl. Anlage 2, 2a und b) zu § 18 KWG übereinstimmt. Danach müssen die Jahresabschlüsse der mittelgroßen und großen Gesellschaften nach 9 Monaten und nur die der kleinen Gesellschaften nach 12 Monaten den Kreditinstituten vorgelegt werden.

Zu beachten ist, dass mit der **Verschärfung** der **Zwangs- und Ordnungsgeldvorschriften** der §§ 335, 335a und 335b HGB durch das KapCoRiLiG künftig **jedermann** die Möglichkeit hat, beim Amtsgericht die Festsetzung eines Zwangs- und Ordnungsgeldes zu beantragen, wenn die Kapitalgesellschaften bzw. Personengesellschaften, bei denen keine natürliche Person unbeschränkt haftet (§ 264a HGB), die Fristen zur Aufstellung und Offenlegung des Jahresabschlusses und des Lageberichtes nicht einhalten. Im Einzelnen wird auf Antrag ein Zwangs- oder Ordnungsgeld erhoben, wenn

- die Fristen zur Aufstellung des Jahresabschlusses nicht eingehalten werden (§ 335 Nr. 1 HGB: Zwangsgeld) und
- die Frist zur Offenlegung nicht eingehalten wird (§ 335a und b HGB: Ordnungsgeld).

Diese Verschärfung wird in der Praxis dazu führen, dass zukünftig die Offenlegung beachtet wird (im Einzelnen vgl. Abschn. 6.2.3).

4.6.3 Die Fristen der Unternehmen in der Krise

Ist ein Unternehmen in der Krise, so ist der Jahresabschluss unverzüglich aufzustellen. Nach der Rechtsprechung des BGH muss der Jahresabschluss innerhalb einer Frist von acht bis zehn Wochen aufgestellt worden sein (BGH – 4 StR 409/55 – nicht veröffentlicht). Dies wird damit begründet, dass in der Krise die Bilanzierungszwecke, namentlich also das Interesse der Gläubiger (also der Kreditgeber) an der unverzüglichen Durchführung einer Bestandsaufnahme und der Darstellung der Vermögensverhältnisse des Unternehmens sowie das Interesse der Allgemeinheit, ein erhöhtes Gewicht bekommen. Eine Krisensituation liegt immer dann vor, wenn

- eine **drohende** oder **eingetretene Zahlungsunfähigkeit** oder
- eine **Überschuldung**

vorliegt (§§ 17 bis 19 InsO).

Diese Krisenmerkmale werden wie folgt definiert:

1. **Eingetretene Zahlungsunfähigkeit (§ 17 InsO)**
   Zahlungsunfähigkeit ist das voraussichtliche dauernde Unvermögen, die fälligen, eine sofortige Befriedigung fordernden Geldschulden aus Mangel an Zahlungsmitteln wenigstens zu einem wesentlichen Teil zu erfüllen.

2. **Drohende Zahlungsunfähigkeit (§ 18 InsO)**
   Drohend ist die Zahlungsunfähigkeit bereits, wenn nach den festgestellten Umständen eine Wahrscheinlichkeit ihres Eintritts gegeben ist. Aufgrund des neuen Insolvenzrechts ist die drohende Zahlungsunfähigkeit zukünftig ein selbständiger Insolvenzgrund.

3. **Überschuldung (§ 19 InsO)**
   Eine Überschuldung liegt vor, wenn das Vermögen die Schulden nicht mehr deckt. Im Einzelnen vgl. Abschn. 5.4.1.

Wird in einer Krisensituation der Jahresabschluss nicht unverzüglich aufgestellt, so macht sich insbesondere der Kreditnehmer, der die Aufstellung unterlässt, nach dem Strafgesetzbuch strafbar (§§ 283 ff. StGB). Die Tatbestände der §§ 283 Abs. 1 Nr. 5-7, 283b StGB sind mit einschneidenden strafrechtlichen Folgen verbunden (Schramm, DStR 1998 S. 500 ff.). Die Strafbarkeit wird immer dann relevant, wenn das Unternehmen später seine Zahlungen einstellt oder über sein Vermögen das Konkursverfahren eröffnet wird oder der Eröffnungsantrag mangels Masse abgewiesen wird. Es besteht also ein **großes strafrechtliches Risiko**, wenn im Vertrauen darauf, dass diese Umstände nicht eintreten werden, die fristgerechte Aufstellung des Jahresabschlusses unterbleibt. Bei der nicht rechtzeitigen Aufstellung des Jahresabschlusses ist jedoch aufgrund der BGH-Rechtsprechung (BGH, DStR 1998 S. 500 ff.) zu beachten, dass es sich um ein Unterlassungsdelikt handelt, weshalb für die Strafbarkeit die individuelle Handlungsfähigkeit des Handlungsverpflichteten erforderlich ist. Dieser Handlungsfähigkeit sind jedoch Grenzen gesetzt. Kann nämlich ein Kaufmann (Geschäftsführer) die für den Einsatz des Steuerberaters zur Aufstellung des Jahresabschlusses erforderlichen Kosten mangels liquider Mittel (der GmbH) nicht mehr aufbringen, so verletzt er seine Bilanzierungspflicht nicht und macht sich somit auch nicht strafbar (Schramm, DStR 1998 S. 500 ff.). Sind jedoch liquide Mittel vorhanden, so liegt es im höchstpersönlichen Interesse des Kaufmanns, dass er den Jahresabschluss in einer Krisensituation unverzüglich aufstellt. Hinzu kommt, dass dieses Risiko nicht nur den Kaufmann, sondern auch den mit der Erstellung des Jahresabschlusses Beauftragten (z. B. Steuerberater, Wirtschaftsprüfer) treffen kann

(§ 14 Abs. 2 Nr. 2 StGB), wenn der Kaufmann diese Pflichten delegiert hat, d. h. den steuerlichen Berater mit der Erstellung des Jahresabschlusses beauftragt hat. Aus diesem Grunde ist der steuerliche Berater verpflichtet, sobald er feststellt, dass das Unternehmen in eine wirtschaftliche Krise geraten ist, den Kaufmann unverzüglich über diesen Tatbestand und die etwaigen strafrechtlichen Folgen zu unterrichten (vgl. Anlage 3). Außerdem ist es ein Problem der richtigen Auftragsgestaltung, dass sich die mit der Bilanzerstellung beauftragten Personen nicht strafbar machen. Durch entsprechende Vertragsgestaltung werden es die mit der Erstellung des Jahresabschlusses beauftragten Personen jedoch vermeiden, sich strafbar zu machen, indem sie z. B. vereinbarungsgemäß

- nicht vor **Einzahlung** eines **Vorschusses** oder
- nicht vor **Eingang** der angeforderten **Unterlagen**

tätig werden. Da auch die Kreditinstitute nach § 18 KWG verpflichtet sind, in Krisensituationen die vorläufigen Jahresabschlüsse unverzüglich einzufordern (ein Zweifelsfall ist in einer Krisensituation immer gegeben), sollten auch sie dafür Sorge tragen, dass die angeforderten Vorschüsse rechtzeitig bezahlt werden bzw. entsprechende liquide Mittel für den Bilanzersteller vorhanden sind. In jedem Fall sollten auch die Kreditinstitute zusammen mit dem Kreditnehmer und seinem Berater darauf achten, dass wegen der strafrechtlichen Gefahren der Jahresabschluss rechtzeitig erstellt wird.

In der Krise haben also alle Kaufleute, gleichgültig ob Kapitalgesellschaften oder Nichtkapitalgesellschaften, eine erhöhte Sorgfaltspflicht, was die rechtzeitige Aufstellung des Jahresabschlusses betrifft.

Dies gilt auch für den mit der Erstellung des Jahresabschlusses beauftragten Berufsträger, worauf die Bundessteuerberaterkammer in ihrer Empfehlung (vgl. Anlage 3) hingewiesen hat.

4.6.4 Zusammenstellung der Fristen zur rechtzeitigen Aufstellung, Feststellung und Offenlegung des Jahresabschlusses und Lageberichts

Abbildung 10: Tabelle zur rechtzeitigen Aufstellung, Feststellung und Offenlegung des Jahresabschlusses

1. **Fristen zur Aufstellung des Jahresabschlusses und Lageberichtes (vorläufiger Jahresabschluss und Lagebericht)**
   a) Ist der Jahresabschluss eines Unternehmens in der Krise nach acht bis zwölf Wochen aufgestellt worden?
   b) Sind der Jahresabschluss und der Lagebericht einer mittelgroßen bzw. großen Gesellschaft spätestens nach drei Monaten aufgestellt worden (§ 264 Abs. 1 Satz 2 HGB)*?
   c) Ist der Jahresabschluss einer kleinen Gesellschaft spätestens nach sechs Monaten aufgestellt worden (§ 264 Abs. 1 Satz 3 HGB)*?

> d) Ist der Jahresabschluss einer Nichtkapitalgesellschaft (ausgenommen Personenhandelsgesellschaften im Sinne des § 264a HGB) nach sieben bis neun Monaten aufgestellt worden?
> 2. **Fristen zur Feststellung des Jahresabschlusses und Lageberichts (verbindlicher Jahresabschluss und Lagebericht)**
>   a) Sind der Jahresabschluss und der Lagebericht einer mittelgroßen bzw. großen Gesellschaft spätestens nach acht Monaten festgestellt worden (§ 42a Abs. 2 GmbHG)?
>   b) Sind der Jahresabschluss und der Lagebericht einer kleinen Gesellschaft spätestens nach elf Monaten festgestellt worden (§ 42 a Abs. 2 GmbHG)?
>   c) Ist der Jahresabschluss einer Nichtkapitalgesellschaft (ausgenommen Personenhandelsgesellschaften im Sinne des § 264a HGB) spätestens **nach zwölf Monaten** festgestellt worden?
> 3. **Fristen zur Offenlegung des Jahresabschlusses und Lageberichts**
>   Ist der Jahresabschluss und eventuell der Lagebericht (nur bei mittelgroßen und großen Gesellschaften zwingend) einer Kapitalgesellschaft bzw. einer gleichgestellten Personengesellschaft spätestens **nach zwölf Monaten** offen gelegt worden (§ 325 Satz 1 HGB)**?
>
> * Bei Nichteinhaltung der Frist kann jedermann ein Zwangsgeld (§ 335 Nr. 1 HGB) beantragen.
> ** Bei Nichteinhaltung der Frist kann jedermann ein Ordnungsgeld (§§ 335a bzw. 335b HGB) beantragen.

4.7 Handelsbilanz und Steuerbilanz

Aufgrund der Rechnungslegungsvorschriften ist der Kaufmann verpflichtet, eine Handelsbilanz zu erstellen, die im Prinzip auch für die Steuerbilanz maßgeblich ist (§ 5 Abs. 1 EStG).

4.7.1 Die Maßgeblichkeit der Handelsbilanz für die Steuerbilanz

Der Grundsatz der Maßgeblichkeit der Handelsbilanz für die Steuerbilanz besagt,

dass die Wertansätze in der Handelsbilanz auch in die Steuerbilanz zu übernehmen sind, es sei denn, das Steuerrecht schreibt einen anderen Wertansatz vor.

Der Maßgeblichkeitsgrundsatz führt z. B. dazu, dass

- in der Handelsbilanz nicht aktivierte Verwaltungsgemeinkosten auch nicht in der Steuerbilanz aktiviert werden dürfen, da insoweit der Wertansatz der Handelsbilanz maßgeblich ist;
- in der Handelsbilanz nicht aktivierte Fertigungs- und Materialgemeinkosten (es wurden nur Einzelkosten aktiviert) in der Steuerbilanz aktiviert werden müssen, da nach Steuerrecht der Wertansatz inkl. Fertigungs- und Materialgemeinkosten die absolute Untergrenze für den Ansatz der Herstellungskosten ist (vgl. Abschn. 4.8.1.3). Ein Wahlrecht bezüglich der Material- und Fertigungsgemeinkosten gibt es in der Steuerbilanz nicht.

Das Steuerrecht engt also durch eigene Vorschriften die Bewertungsspielräume des Handelsrechts erheblich ein. Normalerweise (Regelfall) wurden aber im Mittelstand keine abweichenden Steuerbilanzen erstellt, sondern die Handelsbilanz entsprach fast immer der Steuerbilanz. Mit zunehmender Internationalisierung der Rechnungsle-

4.7 Handelsbilanz und Steuerbilanz

gung bzw. mit wachsenden Engpässen im Staatshaushalt wird aber das Maßgeblichkeitsprinzip immer mehr in Frage gestellt. Insbesondere durch rein fiskalische Maßnahmen weicht die Steuerbilanz immer stärker von der Handelsbilanz ab, nicht zuletzt durch das Steuerentlastungsgesetz 1999/2000/2002, sodass das Maßgeblichkeitsprinzip immer weiter zugunsten des Fiskus zurückgedrängt wird. Der Fiskus stellt sich durch diese Eingriffe in das Maßgeblichkeitsprinzip ungleich besser als jeder Gläubiger (Banker) oder Gesellschafter des Unternehmens (vgl. Küting/Kessler, Verluste werden negiert, Gewinne werden kassiert, FAZ Nr. 266 vom 16. 11. 1998 S. 35).

So weicht die Handelsbilanz von der Steuerbilanz beispielsweise durch

- das Verbot der Drohverlustrückstellung (§ 5 Abs. 4a EStG),
- das Verbot der Patentverletzungsrückstellung, solange die Ansprüche nicht geltend gemacht sind (§ 5 Abs. 3 EStG),
- die Einschränkung der Teilwertabschreibung auf nachhaltige Wertminderung entgegen dem strengen Niederstwertprinzip (§ 6 Abs. 1 Nr. 1 Satz 2 EStG),
- die Abzinsung der Verbindlichkeiten von einer Laufzeit von mehr als 12 Monaten (§ 6 Abs. 1 Nr. 3 EStG; verstößt im Handelsrecht gegen das Realisationsprinzip),
- die Abzinsung von Rückstellungen für Verpflichtungen die frühestens nach 12 Monaten zu erfüllen sind (§ 6 Abs. 1 Nr. 3a Buchst. e EStG; verstößt im Handelsrecht gegen das Realisationsprinzip),
- das Verbot der Bildung von Rückstellungen bzw. der Passivierung von Verbindlichkeiten für Verpflichtungen, die nur zu erfüllen sind, soweit künftig Einnahmen oder Gewinne anfallen (bedingte Rückzahlungsverpflichtungen; § 5 Abs. 2a EStG in der Fassung des Steuerentlastungsgesetzes 1999/2000/2002),

zwingend ab. Dies hat zur Konsequenz, dass die Handelsbilanzen erheblich schlechter als die Steuerbilanzen sind (vgl. Abschn. 4.8) und somit auch die Kreditwürdigkeit erheblich sinkt; mit der Folge, dass der Mittelstand hierdurch an seiner empfindlichsten Stelle, seiner „Achilles-Ferse" getroffen wird (Müller, StuB 1999 S. 310 ff.).

Ferner werden die umfangreichen handelsrechtlichen Wahlrechte, die im Prinzip die Bildung umfangreicher stiller Reserven in der Handelsbilanz zuließen, im Mittelstand nicht ausgenutzt, da die Interessen der Gesellschafter meist nicht gegenläufig sind. Somit sind im Mittelstand normalerweise auch keine versteuerten stillen Reserven vorhanden, sondern durch die steuerrechtliche Beschneidung des Vorsichtsprinzips werden verstärkt Gewinne besteuert, die bei vorsichtiger Bewertung nicht entstehen würden. Nur ausnahmsweise bei Personenhandels- und Kapitalgesellschaften mit mehreren Gesellschaftern und sehr guter Ertragslage kann es vorkommen, dass die Interessen der Gesellschafter nicht gleichgerichtet sind (z. B. wenn ein Mehrheitsgesellschafter die Liquidität der Gesellschaft erhalten möchte und daher bestrebt ist, nicht den gesamten Gewinn an die Gesellschafter auszuschütten) und deshalb die handelsrechtlichen Vorschriften zur Schaffung stiller Reserven ausgenützt werden. In diesem Fall kommt es ebenfalls zu einer von der Handelsbilanz abweichenden Steuerbilanz und zu versteuernden stillen Reserven.

Bei Personengesellschaften sind jedoch aufgrund der gesellschaftlichen Treuepflicht die Interessen einzelner Gesellschafter mit zu berücksichtigen, sodass insbesondere

Bilanzierungsmaßnahmen, die wirtschaftlich betrachtet eine Gewinnverwendung sind, wie z. B.

- die Bildung offener Rücklagen (vgl. Abschn. 6.2.6.8),
- Ermessensabschreibungen nach § 253 Abs. 4 HGB (vgl. Abschn. 4.8.2),
- die Bildung von Aufwandsrückstellungen nach § 249 Abs. 1 Satz 3, Abs. 2 HGB (vgl. Abschn. 4.9.1) und
- die steuerlichen Abschreibungen, die als Sonderabschreibung oder als erhöhte Abschreibung über die handelsrechtlich zulässigen Abschreibungen hinausgehen (vgl. Abschn. 4.8.1.1),

die also aufgrund ihrer Nähe zur Rücklagenbildung eine Gewinnverwendungsmaßnahme darstellen, der Gesamtheit der Gesellschafter vorbehalten sind (BGH, ZIP 1996 S. 750 ff.). Sie sind damit dem Einflussbereich des Mehrheitsgesellschafters u. U. entzogen, wobei jedoch für die Bildung **notwendiger** offener Rücklagen ein Gesellschaftsbeschluss mit vertragsändernder Mehrheit ausreicht (BGH, BB 1976 S. 948, 949).

Im Prinzip stellt der Maßgeblichkeitsgrundsatz die Handelsbilanz vor die Steuerbilanz, denn Außenwirkung gegenüber fremden Dritten entfaltet ausschließlich die Handelsbilanz (vgl. Abschn. 3.6.1). Nur zur Ermittlung der Steuerbelastung ist eine von der Handelsbilanz abweichende Steuerbilanz zu erstellen. Das **Primat gebührt daher der Handelsbilanz**, da sich die steuerliche Gewinnermittlung lediglich aus der Handelsbilanz ableitet (vgl. Lauth, DStR 1992 S. 1447 ff.) Dies gilt auch für Einzelunternehmen und Personengesellschaften. Auch diese Gesellschaften müssen zwingend eine Handelsbilanz erstellen, wenn sie Kaufleute sind (vgl. Abschn. 3.1.5.1). Nach § 18 KWG ist diese den Kreditinstituten vorzulegen. Kölpin (BBK Fach 13 S. 4261), der der Meinung ist, dass diese Gesellschaften aufgrund der Öffnungsklauseln (§§ 247 Abs. 3, 254, 273, 279 Abs. 2, 280 Abs. 2 HGB) eine „Handelsbilanz erstellen, die die zwingenden steuerlichen Bilanzänderungen berücksichtigt", übersieht, dass das Vorsichtsprinzip als der wichtigste Grundsatz der GoB im Handelsrecht (vgl. Abschn. 4.2) die Handelsbilanz nur für solche steuerlichen Vorschriften öffnet, die eine steuerliche Vergünstigung darstellen (Sonderabschreibungen, Sonderposten mit Rücklageanteil nach § 6b EStG etc.) und damit in der Handelsbilanz zu einem noch vorsichtigeren (niedrigeren) Wertansatz führen. Dies gilt aber nicht für steuerliche Eingriffe, die zu einem höheren Gewinn führen und damit Verluste negieren. Aus diesem Grunde ist von Seiten der steuerberatenden und wirtschaftsprüfenden Berufe unbedingt darauf zu achten, dass bei Kaufleuten eine den handelsrechtlichen Vorschriften entsprechende Handelsbilanz erstellt wird. Ansonsten wären erhöhte Haftungsgefahren die Folge. Den Vorstellungen Kölpins ist daher eine klare Absage zu erteilen.

Die Einschränkung des Maßgeblichkeitsgrundsatzes führt dazu, dass die Abweichungen zwischen Handelsbilanz und Steuerbilanz im Wesentlichen aus folgenden handelsrechtlichen Wahlrechten:

- **Abwertungswahlrechten** (vgl. Abschn. 4.8.1.1), die mit Ausnahme der steuerlichen Abschreibung in der Steuerbilanz nicht gestattet sind;

- **Bewertungsmethodenwahlrechten** (vgl. Abschn. 4.8.1.3), soweit die Methode in der Steuerbilanz nicht zugelassen oder eingeschränkt ist;
- **Aktivierungswahlrechten** (vgl. Abschn. 4.9.1), die in der Steuerbilanz Aktivierungsgebote sind (Ausnahme: Bilanzierungshilfen) sowie
- **Passivierungswahlrechten** (vgl. Abschn. 4.9.2), die in der Steuerbilanz Passivierungsverbote sind (Ausnahme: Sonderposten mit Rücklageanteil,

resultieren bzw. aus im **Steuerrecht zwingend vorgeschriebenen Durchbrechungen** des Vorsichts- und damit des Maßgeblichkeitsprinzips.

Das Steuerrecht engt also die Bewertungsspielräume des Handelsrechts zur Ermittlung einer gleichmäßigen Besteuerung drastisch ein. Diese Einschränkungen führen zu einer höheren Steuer und zu einer von der Handelsbilanz abweichenden Steuerbilanz. Da die Abweichungen zwischen Handels- und Steuerbilanz auch zu versteuerten stillen Reserven führen können, sind diese auch für die Kreditinstitute interessant. In der Praxis sollten deshalb die Kreditnehmer, wenn sie den Jahresabschluss bei der Bank einreichen, erläutern, wo die Handelsbilanz von der Steuerbilanz abweicht, und auch die versteuerten stillen Reserven offen legen.

4.7.2 Der Grundsatz der umgekehrten Maßgeblichkeit

Im Steuerrecht (§ 5 Abs. 2 Satz 2 EStG) ist der Grundsatz der umgekehrten Maßgeblichkeit geregelt. Er besagt, dass sich die Handelsbilanz nach der Steuerbilanz richten muss, wenn das Steuerrecht eine steuerliche Vergünstigung, die an sich aber nicht in das System der GoB passt und deshalb nicht in die Handelsbilanz übernommen werden dürfte (vgl. Kölpin, BBK Fach 13, S. 4261 ff.), nur dann gewährt, wenn in der Handelsbilanz entsprechend bilanziert wird (vgl. auch Abschn. 4.9.2.1). Dies trifft insbesondere auf steuerliche Wahlrechte mit wirtschaftspolitischer Zielsetzung (z. B. steuerliche Sonderabschreibungen vgl. Abschn. 4.8.1.1) zu. Im Handelsrecht ist deshalb die Inanspruchnahme der steuerlichen Vergünstigungen ebenfalls gestattet (vgl. §§ 254 Satz 1 u. 279 Abs. 2, 254, 280 Abs. 2, 247 Abs. 3 u. 273 HGB).

4.7.3 Sonder- und Ergänzungsbilanz

Im Steuerrecht, und nur dort, können die Begriffe Sonderbilanz und Ergänzungsbilanz auftauchen. Hinter diesen beiden Begriffen verbergen sich unterschiedliche Sachverhalte.

4.7.3.1 Sonderbilanz

In der Sonderbilanz werden **Wirtschaftsgüter** (z. B. Grundstücke, Anteile an der Komplementär-GmbH) ausgewiesen, die sich nicht im Eigentum der Gesellschaft, sondern im Eigentum eines oder mehrerer Gesellschafter befinden. Diese Wirtschaftsgüter sind deshalb handelsrechtlich nicht der Gesellschaft zuzurechnen (keine gesamthänderische Bindung) und dürfen daher auch nicht in der Handelsbilanz erfasst werden (vgl. auch § 264c Abs. 3 HGB). Dienen diese Wirtschaftsgüter unmittelbar der gewerblichen Betätigung einer Personengesellschaft oder der Beteiligung eines Mitunternehmers (Gesellschafters), sind sie als steuerliches Sonderbetriebsvermögen in einer separaten steuerlichen Sonderbilanz des Gesellschafters zu erfassen, wobei die darauf entfallenden Aufwendungen und Erträge in einer Sonder-GuV auszuweisen sind (vgl. auch § 264c Abs. 3 HGB).

Eine Erfassung dieser Wirtschaftsgüter in der Handelsbilanz der Gesellschaft wäre, da sie nicht der Gesellschaft gehören, falsch. Sonderbilanzen gibt es nur bei den Personengesellschaften und somit bei der GbR, OHG, KG und GmbH & Co KG.

4.7.3.2 Ergänzungsbilanz

In einer Ergänzungsbilanz werden keine Wirtschaftsgüter erfasst, sondern lediglich **Wertabweichungen** zu den Ansätzen in der Steuerbilanz der Gesellschaft. D. h. in einer Ergänzungsbilanz werden stille Reserven ausgewiesen, die z. B. dadurch entstanden sind, dass ein Gesellschafter für den Erwerb eines Gesellschaftsanteils mehr als den auf diesen Anteil entfallenden Eigenkapitalanteil bezahlt hat.

Sollten Sonder- oder Ergänzungsbilanzen erstellt werden, ist damit zu rechnen, dass sich die Bank auch hierüber informieren lassen wird, um Klarheit zu erhalten, welche Wirtschaftsgüter bzw. Wertabweichungen in diesen Bilanzen erfasst wurden.

4.8 Bewertungswahlrechte und Bewertungsstetigkeit

Die deutschen Rechnungslegungsvorschriften gewähren dem Kaufmann sehr viele Wahlrechte. Dies gilt auch im internationalen Vergleich. Deshalb ist es Praxis, dass, wenn sich ein positives Jahresergebnis abzeichnet, also ein Jahresüberschuss erzielt wird, der Kaufmann die Bewertungswahlrechte vor dem Hintergrund, Steuern zu sparen, so ausübt, dass ein möglichst geringer Jahresüberschuss ausgewiesen wird. Zeichnet sich jedoch ein negatives Jahresergebnis ab, so werden in der Regel die Bewertungswahlrechte in der Praxis dahingehend ausgeübt, ein möglichst geringes negatives Ergebnis oder u. U. sogar ein positives Ergebnis auszuweisen. Dies geschieht auch vor dem Hintergrund, den Kreditinstituten möglichst ein gutes Ergebnis zu zeigen, mit der Konsequenz, dass u. U. die Kapitaldienstfähigkeit günstiger dargestellt wird, als sie tatsächlich ist (vgl. Abschn. 8.3.2.4). Die Folge ist, dass sich bei der Bilanzanalyse ebenfalls günstigere Kennzahlen einstellen (vgl. Abschn. 8.3) und somit die Kreditinstitute meist keine weiteren Fragen stellen bzw. Unterlagen anfordern, da sie von einer gleich bleibenden Entwicklung ausgehen. Dieses gezielte Ausnutzen der Bewertungsspielräume führt dazu, dass die Aussage

- „eine gute Bilanz ist meist besser und
- eine schlechte Bilanz meist schlechter"

grundsätzlich gilt. Der Kaufmann (Kreditnehmer) nutzt die Bewertungswahlrechte geschickt aus, um dadurch Einfluss auf das Jahresergebnis zu nehmen. Die Bewertungswahlrechte sind also wichtige Instrumente der Bilanzpolitik (vgl. Abschn. 7.2).

Werden allerdings aufgrund steuerlicher Vorschriften handelsrechtliche Verluste negiert (vgl. Abschn. 4.7.1), so wird durch die dadurch entstehende Mehrsteuer bzw. den fehlenden Verlustrücktrag die Handelsbilanz noch schlechter als sie tatsächlich ist. Dies gilt selbst dann, wenn eine „aktive latente Steuerabgrenzung" (vgl. Abschn. 6.2.6.4). gebildet wird, da diese bei der Bilanzanalyse nicht als Vermögenswert

4.8 Bewertungswahlrechte und Bewertungsstetigkeit

berücksichtigt werden darf, weil es sich nur um eine Bilanzierungshilfe handelt. Die Kreditwürdigkeit wird also in diesen Fällen, die zukünftig wohl häufiger eintreten werden, noch schlechter dargestellt, als sie in Wirklichkeit ist (vgl. Müller, StuB 1999 S. 210 ff.). Auch diese Problematik ist daher bei der Bilanzanalyse in Zukunft zu beachten, wobei zu befürchten ist, dass die Kreditinstitute für diese Problematik wenig Verständnis aufbringen werden. Den Kreditinstituten ist zudem bei der zukunftsgerichteten Auswertung sämtlicher Unterlagen des Kreditnehmers, bei der sie insbesondere die Unterlagen auf Plausibilität und innere Widersprüche zu überprüfen haben, bekannt, dass durch geschickte Ausnutzung der Bewertungswahlrechte das Ergebnis beeinflusst wird. Das Bundesaufsichtsamt weist die Kreditinstitute in seinem Rundschreiben ausdrücklich darauf hin, dass sie den Jahresabschluss exakt analysieren müssen, wenn dieser eine eindeutige Beurteilung der wirtschaftlichen Situation des Kreditnehmers nicht gewährleistet, damit sie erkennen, welchen Gebrauch der Kreditnehmer von den Bewertungswahlrechten gemacht hat (vgl. Anlage 2). Besonders im Bereich der Bewertung des Vorratsvermögens sollen die Kreditinstitute, wenn der vorgelegte Jahresabschluss nicht aus sich heraus eine eindeutige Beurteilung der wirtschaftlichen Situation des Kreditnehmers gewährleistet, eigene Ermittlungen anstellen. Die Kreditinstitute werden deshalb im Rahmen ihrer Analyse auch versuchen, den unterschiedlichen Gebrauch der Bewertungswahlrechte festzustellen, um damit eine Schwachstelle der Bilanzanalyse (vgl. Abschn. 8.2.3) zu beseitigen. Da jedoch nicht nur die Bewertungswahlrechte Instrumente der Bilanzpolitik sind, sondern auch

- die **Bilanzansatzwahlrechte** (vgl. Abschn. 4.9),
- die **Ermessensspielräume** (optimistische und pessimistische Betrachtung, vgl. Abschn. 7.2.3) und
- die **Sachverhaltsgestaltungen** (vgl. Abschn. 7.2.2),

müssen sie auch den Einsatz dieser Instrumente im Jahresabschluss aufspüren, um eine möglichst zukunftsgerichtete Auswertung der Unterlagen des Kreditnehmers vornehmen zu können. Ziel des Kreditnehmers ist es dagegen, den Gebrauch dieser Instrumente, soweit es möglich ist, zu verbergen, insbesondere wenn er damit ein schlechtes Ergebnis aufgewertet hat, um kein Misstrauen bei den Kreditgebern zu erwecken.

4.8.1 Die Bewertungswahlrechte

Die Bewertungswahlrechte lassen sich einteilen in:

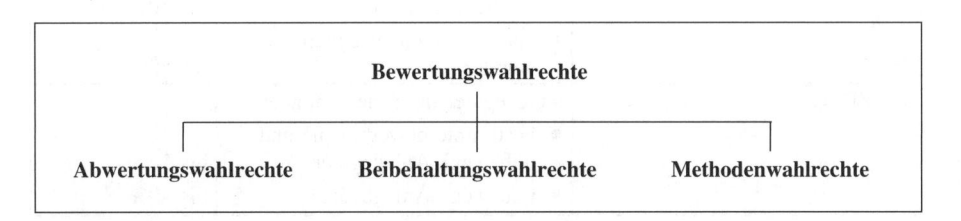

```
                    Bewertungswahlrechte
        ┌──────────────────┼──────────────────┐
Abwertungswahlrechte  Beibehaltungswahlrechte  Methodenwahlrechte
```

Ziel des Kaufmanns (Kreditnehmers) ist es, diese Instrumente so einzusetzen, dass er das Ergebnis des Jahresabschlusses in seinem Sinne beeinflusst. Da jedoch im Mittelstand in der Regel die Handelsbilanz der Steuerbilanz entspricht (soweit dies noch möglich ist, vgl. Abschn. 4.7.1), wird er nur die Wahlrechte einsetzen, die in beiden Bilanzen zulässig sind. Deshalb ist in der Zusammenstellung der wichtigsten Bewertungswahlrechte vermerkt, ob das einzelne Wahlrecht auch in der Steuerbilanz zulässig ist.

4.8.1.1 Die Abwertungswahlrechte

Von den Abwertungswahlrechten sind nur die steuerlichen Abschreibungen sowohl in der Handelsbilanz als auch in der Steuerbilanz zulässig und deshalb besonders zu beachten. Sie umfassen die steuerlichen Sonderabschreibungen, die erhöhten Absetzungen, die Bewertungsabschläge und die Ansparabschreibung. Die anderen Abwertungswahlrechte, die nur in der Handelsbilanz zulässig sind, haben im Mittelstand nur eine geringe Bedeutung (vgl. Abschn. 4.7.1). Die Vorschriften der rein steuerlichen Abschreibungen sind jedoch sehr vielfältig, wie die nachfolgende Aufstellung (Abbildung 11) **wesentlicher steuerlicher Abschreibungen** zeigt.

Abbildung 11: Zusammenstellung wesentlicher steuerlicher Abschreibungen

Vorschrift	Art	Höhe der Begünstigung
I. Sonderabschreibungen		
§ 7f EStG	Abnutzbare Anlagegüter privater Krankenhäuser	
	• bewegliche	bis 50%
	• unbewegliche	bis 30%
§ 7g Abs. 1 EStG	Anlagegüter kleiner und mittlerer Betriebe	
	• neue bewegliche Anlagegüter	bis 20%
§ 82f EStDV	Handels-, Seefischereischiffe, Luftfahrzeuge	
	• neue Handels-/Seefischereischiffe	bis 40%
	• Luftfahrzeuge	bis 30%
§ 4 FörderG	Bestimmte Anlagegüter und Baumaßnahmen im Fördergebiet	
	• abnutzbare bewegl. Anlagegüter (keine Luftfahrzeuge)	bis 50%
	• abnutzbare unbewegliche Anlagegüter	bis 50%
§ 3 ZRFG	Anlagegüter im Zonenrandgebiet	
	• bestimmte bewegl. neue und unbewegl. Anlagegüter	bis 50%
	• unbewegl. Anlagegüter	bis 40%

4.8 Bewertungswahlrechte und Bewertungsstetigkeit

Vorschrift	Art	Höhe der Begünstigung
II. Erhöhte Absetzungen		
§ 7c EStG	Baumaßnahmen an Gebäuden zur Schaffung neuer Mietwohnungen	bis 20% jährlich
§ 7h EStG (ersetzt durch § 82 g EStDV)	Gebäude in Sanierungsgebieten und städtebaulichen Entwicklungsbereichen	bis 10% jährlich
§ 7i EStG (ersetzt durch § 82 i EStDV)	Baudenkmäler	bis 10% jährlich
§ 7k EStG	Wohnungen mit Sozialbindung • Jahr der Fertigstellung und vier Folgejahre • fünf Folgejahre	 jeweils bis 10% jeweils bis 7%
§ 7 SchutzBauG	Schutzbauten	bis 10% jährlich
III. Bewertungsabschläge		
§ 6b EStG	• Grund u. Boden (sowie Aufwuchs auf/Anlagen im Grund u. Boden), Gebäude, Anteile an Kapitalgesellschaften • abnutzbare bewegl. Anlagegüter (Nutzungsdauer mindestens 25 Jahre), Schiffe	bis 100% bis 50%
R 34 EStR	Übertragung von Investitionszuschüssen	bis 100%
R 35 EStR	Übertragung stiller Reserven bei Ersatzbeschaffung	bis 100%
§ 80 EStDV	Importwarenabschlag	bis 10%
IV. Ansparabschreibung		
§ 7g Abs. 3-6 EStG	Rücklage für zukünftige Neuanschaffungen kleinerer und mittlerer Betriebe	bis 50% der AHK

Werden die steuerlichen Abschreibungen des § 254 HGB einheitlich in Anspruch genommen (z. B. die Abschreibung nach § 7g EStG generell auf alle Neuzugänge), liegt eine Bewertungsmethode vor, die grundsätzlich dem Stetigkeitsgebot unterliegt (vgl. HFA 3/1997). Der Kaufmann wird also bei einer einheitlichen Inanspruchnahme daran gehindert, die Sonderabschreibungen künftig unterschiedlich auszuüben (entgegen dem Rechtsausschuss des Bundestages), da durch die neue Stellungnahme des Hauptfachausschusses des IDW (HFA 3/1997) die frühere Auffassung (SABI 2/1987) aufgegeben wurde.

Zu beachten ist, dass ab 1. 1. 1995 den kleineren und mittleren Betrieben eine **Ansparabschreibung** gewährt wird, die im Hinblick auf die Bilanzpolitik zunehmend an Bedeutung gewinnt. Die Ansparabschreibung ist keine echte Abschreibung, sondern eine gewinnmindernde Rücklage (Sonderposten mit Rücklageanteil) für die

Anschaffung oder Herstellung eines Wirtschaftsguts, wobei die Abschreibung nach § 7g Abs. 1 EStG ab 1. 1. 2001 nur noch gewährt wird, wenn eine entsprechende Ansparabschreibung gebildet wurde (§ 7g Abs. 2 Nr. 3 EStG). Soweit jedoch diese Rücklage nicht auf begünstigte Wirtschaftsgüter übertragen wird, ist sie am Ende des zweiten auf die Bildung folgenden Wirtschaftsjahres gewinnerhöhend aufzulösen. Der steuerliche Gewinn ist für jedes volle Wirtschaftsjahr, für welches die Rücklage bestanden hat, um 6 % des aufgelösten Betrages zusätzlich zu erhöhen. Die Ansparabschreibung wird nur gewährt, wenn das Betriebsvermögen den Betrag von **400 000 DM nicht übersteigt.** Sie wird nur für **neue bewegliche Anlagegüter** gewährt. Sie ist auf einen Betrag von höchstens 300 000 DM begrenzt. Die Ansparrücklage wird auch dem Einnahmen-Überschussrechner (vgl. Abschn. 3.5) gewährt. Die Betriebsvermögensgrenze von 400 000 DM gilt bei Betrieben, die den Gewinn mit einer Einnahmen-Überschussrechnung (§ 4 Abs. 3 EStG) ermitteln, als erfüllt. Für Existenzgründer gibt es noch weitere Vergünstigungen.

4.8.1.2 Die Beibehaltungswahlrechte

Die Beibehaltungswahlrechte sind ab 1. 1. 1999 dadurch gekennzeichnet, dass es ein Zusammenspiel zwischen Handels- und Steuerbilanz nach § 280 Abs. 2 HGB (umgekehrte Maßgeblichkeit) nicht mehr gibt. Nach § 6 Abs. 1 Nr. 1 Satz 4 EStG gibt es nunmehr auch im Steuerrecht ein spezielles Wertaufholungsgebot. Somit ist bei den Kapitalgesellschaften und den gleichgestellten Personengesellschaften nach Handelsrecht (§ 280 Abs. 1 HGB) zwingend eine Wertaufholung vorgeschrieben. Die Vorschrift des § 280 Abs. 2 HGB, der eine Beibehaltung des niedrigen Teilwerts wegen der umgekehrten Maßgeblichkeit (vgl. Abschn. 4.7.2) zuließ, ist wegen § 6 Abs. 1 Nr. 1 Satz 4 EStG bedeutungslos geworden. Zu beachten ist jedoch, dass die Zuschreibung nach Handelsrecht (§ 280 Abs. 1 HGB) sich von der steuerlichen Zuschreibung (§ 6 Abs. 1 Nr. 1 EStG) unterscheidet. Das Steuerrecht fordert nämlich eine Wertaufholung auch zwingend

- bei einer nur vorübergehenden Wertminderung oder
- wenn ein den steuerlichen Anforderungen genügender Nachweis über eine dauernde Wertminderung nicht erbracht werden kann.

Das Handelsrecht schreibt aber beim Umlaufvermögen wegen des strengen Niederstwertprinzips (vgl. Abschn. 7.4.3) eine Teilwertabschreibung vor (vgl. Feld, WPg 1999 S. 861). Aus diesem Grunde kommt es nunmehr in diesen Fällen zu einer von der Handelsbilanz abweichenden Steuerbilanz (vgl. auch Abschn. 4.7.1).

Bei den Nichtkapitalgesellschaften ist die Vorschrift des § 280 HGB nicht anzuwenden. Wird daher aufgrund der Wahlrechte der §§ 253 Abs. 5 und 254 Satz 2 HGB in der Handelsbilanz einer Nichtkapitalgesellschaft (vgl. Abschn. 6.1.1) nicht zugeschrieben, muss zukünftig in der Steuerbilanz zwingend zugeschrieben werden. Dies führt zu einer abweichenden Steuerbilanz und zu versteuernden stillen Reserven in der Handelsbilanz, weshalb normalerweise zukünftig auch in der Handelsbilanz der Nichtkapitalgesellschaften, mit der Ausnahme nur vorübergehender Wertminderung beim Umlaufvermögen, zugeschrieben werden wird (vgl. auch Abschn. 4.7.1). Jede

4.8 Bewertungswahlrechte und Bewertungsstetigkeit

Wertaufholung wirkt sich ferner in der Gewinn- und Verlustrechnung meist unter den sonstigen betrieblichen Erträgen aus, weshalb die Kreditinstitute diese Position bei der Bilanzanalyse besonders beachten (vgl. auch Abschn. 8.3.2.4).

Die Zuschreibung wird ertragsteuerlich dadurch abgemildert, dass nach § 52 Abs. 16 Satz 3 EStG die Wertaufholung im Erstjahr (Altfälle) nicht sofort erfolgen muss, sondern durch Bildung eines Sonderpostens mit Rücklageanteil auf fünf Jahre verteilt werden kann. Soll der Wertaufholungsgewinn oder aber auch der Abzinsungsgewinn (vgl. Abschn. 4.7.1) im Erstjahr der Anwendung der geänderten steuerlichen Gewinnermittlungsvorschriften in eine gewinnmindernde Rücklage nach § 52 Abs. 16 EStG eingestellt werden, liegt ein Anwendungsfall der umgekehrten Maßgeblichkeit vor. Somit ist auch in der Handelsbilanz die Bildung eines Sonderpostens mit Rücklageanteil nach §§ 247 Abs. 3, 273 HGB notwendig. Die Notwendigkeit der Bildung eines Sonderpostens mit Rücklageanteil in der Handelsbilanz liegt aber nur dann vor, wenn es in der Handels- und Steuerbilanz **zu identischen Ergebnisauswirkungen** kommt bzw. kommen kann. Ist dies nicht der Fall, besteht aus steuerlicher Sicht keine Veranlassung zur Bildung eines Sonderpostens mit Rücklageanteil in der Handelsbilanz, da ein in der Handelsbilanz nicht entstehender Gewinn auch nicht für eine Ausschüttung an die Gesellschafter gesperrt werden muss. Identische Ergebnisauswirkungen in der Handels- und Steuerbilanz kommen somit ausschließlich in Wertaufholungsfällen in Betracht, nicht jedoch in Abzinsungsfällen (vgl. Feld, WPg 1999, S. 861 ff.).

4.8.1.3 Die Methodenwahlrechte

Die Methodenwahlrechte werden sowohl im Handels- als auch im Steuerrecht gewährt, wobei jedoch die **Bewertungsspielräume** im Steuerrecht gegenüber denen im Handelsrecht erheblich **eingeschränkt** werden. Im Einzelnen sind folgende Methoden handels- und steuerrechtlich von Bedeutung:

1. Ermittlung der **Anschaffungskosten**
   Die Methode der Ermittlung der Anschaffungskosten ist im Steuerrecht in § 6 Abs. 1 EStG u. R 32a EStR geregelt. Auch die Festbewertung und die Gruppenbewertung sind in den Grenzen des § 5 Abs. 1 EStG i. V. mit R 31 EStR i. V. mit § 6 EStG u. R 36 EStR zulässig. Das Gleiche gilt für die Verbrauchsfolgeverfahren, die in § 6 Abs. 1 Nr. 2a EStG geregelt sind, wobei im Steuerrecht nur Lifo zulässig ist, während Hifo und Fifo im Steuerrecht nicht möglich sind.

2. Ermittlung der **Herstellungskosten**
   Die Methode der Ermittlung der Herstellungskosten bietet im Mittelstand die größten Gestaltungsspielräume. Das Handels- als auch das Steuerrecht gewähren nämlich bei den Verwaltungsgemeinkosten generell sowie bei den Zinsen bei langfristiger Fertigung ein Wahlrecht. Abbildung 12 zeigt die gesamte Bandbreite der handels- und steuerrechtlichen Wahlrechte mit Unter- und Obergrenze.

Abbildung 12: Kalkulationsschema und Darstellung der aktivierbaren Kosten im Handels- und Steuerrecht

Einzelkosten	Gemeinkosten		Kalkulationsschema
Materialeinzelkosten	Materialgemeinkosten[1]	Materialeinzelkosten Materialgemeinkosten	Materialkosten
Fertigungseinzelkosten	Fertigungsgemein- kosten[1]	Fertigungseinzelkosten Fertigungsgemein- kosten	Fertigungskosten
Sondereinzelkosten der Fertigung			Sondereinzelkosten der Fertigung
Handelsrechtliche Untergrenze			**Herstellkosten**
Steuerrechtliche Untergrenze			Verwaltungsgemeinkosten Zinsen
	Verwaltungsgemein- kosten[2] Zinsen[3]		**Herstellungskosten** Vertriebsgemeinkosten Sondereinzelkosten des Vertriebes
Handels- und steuerrechtliche Obergrenze			**Selbstkosten**

[1] einschließlich Werteverzehr des Anlagevermögens, soweit durch die Fertigung veranlaßt
[2] Verwaltungsgemeinkosten einschließlich:
Aufwendungen für soziale Einrichtungen des Betriebes
Aufwendungen für freiwillige soziale Leistungen
Aufwendungen für betriebliche Altersversorgung
[3] Zinsen für Fremdkapital dürfen sowohl nach Handelsrecht als auch nach Steuerrecht nur in die Herstellungskosten einbezogen werden, wenn das Fremdkapital zur Herstellung eines Vermögensgegenstandes verwendet wird und soweit sie auf den Zeitraum der Herstellung entfallen (z. B. Objektfinanzierungsmittel beim Bauträger)

3. **Abschreibungsmethoden**
Die handelsrechtliche Vielfalt und Freiheit wird im Steuerrecht durch § 7 EStG eingeschränkt, wobei im Steuerrecht die lineare und degressive Abschreibung zulässig ist. Es gelten jedoch die folgenden Einschränkungen:

- Eine Sofortabschreibung ist nur auf GWG möglich (§ 6 Abs. 2 EStG),
- die Abschreibung des Geschäfts- oder Firmenwertes ist auf 15 Jahre begrenzt (§ 7 Abs. 1 EStG),
- die degressive Abschreibung ist auf 30% begrenzt (§ 7 Abs. 2 EStG),
- die Nutzungsdauer richtet sich nach der betriebsgewöhnlichen Nutzungsdauer (§ 7 Abs. 1 EStG; steuerliche AfA-Tabellen) und nicht nach einer eventuell kürzeren handelsrechtlichen Nutzungsdauer,
- die Vereinfachungsregel ist auf das 1. und 2. Halbjahr beschränkt (R 44 EStG).

4. **Methoden der Schätzgrundlage**
Sie besagen, dass bei Ermittlung der Rückstellung immer nach den gleichen Methoden vorgegangen werden muss. Auch hier schränkt das Steuerrecht die Rückstellungsbildung, z. B. bei den Gewährleistungen, bei denen z. B. nur bestimmte Prozentsätze steuerlich anerkannt werden, erheblich ein.

4.8 Bewertungswahlrechte und Bewertungsstetigkeit

Es ist also festzustellen, dass von den Bewertungswahlrechten im Mittelstand diejenigen die größte Rolle spielen, die in der Handels- und Steuerbilanz deckungsgleich sind. Werden nicht deckungsgleiche Wahlrechte ausgeübt, so können die Kreditinstitute diese mit der Frage nach den **Abweichungen** der **Handelsbilanz** von der **Steuerbilanz** relativ einfach feststellen (vgl. Anlage 1), wobei diese Frage wegen der **zunehmenden Durchbrechungen** im Steuerrecht (vgl. Abschn. 4.7.1) immer wichtiger wird.

4.8.2 Übersicht wichtiger Bewertungswahlrechte

Abbildung 13: Übersicht wichtiger Bewertungswahlrechte

Wahlrechte	Rechtsgrundlage	Zulässigkeit des Wahlrechtes		
		bei der Nichtkapitalgesellschaft	bei der Kapitalgesellschaft	in der Steuerbilanz
Abwertungswahlrechte				
1. Außerplanmäßige Abschreibungen im Anlagevermögen bei nur vorübergehender Wertminderung	§ 253 Abs. 2 Satz 3 i. V. mit § 279 Abs. 1 Satz 2 HGB	×	×[1]	
2. Abschreibungen auf den zukünftigen Wertschwankungswert im Umlaufvermögen	§ 253 Abs. 3 Satz 3 HGB	×	×	
3. Abschreibungen im Rahmen vernünftiger kaufmännischer Beurteilung	§ 253 Abs. 4 i. V. mit § 279 Abs. 1 Satz 1 HGB	×		
4. Rein steuerlich motivierte Abschreibungen	§ 254 i. V. mit § 279 Abs. 2 HGB	×	×	×
Beibehaltungswahlrechte				
1. Beibehaltungswahlrecht für einen niedrigeren Wertansatz	§§ 253 Abs. 5 u. 254 Satz 2 i. V. mit § 280 Abs. 1 HGB	×		
Methodenwahlrechte				
1. Ermittlung der Anschaffungskosten (Einzel-, Fest-, Gruppenbewertung, Verbrauchsfolgeverfahren)	§ 256 i. V. mit § 240 Abs. 3 u. 4 HGB	×	×	×[2]
2. Ermittlung der Herstellungskosten	§ 255 Abs. 2 u. 3 HGB	×	×	×[2]
3. Abschreibungsmethoden (z. B. linear oder degressiv; Abschreibung des Geschäfts- oder Firmenwertes)	§§ 253 Abs. 2 u. 255 Abs. 4 Satz 2 u. 3 HGB	×	×	×[2]
4. Methode der Schätzgrundlagen zur Ermittlung von Rückstellungsbeträgen	§ 249 HGB	×	×	×[2]

[1] nur bei Finanzanlagen
[2] durch das Steuerrecht eingeschränkt

4.8.3 Bewertungsstetigkeit

Der Grundsatz der Bewertungsstetigkeit (materielle Bilanzkontinuität) besagt, dass die Bewertung des laufenden Jahres gegenüber dem Vorjahr nicht verändert werden darf. Ziel dieser Vorschrift ist es, die Vergleichbarkeit aufeinander folgender Jahresabschlüsse zu verbessern. Vom Grundsatz der Bewertungsstetigkeit werden nur die Methodenwahlrechte erfasst. Die **Abwertungs- und Beibehaltungswahlrechte unterliegen nicht dem Stetigkeitsgebot** und können deshalb in jedem Jahresabschluss anders ausgeübt werden (Ausnahme: vgl. Abschn. 7.4.3). Soweit jedoch der Grundsatz der Bewertungsstetigkeit greift, dürfen die einmal gewählten Bewertungsmethoden im Folgeabschluss nicht verändert werden. Dieser Grundsatz ist jedoch in der Praxis ein Papiertiger. Nach § 252 Abs. 2 HGB darf nämlich **in begründeten Fällen** vom Grundsatz der Bewertungsstetigkeit **abgewichen** werden. Die Gründe, die eine Abweichung zulassen, sind äußerst vielfältig. So darf beispielsweise

- bei Gesetzes- und Rechtsprechungsänderung,
- anlässlich einer Betriebsprüfung,
- bei Sanierungsmaßnahmen,
- bei Einbeziehung in den Konzernverbund,
- bei technischen Umwälzungen,
- bei einer Änderung der unternehmerischen Konzeption,
- bei einem Wechsel des Managements,
- bei wesentlichen Sortimentsänderungen etc.

von der Bewertungsstetigkeit abgewichen werden (Gelhausen, in: WP-Handbuch 1996, Rz. E 216). Der Fall der Daimler Benz AG in den Jahren 1987, 1988 und 1989 zeigt, dass, wenn es nötig ist, jederzeit plausible Gründe gefunden werden, die eine Abweichung begründen. Es ist deshalb in der Praxis für den bilanzierenden Kreditnehmer äußerst interessant, durch Änderung der Bewertungsmethoden Bilanzpolitik zu betreiben. Die Kreditinstitute werden daher wegen der Auswirkungen dieser bilanzpolitischen Maßnahmen auf den Kapitaldienst und die Kennzahlen (vgl. Abschn. 8.3.2.1) versuchen, diese Änderungen aufzuspüren, um deren Einfluss auf die Vermögens-, Finanz- und Ertragslage quantifizieren zu können. Bei den Kapitalgesellschaften können sie dies problemlos tun, da diese gemäß § 284 Abs. 2 Nr. 3 HGB die Auswirkung einer Methodenänderung **zahlenmäßig darstellen** müssen, damit zumindest die Größenordnung der jeweiligen Änderung und ihr Einfluss auf die Vermögens-, Finanz- und Ertragslage des Unternehmens für das laufende Geschäftsjahr geschätzt werden können (vgl. Abschn. 6.2.9 und 8.3.2.1). Diese Angabepflicht bezieht sich auf jede geänderte Bewertungsmethode, soweit die Änderung für sich alleine oder in der Summe mit den Auswirkungen anderer Methodenänderungen nicht unerheblich ist (Stellungnahme HFA 3/1997, vgl. auch Anlage 7).

4.9 Ansatzwahlrechte

Neben den Bewertungswahlrechten sind auch die Ansatzwahlrechte (Bilanzansatzwahlrechte) Instrumente der Bilanzpolitik. Sie unterteilen sich in:

4.9 Ansatzwahlrechte

```
                        Ansatzwahlrechte
                               |
              ┌────────────────┴────────────────┐
      Aktivierungswahlrechte          Passivierungswahlrechte
```

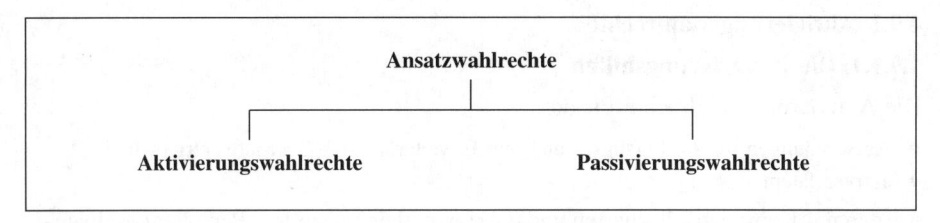

Die wichtigsten Ansatzwahlrechte sind in der nachfolgenden Übersicht (Abbildung 14) zusammengefasst. Es ist vermerkt, ob die Wahlrechte auch in der Steuerbilanz ausgeübt werden dürfen und somit die Wahlrechte für die Bilanzpolitik besonders bedeutsam sind. Im Übrigen gilt das Gleiche wie bei den Bewertungswahlrechten.

Abbildung 14: Übersicht wichtiger Ansatzwahlrechte

Wahlrechte	Rechtsgrundlage	Zulässigkeit des Wahlrechtes		
		bei der Nichtkapitalgesellschaft	bei der Kapitalgesellschaft	in der Steuerbilanz
Aktivierungswahlrechte				
1. Aufwendungen für die Ingangsetzung und Erweiterung des Geschäftsbetriebes	§ 269 HGB		×	
2. Aktivische latente Steuern	§ 274 Abs. 2 HGB		×	
3. Derivativer Geschäfts- oder Firmenwert	§ 255 Abs. 4 HGB	×	×	
4. Rechnungsabgrenzungsposten				
• Zölle, Verbrauchs- und Umsatzsteuern	§ 250 Abs. 1 Satz 2 Nr. 1 u. 2 HGB	×	×	
• Disagio	§ 250 Abs. 3 HGB	×	×	
Passivierungswahlrechte				
1. Sonderposten mit Rücklageanteil	§ 247 Abs. 3 i. V. mit § 273 HGB	×	×	×
2. Rückstellungen				
• Pensionsrückstellungen (Zusage vor dem 1. 1. 1987)	Art. 28 Abs. 1 EGHGB	×	×	
• Rückstellungen für unterlassene Instandhaltungsaufwendungen (Nachholung ab 4. bis 12. Monat)	§ 249 Abs. 1 Satz 3 HGB	×	×	
• Aufwandsrückstellungen	§ 249 Abs. 2 HGB	×	×	

4.9.1 Aktivierungswahlrechte

4.9.1.1 Die Bilanzierungshilfen

Die Aktivierungswahlrechte für die

- Aufwendungen für die Ingangsetzung und Erweiterung des Geschäftsbetriebs und
- aktiven latenten Steuern

werden nur Kapitalgesellschaften und die ihnen gleichgestellten Personengesellschaften gewährt. Sie spielen im Mittelstand in der Praxis bisher keine große Rolle. Aufgrund der zunehmenden Durchbrechungen des Stetigkeitsprinzips (vgl. Abschn. 4.7.1) dürfte jedoch der Ausweis der aktiven latenten Steuern in der Handelsbilanz zunehmend an Bedeutung gewinnen. Bei diesen beiden Ansatzwahlrechten handelt es sich um Bilanzierungshilfen (vgl. Abschn. 6.2.6.3) und nicht um Vermögensgegenstände, weshalb sie in der Steuerbilanz nicht aktiviert werden dürfen (Ausnahme).

4.9.1.2 Der entgeltliche Geschäfts- oder Firmenwert

Das handelsrechtliche Wahlrecht ist im **Steuerrecht** ein **Aktivierungsgebot**. Zudem ist der Geschäfts- oder Firmenwert normalerweise im Handelsrecht in jedem auf das Zugangsjahr folgenden Geschäftsjahr mindestens mit ¼ abzuschreiben. Im Steuerrecht darf nach § 7 Abs. 1 Satz 3 EStG der Geschäfts- oder Firmenwert nur auf 15 Jahre abgeschrieben werden. Auch handelsrechtlich darf er auf 15 Jahre abgeschrieben werden, wenn er voraussichtlich so lange nutzbar ist. Somit ist die 15-jährige Abschreibung der Regelfall.

4.9.1.3 Rechnungsabgrenzungsposten

Für Zölle, Verbrauchs- und Umsatzsteuern, die bis zum Abschlussstichtag entstanden sind, also bereits entrichtet oder als Verbindlichkeiten oder Rückstellungen ausgewiesen wurden und die nicht bei den Vorräten aktiviert wurden, besteht ein handelsrechtliches Wahlrecht. In der **Steuerbilanz** hingegen gilt eine **Aktivierungspflicht**. Für das Disagio besteht in der Handelsbilanz ebenfalls ein Aktivierungswahlrecht, während in der Steuerbilanz eine Aktivierungspflicht besteht. Der Unterschiedsbetrag ist als Rechnungsabgrenzungsposten im Steuerrecht auf die Laufzeit des Darlehens (Zinsbindung) zu verteilen.

4.9.2 Passivierungswahlrechte

4.9.2.1 Sonderposten mit Rücklageanteil

Bei dem Sonderposten mit Rücklageanteil handelt es sich entgegen dem handelsrechtlichen Grundsatz, dass Einstellungen in Rücklagen weder den handelsrechtlichen Jahresüberschuss bzw. den Fehlbetrag noch den steuerlichen Gewinn des Unternehmens beeinflussen dürfen, um eine nur im Steuerrecht in Sonderfällen gewährte gewinnmindernde Rücklage (Schnicke/Gutike, in: Beck'scher Bilanzkommentar, § 247 Rz. 601). Der Sonderposten ist also eine rein steuerliche Vergünstigung, die später bei Auflösung den Gewinn erhöht. Nach § 5 Abs. 1 Satz 3 EStG (umgekehrte Maßgeblichkeit) darf dieser Posten jedoch nur dann gebildet werden, wenn das steuerrechtliche Wahlrecht auch in der Handelsbilanz ausgeübt wurde. § 247 Abs. 3 HGB gestattet, in der Handelsbilanz diesen Posten ebenfalls zu bilden. Der Sonderposten mit Rücklageanteil ist also ein besonders wichtiges Instrument der Bilanzpolitik, wobei die Vorschriften des Steuerrechts zu beachten sind (z. B. § 6b EStG).

4.9.2.2 Rückstellungen

(1) Pensionsrückstellungen

Nach Art. 28 Abs. 2 EGHGB besteht in der Handelsbilanz ein **Passivierungswahlrecht** für **Altzusagen**. Dies bedeutet, dass es ein Wahlrecht für Pensionszusagen gibt, die vor dem 1. 1. 1987 erteilt wurden, sowie für Erhöhungen auf diese Altzusagen, selbst wenn die Erhöhung erst nach dem 1. 1. 1987 beschlossen wurde. Für Neuzusagen, also Pensionszusagen, die ab dem 1. 1. 1987 erteilt werden, sowie deren Erhöhungen gilt allerdings ein Passivierungsgebot. Die Neuzusagen sind somit sowohl in der Handelsbilanz als auch in der Steuerbilanz passivierungspflichtig.

Das Passivierungswahlrecht bezüglich der unterlassenen Passivierung der Altzusagen bedeutet in der Steuerbilanz nunmehr ein Passivierungsverbot. In der Steuerbilanz ist zudem die Bildung von Pensionsrückstellungen nach § 6a EStG eingeschränkt, d. h. es müssen die steuerlichen Voraussetzungen für die Bildung nach § 6a EStG vorliegen. Der Rechnungszinsfuß beträgt im Steuerrecht 6%.

(2) Instandhaltungsrückstellungen

Die Rückstellungen für unterlassene Instandhaltungen, die zwischen dem 4. und 12. Monat nachgeholt werden, dürfen in der Steuerbilanz nicht gebildet werden.

(3) Aufwandsrückstellungen

Die Aufwandsrückstellung umfasst genau umschriebene, dem Geschäftsjahr oder früheren Geschäftsjahren zuzuordnende Aufwendungen, die jedoch erst später entstehen und sowohl in der Höhe als auch im Zeitpunkt ihres Eintritts unbestimmt sind (z. B. Großreparaturen). Eine Rückstellungsbildung ist nur in der Handelsbilanz, nicht in der Steuerbilanz möglich.

Die Ansatzwahlrechte sind somit in der Steuerbilanz erheblich eingeschränkt, sodass bei Übereinstimmung von Handels- und Steuerbilanz nur der Sonderposten mit Rücklageanteil ein wichtiges Instrument der Bilanzpolitik ist.

4.10 Übersicht der Wahlrechte im handelsrechtlichen Jahresabschluss

Abbildung 15: Übersicht der handelsrechtlichen Wahlrechte

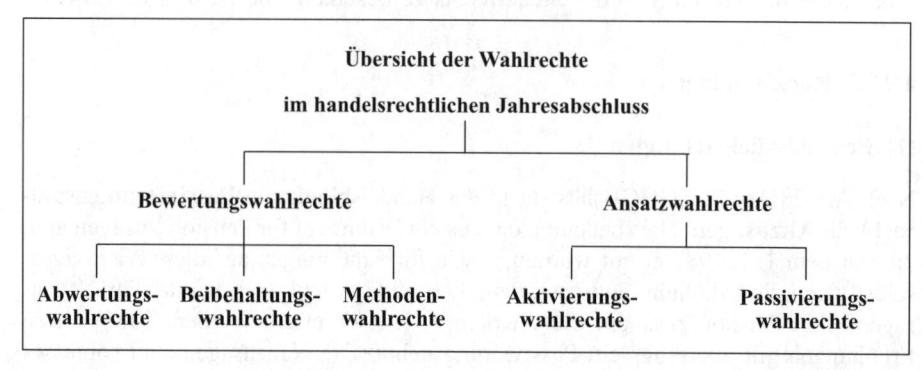

```
                    Übersicht der Wahlrechte
              im handelsrechtlichen Jahresabschluss
         ┌──────────────────┴──────────────────┐
     Bewertungswahlrechte              Ansatzwahlrechte
   ┌────────┼────────┐              ┌────────┴────────┐
Abwertungs- Beibehaltungs- Methoden-   Aktivierungs-   Passivierungs-
wahlrechte  wahlrechte     wahlrechte  wahlrechte      wahlrechte
```

5. Die Unternehmensformen – zivilrechtliche Unterschiede

Die zivilrechtlichen Unterschiede der Unternehmensformen sind für das weitere Verständnis und die Beschreibung von Nichtkapitalgesellschaften und Kapitalgesellschaften von Bedeutung, weshalb sie ausführlich dargestellt werden.

Übersicht über die Häufigkeit der einzelnen Unternehmensformen (vgl. Strobel, DB 2000 S. 53 ff.):

	ca.
Einzelunternehmen	1 600 000
GbR	400 000
OHG	60 000
GmbH & Co KG	100 000
GmbH	800 000
AG / KGaA	5 000

5.1 Das Einzelunternehmen

Zivilrechtlich haftet der Einzelunternehmer **mit seinem gesamten Privatvermögen**.

Auch im Erbfall haften die Erben des Einzelunternehmers,

- wenn dieser **Kaufmann** (Musskaufmann vgl. Abschn. 3.1.1 bzw. eingetragener Kleingewerbetreibender vgl. Abschn. 3.1.2) war, grundsätzlich **unbeschränkbar**, d. h. auch mit ihrem eigenen Privatvermögen.
  (Durch Ausschlagung der Erbschaft oder Einstellung des Gewerbebetriebes innerhalb einer Drei-Monatsfrist kann der Erbe allerdings die Haftung auf den Nachlass beschränken.)
- wenn dieser ein **Nicht-Kaufmann** (Kleingewerbetreibender, der nicht im Handelsregister eingetragen ist) war, nicht nach den strengen Haftungsvorschriften des HGB, sodass die Haftung gegenüber sämtlichen Geschäftsgläubigern jederzeit auf den Nachlass **beschränkt** werden kann.

Einen Konkursantrag muss der Einzelunternehmer jedoch nur bei Illiquidität stellen (Überschuldung ist kein Konkursantragsgrund!). Ab 1. 1. 1999 ist aufgrund des dann geltenden Insolvenzrechts bereits die „drohende Zahlungsunfähigkeit" ein Insolvenzgrund (vgl. Abschn. 4.6.3), der aber im Gegensatz zur Illiquidität und Überschuldung keine Insolvenzantragspflicht begründet.

Ein weiterer Nachteil des Einzelunternehmens besteht im Erbfall darin, dass bei mehreren Erben

- das Einzelunternehmen in den Nachlass fällt,
- sämtliche Erben automatisch Mitunternehmer werden und
- das Einzelunternehmen gemeinschaftlich in **ungeteilter Erbengemeinschaft** fortgeführt wird.

Die Erbengemeinschaft ist jedoch die schlechteste aller denkbaren Unternehmensformen (Felix, KÖSDI 9/84 S. 5620), da

- ordentliche Maßnahmen nur mit Stimmenmehrheit und
- außerordentliche Maßnahmen nur einstimmig beschlossen werden können.

Es gilt deshalb, Erbengemeinschaften an Einzelunternehmen möglichst zu vermeiden.

Der große Vorteil des Einzelunternehmens gegenüber Personenhandels- und Kapitalgesellschaften (wenn diese nicht in der Einmannform geführt werden) besteht darin, dass der Unternehmer alleine die Geschicke seines Unternehmens ohne große Formalitäten bestimmt.

5.2 Die Personenhandelsgesellschaften

Die Personenhandelsgesellschaften umfassen die OHG, die KG und die GmbH & Co KG. Die GmbH & Co KG wird jedoch bei den Sonderformen behandelt. Die GbR ist als Nicht-Kaufmann keine Personenhandelsgesellschaft, sondern eine Personengesellschaft. Die GbR wird aber aus Vereinfachungsgründen bei den Personenhandelsgesellschaften abgehandelt.

5.2.1 Die Gesellschaft bürgerlichen Rechts (GbR)

Die Gesellschaft bürgerlichen Rechts (§§ 705 ff. BGB) besitzt keine eigene Rechtspersönlichkeit (Rechtsträgerschaft), d. h. sämtliche Verträge werden nicht mit der Gesellschaft, sondern nur mit den einzelnen Gesellschaftern abgeschlossen (traditionelles Modell der Gesamthandsgesellschaft; Karsten Schmidt, Gesellschaftsrecht, S. 1486). Die Gesellschaft bürgerlichen Rechts ist also nicht rechts-, partei- und konkursfähig. Aufgrund des neuen Insolvenzrechts ist ab 1. 1. 1999 die GbR allerdings konkursfähig (§ 11 Abs. 2 Nr. 1 InsO). Nach neuerer Auffassung (Karsten Schmidt, Gesellschaftsrecht, S. 167 ff.) ist jedoch die Gesamthand als Inhaberin des Gesellschaftsvermögens und als Trägerin der gesamthändischen Ansprüche und Verbindlichkeiten anzusehen und wäre damit rechts-, partei- und konkursfähig. Die Rechtsprechung erkennt jedoch die neuere Auffassung nicht – oder nicht konsequent genug – an. D. h. sie hat die Verselbständigung im Kern nicht anerkannt (Karsten Schmidt, Gesellschaftsrecht, S. 1443).

Sämtliche Gesellschafter einer GbR haften unbeschränkt und somit auch mit ihrem gesamten Privatvermögen. Die unbeschränkte Haftung kann nicht durch einen Namenszusatz oder einen anderen, den Willen, nur beschränkt für diese Verpflichtung einzustehen, verdeutlichenden Hinweis beschränkt werden. Eine Haftungsbeschränkung ist nur durch eine individualvertragliche Vereinbarung möglich (BGH, Urteil vom 27. 9. 1999 – II ZR 371/98).

Da eine GbR Nicht-Kaufmann ist (vgl. Abschn. 3.1.2), haften die Erben des verstorbenen Gesellschafters nicht nach den strengen Haftungsvorschriften des HGB. Sie können daher die Haftung für die Altverbindlichkeiten des Handelsgeschäfts jederzeit auf den Nachlass beschränken.

Im Normalfall führt der Tod eines Gesellschafters zwingend zur Auflösung der Gesellschaft (§ 727 BGB). Durch einstimmigen Gesellschafterbeschluss können jedoch alle Gesellschafter die Fortsetzung der Gesellschaft problemlos beschließen. In diesem Fall werden – je nach Nachfolgeklausel – alle oder nur bestimmte Erben Gesellschafter. Sie sind dann zur Geschäftsführung der Gesellschaft befugt, wobei sich die Stimmrechte nach Gesetz (§ 709 Abs. 1 BGB, Einstimmigkeit) oder nach dem Gesellschaftsvertrag (§ 709 Abs. 2 BGB, Mehrheit nach Anzahl der Gesellschafter oder nach Gesellschaftsanteilen) richten. Einen Konkursantrag müssen die Gesellschafter einer GbR jedoch nur bei Illiquidität stellen. Wie beim Einzelunternehmer ist eine Überschuldung kein Konkursantragsgrund.

Zivilrechtliche Besonderheiten gegenüber dem Einzelunternehmer ergeben sich auch bei der Nachfolgeregelung. Hier kann, da im Prinzip das Gesellschaftsrecht dem Erbrecht vorgeht, im Gesellschaftsvertrag die Nachfolge speziell geregelt werden. Übliche Nachfolgeregelungen sind:

- **Fortsetzungsklausel**
  Die Gesellschaft wird nur mit den verbleibenden Gesellschaftern fortgesetzt. Die Erben des verstorbenen Gesellschafters können nicht in die Gesellschaft eintreten; sie haben nur einen Abfindungsanspruch gegen die Gesellschaft, falls dieser nicht ausgeschlossen wurde.
- **Einfache Nachfolgeklausel**
  Sämtliche Erben werden Nachfolger des verstorbenen Gesellschafters (dies ist auch die gesetzliche Regelung).
- **Qualifizierte Nachfolgeklausel**
  Es werden nur ein bestimmter Erbe bzw. bestimmte Erben Nachfolger des verstorbenen Gesellschafters, niemals jedoch alle Erben. Die weichenden Erben haben dann allerdings Ausgleichsansprüche und – falls diese ausgeschlossen wurden – u. U. Pflichtteilsansprüche.

Die Nachfolgeklauseln lassen also bei den Personengesellschaften eine spezielle Nachfolgeregelung zu, wobei jedoch immer darauf zu achten ist, dass die gesellschaftsrechtlichen Verfügungen mit den testamentarischen Verfügungen in Einklang stehen. Außerdem ist die Fortsetzungsklausel und insbesondere die qualifizierte Nachfolgeklausel, wenn Sonderbetriebsvermögen vorhanden ist (vgl. Abschn. 4.7.3.1), **ertragsteuerlich äußerst problematisch.**

5.2.2 Die offene Handelsgesellschaft

Die OHG ist eine Personenhandelsgesellschaft, d. h. eine Personengesellschaft des Handelsrechts. Nach § 124 Abs. 1 HGB kann sie Träger von Rechten und Pflichten sein, also ist sie rechtsfähig. Ebenso kann sie Partei eines Zivilprozesses sein, also ist sie parteifähig. Außerdem ist sie nach § 209 KO konkursfähig. Die Erben eines OHG-Gesellschafters haften grundsätzlich unbeschränkbar, d. h. auch mit ihrem eigenen Privatvermögen;

- durch Ausschlagung der Erbschaft,
- durch Einstellung des Gewerbebetriebs innerhalb der Drei-Monatsfrist,
- durch Anordnung der Nachlassverwaltung bzw. Eröffnung des Nachlasskonkurses innerhalb der Drei-Monatsfrist oder
- durch Haftungsausschluss gemäß § 27 Abs. 2, § 25 Abs. 2 HGB aufgrund der BGH-Rspr. (Voraussetzung dafür ist, dass der Haftungsausschluss im Handelsregister eingetragen und bekannt gemacht wird)

können die Erben die Haftung auf den Nachlass beschränken.

Eine OHG ist ferner buchführungspflichtig, da sie immer Kaufmann ist. Sie wird auch nicht automatisch zur GbR, wenn der Geschäftsbetrieb – nicht nur vorübergehend – nicht mehr in kaufmännischer Weise eingerichtet ist (vgl. Abschn. 3.1.2). Der Tod eines Gesellschafters führt nicht mehr zur Auflösung, sondern die Gesellschaft wird mit den verbleibenden Gesellschaftern fortgesetzt (§ 131 Abs. 2 HGB n. F.). Dadurch ist die Unternehmenskontinuität gewährleistet (Müller, BBK Fach 2 S. 1115). Wollen die Gesellschafter eine andere Nachfolgeregelung, so müssen sie die gesetzliche Nachfolge durch eine vertragliche Nachfolgeklausel (vgl. Abschn. 5.2.1) ersetzen. Im Übrigen gelten die Ausführungen zur GbR entsprechend.

5.2.3 Die Kommanditgesellschaft

Bei der Kommanditgesellschaft gelten die Ausführungen zur GbR bzw. OHG entsprechend. Wie bei der OHG wird beim Tod des Komplementärs die Gesellschaft mit den verbleibenden Gesellschaftern fortgesetzt. Ist allerdings nur ein Komplementär vorhanden und verstirbt dieser, führt dies zur Auflösung der Gesellschaft, wenn nicht ein neuer Komplementär hinzugewonnen wird (Müller, BBK Fach 2 S. 1131). Die gesetzliche Regelung kann bei zweigliedrigen bzw. reinen Kommanditgesellschaften im Einzelfall zu unbefriedigenden Ergebnissen führen, weshalb rechtzeitig die Nachfolge durch eine entsprechende Nachfolgeklausel zu regeln ist bzw. für die Unsterblichkeit der Kommanditgesellschaft zu sorgen ist, indem der Komplementär durch eine juristische Person (GmbH) ersetzt wird, sodass eine GmbH & Co KG entsteht. Wird der Komplementäranteil durch Gesellschaftsvertrag vererblich gestellt, können bei einer reinen Kommanditgesellschaft die Erben des Komplementärs, im Gegensatz zu den Erben eines OHG-Gesellschafters, nach § 139 Abs. 4 HGB verlangen, dass ihnen die Stellung eines Kommanditisten eingeräumt wird. Ein Anspruch gegenüber den übrigen Gesellschaftern auf die Einräumung der Kommanditistenstellung besteht aber nicht, sodass im Fall einer Ablehnung den Erben nur die Wahl bleibt, entweder persönlich haftende Gesellschafter zu sein oder ohne Einhaltung einer Kündigungsfrist gegen Abfindung aus der Gesellschaft auszuscheiden.

Beim Kommanditisten sind die folgenden zivilrechtlichen Besonderheiten zu beachten. Der Kommanditist haftet nur beschränkt mit seiner Einlage (§ 171 Abs. 1 HGB), d. h. die persönliche Haftung ist ausgeschlossen, wenn die Einlage geleistet ist. Soweit allerdings, z. B. auch durch Entnahmen, die Einlage an den Kommanditisten zurückbezahlt wurde (§ 172 Abs. 4 HGB), gilt sie den Gläubigern gegenüber als nicht geleistet, sodass die Haftung bezüglich der nicht geleisteten Einlage wieder voll auflebt.

Zur Geschäftsführung ist der Kommanditist nicht berechtigt, ihm stehen jedoch nach § 166 HGB Kontrollrechte zu, wie eine Abschrift des Jahresabschlusses und Einsicht in die Bücher und Papiere zu deren Prüfung.

Die Erben eines Kommanditisten haften nur in Höhe der Einlage, sofern diese noch nicht eingezahlt ist. Der Tod eines Kommanditisten führt jedoch nicht wie beim Komplementär dazu, dass die Gesellschaft mit den verbleibenden Gesellschaftern fortgesetzt wird, sondern die Kommanditanteile sind nach § 177 HGB vererblich, wobei dies durch eine vertragliche Nachfolgeklausel eingeschränkt werden kann. Zur Geschäftsführung sind die Kommanditisten bzw. deren Erben nicht berechtigt (§ 164 HGB).

5.3 Die GmbH & Co KG

Die GmbH & Co KG ist zivilrechtlich keine eigenständige Rechtsform, sondern eine Gestaltungsform der Kommanditgesellschaft, wobei deren Zahl auf etwa 100 000 Unternehmen geschätzt wird (Strobel, DB 2000 S. 53 ff.). Die Ausführungen zur KG gelten auch für die GmbH & Co KG. Da aber der persönlich haftende Gesellschafter durch eine Kapitalgesellschaft (juristische Person) ersetzt wird, ist die Haftung de facto für alle Gesellschafter begrenzt. Dies führt gegenüber der reinen Kommanditgesellschaft zu der zivilrechtlichen Besonderheit, dass sämtliche Gesellschafter beschränkt haften (auch der Komplementär). Eine GmbH & Co KG besteht aus mindestens zwei Gesellschaften, einer KG und einer GmbH. Es müssen deshalb zwei Jahresabschlüsse – ein Abschluss für die GmbH und ein Abschluss für die KG – erstellt werden (vgl. auch Abschn. 6.1.1 und 6.2). Insofern ist die GmbH & Co KG kosten- und beratungsintensiver als die reine KG.

Diese Konstruktion hat auch zur Folge, dass nicht eine natürliche Person zur Geschäftsführung befugt ist, sondern die GmbH, die wiederum durch die bestellten Geschäftsführer vertreten wird. Ein Erbe ist nur dann Geschäftsführer, wenn er dazu bestellt wurde.

Die gegenüber der reinen KG vollständige Haftungsbeschränkung führt nun dazu, dass

- die Vorschriften über eigenkapitalersetzende Darlehen der §§ 32a u. 32b GmbHG auch auf die GmbH & Co KG anzuwenden sind (§ 172a HGB, vgl. Abschn. 5.4.1);
- Konkursantragsgrund nicht nur die Illiquidität, sondern auch die Überschuldung ist (§ 130a HGB i. V. mit § 130b HGB bzw. § 177a HGB).

Bezüglich dieser beiden Vorschriften ist die GmbH & Co KG der GmbH absolut gleichgestellt. Auch die faktische Konzernhaftung (vgl. GmbH) ist zu beachten.

Mit der Verabschiedung des KapCoRiLiG hat die GmbH & Co KG i. S. des § 264a HGB für alle Geschäftsjahre, die nach dem 31. 12. 1999 beginnen, die Rechnungslegungsvorschriften der Kapitalgesellschaften und damit auch die Offenlegungspflicht zu beachten (vgl. Abschn. 6.1.1). Damit ist auch die GmbH & Co KG ab der mittelgroßen Gesellschaft prüfungspflichtig und offenlegungspflichtig.

5.4 Die GmbH

Die GmbH ist eine juristische Person, die ihre Rechtsfähigkeit durch Eintragung in das Handelsregister erlangt (§ 11 GmbHG). Sie ist eine Gesellschaft mit eigener Rechtspersönlichkeit (Karsten Schmidt, Gesellschaftsrecht, S. 817). Sie ist somit rechts-, partei- und konkursfähig (§§ 63 GmbHG, 213 KO).

5.4.1 Zivilrechtliche Besonderheiten

Mit Eintragung ist die Kapitalgesellschaft Formkaufmann und damit buchführungspflichtig ohne Rücksicht auf den Unternehmensgegenstand bzw. darauf, ob der Geschäftsbetrieb in kaufmännischer Weise eingerichtet ist.

Die Gesellschafter einer GmbH haften nur mit ihrer Stammeinlage (§ 5 GmbHG). Die Haftung eines GmbH-Gesellschafters kann sich jedoch über die Vorschriften der eigenkapitalersetzenden Darlehen (§§ 32a u. 32b GmbHG) auch auf Kreditforderungen oder Sicherheiten, die vom Gesellschafter der GmbH gewährt wurden, erstrecken. Voraussetzung für ein eigenkapitalersetzendes Gesellschafterdarlehen ist die Gewährung eines Kredits oder zumindest sein Stehenlassen zu einem Zeitpunkt, in dem ein ordentlicher Kaufmann Eigenkapital zugeführt hätte (Priester, DB 1991 S. 1919). Dies hat zur Folge, dass diese Darlehen im Konkurs- oder Vergleichsverfahren nicht geltend gemacht werden können oder, falls sie innerhalb eines Jahres vor der Konkurseröffnung zurückbezahlt wurden, vom Konkursverwalter nach § 32a KO (§ 135 InsO) zurückgefordert werden können. Zu beachten ist allerdings, dass diese Grundsätze auf nichtgeschäftsführende Gesellschafter, die mit 10% oder weniger am Stammkapital beteiligt sind, nicht anzuwenden sind (Privilegierung von Kleinbeteiligungen gemäß § 32a Abs. 3 Satz 2 GmbHG). Ebenso werden Kredite eines Darlehensgebers, der Geschäftsanteile der Gesellschaft zum Zwecke der Überwindung der Krise übernimmt, aus der Eigenkapitalersatzhaftung herausgenommen (§ 32a Abs. 3 Satz 3 GmbHG; Centrale für GmbH, Rundbrief 7/1998).

Die Gesellschaft wird durch den bzw. die Geschäftsführer gerichtlich und außergerichtlich vertreten (§ 35 GmbHG). Die Geschäftsführer werden von der Gesellschafterversammlung bestellt und sind beim Handelsregister anzumelden (§ 39 GmbHG).

Der Jahresabschluss und der Lagebericht einer Kapitalgesellschaft (GmbH) ist nach § 316 Abs. 1 HGB von einem Abschlussprüfer (Wirtschaftsprüfer oder vereidigter Buchprüfer) zu prüfen, wenn es sich nicht um eine **kleine Kapitalgesellschaft** handelt. Eine kleine Kapitalgesellschaft liegt nur vor, wenn zwei der folgenden Merkmale an zwei aufeinander folgenden Abschlussstichtagen nicht überschritten werden (§ 267 Abs. 1 HGB):

- Arbeitnehmer bis zu 50,
- Bilanzsumme bis zu 6,72 Mio. DM,
- Umsatzerlöse bis zu 13,44 Mio. DM.

Außerdem haben sämtliche Kapitalgesellschaften ihren Jahresabschluss nach §§ 325 ff. HGB offen zu legen. Der Umfang der Offenlegung ist abgestuft, je nachdem, ob es sich um eine kleine, mittelgroße oder große Kapitalgesellschaft handelt (vgl. Abschn. 6.2.2).

Im Gegensatz zum Einzelunternehmer und zu den Personenhandelsgesellschaften (ausgenommen die GmbH & Co KG) ist der Konkursantrag nicht nur bei Illiquidität (vgl. Abschn. 4.6.3), sondern auch bei **Überschuldung** zu stellen (§ 64 GmbHG i. V. mit § 84 Abs. 1 Nr. 2 GmbHG). Mit Inkrafttreten der Insolvenzrechtsreform wurde der Überschuldungsbegriff gesetzlich normiert. Gem. § 19 Abs. 2 InsO liegt eine

Überschuldung vor, wenn das **Vermögen des Schuldners** die bestehenden **Verbindlichkeiten nicht mehr deckt**. Bei der Bewertung des Vermögens des Schuldners ist jedoch die **Fortführung des Unternehmens** zugrunde zu legen, wenn diese nach den Umständen des Einzelfalls überwiegend wahrscheinlich ist (Wolf, StuB 1999 S. 1172 ff.). Es gilt somit ein zweistufiger Überschuldungsbegriff (Wolf, StuB 1999 S. 280). Nach der Begründung zum RegE der InsO darf nämlich eine positive Fortführungsprognose für die Lebensfähigkeit des Unternehmens die Annahme und Überschuldung noch nicht ausschließen. Sie erlaubt vielmehr eine andere Art der Bewertung, womit die Fortführungsprognose ausschließlich als ein Bewertungsproblem gesehen wird (Wolf, StuB 1999 S. 1172 ff.). Dies führt dazu, dass

- bei positiver Fortführungsprognose die Wertansätze unter Anwendung des Going-Concern-Prinzips mit den wahren oder richtigen Werten,
- bei negativer Fortführungsprognose die Wertansätze unter Zerschlagungsgesichtspunkten, was aber nicht den Ansatz von Verschleuderungs- oder Zerschlagungswerten rechtfertigt, mit den Nettoveräußerungspreisen bei Aktivwerten

im Liquidationsstatus anzusetzen sind (Möhlmann, DStR 1998 S. 1843 ff.). Die Erben eines Gesellschafters haften nur beschränkt mit ihrer Stammeinlage. Außerdem sind die Gesellschaftsanteile vererblich, d. h. die Gesellschaft wird bei Tod eines Gesellschafters nicht aufgelöst (§ 15 Abs. 1 GmbHG).

Zur Geschäftsführung sind die Erben nur berechtigt, wenn sie zum Geschäftsführer bestellt wurden. Die Nachfolge ist wie bei den Personengesellschaften im Einklang von Gesellschaftsvertrag und Testament zu regeln. Mögliche Nachfolgeregelungen im Gesellschaftsvertrag sind bei den Kapitalgesellschaften (GmbH) die Abtretungs- und Einziehungsklausel. Bei beiden Klauseln werden zunächst die Erben Gesellschafter. In einem zweiten Schritt werden die Anteile dann weiter übertragen. Im Einzelnen unterscheiden sich die Klauseln wie folgt:

- **Abtretungsklausel**
  Sie verpflichtet die Erben, die Anteile an bestimmte Personen abzutreten (meist Gesellschafter).
- **Einziehungsklausel**
  Sie berechtigt die Gesellschaft, die Anteile von den Erben einzuziehen.

In der Regel erhalten die Erben bei beiden Klauseln einen Abfindungsanspruch, der sich nach den Vorschriften des Gesellschaftsvertrages richtet.

5.4.2 Weitere wichtige Punkte bei einer GmbH

5.4.2.1 Die GmbH als selbständiges Rechtsobjekt

Es ist unbedingt zu beachten, dass die GmbH wie eine fremde dritte Person behandelt werden muss. Es gibt deshalb bei der GmbH keine Privatkonten der Gesellschafter, d. h. Entnahmen oder Einlagen der Gesellschafter sind Forderungen oder Verbindlichkeiten der Gesellschafter. Falls die Forderungen des Gesellschafters an die GmbH verzinst werden sollen, muss eine Zinsvereinbarung wie unter fremden Dritten schriftlich fixiert werden, da sonst eine steuerpflichtige **verdeckte Gewinnausschüttung** vorliegt. Wenn der Gesellschafter eine Verbindlichkeit gegenüber der GmbH hat, muss auf jeden Fall zu üblichen Konditionen verzinst werden, da sonst immer eine verdeckte Gewinnausschüttung vorliegt.

5.4.2.2 Verdeckte Gewinnausschüttung

Ein besonderes Problem bei Kapitalgesellschaften sind verdeckte Gewinnausschüttungen, die es bei Einzelunternehmen und Personenhandelsgesellschaften nicht geben kann, da diese keine eigene Rechtspersönlichkeit besitzen. Dies bedeutet, dass sämtliche Vertragsbeziehungen zwischen der GmbH und den Gesellschaftern sowie nahe stehenden Dritten von Gesellschaftern besonderen Anforderungen genügen müssen. Steuerlich werden deshalb solche Vertragsbeziehungen nur dann anerkannt, wenn

- die Vereinbarungen angemessen sind, d. h. die Leistungen wie unter fremden Dritten vereinbart werden und
- die Verträge üblich sind und tatsächlich durchgeführt werden (z. B. die Gehaltszahlungen pünktlich geleistet werden).

Diese Grundsätze werden beim beherrschenden Gesellschafter-Geschäftsführer, dem Geschäftsführer, der mit mehr als 50% beteiligt ist, noch verschärft. Dieser muss nämlich eine

- zivilrechtlich wirksame,
- klare (d. h. eindeutige) und
- im Voraus abgeschlossene

Vereinbarung vorlegen. Rückwirkende mündliche Änderungen sind nicht zulässig.

Die Einhaltung dieser Grundsätze ist wichtig, da sonst eine verdeckte Gewinnausschüttung vorliegt, für die – falls nicht genügend versteuertes Eigenkapital vorhanden ist – fast doppelt soviel Körperschaftsteuer anfällt. Eine verdeckte Gewinnausschüttung muss deshalb vermieden werden, zumal die Auswirkungen beachtlich sein können. Normalerweise erstreckt sich die Rechtsfolge der verdeckten Gewinnausschüttung nur auf den Zeitraum, für den die Voraussetzungen gegeben sind sowie auf den nicht angemessenen Betrag (partielle Auswirkung). Scheitert aber eine Vereinbarung an der Üblichkeit und Ernstlichkeit, so liegt eine totale verdeckte Gewinnausschüttung dem Grunde nach vor, die alle Beträge der Veranlagungszeiträume erfasst, für die die Festsetzungsverjährung noch nicht eingetreten ist (totale Auswirkung).

(1) Pensionszusagen an Gesellschafter-Geschäftsführer

Die Pensionsanwartschaft muss vom Geschäftsführer erdient werden können. Zwischen der Erteilung der Zusage und dem Versorgungsfall müssen mindestens zehn Jahre liegen (BFH, GmbHR 1996 S. 65), andernfalls liegt eine verdeckte Gewinnausschüttung vor. Vor Erteilung der Pensionszusage muss außerdem eine Probezeit von 2–3 Jahren abgewartet werden (zur Wartezeit vgl. BMF-Schreiben v. 14. 5. 1999, StuB 1999 S. 660).

(2) Tantiemen an Gesellschafter-Geschäftsführer

Im allgemeinen dürfen die Tantiemen **nicht mehr als 25%** der Jahresgesamtbezüge betragen, sodass im Regelfall die festen Jahresbezüge wenigstens rd. 75% der Jahresgesamtbezüge betragen müssen.

(3) Wettbewerbsverbot

Gesellschafter und besonders Gesellschafter-Geschäftsführer (ausgenommen der Einmann-Gesellschafter-Geschäftsführer) unterliegen auch dem Wettbewerbsverbot. Sie dürfen der GmbH daher auf dem gleichen Geschäftszweig weder durch eine andere Gesellschaft noch privat Konkurrenz machen. Andernfalls kann, wenn die Befreiung vom Wettbewerbsverbot steuerrechtlich nicht einwandfrei durchgeführt wird, eine verdeckte Gewinnausschüttung vorliegen.

5.4.2.3 Geschäftsführertätigkeit und Sozialversicherung

Der Geschäftsführer einer GmbH ist Arbeitnehmer. Er benötigt daher eine Lohnsteuerkarte und muss für sein Gehalt Lohnsteuer abführen. Ist er jedoch beherrschender Gesellschafter oder mit mindestens 50% an der Gesellschaft beteiligt, unterliegt er nicht der gesetzlichen Sozialversicherungspflicht. Für die Krankenversicherung und die Altersvorsorge muss er deshalb selbst Vorsorge treffen.

Etwas anderes kann jedoch für Geschäftsführer, die mit weniger als 50% an der GmbH beteiligt sind, gelten. Diese sind sozialversicherungspflichtig, wenn sie keinen maßgeblichen Einfluss auf die Gesellschaft ausüben können und keine Sperrminorität für maßgebliche Entscheidungen besitzen. Die Sozialversicherungspflicht ist hier also auf jeden Fall zu prüfen.

Ferner ist darauf hinzuweisen, dass ein entgeltliches Arbeitsverhältnis bei einem beherrschenden Gesellschafter-Geschäftsführer steuerlich nur anerkannt wird, wenn ein schriftlicher Arbeitsvertrag vorliegt und die getroffenen Vereinbarungen tatsächlich durchgeführt werden.

5.4.2.4 Sonstige steuerliche Gesichtspunkte

(1) Forderungsverzicht

Ein Forderungsverzicht des Gesellschafters gegenüber seiner GmbH hat zur Folge, dass bei der GmbH in Höhe des nicht mehr werthaltigen Teils ein Ertrag entsteht, dem beim Gesellschafter kein steuerlicher Aufwand gegenübersteht. Bei „krisenbestimmten" Darlehen (vgl. BMF-Schreiben v. 8. 6. 1999, StuB 1999 S. 720) liegen im Liquidationsfall in voller Höhe, wenn das Darlehen voll ausfällt, nachträgliche Anschaffungskosten vor.

(2) Veräußerung von Geschäftsanteilen

Veräußerungsgewinne sind bei der Kapitalgesellschaft selbst nicht steuerbegünstigt. Anders ist dies beim Gesellschafter, der **wesentlich** (mit mindestens 10%) an einer Kapitalgesellschaft beteiligt ist, wenn dieser seinen Gesellschafts**anteil** veräußert.

Der dabei entstehende Gewinn ist steuerbegünstigt (Fünftelung; eventuell Freibetrag 20 000 DM), wobei zu beachten ist, dass sich die Fünftelung (fiktive rechnerische Verteilung des Veräußerungsgewinns) nur bei einem niedrigen zu versteuernden Einkommen auswirkt. Beträgt seine Beteiligung weniger als 10%, so ist die Veräußerung steuerfrei. Betrug die Beteiligung ursprünglich allerdings 10% und mehr, so greift die Steuerfreiheit erst, wenn der Gesellschafter 5 Jahre mit weniger als 10% an der Gesellschaft beteiligt war.

(3) Erbschafts- und Schenkungsteuer

Im **Erbfall** oder **Schenkungsfall** ist steuerlich Folgendes zu beachten:

Der Erbschaftsteuer unterliegt nicht der Einheitswert, sondern der gemeine Wert der Anteile. Es werden also auch die Ertragsaussichten nach dem Stuttgarter-Verfahren berücksichtigt, sodass die Werte bei rentablen Unternehmen erheblich über den Einheitswerten der Einzelunternehmen bzw. Personenhandelsgesellschaften liegen können.

Der **Freibetrag** für Betriebsvermögen i. H. v. 500 000 DM wird auf GmbH-Anteile, die mehr als 25% betragen, gewährt. Zusätzlich gibt es noch einen 40%igen **Bewertungsabschlag**.

Ein Erbfall oder ein Schenkungsfall hat auf die Verlustvorträge keinerlei Auswirkung, da die Verluste bei der Gesellschaft verbleiben und niemals auf die Gesellschafter übergehen können. Bei den gewerbesteuerlichen Verlustvorträgen ist dies vorteilhaft, da diese bei einer Kapitalgesellschaft niemals durch Erbfall oder durch Schenkung verfallen können.

5.4.2.5 Handelsrechtliche Verpflichtungen

Im Folgenden wird auf einige besonders wichtige Verpflichtungen hingewiesen, die Geschäftsführer haben und einhalten müssen, um einerseits nicht Gefahr zu laufen, dass ein Zwangsgeld oder Ordnungsgeld erhoben wird oder sie gar persönlich haften bzw. andererseits um keine strafbare Handlung zu begehen. Es sind dies:

- die Einberufungspflicht zur Gesellschafterversammlung, wenn sich aus der Jahresbilanz oder einer im Laufe des Geschäftsjahres aufgestellten Bilanz ergibt, dass die **Hälfte des Stammkapitals verloren** ist (§ 49 Abs. 3 GmbHG);
- die Konkursantragspflicht gem. § 64 GmbHG, die bei Überschuldung oder Zahlungsunfähigkeit zu beachten ist. Aufgrund dieser Vorschrift ist spätestens **innerhalb von drei Wochen** nach Eintritt der **Überschuldung** bzw. **Zahlungsunfähigkeit** die Eröffnung des Konkursverfahrens oder die Eröffnung des gerichtlichen Vergleichsverfahrens zu beantragen;
- die Einreichung einer Liste der Gesellschafter beim Handelsregister unverzüglich nach jeder Veränderung in der Person eines Gesellschafters oder im Umfang seiner Beteiligung (§ 40 GmbHG);
- gemäß § 326 Satz 1 HGB ist der Jahresabschluss vor dem Ablauf von zwölf Monaten nach dem Abschlussstichtag beim Handelsregister offen zu legen (vgl. Abschn. 5.4.2). Ein Verstoß gegen die Offenlegungspflicht wird mit Ordnungsgeld von mindestens 2 500 Euro bis max. 25 000 Euro bestraft (vgl. Abschn. 6.2.3);

- Rechtsgeschäfte zwischen dem **Alleingesellschafter** und der vertretenen Gesellschaft (**Insich-Geschäfte**) sind unverzüglich nach ihrer Vornahme in eine Niederschrift aufzunehmen (Gesetz zur Durchführung der 12. Richtlinie des Rates der Europäischen Gemeinschaft auf dem Gebiet des Gesellschaftsrechts betreffend Gesellschaften mit beschränkter Haftung mit einem einzigen Gesellschafter vom 18. 12. 1991, BGBl 1991 I S. 2206);
- die unverzügliche Einreichung der Geschäftsadresse sowie jede Änderung der Geschäftsanschrift beim Registergericht ab 1. 1. 1999 für alle Neueintragungen und Änderungen sowie bis spätestens 31. 3. 2000 für alle Unternehmen. Diese Verpflichtung betrifft nicht nur die Kapitalgesellschaften, sondern alle Kaufleute (Unternehmen).

5.4.2.6 Geschäftsführerhaftung

Der Geschäftsführer hat vor allem für ein **gesetzeskonformes Verhalten** der Gesellschaft zu sorgen und muss nach betriebswirtschaftlich gesicherten Erkenntnissen arbeiten. Die Satzung und Gesellschafterbeschlüsse müssen eingehalten werden.

Besondere Haftungsgefahren entstehen, wenn die gebotene Sorgfalt außer Acht gelassen wird, dann kommt es zivilrechtlich zur persönlichen Haftung und strafrechtlich zu Geldbußen oder sogar zu Gefängnisstrafen.

Ein besonders großes **Haftungsrisiko** besteht nach der Rechtsprechung des BGH beim so genannten qualifizierten **faktischen Konzern**. Nach dieser Rechtsprechung haftet der Gesellschafter-Geschäftsführer für alle Schulden der GmbH persönlich – d. h. auch mit seinem Privatvermögen –, wenn er mehr als eine Gesellschaft (z. B. GmbH, OHG, KG, GmbH & Co KG sowie Einzelunternehmen) beherrscht (mehr als 50% Anteile besitzt).

Die aufgezeigten Punkte sind allerdings nicht vollständig. Es wurden nur einige besonders wichtige Punkte herausgegriffen. Im Übrigen muss sich der Geschäftsführer einer GmbH selbst über seine Pflichten und Rechte kundig machen.

5.5 Zusammenfassung

Abbildung 16: Übersicht zivilrechtlicher Unterschiede von Unternehmensformen

Unternehmensform	Unternehmer und Gesellschafter								Erben			
	Buchführungspflicht	Haftung	EK ersetzende Darlehen	Geschäftsführung	Prüfungspflicht	Offenlegung	Konkursantrag	Haftungsbeschränkung auf Erbschaft	Auflösung	Geschäftsführung	Nachfolgeregelung
Einzelunternehmen												
Kaufmann	ja	unbeschränkt	nein	allein	nein	nein	Illiquidität	nur innerhalb 3-Monatsfrist	nein	alle Erben	Testament
Nicht-Kaufmann	nein							jederzeit			
Personengesellschaften												
a) OHG	ja	unbeschränkt	nein	alle	nein	nein	Illiquidität	nur innerhalb 3-Monatsfrist	nein	alle Erben oder Nachfolgeklausel	Gesellschaftsvertrag und Testament
b) GbR (Nicht-Kaufmann)	nein	unbeschränkt	nein					jederzeit	ja, Fortsetzung möglich		
c) KG Komplementär	ja	unbeschränkt	nein	allein, wenn ein Komplementär	nein	nein	Illiquidität	nur innerhalb 3-Monatsfrist	nein	alle Erben oder Nachfolgeklausel	Gesellschaftsvertrag und Testament
Kommanditist		beschränkt		nein, aber Kontrollrecht				ja (Kom.-Einlage)		nein	
d) GmbH & Co KG	ja	beschränkt	ja	nur, wenn zum GF bestellt	ab mittelgroßer Gesellschaft *)	ja*)	Illiquidität + Überschuldung	ja (Kom.-Einlage)	nein	nur, wenn zum GF bestellt	Gesellschaftsvertrag und Testament
Kapitalgesellschaft												
GmbH	ja	beschränkt	ja	nur, wenn zum GF bestellt	ab mittelgroßer Gesellschaft	ja	Illiquidität + Überschuldung	ja (Kapital-Anteil)	nein	nur, wenn zum GF bestellt	Gesellschaftsvertrag und Testament

*) Für alle Geschäftsjahre, die nach dem 31. 12. 1999 beginnen.

6. Die Rechnungslegung der Nichtkapital- und Kapitalgesellschaften

Der Jahresabschluss soll den Empfängern (z. B. Unternehmern, Gesellschaftern, Banken) durch Rechnungslegung Informationen über die wirtschaftlichen Verhältnisse des Unternehmens vermitteln. Diese Informationen sind Grundlage für die künftigen Entscheidungen der Adressaten. Die Informationsfunktion des Jahresabschlusses ist bei den Kaptialgesellschaften und den Personenhandelsgesellschaften i. S. d. § 264a Abs. 1 Satz 1 HGB (insbesondere der GmbH & Co KG) in § 264 Abs. 2 HGB konkretisiert. Nach dieser Vorschrift soll der Jahresabschluss ein den tatsächlichen Verhältnissen entsprechendes Bild der Vermögens-, Finanz- und Ertragslage des Unternehmens vermitteln. Dieser umfassende Informationszweck ist nicht ohne Einschränkungen auf den Jahresabschluss von Einzelkaufleuten und Personengesellschaften (ausgenommen Personengesellschaften i. S. d. § 264a HGB) übertragbar (Kupsch/Achtert, BB 1997 S. 1403 ff.), denn die Rechnungslegungsvorschriften sind zweigeteilt (vgl. Abschn. 4.1). Der allgemeine Teil gilt für die Nichtkapitalgesellschaften, während für die Kapitalgesellschaften und die gleichgestellten Personengesellschaften der spezielle Teil und der allgemeine Teil gelten. Daraus ergeben sich qualitativ unterschiedliche Jahresabschlüsse. Deshalb ist vereinfacht zwischen Nichtkapital- und Kapitalgesellschaften zu unterscheiden.

6.1 Die Rechnungslegung der Nichtkapitalgesellschaften

6.1.1 Formen der Nichtkapitalgesellschaften

Nichtkapitalgesellschaften sind

- das Einzelunternehmen,
- die Gesellschaft bürgerlichen Rechts und
- die Personenhandelsgesellschaften (OHG, KG und GmbH & Co KG).

Die GmbH & Co KG ist, wie die Zusammenfassung wichtiger zivilrechtlicher Besonderheiten zeigt (vgl. Abschn. 5.5), einer Kapitalgesellschaft sehr ähnlich; so z. B. in

- der Haftung,
- der Konkursantragspflicht,
- der Geschäftsführung und
- **den kapitalersetzenden Darlehen.**

Aus diesem Grunde sind mit dem KapCoRiLiG in § 264a Abs. 1 Satz 1 HGB insbesondere die GmbH & Co KG und die OHG, bei denen nicht wenigstens ein persönlich haftender Gesellschafter

- eine natürliche Person oder
- eine OHG, KG oder andere Personengesellschaft mit einer natürlichen Person als persönlich haftendem Gesellschafter

ist oder sich die Verbindung von Gesellschaften dieser Art fortsetzt, den **Kapitalgesellschaften gleichgestellt** und unterliegen damit auch den Vorschriften für die Kapitalgesellschaften. Die Gleichstellung und damit die neuen „GmbH & Co KG-Pflichten" sind erstmals auf Geschäftsjahre, die nach dem 31. 12. 1999 beginnen (Art. 48 Abs. 1 EGHGB), anzuwenden.

Durch **Einwechseln** einer **natürlichen Person** als zusätzlicher Komplementär oder OHG-Gesellschafter lässt sich aber die **Anwendung** des § 264a HGB leicht **vermeiden**. Damit entfallen auch die Offenlegungs- und Prüfungspflichten (vgl. auch Abschn. 6.2.3 und 6.2.4).

Als problematisch in diesem Zusammenhang können sich allerdings

- Strohmanngestaltungen sowie
- der **Wegfall der gewerblichen Prägung** i. S. des § 15 Abs. 3 Nr. 2 EStG (steuerlicher Pferdefuß) bei den vermögensverwaltenden Gesellschaften, da die Aufdeckung der stillen Reserven droht,

erweisen (Schindhelm/Hellwege/Stein, StuB 2000 S. 72 ff.).

Ist der Wegfall der gewerblichen Prägung steuerlich kein Problem und soll die Anwendung des § 264a HGB vermieden werden, ist der Eintritt eines Strohmanns gesellschaftsrechtlich sorgfältig zu gestalten. Insbesondere sind folgende Punkte zu beachten:

- **Geschäftsführung und -Vertretung**

  Der persönlich haftende Gesellschafter kann von der Geschäftsführung und Vertretung der Gesellschaft im Gesellschaftsvertrag ausgeschlossen werden (§§ 115 Abs. 1, 125 Abs. 1 zweiter Halbsatz HGB). Der Ausschluss ist im Handelsregister einzutragen (§ 125 Abs. 4 HGB). Zu beachten ist aber, dass ein solcher von der Geschäftsführung ausgeschlossener Gesellschafter trotzdem ein erhebliches **Störpotential** entfalten kann, da alle Handlungen, die über den gewöhnlichen Geschäftsbetrieb hinausgehen, einen Beschluss sämtlicher Gesellschafter erforderlich machen (§§ 161 Abs. 2, 116 Abs. 2 HGB).

- **Ausschließung**

  Ein Gesellschafter kann aufgrund gesellschaftsvertraglicher Regelung durch Mehrheitsentscheidung ausgeschlossen werden. Es ist aber in jedem Fall empfehlenswert, die Gründe, unter denen eine Ausschließung eines Gesellschafters gegen seinen Willen möglich ist, genau zu definieren. Bei Streitigkeiten über die Zulässigkeit einer Ausschließung kann es bei einem lästigen Strohmann u. U. recht lange dauern, bis man diesen losgeworden ist (Schindhelm/Hellwege/Stein, StuB 2000 S. 72 ff.).

- **Haftungsrisiken**

  Es wird die Meinung vertreten, dass ein weisungsberechtigter Kommanditist unbeschränkt persönlich haften kann, wenn der Komplementär ersichtlich vermögenslos und von einer eigenständigen Geschäftsführung ausgeschlossen ist (FS Heinsius, 1991, S. 270.) Dem lässt sich aber nach Uhlenbruck begegnen, indem man dem Komplementär eine Minimalbeteiligung einräumt oder nachweist, dass dieser nicht gänzlich vermögenslos ist (Uhlenbruck, GmbHR 2000 S. 81).

All dies zeigt, dass die Ausweichgestaltungen gut durchdacht werden müssen (im Einzelnen vgl. Uhlenbruck, GmbHR 2000 S. 81; Schindhelm/Hellwege/Stein, StuB 2000 S. 72 ff., mit vielen Gestaltungsvorschlägen).

Die den Kapitalgesellschaften gleichgestellten Personengesellschaften haben auch die Konzernbilanzpflichten zu beachten (§§ 264a i. V. m. 290 HGB). Nach § 290 HGB sind viele Vollhafter-GmbH (Komplementär-GmbH) einer GmbH & Co KG schon lange konzernbilanzpflichtig, wenn sie die konzernbilanziellen Schwellenwerte des § 293 HGB überschreiten (vgl. Abschn. 2.2 und 6.3). Insbesondere der Standardfall, in dem die Vollhafter-GmbH (Konzernmutter) die Abläufe in der KG (Konzerntochter) beherrscht und damit das Leitungskriterium des § 290 Abs. 1 HGB ebenso erfüllt, wie zumindest eines der Beherrschungskriterien des § 290 Abs. 2 HGB, führte schon bisher zur Konzernbilanzpflicht. Allerdings liegt wegen des „Nichterreichens" der Schwellenwerte bei mittelständischen Unternehmen im Normalfall kein Konzern vor. Hinzu kommen mit dem KapCoRiLiG zukünftig auch die relativ seltenen Fälle, in denen auch eine GmbH & Co KG Konzernmutter ist. Dies ist beispielsweise dann der Fall, wenn der Kapitalanteil der Vollhafter-GmbH auf die GmbH & Co KG übertragen wurde (Einheits-GmbH & Co KG; vgl. Strobel, DB 2000 S. 53 ff. Zu evtl. möglichen Abwehrkonstruktionen, die lt. Strobel, DB 2000 S. 53 ff., zumeist wertlos sind, die aber eine Konzernbilanzierungspflicht verhindern können, vgl. auch Schindhelm/Hellwege/Stein, StuB 2000 S. 72 ff., mit vielen Gestaltungsvorschlägen). Ab 1. 1. 2000 stimmen die Konzernschwellenwerte bei konsolidierter Berechnung mit denen der großen Einzelgesellschaften (vgl. Abschn. 6.2.1) überein, sodass die kleine und mittelgroße GmbH & Co KG nicht den Konzernbilanzpflichten unterliegen können (vgl. Abschn. 2.2).

6.1.2 Wichtige Unterschiede zur Kapitalgesellschaft und gleichgestellten Personengesellschaft

6.1.2.1 Abweichungen bei den Grundsätzen ordnungsmäßiger Buchführung

Bei den Nichtkapitalgesellschaften im obigen Sinne gelten die Grundsätze der

- **Bilanzwahrheit und**
- **formellen Stetigkeit**

nicht (vgl. Abschn. 4.2), sodass die Nichtkapitalgesellschaften bereits aufgrund dieser Nichtgeltung erhebliche stille Reserven bilden dürfen, die jedoch in der Praxis im Mittelstand wegen der angestrebten Übereinstimmung von Handels- und Steuerbilanz keine große Rolle spielen (vgl. Abschn. 4.7.1). Theoretisch könnten aber die Nichtkapitalgesellschaften

- außerplanmäßige Abschreibungen im Rahmen vernünftiger kaufmännischer Beurteilung (§ 253 Abs. 4 HGB) sowie
- außerplanmäßige Abschreibungen bei vorübergehender Wertminderung bei Sachanlagen und bei immateriellen Vermögensgegenständen (§ 253 Abs. 2 Satz 3 HGB) vornehmen, sowie
- eine Wertaufholung nach § 280 Abs. 2 HGB negieren, da bei ihnen das Beibehaltungswahlrecht des § 253 Abs. 5 HGB gilt (vgl. Abschn. 4.8.1.2).

Sie dürften außerdem bei Wegfall der Abschreibungsgründe die stillen Reserven beibehalten (vgl. Abschn. 5.1.1), ohne sie offen zu legen (Beibehaltungswahlrecht ohne Angabepflicht im Anhang).

Ferner dürfen die Nichtkapitalgesellschaften die Bilanz bzw. GuV nach eigenem Ermessen gliedern. Die Aufstellung der Jahresabschlüsse der Nichtkapitalgesellschaften ist nämlich ohne Gliederungsschema in § 247 Abs. 1 HGB geregelt. Insofern sind die Nichtkapitalgesellschaften im Rahmen der Grenzen des § 246 HGB in der Gestaltung des Jahresabschlusses frei. Die Bundessteuerberaterkammer empfiehlt (vgl. Anlage 6), dass die Berufsträger die **Gliederung des Jahresabschlusses** der Nichtkapitalgesellschaften grundsätzlich nach den Gliederungsvorschriften des HGB für große Kapitalgesellschaften vornehmen. In der gleichen Stellungnahme wird darauf hingewiesen, sodass auch die den kleinen und mittelgroßen Kapitalgesellschaften gewährten Erleichterungen im Regelfall nicht in Anspruch genommen werden sollten, da dadurch der Informationswert des Jahresabschlusses derart sinkt und hinter dem bisher Üblichen zurückbleibt, sodass weder das eigene Informationsbedürfnis noch jenes der Gesellschafter ausreichend befriedigt werden könnte und insbesondere Dritte (Kreditinstitute) gehalten wären, **zusätzliche Informationen** zu fordern. In dem Rundschreiben (vgl. Anlage 2) wird außerdem darauf verwiesen, dass Jahresabschlüsse, bei deren Aufstellung von den größenabhängigen Erleichterungen der §§ 267, 276, 288 HGB Gebrauch gemacht wurde, den Anforderungen des § 18 Satz 1 KWG nicht genügen. Die Kreditinstitute sind dann verpflichtet, die zusätzlichen Informationen und Unterlagen einzuholen, die sie für eine sachgerechte Beurteilung der Kreditwürdigkeit benötigen. Deshalb ist zu empfehlen, dass auch Nichtkapitalgesellschaften den Jahresabschluss nach dem Gliederungsschema der großen Kapitalgesellschaften erstellen. Aufgrund der Stellungnahme der Bundessteuerberaterkammer (vgl. Anlage 6) wird des weiteren empfohlen, dass auch die Nichtkapitalgesellschaften die Vorjahresbeträge (§ 265 Abs. 2 HGB) bei jedem Posten der Bilanz und Gewinn- und Verlustrechnung angeben. Dies gestattet dem Leser des Jahresabschlusses einen besseren Einblick und vor allem auch eine erste schnelle Plausibilitätsprüfung.

6.1.2.2 Die Abweichungen aufgrund der nur für Kapitalgesellschaften geltenden Vorschriften

Die speziellen Vorschriften für Kapitalgesellschaften und für die gleichgestellten Personengesellschaften (vgl. Abschn. 4.1.2) regeln die Rechnungslegung dieser Gesellschaften viel detaillierter, weshalb diese Jahresabschlüsse den Kreditinstituten einen erheblich besseren Einblick in die wirtschaftlichen Verhältnisse gewähren als die Jahresabschlüsse der Nichtkapitalgesellschaften. So müssen Kapitalgesellschaften und die gleichgestellten Personengesellschaften beispielsweise

- einen Anhang und
- u. U. einen Lagebericht erstellen; darüber hinaus sind Kapitalgesellschaften und die gleichgestellten Personengesellschaften
- u. U. prüfungspflichtig und
- offenlegungspflichtig.

Aus diesem Grunde fehlen den Kreditinstituten bei den Nichtkapitalgesellschaften erhebliche Informationen, die im Jahresabschluss einer Kapitalgesellschaft und gleichgestellten Personengesellschaft enthalten sind. Deshalb versuchen die Kreditinstitute, sich diese Informationen im Rahmen des §18 KWG zu beschaffen, damit sie sich ein abschließendes und eindeutiges Bild von den wirtschaftlichen Verhältnissen des Kreditnehmers machen können. Insbesondere für die Bilanzanalyse ist diese Informationsbeschaffung für die Kreditinstitute wichtig (vgl. Abschn. 8).

Zu erwähnen ist noch, dass die Nichtkapitalgesellschaften auch die Haftungsverhältnisse (Eventualverbindlichkeiten, vgl. Abschn. 6.2.6.9) separat vermerken müssen. Im Gegensatz zu den Kapitalgesellschaften dürfen die Nichtkapitalgesellschaften diese jedoch in einem Betrag angeben. Auch hier empfiehlt die Bundessteuerberaterkammer (vgl. Anlage 6), die Aufgliederung der Haftungsverhältnisse freiwillig so detailliert wie bei den Kapitalgesellschaften vorzunehmen, um dadurch dem Kreditnehmer weitere Rückfragen durch die Kreditinstitute möglichst zu ersparen.

6.2 Die Rechnungslegung der Kapitalgesellschaft und der gleichgestellten Personengesellschaft

Die Haftungsbeschränkung hat im deutschen Mittelstand höchste Priorität (Nahlik, Die Bank 11/89 S. 629). Nach Aussagen der Creditreform bevorzugen fast 80% aller mittelständischen Unternehmen eine haftungsbeschränkte Unternehmensform. In den neuen Bundesländern wurden in der Gründungsphase fast ausschließlich GmbH gegründet. Dies zeigt die klare Bevorzugung dieser Unternehmensform im Mittelstand. Die anderen Formen der Kapitalgesellschaft – AG und KGaA – werden im Mittelstand so gut wie nie verwendet. Sie sind für den Mittelstand auch nicht geeignet, obwohl inzwischen die kleine AG, die mittelstandsfreundlicher ist, als mögliche Unternehmensform in Betracht kommt. Aus diesem Grunde werden die Kapitalgesellschaften hier ausschließlich unter dem Blickwinkel der GmbH behandelt.

Auch die zweite, für den Mittelstand wichtige haftungsbeschränkende Unternehmensform, nämlich die **GmbH & Co KG,** ist durch das KapCoRiLiG, was die Rechnungslegung anbelangt, für **alle Wirtschaftsjahre, die nach dem 31. 12. 1999 beginnen,** den Kapitalgesellschaften gleichgestellt (vgl. Abschn. 6.1.1). Damit sind auch die Vorschriften über die Größenklassen (vgl. 6.2.1 ff.) zu beachten. Dies hat zur Folge, dass bei der mittelgroßen und großen GmbH & Co KG die Handhabung der Größenerleichterungen (vgl. Abschn. 6.2.2) insbesondere für die Vollhafter-GmbH als vertretungsberechtigtes Organ problematisch ist, so beispielsweise, wenn

- die GmbH & Co KG eine mittelgroße Gesellschaft und
- die Vollhafter-GmbH eine kleine Gesellschaft

ist. In diesem Fall ist es wegen der „& Co"-Koppelung der beiden rechtlich selbständigen Unternehmen und der dadurch notwendigen Abstimmungen angezeigt, die aufstellungsbezogenen Kleinformatserleichterungen (vgl. Abschn. 6.2.2) für die Vollhafter-GmbH nicht in Anspruch zu nehmen. Dies gilt auf jeden Fall für die Aufstellungsfristen (sechs Monate für das Kleinformat; vgl. 4.6.4), da die Abschlüsse beider Unternehmen aufeinander abzustimmen sind und ggf. sogar Konzernabschlusspflichten bestehen (vgl. Abschn. 6.1.1). Entsprechendes gilt bezüglich der Gliederung von Bilanz und GuV (zur Problematik vgl. auch Abschn. 6.2.2) sowie die Aufmachung des Anhangs (vgl. Abschn. 6.2.8; Strobel, DB 2000 S. 53 ff.).

Die den Kapitalgesellschaften gleichgestellten Personengesellschaften müssen im **Erstjahr** (bei der erstmaligen Pflichtanwendung der speziellen HGB-Vorschriften) nicht alle Rechnungslegungsvorschriften beachten. Es werden ihnen gewisse Erleichterungen gewährt, die besonders die Anpassung an die Vorjahre betreffen (vgl. Art. 48 Abs. 2–6 EGHGB), wie beispielsweise:

- die Nichtangabe der Vorjahrszahlen,
- die Buchwertfortführung beim Anlagevermögen unter bestimmten Voraussetzungen.

6.2.1 Die Größenklassen

Die speziellen Vorschriften für Kapitalgesellschaften i. S. der §§ 264 ff. HGB und der gleichgestellten Personengesellschaften § 264a ff. HGB sind nicht im gleichen Umfang auf alle Gesellschaften anzuwenden. Vielmehr werden in Abhängigkeit von der Größenklasse Erleichterungen gewährt, die umso größer sind, je kleiner die Kapitalgesellschaft ist. Die Gesellschaften werden deshalb in drei Größenklassen eingeteilt, und zwar in die

- kleine Gesellschaft,
- mittelgroße Gesellschaft und
- große Gesellschaft.

Außerdem sind nach § 264 Abs. 3 HGB die Tochter-Kapitalgesellschaften bzw. die Tochter-Personengesellschaften i. S. d. § 264a Abs. 1 und § 264b HGB u. U. von den speziellen Vorschriften für Kapitalgesellschaften (ausgenommen Konzernrechnungslegung) befreit (vgl. Abschn. 6.3).

Für die Ermittlung der Größenklasse sind drei Merkmale (§ 267 HGB) von Bedeutung, und zwar die

- Zahl der Arbeitnehmer,
- Bilanzsumme nach Abzug eines auf der Aktivseite ausgewiesenen Fehlbetrages (§ 268 Abs. 3 HGB) und
- Umsatzerlöse,

die in der folgenden Tabelle mit Betragsangabe zusammengefasst sind.

Abbildung 17: Zusammenstellung der Größenklassen und Größenmerkmale nach § 267 Abs. 1 und 2 HGB

Größenklassen	Merkmale		
	Arbeitnehmer	Bilanzsumme	Umsatzerlöse
klein	bis zu 50	bis zu 6,72 Mio.	bis zu 13,44 Mio.
mittelgroß	bis zu 250	bis zu 26,89 Mio.	bis zu 53,78 Mio.
groß	über 250	über 26,89 Mio.	über 53,78 Mio.

6.2 Die Rechnungslegung der Kapitalgesellschaft

bis 31. 12. 1998 geltende Merkmale:			
klein	bis zu 50	bis zu 5,31 Mio.	bis zu 10,62 Mio.
mittelgroß	bis zu 250	bis zu 21,24 Mio.	bis zu 42,48 Mio.
groß	über 250	über 21,24 Mio.	über 42,48 Mio.
bis 31. 12. 1990 geltende Merkmale:			
klein	bis zu 50	bis zu 3,9 Mio.	bis zu 8 Mio.
mittelgroß	bis zu 250	bis zu 15,5 Mio.	bis zu 32 Mio.
groß	über 250	über 15,5 Mio.	über 32 Mio.

Mit der endgültigen Umstellung auf den Euro werden sich die Zahlen wieder verändern.

Werden von den aufgeführten Merkmalen an zwei aufeinander folgenden Abschlussstichtagen zwei Merkmale über- bzw. unterschritten, so ist die Kapitalgesellschaft in die nächsthöhere bzw. nächsttiefere Größenklasse einzuordnen. Auch ist zu beachten, dass bei vernünftiger Auslegung die neuen Schwellenwerte eine 1998er-EU-Grundlage haben, weshalb sie für die **Zwei-Jahresregel aus der Sicht von 1999** auf 1998 zurückbezogen werden können (Strobel, DB 2000 S. 53 ff.).

Es gibt allerdings Ausnahmen von der Zwei-Jahresregel in Fällen der Verschmelzung, Umwandlung oder Neugründung sowie wenn die Wertpapiere der Kapitalgesellschaft erstmals an der Börse gehandelt werden. In diesen Fällen würde nämlich die 2-Jahresregel ein Karenzjahr schaffen, was durch § 267 Abs. 4 Satz 2 HGB verhindert wird, nach dem im Gründungsjahr etc. die 2-Jahresregel nicht gilt.

6.2.2 Die größenabhängigen Erleichterungen

Die Größenklassen sind, da die Rechnungslegungs- und Prüfungspflichten für die Kapitalgesellschaften und die gleichgestellten Personengesellschaften größenabhängig abgestuft sind (Farr, GmbHR 1996 S. 755 ff.), für die nach dem Gesetz gewährten Erleichterungen (Abstufungen) von Bedeutung. Die Abstufung erfolgt in der Weise, dass die großen Gesellschaften (§ 267 Abs. 3 HGB) sämtliche Pflichten vollständig zu erfüllen haben („gesetzliches Leitbild"), während den mittelgroßen Gesellschaften (§ 267 Abs. 2 HGB) und noch weiter gehend den kleinen Gesellschaften (§ 267 Abs. 1 HGB) größenabhängige Erleichterungen eingeräumt werden (Farr, GmbHR 1996 S. 756 ff.).

Die erste Zusammenfassung zeigt, inwieweit die kleinen, mittelgroßen und großen Kapitalgesellschaften bzw. die gleichgestellten Personengesellschaften die einzelnen Informationsinstrumente bei der Aufstellung und Offenlegung erstellen bzw. erstellen lassen müssen.

Abbildung 18: Zusammenstellung der Informationsinstrumente der Kapitalgesellschaften und der gleichgestellten Personengesellschaften

Informationsinstrumente	Größenklassen		
	klein	mittelgroß	groß
1. Aufstellung			
Bilanz	ja	ja	ja
GuV	ja	ja	ja
Anhang	ja	ja	ja
Lagebericht	nein[1]	ja	ja
2. Prüfung			
Prüfungsbericht	nein	ja	ja
3. Offenlegung (Publizität)			
Bilanz	ja	ja	ja
GuV	nein	ja	ja
Anhang	ja	ja	ja
Lagebericht	nein	ja	ja
Bericht des Aufsichtsrats	nein	ja	ja
Jahresergebnis[2]	nein	ja	ja
Ergebnisverwendungsvorschlag[2]	nein	ja	ja
Ergebnisverwendungsbeschluss[2]	nein	ja	ja
Bestätigungsvermerk	nein	ja	ja
Veröffentlichung im Bundesanzeiger	nein	nein[3]	ja

1 Wegfall des Lageberichts ab dem Geschäftsjahr, für das der Jahresabschluss bis zum 29. 7. 1994 noch nicht festgestellt war (BGBl. 1994 I S. 1682).
2 Das Jahresergebnis sowie der Vorschlag und der Beschluss über die Ergebnisverwendung sind nur dann zusätzlich einzureichen, sofern sich diese aus dem eingereichten Jahresabschluss nicht ergeben (§ 325 Abs. 1 Satz 1 HGB). Die kleine Gesellschaft ist zu diesen Angaben nicht verpflichtet (§ 326 HGB).
3 Die mittelgroßen Gesellschaften haben im Bundesanzeiger nur bekannt zu geben, bei welchem Handelsregister und unter welcher HR-Nummer die Unterlagen eingereicht wurden (Registerhinweis § 326 Abs. 1 Satz 2 HGB).

Die weitere Zusammenfassung zeigt, inwieweit die gewährten Erleichterungen die Qualität der einzelnen Informationsinstrumente der kleinen, mittelgroßen und großen Kapitalgesellschaft bzw. der gleichgestellten Personengesellschaft bei der Aufstellung und Offenlegung noch weiter einschränken.

6.2 Die Rechnungslegung der Kapitalgesellschaft

Abbildung 19: Übersicht der größenabhängigen Erleichterungen

Größenabhängige Erleichterungen	Größenklassen		
	klein	mittelgroß	groß
1. Aufstellung			
Bilanz	ja[1]	nein	nein
GuV	ja[2]	ja[2]	nein
Anhang	ja[3]	ja[3]	nein
2. Offenlegung			
Bilanz	nein	ja[4]	nein
Anhang	ja[5]	ja[5]	nein

[1] verkürzte Bilanz möglich (bestehend nur aus Hauptpositionen = römische Ziffern) (§ 266 Abs. 1 HGB)

[2] verkürzte GuV möglich (z. B. dürfen die Positionen 1-5 beim Gesamtkostenverfahren zum Schutz vor Wettbewerbsnachteilen (Förschle, in: Beck'scher Bilanzkommentar, § 276 Rz. 2) entgegen dem grundsätzlichen Verrechnungsverbot (§ 264 Abs. 2 HGB, vgl. Abschn. 4.2) zusammengefasst werden) (§ 276 Satz 1 HGB)

[3] verkürzter Anhang möglich (bestimmte Angaben entfallen, vgl. Abschn. 6.2.8) (§ 288 HGB)

[4] verkürzte Bilanz möglich (§ 327 Abs. 1 HGB, vgl. auch 1.)

[5] weitere Verkürzung des Anhangs möglich (§§ 326, 327 Abs. 2 HGB)

Diese Aufstellung ist für Kreditnehmer deshalb von besonderer Bedeutung, weil in dem Rundschreiben des BAK die Kreditinstitute ausdrücklich angewiesen werden (vgl. Anlage 2), auf diejenigen **Teile des Jahresabschlusses**, für die **keine Publizitätspflicht** (Offenlegungspflicht) besteht, **nicht zu verzichten**. Die Banken müssen sich deshalb von ihren Kunden die Jahresabschlüsse mit dem Inhalt unterbreiten lassen, der für die Aufstellung und Feststellung maßgeblich ist. Sie müssen daher der Bank die aufgestellten und zugleich auch festgestellten Jahresabschlüsse aushändigen.

Die gesetzlich eingeräumten Erleichterungen der §§ 267, 276, 288 HGB (vgl. Abbildung 19), die den kleinen und mittelgroßen Kapitalgesellschaften bzw. den gleichgestellten Personengesellschaften bei der Aufstellung des Jahresabschlusses gewährt werden, führen dazu, dass die Jahresabschlüsse den Anforderungen des § 18 KWG nicht genügen (vgl. Anlage 2). Sie stehen dagegen nicht im Widerspruch zu § 18 KWG. Da diese Erleichterungen aber den Informationswert des Jahresabschlusses erheblich beeinträchtigen, z. B. wenn infolge einer verkürzten GuV die Umsatzerlöse, die für die Beurteilung der Ertragslage nicht von untergeordneter Bedeutung sind, fehlen (Moldzio, NWB Fach 30, S. 1263 ff.), sind die Banken verpflichtet, wenn Kreditnehmer diese Erleichterungen in Anspruch nehmen, weitere Informationen und Unterlagen einzuholen. Insbesondere handelt es sich um solche Unterlagen, die für eine sachgerechte Beurteilung der Kreditwürdigkeit erforderlich sind, wie z. B. im Falle einer verkürzten GuV die Umsatzerlöse, die sonstigen betrieblichen Erträge, den Materialaufwand etc. Es ist allein schon deshalb nicht zu empfehlen, diese Erleichterungen für den Jahresabschluss, der bei der Bank einzureichen ist, in Anspruch zu nehmen (vgl. auch Anlage 6). Zumal es für das interne Rechnungswesen erforderlich ist, eine vollständige Bilanz und eine vollständige GuV aufzustellen. Zum einen ist dies zum Zwecke der Selbstinformation des Bilanzierenden sowie für die Information der Gesellschafter (Auskunfts- und Einsichtsrechte nach § 51a Abs. 1 GmbHG) und zum anderen, wenn Bestimmungen im Gesellschaftsvertrag oder externe Rechnungslegungsadressaten (z. B. Kreditgeber) dies verlangen, erforderlich (Förschle, in: Budde u. a., Bilanzkomm., München, § 276 Anm. 3).

Kleinere und mittlere Kapitalgesellschaften und gleichgestellte Personengesellschaften sollten deshalb, wenn sie Kreditnehmer sind, keine(n)

- verkürzte Bilanz (§ 266 Abs. 1 HGB),
- verkürzte GuV (§ 276 HGB),
- verkürzten Anhang (§ 288 HGB)

einreichen. Dies ist auch die Meinung der Bundessteuerberaterkammer, die in der Stellungnahme zur Gliederung des Jahresabschlusses (vgl. Anlage 6) darauf hinweist, dass

- kleine Kapitalgesellschaften einen ausreichend gegliederten Jahresabschluss erstellen (großes Gliederungsschema, vgl. Abschn. 6.2.6.1) sowie
- kleine und mittelgroße Kapitalgesellschaften eine ausführliche GuV (nicht eine zusammengefasste) erstellen (großes Gliederungsschema, vgl. Abschn. 6.2.7.1)

sollen. Die Bundessteuerberaterkammer fordert dies auch bei den **Nichtkapitalgesellschaften**. Zu bedenken ist ebenfalls, dass die Vorlage zusätzlicher Informationen meist einen höheren Arbeitsaufwand erfordert, als wenn der Jahresabschluss von Anfang an ohne die gesetzlichen Erleichterungen aufgestellt worden wäre. Unter **Kostengesichtspunkten** ist es also ebenfalls uninteressant, die gesetzlichen Erleichterungen in Anspruch zu nehmen.

Noch weiter gehende Erleichterungen werden den Tochter-Kapitalgesellschaften im Rahmen der Konzernrechnungslegung eingeräumt. Zur Problematik dieser Regelungen vgl. Abschn. 6.3.

6.2.3 Die Publizität

Die Publizität (Offenlegung) der Jahresabschlüsse ist in den §§ 325 ff. HGB geregelt. Generell haben nach dieser Vorschrift alle Kapitalgesellschaften bzw. gleichgestellte Personengesellschaften ihre Jahresabschlüsse nunmehr zu publizieren, wenn auch mit gewissen Erleichterungen (vgl. Abschn. 6.2.2). Die Publizität ist eine gute Chance zur positiven Selbstdarstellung des Unternehmens (z. B. wenn neben der Offenlegung eine komprimierte Selbstdarstellung in der örtlichen Tagespresse erscheint). Leider bestand eine ausgeprägte Scheu vonseiten der mittelständischen Gesellschaften, den Jahresabschluss zu publizieren, sodass man von einer Offenlegungsverweigerung der Mittelstands-GmbH sprechen konnte, da sich die Zwangsgeldsanktion des alten § 335 HGB als unwirksam erwies (nur Gesellschafter, Gläubiger und Betriebsräte waren antragsberechtigt). Die Publizitätsscheu ist aber nicht mehr zeitgemäß. Der EuGH verurteilte deshalb Deutschland zu schärferen Sanktionsmaßnahmen (Strobel, DB 2000 S. 53 ff.). Dahinter steckt die Ideologie, dass die Abschlusspublizität der notwendige Ausgleich für die Haftungsbeschränkung ist (BR-Drucksache 458/91, S. 33). Die Nichtoffenlegung wird nunmehr empfindlich sanktioniert.

6.2 Die Rechnungslegung der Kapitalgesellschaft

Nach § 335a und § 335b HGB kann auf **Antrag jeder beliebigen Person** (Jedermannantrag), der nicht mehr zurückgenommen werden kann, gegen die **Gesellschaft** ein Ordnungsgeld von mindestens 2 500 Euro bis max. 25 000 Euro festgesetzt werden. Auch die den Kapitalgesellschaften i. S. d. § 264a HGB gleichgestellten Personengesellschaften sind somit von diesen Sanktionen erfasst (§ 335b HGB). Zu beachten ist jedoch, dass die schärferen Sanktionsvorschriften für die

- Kapitalgesellschaften bereits auf deren Jahresabschlüsse anzuwenden sind, die Geschäftsjahre betreffen, die nach dem 31. 12. 1998 beginnen (§ 140a Abs. 3 FGG);
- den Kapitalgesellschaften gleichgestellten Personengesellschaften erst auf Jahresabschlüsse anzuwenden sind, die Geschäftsjahre betreffen, die nach dem 31. 12. 1999 beginnen (§ 140a Abs. 3 FGG).

Die Offenlegung ist daher zukünftig der Regelfall. Von der Offenlegungspflicht sind deshalb neben den Genossenschaften:

- ca. 5 000 AG mit einem Gesamtwirtschaftsumsatz-Anteil von 20%
- über 800 000 GmbH mit einem Gesamtwirtschaftsumsatz-Anteil von 33⅓%
- über 100 000 GmbH & Co KG mit einem Gesamtwirtschaftsumsatz-Anteil von 20%

erfasst. Insgesamt unterliegen zusammen mit den Genossenschaften etc. nunmehr Unternehmen im Umfang von ca. 80% des Gesamtwirtschaftsumsatzes der Offenlegungspflicht (Strobel, DB 2000 S. 53 ff.).

Die Androhung und die Festsetzung des Ordnungsgeldes richtet sich gegen die Mitglieder der vertretungsberechtigten Organe (z. B. Geschäftsführer) der Gesellschaft (§ 335a S. 1 HGB). In der Androhung des Ordnungsgeldes ist den vertretungsberechtigten Organen aufzugeben,

- innerhalb einer Frist von sechs Wochen der gesetzlichen Verpflichtung nachzukommen oder
- die Unterlassung mittels Einspruch gegen die Verfügung zu rechtfertigen.

Wird dies unterlassen, ist das angedrohte Ordnungsgeld festzusetzen und zugleich die frühere Verfügung unter Androhung eines **erneuten Ordnungsgeldes** zu wiederholen. Das Registergericht muss aber, wenn es ein Ordnungsgeld verhängen will, bereits bei der Androhung des Ordnungsgeldes auf die Möglichkeit, dass von Amts wegen ein Ordnungsgeld verhängt werden kann (§ 140a Abs. 2 S. 2 FGG), hinweisen. Rechtsmittel gegen das Ordnungsgeld ist die sofortige Beschwerde. Eine weitere Beschwerde ist nicht statthaft (§ 140a Abs. 1 FGG). Wird die Sechswochenfrist nur geringfügig überschritten, kann das Registergericht das Ordnungsgeld herabsetzen (§ 140a Abs. 2 FGG). Obwohl jedermann den Ordnungsgeldantrag stellen kann, wird **Prozesskostenhilfe** nur den **Gläubigern, Gesellschaftern,** dem **Betriebsrat** sowie den **Antragsgegnern** gewährt (§ 140a FGG). Die Kosten für die Offenlegung betragen bei kleinen Gesellschaften 50 DM gem. § 86 Abs. 2 KoStO. Für mittelgroße und große Gesellschaften betragen sie 100 DM zzgl. der Kosten für die Publizierung im Bundesanzeiger bei der großen Gesellschaft (vgl. auch Abschn. 6.2.2) bzw. für den Registerhinweis bei der mittelgroßen Gesellschaft.

Liegen in einem Verfahren nach § 140a Abs. 2 i. V. m. § 335a HGB dem Registergericht keine Anhaltspunkte für die Einstufung der Gesellschaft in eine kleine, mittelgroße oder große vor, ist in der Ordnungsgeldandrohung den Mitgliedern des vertretungsberechtigten Organs der Gesellschaft **im Falle eines Einspruchs aufzugeben,** für das Geschäftsjahr, für das der Antrag auf Offenlegung gestellt wurde,

- die Bilanzsumme nach Abzug des auf der Aktivseite ausgewiesenen Fehlbetrages,
- die Umsatzerlöse der ersten zwölf Monate vor dem Abschlussstichtag,
- die durchschnittliche Zahl der Arbeitnehmer
- sowie auch für die vorausgehenden Geschäftsjahre, die für die Einstufung nach § 267 erforderlich sind,

anzugeben (§ 140a Abs. 3 HGB).

Somit muss das Registergericht immer dann, wenn ihm keine Anhaltspunkte über die Einstufung vorliegen **und Einspruch eingelegt wird,** die Einstufung überprüfen. Unterlassen nämlich die vertretungsberechtigten Organe der Gesellschaft in diesem Fall diese Angaben, so wird für das weitere Verfahren vermutet, dass die Erleichterungen – insbesondere für die kleine Gesellschaft – nicht in Anspruch genommen werden können. Die Offenlegungsfrist (vgl. Abschn. 4.6.4) wurde aber, um die Verfolgung von Offenlegungssündern unabhängig von der Größenklasseneinordnung – mit der Ausnahme des Einspruchs – vornehmen zu können (Wegfall der generellen Überprüfung, um welche Größenklasse es sich handelt), für alle Größenklassen einheitlich auf zwölf Monate festgelegt (bisher galt diese Frist nur für die kleine Gesellschaft). Die Verlängerung der Offenlegungsfrist läuft dem Offenlegungszweck (schnelle Information der Gläubiger bei mittelgroßen und großen Gesellschaften) zuwider und passt auch nicht mit den Aufstellungsfristen (vgl. Abschn. 4.6.4) dieser Gesellschaften zusammen.

Inwieweit die Verschärfung der Offenlegung zu einer Überforderung der Registergerichte und deren Verwaltungen führt, wie die Kritiker dieser Verschärfung befürchten, bleibt abzuwarten. Viel problematischer ist, dass die **Nichtoffenlegung** erheblich stärker (Ordnungsgeld zwischen 2 500–25 000 Euro) als die **Nichtaufstellung** bzw. **Nichtprüfung** (Zwangsgeld bis max. 5 000 Euro) bestraft wird. Geradezu krass ist jedoch die Tatsache, dass für die Nichtfeststellung des Jahresabschlusses eine Sanktionslücke besteht (es gibt weder ein Zwangsgeld noch ein Ordnungsgeld). Die Feststellung des Jahresabschlusses ist aber Gesellschaftersache und Voraussetzung für die Offenlegung (vgl. Abschn. 4.3.3), sodass der Geschäftsführer (Fremdgeschäftsführer) u. U. keinem Ordnungsgeld unterworfen werden kann, insbesondere wenn er die Gesellschafterversammlung zur Feststellung des Jahresabschlusses fristgerecht einberufen hat und dieser nicht festgestellt wurde, sodass die Sanktionsvorschriften dann sogar u. U. ins Leere gehen (Strobel, DB 2000 S. 53 ff.).

Außerdem haben ca. 100 000 reine GmbH und weitere ca. 100 000 Vollhafter-GmbH der GmbH & Co KG kaum mehr als „Rollschrank"-Format (Strobel, DB 2000 S. 53, 59). Es wäre durchaus vertretbar, diese Kleinstgesellschaften von den Sanktionsvorschriften auszunehmen.

Im Übrigen gibt es auch für die den Kapitalgesellschaften gleichgestellten Personengesellschaften Gestaltungsmöglichkeiten, die Offenlegungspflicht zu vermeiden (vgl. Abschn. 6.1).

6.2.4 Die Prüfungspflicht mittelgroßer und großer Kapitalgesellschaften

Nach § 316 Abs. 1 HGB ist der Jahresabschluss der mittelgroßen und großen Kapitalgesellschaften bzw. der gleichgestellten Personengesellschaften zu prüfen. Dies setzt voraus, dass der Prüfungsauftrag rechtzeitig erteilt wird.

- Nach Gesetz ist der Prüfungsauftrag unverzüglich nach der Wahl des Abschlussprüfers zu erteilen (§ 318 Abs. 1 HGB);
- falls der Abschlussprüfer nicht bis zum Ablauf des Geschäftsjahres gewählt wurde, haben die gesetzlichen Vertreter den Antrag auf gerichtliche Bestellung unverzüglich nach Ablauf des Geschäftsjahres zu stellen (§ 318 Abs. 4 HGB).

Der Geschäftsführer und u. U. auch die Gesellschafter einer prüfungspflichtigen Gesellschaft sollten wegen der besonders nachteiligen Rechtsfolgen unbedingt darauf achten, dass eine prüfungspflichtige Gesellschaft auch tatsächlich geprüft wird. Nach § 335 Nr. 3 HGB kann zudem jedermann ein Zwangsgeld nach § 140a Abs. 1 FFG beantragen, wenn der Prüfungsauftrag nicht rechtzeitig erteilt wird (vgl. Abschn. 6.2.3). Im Übrigen besteht auch die Gefahr, dass jedermann, der einen Offenlegungsantrag nach § 335 ff. HGB stellt, auch Einsicht beim Handelsregister nimmt und dann u. U. erkennen kann, dass es sich nicht um eine kleine Gesellschaft handelt. Daher könnte er auch eine Sanktion nach § 335 Nr. 3 HGB einleiten, sodass diese Vorschrift zukünftig ebenfalls stärker zu beachten ist. Wird der Jahresabschluss einer prüfungspflichtigen Gesellschaft nicht geprüft, so greifen die folgenden Sanktionen (Seitz, DStR 1991 S. 315 ff.):

- Der **Jahresabschluss** ist **nichtig** (§ 316 Abs. 2 HGB), er kann nicht festgestellt werden und erlangt somit keine Rechtswirksamkeit. Eine Heilung der Nichtigkeit durch Zeitablauf ist nicht möglich (§ 256 Abs. 6 AktG; Hense, WPg 1993 S. 716 ff.). Eine Heilung kann nur durch Nachholung der unterlassenen Pflichtprüfung erreicht werden. Der Abschlussprüfer des Folgeabschlusses hat die Geschäftsführer darauf hinzuweisen, dass er alles in seinen Kräften Stehende zu tun hat, die Nichtigkeit zu beseitigen.

- Ein auf der Grundlage einer nichtigen Bilanz gefasster **Ergebnisverwendungsbeschluss** ist **nichtig**. Im Fall einer Gewinnausschüttung entsteht ein Rückforderungsanspruch gem. § 812 Abs. 1 BGB der Gesellschaft gegen die Gesellschafter – Ausnahme: bei Gutgläubigkeit, die bei leichter Fahrlässigkeit noch vorliegt. Normalerweise muss den Gesellschaftern aber bekannt sein, dass der Jahresabschluss ohne Prüfung nichtig ist, weshalb Gutgläubigkeit i. d. R. nicht vorliegt (Rauch, BB 1997 S. 35 ff.).

- Steuerrechtlich liegt bei einer Gewinnausschüttung einer Kapitalgesellschaft aufgrund eines nichtigen Ergebnisverwendungsbeschlusses eine sog. „andere Ausschüttung" gem. § 28 Abs. 3 KStG vor. Dies führt dazu, dass sich die KSt erst in dem Veranlagungszeitraum ändert, in dem das Wirtschaftsjahr endet, in dem die

Ausschüttung erfolgt ist (§ 27 Abs. 3 KStG), während sich bei einer richtigen Ergebnisverwendung die KSt in dem Wirtschaftsjahr ändert, für das ausgeschüttet wurde (Rauch, BB 1997 S. 35 ff.).

- Die **Geschäftsführer** können **nicht entlastet** werden und bleiben deshalb der Gesellschaft gegenüber schadenersatzpflichtig.

- Entsteht aus der unterlassenen Pflichtprüfung der Gesellschaft selbst ein Schaden, so können die Geschäftsführer auch nach § 43 Abs. 2 GmbHG **schadenersatzpflichtig** werden. Zu beachten ist, dass die Ansprüche der Gesellschaft gegen den Geschäftsführer nach fünf Jahren verjähren (§ 43 Abs. 4 GmbHG i. V. mit § 198 BGB). Wird bei Kreditverhandlungen nicht auf die Nichtigkeit des Jahresabschlusses hingewiesen, machen sich die Geschäftsführer oder mit der Bank verhandelnde Gesellschafter u. U. des Kreditbetrugs oder des Betruges schuldig.

- Die Bank dürfte diesen Jahresabschluss eigentlich nicht akzeptieren. Nach § 18 KWG muss sich das Kreditinstitut allerdings nur dann einen **testierterten Jahresabschluss** vorlegen lassen, wenn der Kreditnehmer seinen Jahresabschluss aufgrund gesetzlicher Verpflichtungen prüfen lässt. Diese Aussage ist wegen der dargestellten Sanktionen nicht präzise genug. Sie könnte auch so ausgelegt werden, dass ein testierter Jahresabschluss nur dann vorzulegen ist, wenn **tatsächlich** geprüft wurde (der Prüfungsverband teilt diese Auffassung). Wegen der vorstehend aufgeführten Konsequenzen sollte aber darauf geachtet werden, dass bei allen prüfungspflichtigen Gesellschaften ein testierter Jahresabschluss vorliegt.

Im Übrigen gibt es auch für die den Kapitalgesellschaften gleichgestellten Personengesellschaften Gestaltungsmöglichkeiten, die Prüfungspflicht zu vermeiden (vgl. Abschn. 6.1).

6.2.5 Wichtige Grundsätze der Rechnungslegung

6.2.5.1 Der Grundsatz der Bilanzwahrheit (true and fair view)

Wie unter Abschn. 4.2 bereits erläutert, ist der Grundsatz der Bilanzwahrheit „true and fair view" (§ 264 Abs. 2 HGB) die Generalnorm für die Erstellung des Jahresabschlusses der Kapitalgesellschaften bzw. der gleichgestellten Personengesellschaften.

Der Grundsatz des true and fair view besagt, dass der Jahresabschluss der Kapitalgesellschaften bzw. der gleichgestellten Personengesellschaften unter Beachtung der Grundsätze ordnungsmäßiger Buchführung ein den tatsächlichen Verhältnissen entsprechendes Bild der Vermögens-, Finanz- und Ertragslage zu vermitteln hat. Führen allerdings besondere Umstände dazu, dass der Jahresabschluss im Rahmen dessen, was er unter Beachtung der gesetzlichen Wahlrechte leisten kann, ein den tatsächlichen Verhältnissen entsprechendes Bild nicht vermittelt, so sind im Anhang zusätzliche Angaben zu machen (§ 264 Abs. 2 Satz 2 HGB).

Die Messlatte für zusätzliche Angaben ist jedoch sehr hoch gesetzt. Zusätzliche Angaben sind nur dann erforderlich, wenn **prekäre Situationen** eingetreten sind, die sich nicht aus dem Jahresabschluss ergeben z. B. Illiquidität, Überschuldung. Dies bedeutet: Je prekärer die Situation ist, desto eher sind zusätzliche Angaben im Anhang (vgl. Abschn. 6.2.9) zu machen (IDW SABI 3/1986). Die Korrektur der Bilanz und GuV erfolgt also über den Anhang. Dies zeigt bereits, wie wichtig der Anhang bei den Kapitalgesellschaften und den gleichgestellten Personengesellschaften ist.

6.2.5.2 Die Darstellungsstetigkeit und die Angabe von Vorjahreszahlen

Die Kapitalgesellschaften und die gleichgestellten Personengesellschaften haben den Grundsatz der Darstellungsstetigkeit (vgl. Abschn. 4.2) zu beachten (§ 265 Abs. 1 HGB). Dies bedeutet, dass die einmal gewählte Form der Darstellung in Bilanz und GuV auch in den Folgeabschlüssen einzuhalten ist.

Nur in Ausnahmefällen, wenn besondere Umstände vorliegen, ist es nach § 265 Abs. 1 HGB erlaubt, die Form zu ändern, z. B. wenn

- dadurch die Klarheit und Übersichtlichkeit vergrößert wird oder
- sich die Größenklasse ändert.

Gemäß § 265 Abs. 2 HGB ist zu jedem Posten der Bilanz sowie der GuV der **Betrag des Vorjahres** anzugeben. Die Angabe der Vorjahreszahlen ist im Hinblick auf die Plausibilitätsprüfung des Jahresabschlusses nicht nur für den Unternehmer, sondern auch für die Bank (vgl. Anlage 1) besonders wichtig. Ein Vergleich der Zahlen des Geschäftsjahres mit denen des Vorjahres ist für den Unternehmer die einfachste, schnellste und vielfach informativste Plausibilitätsprüfung. Aus diesem Grunde sollten auch bei Nichtkapitalgesellschaften die Vorjahreszahlen angegeben werden (vgl. Anlage 6).

Noch aussagefähiger wird diese einfache Plausibilitätsprüfung, wenn sie nicht aufgrund der Zahlen der Bilanz und GuV vorgenommen wird, sondern anhand der Zahlen des Kontennachweises (vgl. Abschn. 12.2.6), wo die Vorjahreszahlen bei jedem Konto angegeben sind. Im Zeitalter der EDV ist die Gegenüberstellung der Vorjahreszahlen im Kontennachweis kein Problem (z. B. ist dies Standard bei der DATEV).

6.2.6 Die Bilanz

Für die Bilanz der Kapitalgesellschaften und der gleichgestellten Personengesellschaften ist die Kontenform vorgeschrieben und die Gliederung (das Bilanzschema) in § 266 HGB vorgegeben.

Zu den Erleichterungen, die der kleinen und mittelgroßen Gesellschaft bei der Aufstellung und der Offenlegung gewährt werden, vgl. Abschn. 6.2.2. Einzelheiten zu den Bilanzpositionen sind dem folgenden ausführlichen Gliederungsschema zu entnehmen.

6.2.6.1 Bilanzschema der mittelgroßen und großen Kapitalgesellschaften bei Ansatz aller Alternativangaben im Anhang

Abbildung 20: Das Bilanzgliederungsschema der Kapitalgesellschaften

Aktivseite

A. **Ausstehende Einlagen auf das gezeichnete Kapital (Saldierungsmöglichkeiten)**
   (davon eingefordert DM _____)
B. **Aufwendung für die Ingangsetzung und Erweiterung des Geschäftsbetriebes (§ 269 HGB)**
C. **Anlagevermögen**
   I. **Immaterielle Vermögensgegenstände**
      1. Konzessionen, gewerbliche Schutzrechte und ähnliche Rechte und Werte sowie Lizenzen an solchen Rechten und Werten
      2. Geschäfts- oder Firmenwert
      3. geleistete Anzahlungen
   II. **Sachanlagen**
      1. Grundstücke, grundstücksgleiche Rechte und Bauten einschließlich der Bauten auf fremden Grundstücken
      2. technische Anlagen und Maschinen
      3. andere Anlagen, Betriebs- und Geschäftsausstattung
      4. geleistete Anzahlungen und Anlagen im Bau
   III. **Finanzanlagen**
      1. Anteile an verbundenen Unternehmen
      2. Ausleihungen an verbundene Unternehmen
      3. Beteiligungen
      4. Ausleihungen an Unternehmen, mit denen ein Beteiligungsverhältnis besteht
      5. Wertpapiere des Anlagevermögens
      6. sonstige Ausleihungen
D. **Umlaufvermögen**
   I. **Vorräte**
      1. Roh-, Hilfs- und Betriebsstoffe
      2. unfertige Erzeugnisse, unfertige Leistungen ./. erhaltene Anzahlungen auf unfertige Erzeugnisse und Leistungen (§ 268 Abs. 5 HGB, Saldierung)
      3. fertige Erzeugnisse und Waren
      4. geleistete Anzahlungen
   II. **Forderungen und sonstige Vermögensgegenstände**
      1. Forderungen aus Lieferungen und Leistungen
      2. Forderungen gegen verbundene Unternehmen
      3. Forderungen gegen Unternehmen, mit denen ein Beteiligungsverhältnis besteht
      4. eingeforderte Nachschüsse (§ 42 Abs. 2 GmbHG)
      5. eingeforderte ausstehende Einlagen (§ 272 Abs. 1 HGB, keine Saldierung)
      6. sonstige Vermögensgegenstände
   III. **Wertpapiere**
      1. Anteile an verbundenen Unternehmen
      2. eigene Anteile
      3. sonstige Wertpapiere

IV. Schecks, Kassenbestand, Bundesbank- und Postgiroguthaben, Guthaben bei Kreditinstituten
E. Rechnungsabgrenzungsposten
   1. Latente Steuern (§ 274 Abs. 2 HGB)
   2. sonstige Rechnungsabgrenzungsposten
F. nicht durch Eigenkapital gedeckter Fehlbetrag (§ 268 Abs. 3 HGB)

Passivseite

A. Eigenkapital
   I. Gezeichnetes Kapital (§ 42 Abs. 1 GmbHG)
      ./. nicht eingeforderte ausstehende Einlagen (§ 272 Abs. 1 HGB, Saldierung)
   II. Kapitalrücklage
      1. Agio (§ 272 Abs. 2 HGB)
      2. Nachschusskapital (§ 42 Abs. 2 GmbHG)
   III. Gewinnrücklagen
      1. gesetzliche Rücklage
      2. Rücklage für eigene Anteile
      3. satzungsmäßige Rücklagen
      4. andere Gewinnrücklagen
   IV. Gewinnvortrag/Verlustvortrag
   V. Jahresüberschuss/Jahresfehlbetrag
B. Sonderposten mit Rücklageanteil (§ 273 HGB bzw. § 281 Abs. 1 HGB)
   (Bei den Posten, die nach § 281 HGB gebildet werden, wäre eine Sofortabschreibung = Saldierung ebenfalls zulässig.)
C. Rückstellungen
   1. Rückstellungen für Pensionen und ähnliche Verpflichtungen
   2. Steuerrückstellungen
   3. sonstige Rückstellungen
D. Verbindlichkeiten
   1. Anleihen
      (davon konvertibel DM _____)
   2. Verbindlichkeiten gegenüber Kreditinstituten
   3. erhaltene Anzahlungen auf Bestellungen (§ 268 Abs. 5 HGB: Saldierungsmöglichkeit)
   4. Verbindlichkeiten aus Lieferungen und Leistungen
   5. Verbindlichkeiten aus der Annahme gezogener Wechsel und der Ausstellung eigener Wechsel
   6. Verbindlichkeiten gegenüber verbundenen Unternehmen
   7. Verbindlichkeiten gegenüber Unternehmen, mit denen ein Beteiligungsverhältnis besteht
   8. sonstige Verbindlichkeiten,
      davon aus Steuern DM _____,
      davon im Rahmen der sozialen Sicherheit DM _____
E. Rechnungsabgrenzungsposten

6.2.6.2 Die offene Saldierung

Entgegen dem Verrechnungsverbot (vgl. Abschn. 4.2) dürfen in der Bilanz die folgenden Positionen offen saldiert werden:

- **auf der Aktivseite**
  die erhaltenen Anzahlungen mit den Vorräten (§ 268 Abs. 5 HGB) und
- **auf der Passivseite** bei den Kapitalgesellschaften
  die ausstehenden, noch nicht eingeforderten Einlagen mit dem gezeichneten Kapital (§ 272 Abs. 1 HGB)

Sind die Einlagen eingefordert, so sind sie gesondert unter den Forderungen auszuweisen. Macht der Geschäftsführer von der **offenen Saldierung** Gebrauch, so **verringert** sich die **Bilanzsumme**. Für die Ermittlung der Größenklassen ist dies von Bedeutung, denn die Saldierung hat für das **Größenmerkmal** Bilanzsumme **Bindungswirkung** (vgl. Budde/Karig, in: Beck'scher Bilanzkommentar, § 267 Rz. 6). Somit ist insbesondere die Saldierung der erhaltenen Anzahlungen mit den Vorräten ein wichtiges Gestaltungsmittel zur Verringerung der Bilanzsumme und damit u. U. zur Veränderung der Größenklasse. Im Übrigen hat eine geringere Bilanzsumme auch Auswirkungen auf die Gebühren der steuerberatenden und wirtschaftsprüfenden Berufe. Aus diesem Grund ist die Ausübung des Wahlrechts interessant.

6.2.6.3 Die Bilanzierungshilfen

Die Bilanzierungshilfen sind eine Besonderheit der Kapitalgesellschaften und der gleichgestellten Personengesellschaften. Es gibt zwei Bilanzierungshilfen.

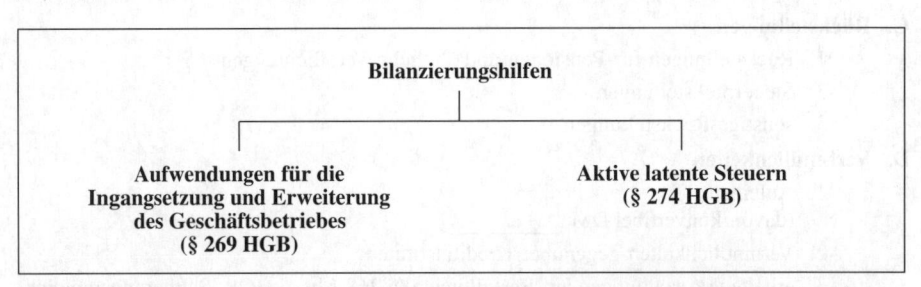

```
                    Bilanzierungshilfen
                            |
        ┌───────────────────┴───────────────────┐
  Aufwendungen für die                  Aktive latente Steuern
Ingangsetzung und Erweiterung               (§ 274 HGB)
   des Geschäftsbetriebes
        (§ 269 HGB)
```

Bilanzierungshilfen sind keine Vermögensgegenstände und deshalb für die Steuerbilanz ohne Bedeutung. Es handelt sich um Aktivierungswahlrechte, die nur deshalb in das HGB aufgenommen wurden, um einer Überschuldung der Kapitalgesellschaften vorzubeugen (Begr. RegE, S. 80). Eine Überschuldung kann allerdings durch den Ansatz einer Bilanzierungshilfe nicht vermieden werden. Die Überschuldung ist nämlich nicht aufgrund der Handelsbilanz, sondern aufgrund einer Überschuldungsbilanz zu ermitteln (vgl. Abschn. 12.2.2). In der Überschuldungsbilanz darf die Bilanzierungshilfe aber nicht angesetzt werden, da sie kein Vermögensgegenstand ist und deshalb auch keinen Wert besitzt (nicht realisierbar ist) (vgl. Budde/Karig, in: Beck'scher Bilanzkommentar, § 269 Rz. 6). Obendrein ist die Ausschüttungssperre der §§ 269 u. 274 Abs. 2 HGB zu beachten.

Im Ergebnis führt eine Bilanzierungshilfe also nur dazu, dass u. U. wegen dieses Postens der Verlust des halben Stammkapitals (vgl. Abschn. 5.4.2.5) nicht oder später eintritt. Die Geschäftsführer müssen dann eine Gesellschafterversammlung nach § 49 Abs. 3 GmbHG nicht oder erst später einberufen. Ein Unterlassen der Einberufung der Gesellschafterversammlung bei Verlust des halben Stammkapitals ist nach § 84 Abs. 1 GmbHG strafbar. Insofern sind Bilanzierungshilfen vorteilhaft.

6.2.6.4 Aktive latente Steuern

Sind die ausgewiesenen Ertragsteuern im Verhältnis zum Handelsbilanzgewinn zu hoch, weil beispielsweise

- die Erträge handelsrechtlich später als steuerrechtlich anfallen (steuerliche Aktivierungspflicht von Dividenden eines abhängigen Unternehmens) oder
- Aufwendungen das handelsrechtliche Ergebnis früher als den steuerlichen Gewinn mindern (Drohverlustrückstellungen, vgl. Abschn. 4.2),

so kann durch eine aktive Steuerabgrenzung der dem handelsrechtlichen Ergebnis entsprechende Steueraufwand ausgewiesen werden (Schnicke/Fischer, in: Beck'scher Bilanzkommentar, § 274 Rz. 40). Es wird also durch die aktive Steuerabgrenzung der Ertragsteueraufwand so vermindert, dass er dem geringeren handelsrechtlichen Ergebnis entspricht. Wurde z. B. das handelsrechtliche Ergebnis durch eine Drohverlustrückstellung gemindert, so darf steuerlich gem. § 5 Abs. 4a EStG eine Drohverlustrückstellung nicht mehr gebildet werden. Das handelsrechtliche Ergebnis würde nun, wenn eine aktive Steuerabgrenzung nicht vorgenommen würde, auch noch um die Ertragsteuern, die auf die steuerlich nicht anerkannte Rückstellung entfallen, zusätzlich gemindert. Durch die aktive Steuerabgrenzung wird also das handelsrechtliche Ergebnis um die Ertragsteuern, die auf Aufwendungen entfallen, die nur das handelsrechtliche Ergebnis gemindert haben, bzw. auf Erträge, die handelsrechtlich noch nicht erfasst sind, korrigiert. Im Übrigen sind passive und aktive Steuerabgrenzungen zu saldieren (HFA-Verlautbarung, FN-IDW 1997, S. 553; Stellungnahme SABI 3/1988). Da Bilanzierungshilfen aber keine Vermögensgegenstände sind (vgl. Abschn. 6.2.6.3), sind sie auch bei der Bilanzanalyse durch die Kreditinstitute nicht zu berücksichtigen, was die Kreditwürdigkeit (Kapitaldienstfähigkeit) der betroffenen Unternehmen noch weiter verschlechtert (vgl. auch Abschn. 8.3.2.4).

6.2.6.5 Der Anlagenspiegel

Der Anlagenspiegel, der von den Gesellschaften nach § 268 Abs. 2 HGB zu erstellen ist, hat sich in der Praxis bewährt. Kleine Gesellschaften müssen ihn jedoch seit dem 29. 7. 1994 nicht mehr erstellen. Da der Anlagenspiegel allerdings nur eine EDV-Angelegenheit ist und die entsprechenden Programme vorhanden sind, sollte der ausführliche Anlagenspiegel auch von den kleinen Gesellschaften beibehalten werden, zumal dies auch den Informationswert des Jahresabschlusses – nicht nur für die Banken – erhöht.

6.2.6.6 Die Angabe der Restlaufzeiten

Bei sämtlichen Forderungen (Pos. D.II.1 – 6, vgl. Abschn. 6.2.6.1) und sämtlichen Verbindlichkeiten (Pos. D.1 – 8, vgl. Abschn. 6.2.6.1) sind die Restlaufzeiten anzugeben (§ 268 Abs. 4 u. 5 HGB). Im Einzelnen sind folgende Restlaufzeiten angabepflichtig.

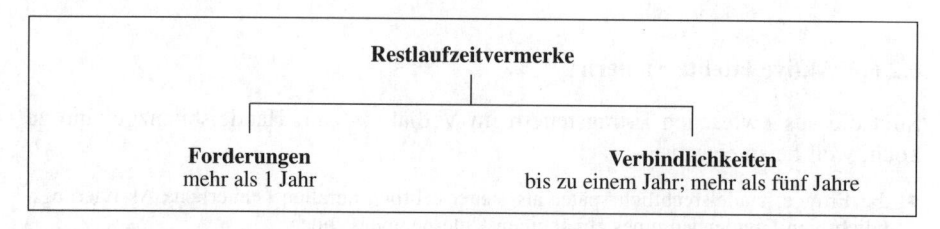

```
                    Restlaufzeitvermerke
                    /                \
          Forderungen              Verbindlichkeiten
          mehr als 1 Jahr          bis zu einem Jahr; mehr als fünf Jahre
```

Bei den Verbindlichkeiten ist noch von Bedeutung, dass nach § 285 Nr. 1b HGB auch die Art und Höhe der Sicherheit anzugeben ist, wenn Sicherheiten geleistet wurden. Die Banken können dadurch ihre eigenen Sicherheiten besser einschätzen.

6.2.6.7 Die Unternehmensverflechtungen

(1) Beteiligungen

Eine Beteiligung liegt nach § 271 Abs. 1 HGB vor, wenn die Anteile an einem Unternehmen dazu bestimmt sind, dem eigenen Geschäftsbetrieb durch Herstellung einer dauernden Verbindung zu diesem Unternehmen zu dienen. Sie liegt insbesondere dann vor, wenn die Beteiligungshöhe mehr als 20% beträgt. Der Ausweis erfolgt unter der Bilanzposition Beteiligungen, wobei Forderungen und Verbindlichkeiten, die Unternehmen, zu denen ein Beteiligungsverhältnis besteht, betreffen, gesondert auszuweisen sind.

(2) Verbundene Unternehmen

Verbundene Unternehmen sind nach § 290 HGB Mutter- und Tochterunternehmen im Konzern, auch wenn sie nicht in den Konzernabschluss des obersten Mutterunternehmens einbezogen werden. Konzernverbindungen liegen nach § 290 HGB vor, wenn

- eine einheitliche Leitung gegeben ist und eine Beteiligung gemäß § 271 Abs. 1 HGB vorliegt (§ 290 Abs. 1 HGB) oder
- ein beherrschender Einfluss gegeben ist (§ 290 Abs. 2 Nr. 3 HGB) oder
- die Mehrheit der Stimmrechte gegeben ist (§ 290 Abs. 2 Nr. 1 HGB) oder
- die Mehrheit der Organmitglieder bestimmt wird (§ 290 Abs. 2 Nr. 2 HGB).

Anteile, Ausleihungen, Forderungen und Verbindlichkeiten sowie Haftungsverhältnisse im Verhältnis zu verbundenen Unternehmen sind gesondert auszuweisen.

6.2.6.8 Der Kapitalausweis

6.2.6.8.1 Der Kapitalausweis bei den Kapitalgesellschaften

Der Ausweis des Eigenkapitals ist in den §§ 266 Abs. 3 u. 272 HGB geregelt.

(1) Kapitalrücklagen

Bei den Kapitalrücklagen (§ 272 Abs. 2 HGB) werden Vermögensmehrungen erfasst, die ihre Ursache im Gesellschaftsverhältnis haben. Es handelt sich um eine Kapitalzuführung von außen, wie z. B. um ein Agio oder freiwillige Zuzahlungen der Gesellschafter.

(2) Gewinnrücklagen

Bei den Gewinnrücklagen (§ 272 Abs. 3 HGB) werden Vermögensmehrungen erfasst, die ihre Ursache in der Verwendung des erwirtschafteten Ergebnisses haben. Sie kommen also vom Unternehmen selbst.

(3) Rücklage für eigene Anteile

Bei der Rücklage für eigene Anteile wird ein Gegenposten zur Position „Eigene Anteile" (Aktivposten) gebildet.

In Höhe des Kaufpreises der erworbenen eigenen Anteile (Aktivposten) muss die Gesellschaft eine Rücklage für eigene Anteile bilden. Insoweit darf der Gewinn nicht an die Gesellschafter ausgeschüttet werden, sondern es muss ein Gegenwert in Höhe des Kaufpreises vorhanden sein. Kann die Rücklage nicht gebildet werden, ist das schuldrechtliche Geschäft nichtig (§ 33 Abs. 2 GmbHG).

6.2.6.8.2 Der Kapitalausweis bei den Kapitalgesellschaften gleichgestellten Personengesellschaften

Der Ausweis des Eigenkapitals ist bei den gleichgestellten Personengesellschaften in § 264c HGB geregelt:

(1) Eigenkapitalausweis

Nach § 264c Abs. 2 HGB ist das Eigenkapital in folgende Posten aufzuteilen:

I. Kapitalanteile

II. Rücklagen

III. Gewinnvortrag/Verlustvortrag

IV. Jahresüberschuss/Jahresfehlbetrag

Anstelle des Postens „Gezeichnetes Kapital" sind die Kapitalanteile der persönlich haftenden Gesellschafter sowie die Kapitalanteile der Kommanditisten für jede Gruppe insgesamt gesondert auszuweisen.

(2) Behandlung von Verlusten

Verlustanteile, die auf einen persönlich haftenden Gesellschafter entfallen, sind von dessen Kapitalanteil abzuschreiben. Soweit der Verlust den Kapitalanteil übersteigt, ist auf der Aktivseite „Einzahlungsverpflichtungen persönlich haftender Gesellschafter" ein gesonderter Posten auszuweisen, soweit eine Einzahlungsverpflichtung besteht. Besteht keine Einzahlungsverpflichtung, so ist der Betrag als nicht durch Vermögenseinlagen gedeckter Verlust der persönlich haftenden Gesellschafter zu bezeichnen und analog den Kapitalgesellschaften (vgl. Abschn. 6.2.6.1) auf der Aktivseite in der Position F auszuweisen.

Verluste, die auf die beschränkt haftenden Gesellschafter für das Geschäftsjahr entfallen, sind von den Kapitalanteilen dieser Gesellschafter abzuschreiben. Soweit der Verlust den Kapitalanteil übersteigt, darf jedoch eine Forderung gegen den Kommanditisten nur dann ausgewiesen werden, wenn tatsächlich eine Einzahlungsverpflichtung besteht. Dies ist normalerweise nicht der Fall, sodass, wenn keine Einzahlungsverpflichtung besteht, der Betrag als nicht durch Vermögenseinlagen gedeckter Verlust der beschränkt haftenden Gesellschafter zu bezeichnen ist und analog den Kapitalgesellschaften auf der Aktivseite in der Position F ausgewiesen wird.

Dasselbe gilt, wenn ein Kommanditist Gewinnanteile entnimmt, während sein Kapitalanteil durch Verluste unter den Betrag der geleisteten Einlage herabgemindert ist oder soweit durch die Entnahme der Kapitalanteile unter den bezeichneten Betrag herabgemindert wird. In diesen Fällen ist immer zu prüfen, ob nicht aufgrund des § 172 Abs. 4 HGB eine Einzahlungsverpflichtung des Kommanditisten besteht. Ist diese gegeben, so ist unter den Forderungen ein eigener Ausweis „Einzahlungsverpflichtungen für beschränkt haftende Gesellschafter" auszuweisen.

Im Anhang ist außerdem der Betrag der im Handelsregister gemäß § 172 Abs. 1 HGB eingetragenen Einlagen anzugeben, soweit diese noch nicht geleistet sind (vgl. Abschn. 6.2.9).

(3) Rücklagen

Als Rücklagen dürfen nur solche Beträge ausgewiesen werden, die aufgrund einer gesellschaftsrechtlichen Vereinbarung gebildet worden sind.

(4) Anteile an Komplementärgesellschaften

In der Bilanz sind auf der Aktivseite unter den Positionen C. Anlagevermögen, III. Finanzanlagen „Anteile an verbundenen Unternehmen" oder „Beteiligungen" Anteile an der Komplementärsgesellschaft (z. B. GmbH) auszuweisen (vgl. Abschn. 6.2.6.1). Nach § 264c HGB i. V. m. § 272 Abs. 4 HGB ist für diese Anteile in Höhe des aktivierten Betrages nach dem Posten „Eigenkapital" ein Sonderposten „Ausgleichsposten für eigene aktivierte Anteile" zu bilden. Diese Vorschrift ist insbesondere für die sogenannte Einheits-GmbH & Co KG von Bedeutung und ab 1. 1. 2000 zwingend zu beachten (vgl. Abschn. 6.1.1).

6.2.6.9 Die Bilanzvermerke

Die Kapitalgesellschaften und die gleichgestellten Personengesellschaften sind verpflichtet, die einzelnen Haftungsverhältnisse als Bilanzvermerk gesondert anzugeben (§ 268 Abs. 7 HGB), was auch die Nichtkapitalgesellschaften tun sollten (vgl. Anlage 6).

Der Unterschied zwischen Haftungsverhältnis und Rückstellung besteht darin, dass

- Haftungsverhältnisse nur eine **Eventualverbindlichkeit** begründen. Die Gesellschaft kann aus dem Haftungsverhältnis nur unter bestimmten Umständen in Anspruch genommen werden, sie **rechnet** jedoch **nicht mit** einer **Inanspruchnahme**;
- **Rückstellungen** ungewisse Verbindlichkeiten sind. Die Gesellschaft **rechnet** also im Gegensatz zu den Eventualverbindlichkeiten **mit** einer **Inanspruchnahme**.

Haftungsverhältnisse sind deshalb nur solange als Bilanzvermerk auszuweisen, wie mit einer Inanspruchnahme nicht gerechnet wird. Sobald sich jedoch eine Inanspruchnahme konkretisiert hat, der Unternehmer also mit einer Inanspruchnahme rechnen muss, sind die Haftungsverhältnisse unverzüglich unter den Rückstellungen oder gegebenenfalls unter den Verbindlichkeiten auszuweisen.

Unter den Haftungsverhältnissen sind auszuweisen:

- Verbindlichkeiten aus der Begebung und Übertragung von Wechseln;
- Verbindlichkeiten aus Bürgschaften, Wechsel- und Scheckbürgschaften;
- Verbindlichkeiten aus Gewährleistungsverträgen;
- Haftungsverhältnisse aus der Bestellung von Sicherheiten für fremde Verbindlichkeiten.

6.2.7 Die Gewinn- und Verlustrechnung

Die Gliederung der GuV ist in § 275 HGB geregelt. Sie ist in Staffelform aufzustellen. Es erfolgt eine Trennung nach Bereichen:

- betrieblicher Bereich,
- Finanzbereich,
- außerordentlicher Bereich und
- betriebliche Steuern.

Diese Trennung ist aus der nachfolgenden GuV ersichtlich, wobei noch zusätzlich eine Position 8a = Betriebsergebnis eingeführt wurde, um den Aufbau der GuV noch deutlicher herauszustellen.

6.2.7.1 Gliederung der Gewinn- und Verlustrechnung nach dem Gesamtkostenverfahren mit Ausweis aller Alternativangaben im Anhang

Abbildung 21: Das GuV-Gliederungsschema der Kapitalgesellschaften

1. Umsatzerlöse
2. Erhöhung oder Verminderung des Bestands an fertigen und unfertigen Erzeugnissen
3. andere aktivierte Eigenleistungen
4. sonstige betriebliche Erträge
5. Materialaufwand
   a) Aufwendungen für Roh-, Hilfs- und Betriebsstoffe und für bezogene Waren
   b) Aufwendungen für bezogene Leistungen
6. Personalaufwand
   a) Löhne und Gehälter

b) soziale Abgaben und Aufwendungen für Altersversorgung und für Unterstützung
(davon für Altersversorgung DM _____)
7. Abschreibungen
   a) auf immaterielle Vermögensgegenstände des Anlagevermögens und Sachanlagen sowie auf aktivierte Aufwendungen für die Ingangsetzung und Erweiterung des Geschäftsbetriebs
   b) auf Vermögensgegenstände des Umlaufvermögens, soweit diese die in der Kapitalgesellschaft üblichen Abschreibungen überschreiten
8. sonstige betriebliche Aufwendungen
8a. Betriebsergebnis[1]
9. Erträge aus Beteiligungen,
(davon aus verbundenen Unternehmen DM _____)
10. Erträge aus Gewinnabführungs- und Teilgewinnabführungsverträgen (§ 277 Abs. 3 HGB)
11. Erträge aus Gewinngemeinschaft (§ 277 Abs. 3 HGB)
12. Erträge aus anderen Wertpapieren und Ausleihungen des Finanzanlagevermögens
(davon aus verbundenen Unternehmen DM _____)
13. sonstige Zinsen und ähnliche Erträge
(davon aus verbundenen Unternehmen DM _____)
14. Abschreibungen auf Finanzanlagen und auf Wertpapiere des Umlaufvermögens
15. Aufwendungen aus Verlustübernahme (§ 277 Abs. 3 HGB)
16. Zinsen und ähnliche Aufwendungen
(davon aus verbundenen Unternehmen DM _____)
16a. Finanzergebnis[1]
17. Ergebnis der gewöhnlichen Geschäftstätigkeit
18. außerordentliche Erträge
19. außerordentliche Aufwendungen
20. außerordentliches Ergebnis
21. Steuern vom Einkommen und vom Ertrag
22. sonstige Steuern
23. Erträge aus Verlustübernahme (§ 277 Abs. 3 HGB)
24. aufgrund einer Gewinngemeinschaft, eines Gewinnabführungs- oder Teilgewinnabführungsvertrags abgeführte Gewinne (§ 277 Abs. 3 HGB)
25. Jahresüberschuss/Jahresfehlbetrag
26. Steueraufwand der Gesellschafter (§ 264c Abs. 3 HGB)
27. Jahresüberschuss/Jahresfehlbetrag nach Steuern der Gesellschafter

---

[1] Diese Positionen sind im Gliederungsschema nicht vorgesehen, verdeutlichen aber die Ergebnisse der jeweiligen Berichte, sodass die im Gliederungsschema vorgesehene Position 17 eine Zusammenfassung der Positionen 8a und 16a ist.

6.2.7.2 Das Gesamtkosten- und Umsatzkostenverfahren

Für die GuV sind zwei verschiedene Verfahren mit unterschiedlichen Gliederungsschemata zugelassen, nämlich:

6.2 Die Rechnungslegung der Kapitalgesellschaft

```
                    Verfahren der GuV
                    ┌──────────┴──────────┐
          Gesamtkostenverfahren      Umsatzkostenverfahren
```

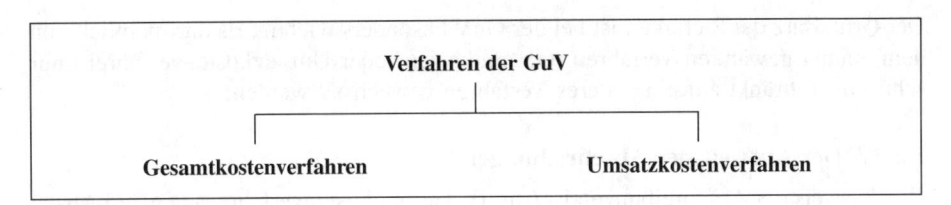

Beide Verfahren führen zum gleichen Ergebnis, doch unterscheiden sie sich dadurch, dass beim

- **Gesamtkostenverfahren**
  die in einer Periode angefallenen Aufwendungen (Kostenarten wie z. B. Material, Personal, Abschreibungen) mit den in der gleichen Periode erbrachten Leistungen verglichen werden;
- **Umsatzkostenverfahren**
  den in einer Periode erzielten Umsatzerlösen die zu ihrer Erzielung angefallenen Aufwendungen (Funktionsbereiche wie z. B. Herstellung, Vertrieb, Verwaltung) gegenübergestellt werden.

Diese Unterschiede werden aus der folgenden Tabelle ersichtlich:

Abbildung 22: Unterschiede zwischen Gesamt- und Umsatzkostenverfahren

	Gesamtkostenverfahren	Umsatzkostenverfahren
Erlöse bzw. Leistungen	gesamte **Erlöse** einer Periode + aktivierte Eigenleistungen + ./. Bestandsveränderungen = Gesamtleistungen einer Periode	gesamte **Erlöse** einer Periode
Aufwendungen	gesamte **Aufwendungen** einer Periode	• höhere Aufwendungen bei Bestandsminderung • geringere Aufwendungen bei Bestandsmehrung (Die gesamten Aufwendungen einer Periode bleiben nur für den Extremfall einer Bestandsveränderung von Null erhalten.)

Die beiden Verfahren unterscheiden sich also dadurch, dass

- beim Gesamtkostenverfahren
  die **Korrektur** zu den Gesamtkosten über die **aktivierten Eigenleistungen** und die **Bestandsveränderungen**,
- beim Umsatzkostenverfahren
  die **Korrektur** zu den Umsatzerlösen über die **Kürzung** oder **Erhöhung** von **Aufwendungen**

erfolgt. Diese Unterschiede erschweren den Kreditinstituten die Analyse der GuV erheblich, sodass aus diesem Grund auch von der Bundessteuerberaterkammer empfohlen wird, nur das Gesamtkostenverfahren zu verwenden (vgl. Anlage 6).

Der Grundsatz der Stetigkeit ist bei der GuV besonders wichtig. Es darf nämlich von dem einmal gewählten Verfahren (Gesamtkosten- oder Umsatzkostenverfahren) nur sehr eingeschränkt auf ein anderes Verfahren gewechselt werden.

6.2.7.3 Der Ausweis der Abschreibungen

Der Ausweis der Abschreibungen ist (für das Gesamtkostenverfahren) in § 275 Abs. 2 Nr. 7a + b, Nr. 12 HGB geregelt. Aufgrund dieser Vorschriften sind folgende Abschreibungen von Bedeutung:

- Abschreibungen auf immaterielle Vermögensgegenstände des Anlagevermögens und Sachanlagen sowie auf aktivierte Aufwendungen für die Ingangsetzung und Erweiterung des Geschäftsbetriebs;
- Abschreibungen auf Vermögensgegenstände des Umlaufvermögens, soweit diese die in der Kapitalgesellschaft üblichen Abschreibungen überschreiten;
- Abschreibungen auf Finanzanlagen und auf Wertpapiere des Umlaufvermögens.

Die Abschreibungen auf Vermögensgegenstände des Umlaufvermögens werden jedoch i. d. R. nicht offen gezeigt. Diese werden nämlich nur ausnahmsweise in der Position 7b ausgewiesen, da im Gesetz leider nicht geregelt ist, wann unübliche Abschreibungen vorliegen. Dies bedeutet, dass die Abschreibungen auf Vermögensgegenstände des Umlaufvermögens, wie z. B. auf

- das Warenlager,
- die Roh-, Hilfs- und Betriebsstoffe,
- die unfertigen Erzeugnisse und unfertigen Leistungen (unfertige Baustellen) oder
- die Forderungen,

nicht sofort erkennbar sind. In Zweifelsfällen werden also die Kreditinstitute auch hier nachfragen, welche Abschreibungen auf das Umlaufvermögen vorgenommen wurden. Im Übrigen sind auch im Anhang (vgl. Abschn. 6.2.9) zusätzliche Angaben zu den Abschreibungen zu machen.

6.2.7.4 Der außerordentliche Bereich

Der außerordentliche Bereich ist in der GuV gesondert darzustellen. Welche Aufwendungen und Erträge aber im außerordentlichen Bereich auszuweisen sind, richtet sich danach, ob sie **außerhalb des normalen** (gewöhnlichen) **Geschäftsgangs** angefallen sind. Sie sind dann auch von mittelgroßen und großen Gesellschaften im Anhang zu erläutern (die kleine Gesellschaft ist von dieser Angabepflicht befreit; vgl. Abschn. 6.2.9), soweit die außerordentlichen Posten nicht von untergeordneter Bedeutung sind. Ein Ausweis im a. o. Bereich kommt also in Betracht, wenn es sich um einmalige, d. h. nicht ständig wiederkehrende Aufwendungen und Erträge, handelt. Dies bedeutet aber, dass im a. o. Bereich selten Beträge ausgewiesen werden, zumal periodenfremde Aufwendungen und Erträge nicht unter dieser Position ausgewiesen werden, sofern sie nicht zugleich außergewöhnlich sind (Wehrheim, DStR 1997 S. 508 ff.). Aus diesem Grund werden viele Ergebniskomponenten, die eigentlich betriebsuntypisch sind (z. B. Gewinne/Verluste aus dem Abgang von Anlagevermögen, Einstellungen/Auflösungen von Rückstellungen, Bildung/Herabsetzung von

6.2 Die Rechnungslegung der Kapitalgesellschaft

Pauschalwertberichtigungen), unter den sonstigen betrieblichen Erträgen und Aufwendungen ausgewiesen. Die periodenfremden Aufwendungen und Erträge sind, wenn sie für die Beurteilung der Ertragslage nicht von untergeordneter Bedeutung sind, im Anhang gesondert anzugeben. Von dieser Verpflichtung ist jedoch die kleine Kapitalgesellschaft befreit (vgl. Abschn. 6.2.9), was für die Bilanzanalyse, besonders für die Ermittlung des nachhaltigen Kapitaldienstes (vgl. Abschn. 8.3.2.4), sehr nachteilig ist. Die Kreditinstitute werden deshalb, wenn keine ausreichenden Erläuterungen vorhanden sind, in Zweifelsfällen nachfragen, welchen Umfang die periodenfremden Aufwendungen und Erträge haben.

6.2.7.5 Steueraufwand der Gesellschafter

Bei den Personengesellschaften i. S. d. § 264a HGB (Kapitalgesellschaften gleichgestellte Personengesellschaften) darf ein dem **Steuersatz der Komplementärgesellschaft** (fiktiver Steuersatz im Fall der Vollausschüttung, Bundesrat-Drucksache 458/99 S. 39) entsprechender Steueraufwand der Gesellschafter offen abgesetzt oder hinzugerechnet werden (§ 264c Abs. 3 Satz 2 HGB). Es ist also nicht der persönliche Steuersatz eines jeden Gesellschafters Grundlage der Ermittlung, sondern der Steuersatz der Komplementärgesellschaft bei Vollausschüttung.

Dadurch sollen die Abschlüsse der gleichgestellten Personengesellschaften mit den Abschlüssen der Kapitalgesellschaften besser vergleichbar sein. Ob sich dieser GuV-Ausweis in der Praxis durchsetzt, bleibt abzuwarten.

6.2.8 Der Anhang

Wie bereits dargelegt, ist der Anhang ein wichtiger Bestandteil des Jahresabschlusses. Im Anhang werden nämlich verbale und zahlenmäßige Informationen gegeben, die

- in der Bilanz bzw. GuV nicht gegeben werden oder
- aufgrund von Wahlrechten in den Anhang verlegt wurden.

Aus diesem Grund müssen auch die Kreditinstitute den Anhang zwingend einholen (vgl. Anlage 2). Allerdings kann es sein, dass bei Tochter-Kapitalgesellschaften bzw. Tochter-Personengesellschaften kein Anhang mehr erstellt wird (zur Problematik vgl. Abschn. 6.3).

Die Bedeutung des Anhangs zeigen bereits die folgenden wichtigen Anhangangaben:

- Angabe der Bilanzierungs- und Bewertungsmethoden,
- Angaben zur Währungsumrechnung,
- Angaben zur Aktivierung von Fremdkapitalzinsen,
- detaillierte Angaben zu den Abschreibungen, die außerplanmäßige und steuerliche Abschreibungen betreffen,
- Restlaufzeitangaben etc.

Der Anhang ist im Wesentlichen in den Vorschriften der §§ 284 – 288 HGB geregelt. Allerdings gibt es im HGB, GmbHG, AktG und EGHGB noch weitere Vorschriften zum Anhang.

In der Gestaltung des Anhangs, seines Aufbaus und seines Umfangs ist die Gesellschaft grundsätzlich frei (Gelhausen, in: WP-Handbuch 1996, Rz. F 380). Der Anhang sollte jedoch möglichst nach der Reihenfolge der Gliederung des Jahresabschlusses (Bilanz u. GuV) aufgebaut sein. Im Anhang sind nur dann Angaben zu machen, wenn im Berichtsjahr ein entsprechender **angabepflichtiger Sachverhalt** vorliegt. Schweigen im Anhang bedeutet, dass der entsprechende angabepflichtige Sachverhalt nicht vorliegt. Die berichtende Gesellschaft ist bei der Gliederung des Anhangs auch nicht an das Vorjahr gebunden (kein Stetigkeitsgebot).

Der Anhang ist ein Ausfluss des „true and fair view"-Grundsatzes, weshalb er vielfach dort, wo in der Bilanz oder in der GuV nicht die tatsächlichen Verhältnisse korrekt wiedergegeben werden, korrigierende Angaben enthält, so auch in den Fällen, in denen der Jahresabschluss ein den tatsächlichen Verhältnissen entsprechendes Bild der Vermögens-, Finanz- und Ertragslage der Kapitalgesellschaft nicht vermittelt. Diese Anhangangabe (§ 264 Abs. 2 Satz 2 HGB) ist aber aufgrund der herrschenden Meinung auf Extremfälle beschränkt (vgl. Abschn. 6.2.5.1).

Einen umfassenden Überblick über **wichtige** Anhangangaben, die bei der Aufstellung bzw. bei der Offenlegung (vgl. Abschn. 4.3.3) des Jahresabschlusses zu machen sind, gibt die nachstehende Zusammenfassung. Die Anhangangaben sind nach der Struktur des Jahresabschlusses zusammengestellt, wobei zu jeder Angabe zusätzlich vermerkt ist, ob die Angabe wahlweise im Anhang oder in der Bilanz gemacht werden darf und ob die Angabe eines Betrages (einer Zahl) erforderlich ist.

Zu beachten ist außerdem, dass die Änderungen durch das KonTraG und das KapAEG, die börsennotierte Gesellschaften betreffen und spätestens für nach dem 31. 12. 1998 beginnende Geschäftsjahre anzuwenden sind, nicht in die Zusammenfassung eingearbeitet wurden, da diese Regelungen normalerweise nicht den Mittelstand betreffen. Hingegen wurden die Änderungen durch das KapCoRiLiG, da diese überwiegend mittelständische Unternehmen betreffen, unter 7. „Spezielle Angaben für die Personengesellschaften i. S. des § 264 Abs. 1 Satz 1 HGB bzw. der Komplementär-GmbHs" eingearbeitet, soweit diese ausschließlich die genannten Gesellschaften betreffen.

6.2.9 Zusammenstellung wichtiger Angaben im Anhang kleiner und mittelgroßer Kapitalgesellschaften

Abbildung 21: Zusammenstellung wichtiger Angaben im Anhang

Zusammenstellung wichtiger Angaben im Anhang	Angabe nur im Anhang möglich	Angabe eines Betrages	Angabepflicht bei			
			Aufstellung des JA		Offenlegung des JA	
			kleine	mittelgroße	kleine	mittelgroße
1. Anhangangaben, wenn aufgrund besonderer Umstände der Jahresabschluss in den tatsächlichen Verhältnissen entsprechendes Bild der Vermögens-, Finanz- und Ertragslage der Kapitalgesellschaft nicht vermittelt (Generalnorm)						
• Angabe zusätzlicher Informationen wegen besonderer Umstände (Je prekärer die Vermögens-, Finanz- und Ertragslage der Kapitalgesellschaft ist, desto größer ist der Anlass zu solchen zusätzlichen Angaben) (§ 264 Abs. 2 HGB).	ja	nein	ja	ja	ja	ja
2. Anhangangaben zur Bilanzierung und Bewertung						
• Angabe der Bilanzierungs- und Bewertungsmethoden (eine Begründung ist nicht erforderlich) (§ 284 Abs. 2 Nr. 1 HGB).	ja	nein	ja	ja	ja	ja
• Angabe der Grundlagen für die Fremdwährungsumrechnung (§ 284 Abs. 2 Nr. 2 HGB).	ja	nein	ja	ja	ja	ja
• Angabe und Begründung der Abweichungen von Bilanzierungs- und Bewertungsmethoden gegenüber dem Vorjahr. Liegen Abweichungen vor, ist außerdem der Einfluss auf die Vermögens-, Finanz- und Ertragslage gesondert darzustellen (§ 284 Abs. 2 Nr. 3 HGB).	ja	ja*	ja	ja	ja	ja
• Angabe der Unterschiedsbeträge bei Bewertungsvereinfachungen (Gruppenbewertung, Durchschnittsbewertung, Verbrauchsfolgeverfahren) für jede Gruppe getrennt, wenn eine **wesentliche** Abweichung zwischen dem auf Grundlage des letzten vor dem Abschlussstichtag bekannten Börsen- oder Marktpreises ermittelten Wertes im Vergleich zum Wert aufgrund der Anwendung der Bewertungsvereinfachung vorliegt (echte Zeitwertdifferenz) (§ 284 Abs. 2 Nr. 4 HGB).	ja	ja	nein	ja	nein	ja
• Angaben über die Einbeziehung von Fremdkapitalzinsen in die Herstellungskosten (§ 284 Abs. 2 Nr. 5 HGB).	ja	nein	ja	ja	ja	ja
• Angabe und Begründung der unterlassenen Zuschreibung (Wertaufholungsgebot) (§ 280 Abs. 3 HGB). Ab 01. 01. 1999 entfällt diese Angabe, da steuerlich zwingend zuzuschreiben ist.	ja	ja	ja	ja	ja	ja

* lt. Stellungnahme HFA 3/1997, Zum Grundsatz der Bewertungsstetigkeit

Zusammenstellung wichtiger Angaben im Anhang	Angabe nur im Anhang möglich	Angabe eines Betrages	Angabepflicht bei					
			Aufstellung des JA			Offenlegung des JA		
			kleine	mittel-große		kleine	mittel-große	
3. Anhangangaben zur Gliederung								
• Angabe und Begründung der Abweichungen von der Gliederungsstetigkeit (§ 265 Abs. 1 Satz 2 HGB).	ja	nein	ja	ja		ja	ja	
• Angabe und Erläuterung der Nichtvergleichbarkeit der Zahlen des Berichtsjahres mit denen des Vorjahres. (Die Anpassung der Vorjahreszahlen zur besseren Vergleichbarkeit wegen Gliederungsabweichungen etc. ist anzugeben und zu erläutern) (§ 265 Abs. 2 Satz 2 und 3 HGB). **Hinweis:** Wird der JA in Euro aufgestellt, so ist auch die Vorjahrszahl in Euro anzugeben (**neu durch das EuroEG:** Art. 42 Abs. 2 Satz 1 EGHGB).	ja	nein	ja	ja		ja	ja	
• Angabe der Mitzugehörigkeit zu anderen Posten, wenn dies für einen klaren und übersichtlichen Jahresabschluss erforderlich ist (§ 265 Abs. 3 HGB).	nein	ja	ja	ja		ja	ja	
4. Anhangangaben zur Bilanz								
• gesonderter Ausweis der Einzelposten, wenn eine verkürzte Bilanz (wie kleine Kapitalgesellschaft) bzw. GuV aufgestellt wurde (§ 265 Abs. 7 Nr. 2 HGB).	nein	ja	nein	ja		nein	nein	
Anlagevermögen								
• Erstellung eines Anlagengitters mit gesondertem Ausweis bzw. Vermerk der Abschreibungen des Geschäftsjahres (§ 268 Abs. 2 HGB).	nein	ja	nein	ja		nein	ja	
Ingangsetzungsaufwendungen (aus Vereinfachungsgründen ins Anlagevermögen mit einbezogen)								
• Erläuterung der aktivierten Aufwendungen für die Ingangsetzung und Erweiterung des Geschäftsbetriebs (Bilanzierungshilfe) (§ 269 HGB).	ja	nein	nein	ja		nein	ja	
• Erläuterung der aktivierten „Aufwendungen für die Währungsumstellung auf den Euro" (Bilanzierungshilfe). **Hinweis:** Vorschrift ist erstmals auf das nach dem 31.12.97 endende Geschäftsjahr anzuwenden (**neu durch das EuroEG:** Art. 44 Abs. 2 EGHGB).	ja	ja	ja	ja		ja	ja	
Immaterielle Vermögensgegenstände								
• Angabe der Gründe für die planmäßige Abschreibung des Geschäfts- oder Firmenwerts nach der voraussichtlichen Nutzungsdauer (§ 285 Nr. 13 HGB).	ja	nein	ja	ja		ja	ja	

6.2 Die Rechnungslegung der Kapitalgesellschaft

Zusammenstellung wichtiger Angaben im Anhang	Angabe nur im Anhang möglich	Angabe eines Betrages	Angabepflicht bei			
			Aufstellung des JA		Offenlegung des JA	
			kleine	mittelgroße	kleine	mittelgroße
Finanzanlagen						
• Angabe von: Name, Sitz, Kapitalanteil, Eigenkapital und Ergebnis (letztes Geschäftsjahr, für das ein Jahresabschluss vorliegt) bei Beteiligung an anderen Unternehmen mit mindestens 20% (§ 285 Nr. 11 HGB). Diese Angaben können unter Umständen nach § 286 Abs. 3 HGB entfallen. Im Anhang ist, soweit dies nicht zu Nachteilen führt, auf die Anwendung der Schutzklausel des § 286 Abs. 3 Satz 1 Nr. 2 HGB hinzuweisen.	ja	ja		ja	ja	ja
• Hinweis, dass eine gesonderte Aufstellung des Anteilbesitzes vorliegt, sowie auf den Ort der Hinterlegung, wenn die Angaben nicht im Anhang enthalten sind (§ 287 Abs. 3 HGB).	ja	nein	ja	ja	ja	ja
Umlaufvermögen						
• Angabe der Forderungen mit einer Restlaufzeit von mehr als einem Jahr für jeden Forderungsposten (Forderungsspiegel) (§ 268 Abs. 4 Satz 1 i. V. mit § 265 Abs. 7 Nr. 2 HGB).	nein	ja	ja	ja	ja	ja
• Erläuterung der Vermögensgegenstände, die am Bilanzstichtag rechtlich noch nicht entstanden sind, sofern diese in den „Sonstigen Vermögensgegenständen" enthalten sind, wenn die Beträge einen größeren Umfang haben (antizipativer Posten) (§ 268 Abs. 4 HGB).	ja	nein	nein	ja	nein	ja
• Angabe der Ausleihungen und Forderungen gegenüber Gesellschaftern (§ 42 Abs. 3 GmbHG bzw. § 264c Abs. 1 HGB).	nein	ja	ja	ja	ja	ja
Rechnungsabgrenzungsposten						
• Angabe des Disagios (Unterschiedsbetrag) (§ 268 Abs. 6 HGB).	nein	ja	nein	ja	nein	ja
• Erläuterung des aktiven Abgrenzungspostens für latente Steuern (Bilanzierungshilfe) (§ 274 Abs. 2 HGB).	ja	ja	ja	ja	ja	ja

Zusammenstellung wichtiger Angaben im Anhang	Angabe nur im Anhang möglich	Angabe eines Betrages	Angabepflicht bei					
			Aufstellung des JA		Offenlegung des JA		Offenlegung des JA	
			kleine	mittel-große	kleine	mittel-große	kleine	mittel-große
Eigenkapital und Sonderposten mit Rücklageanteil								
• Angabe des gezeichneten Kapitals (in Deutscher Mark bzw. Euro) im Anhang – statt des Ausweises in der Vorspalte der Bilanz –, wenn der JA vor Umstellung des gezeichneten Kapitals auf Euro bereits in Euro aufgestellt wird oder wenn der JA nach Umstellung des gezeichneten Kapitals auf Euro noch in Deutscher Mark aufgestellt wird (Art. 42 Abs. III Satz 3 EGHGB). **Hinweis:** Vorschrift tritt am 01.01.1999 in Kraft **(neu durch das EuroEG)**	nein	ja		ja		ja		ja
• Angabe der steuerrechtlichen Vorschriften, nach denen der Sonderposten gebildet wurde (zulässig bei umgekehrter Maßgeblichkeit) (§ 273 Abs. 2, 2. Halbsatz, § 281 Abs. 1 Satz 2 HGB)	nein	nein	ja	ja	ja	ja		ja
• Angabe der steuerrechtlichen Vorschriften, wenn bei Vornahme steuerlicher Abschreibungen Wertberichtigungen zum Anlagevermögen bzw. Umlaufvermögen gebildet wurden (Sonderabschreibungen, erhöhte Absetzungen und Bewertungsabschläge) (§ 281 Abs. 1 HGB).	nein	nein	ja	ja	ja	ja		ja
Rückstellungen								
• Erläuterungen der sonstigen Rückstellungen, wenn diese nicht gesondert unter den sonstigen Rückstellungen ausgewiesen sind und einen nicht unerheblichen Umfang haben (§ 285 Nr. 12 HGB).	nein	ja	nein	nein	nein	nein		ja
• Angabe der nicht passivierten Pensionsverpflichtungen und ähnlichen Verpflichtungen (Betragsangabe) (Art. 28 Abs. 2 EGHGB).	ja	ja	ja	ja	ja	ja		ja
Verbindlichkeiten								
• Angabe der Verbindlichkeiten mit einer Restlaufzeit bis zu einem Jahr für jeden Verbindlichkeitsposten (Verbindlichkeitsspiegel) (§ 268 Abs. 4 i. V. mit § 265 Abs. 7 Nr. 2 HGB).	nein	ja	ja	ja	ja	ja		ja
• Angabe der Verbindlichkeiten mit einer Restlaufzeit von mehr als 5 Jahren (Gesamtbetragsangabe) (§ 285 Nr. 1a HGB).	nein	ja	ja	ja	ja	ja		ja
• Angabe der durch Pfandrechte oder ähnliche Rechte gesicherte Verbindlichkeiten (Gesamtbetragsangabe sowie Angabe der Art und Form der Sicherheiten) (§ 285 Nr. 1b HGB).	ja	nein	ja	ja	ja	ja		ja

6.2 Die Rechnungslegung der Kapitalgesellschaft

Zusammenstellung wichtiger Angaben im Anhang	Angabe nur im Anhang möglich	Angabe eines Betrages	Angabepflicht bei					
			Aufstellung des JA			Offenlegung des JA		
			kleine	mittel-große		kleine	mittel-große	
• Erläuterung der Verbindlichkeiten, die zum Bilanzstichtag rechtlich noch nicht entstanden sind, wenn die Beträge einen größeren Umfang haben (§ 268 Abs. 5 HGB).	ja	nein	nein	ja		nein	ja	
• Angabe der Verbindlichkeiten gegenüber Gesellschaftern (§ 42 Abs. 3 GmbHG bw. § 264c Abs. 1 HGB).	nein	ja	ja	ja		ja	ja	
Bilanzvermerke								
• Angabe der bestehenden Haftungsverhältnisse unter gesonderter Angabe der gewährten Pfandrechte und sonstigen Sicherheiten. Die Haftungsverhältnisse gegenüber verbundenen Unternehmen sind gesondert anzugeben (§ 268 Abs. 7 HGB).	nein	ja	ja	ja		ja	ja	
• Angabe der sonstigen finanziellen Verpflichtungen (Leasing etc.), die nicht in der Bilanz erscheinen und nicht unter den Haftungsverhältnissen anzuführen sind, sofern dies für die Beurteilung der Finanzlage von Bedeutung ist (Gesamtbetragsangabe). Die Verpflichtungen gegenüber verbundenen Unternehmen sind gesondert anzugeben (§ 285 Nr. 3 HGB).	ja	nein	nein	ja		nein	ja	
5. Anhangangaben zur Gewinn- und Verlustrechnung								
• Erläuterung des Betrages und der Art der periodenfremden Aufwendungen und Erträge, soweit diese für die Beurteilung der Ertragslage nicht von untergeordneter Bedeutung sind (§ 277 Abs. 4 Satz 3 HGB).	ja	ja	nein	ja		nein	ja	
• Angabe der außerplanmäßigen Abschreibungen auf das Anlagevermögen (§ 277 Abs. 3 HGB).	nein	ja	ja	ja		nein	ja	
• Angabe der außerplanmäßigen Abschreibungen zur Vermeidung von Änderungen wegen zukünftiger Wertschwankungen im Umlaufvermögen (§ 277 Abs. 3 HGB).	nein	ja	ja	ja		nein	ja	
• Angabe und Begründung des Betrages der allein im Geschäftsjahr nach steuerlichen Vorschriften vorgenommenen Abschreibungen auf Sachanlagen, getrennt nach Anlagevermögen und Umlaufvermögen und zusätzlich die Angabe der einzelnen steuerlichen Vorschriften (§ 281 Abs. 2 Satz 1 HGB).	nein	ja	ja	ja		nein	ja	

Zusammenstellung wichtiger Angaben im Anhang	Angabe nur im Anhang möglich	Angabe eines Betrages	Angabepflicht bei			
			Aufstellung des JA		Offenlegung des JA	
			kleine	mittelgroße	kleine	mittelgroße
• Gesonderte Angabe der Erträge und Aufwendungen aus der Auflösung bzw. Einstellung in den Sonderposten mit Rücklageanteil, die in den sonstigen betrieblichen Erträgen bzw. Aufwendungen enthalten sind (§ 281 Abs. 2 Satz 2 HGB).	nein	ja	ja	ja	nein	ja
• Angabe der im Geschäftsjahr gewährten Gesamtbezüge unter Einbeziehung von Bezugsrechten für Mitglieder der Geschäftsführung, eines Aufsichtsrats, eines Beirats oder einer ähnlichen Einrichtung, jeweils für jede Personengruppe getrennt (§ 285 Nr. 9a HGB n. F.**)	ja	ja	nein	nein*	nein	nein*
• Angabe der im Geschäftsjahr gewährten Gesamtbezüge sowie des Gesamtbetrages der Pensionsverpflichtungen und Anwartschaften für frühere Mitglieder der Geschäftsführung, eines Aufsichtsrats, eines Beirats oder einer ähnlichen Einrichtung, jeweils für jede Personengruppe getrennt (§ 285 Nr. 9b HGB).	ja	ja	nein	nein*	nein	nein*
• Bei Anwendung des Umsatzkostenverfahrens sind die folgenden Zusatzangaben erforderlich:						
– Angabe des Materialaufwands des Geschäftsjahres gegliedert nach § 275 Abs. 3 Nr. 5 HGB	ja	ja	nein	ja	nein	nein
– Angabe des Personalaufwands des Geschäftsjahres gegliedert nach § 275 Abs. 3 Nr. 6 HGB (§ 285 Nr. 8b HGB).	ja	ja	ja	ja	nein	ja
• Angabe und Begründung des Betrages der allein nach steuerlichen Vorschriften im Geschäftsjahr vorgenommenen Abschreibungen auf Finanzanlagen, getrennt nach Anlagevermögen und Umlaufvermögen (§ 281 Abs. 2 Satz 1 HGB).	nein	ja	ja	ja	nein	ja
• Erläuterung hinsichtlich des Betrages und der Art der außerordentlichen Aufwendungen und Erträge, soweit diese für die Beurteilung der Ertragslage nicht von untergeordneter Bedeutung sind (§ 277 Abs. 4 HGB).	ja	ja	nein	ja	nein	ja
• Aufteilung der Steuern vom Einkommen und Ertrag auf das Ergebnis aus der gewöhnlichen Geschäftstätigkeit und auf das außerordentliche Ergebnis (§ 285 Nr. 6 HGB).	ja	nein	nein	ja	nein	ja

* Die Angabe ist nicht erforderlich, wenn sich daraus die Bezüge eines Mitgliedes dieser Organe feststellen lassen (§ 286 Abs. 4 HGB).
** Die neue Fassung ist spätestens auf nach dem 31. 12. 1998 beginnende Geschäftsjahre anzuwenden.

6.2 Die Rechnungslegung der Kapitalgesellschaft

Zusammenstellung wichtiger Angaben im Anhang	Angabe nur im Anhang möglich	Angabe eines Betrages	Angabepflicht bei			
			Aufstellung des JA		Offenlegung des JA	
			kleine	mittelgroße	kleine	mittelgroße
• Angabe des Ausmaßes der Beeinflussung des Jahresergebnisses durch steuerliche Vorschriften und Angabe der steuerlichen Vorschriften sowie des Ausmaßes der dadurch entstehenden künftigen Belastungen (§ 285 Nr. 5 HGB).	ja	nein	nein	ja	nein	nein
6. Sonstige Anhangangaben						
• Angabe der durchschnittlich beschäftigten Arbeitnehmer getrennt nach Gruppen (§ 285 Nr. 7 HGB).	ja	nein	nein	ja	nein	ja
• Angabe der Mitglieder der Geschäftsführung und des Aufsichtsrats (Familienname und Vorname einschließlich des ausgeübten Berufs der Aufsichtsratsmitglieder) mit Bezeichnung der Vorsitzenden (§ 285 Nr. 10 HGB n. F.**)	ja	nein	ja	ja	ja	ja
• Angabe der den Mitgliedern der Geschäftsführung, eines Aufsichtsrats, eines Beirats oder einer ähnlichen Einrichtung gewährten Vorschüsse und Kredite mit Bedingungen sowie der eingegangenen Haftungsverhältnisse, jeweils für jede Personengruppe getrennt (§ 285 Nr. 9c HGB).	ja	nein	ja	ja	ja	ja
7. Spezielle Anhangangaben für die Personengesellschaften i. S. des § 264 Abs. 1 Satz 1 HGB bzw. der Komplementär-GmbHs						
a) für Personengesellschaften i. S. des § 264 Abs. 1 Satz 1 HGB						
• Angabe der im Handelsregister gem. § 172 Abs. 1 HGB eingetragenen Einlagen, soweit diese nicht geleistet sind (§ 264c Abs. 2 HGB).	ja	ja	ja	ja	ja	ja
• Angabe von Name und Sitz der Gesellschaften, die persönlich haftende Gesellschafter sind, sowie deren gezeichneten Kapital (§ 285 Nr. 15 HGB).	ja	ja	ja	ja	ja	ja
b) **für die Komplementär-GmbHs**						
• Angabe von Name, Sitz und Rechtsform der Unternehmen, deren beschränkt haftender Gesellschafter die Kapitalgesellschaft ist (§ 285 Nr. 11a HGB). Diese Angaben können unter Umständen entfallen (§ 286 Abs. 3 HGB).	ja	nein	ja	ja	ja	ja

** Die neue Fassung ist spätestens auf nach dem 31. 12. 1998 beginnende Geschäftsjahre anzuwenden.

6. 2. 10 Der Lagebericht

Ein Lagebericht (§ 289 HGB) ist zwingend nur von den mittleren und großen Gesellschaften zu erstellen (vgl. Abschn. 6.2.2). Ausgenommen sind u. U. die Tochter-Kapitalgesellschaften und Tochter-Personengesellschaften (zur Problematik vgl. Abschn. 6.3). Von einer kleinen Gesellschaft kann der Lagebericht allerdings freiwillig erstellt werden (Ausnahmefall). Somit entfällt der Lagebericht für den überwiegenden Teil der GmbH bzw. der GmbH & Co KG. Im Rahmen der jährlichen Rechnungslegung ist der Lagebericht ein eigenständiger Teil. Er ist somit auch nicht Bestandteil des Jahresabschlusses. Der Lagebericht soll insbesondere Dritten (z. B. Banken) eine wirtschaftliche Gesamtbeurteilung der Gesellschaft ermöglichen, weshalb er nach § 18 KWG von den Kreditinstituten zwingend einzufordern ist (vgl. Abschn. 4.4). Dabei darf jedoch nicht übersehen werden, dass es sich auch um eine persönliche Wertung der Geschäftsführung zur Lage und Entwicklung der Gesellschaft handelt. Dies ändert aber nichts daran, dass die Geschäftsführer den Lagebericht

- verständlich,
- genau,
- übersichtlich und vergleichbar

verfassen müssen, damit nicht u. U. eine Verschleierung vorliegt, die nach § 331 Abs. 1 HGB strafbar wäre. Besondere Bedeutung für den Lagebericht haben die Vorschriften

- des § 289 Abs. 2 HGB, nach der auf **Vorgänge von wesentlicher Bedeutung**, die nach dem Schluss des Geschäftsjahres eingetreten sind (Nachtragsbericht), einzugehen ist, wenn der Einblick es erfordert (Küting/Weber, § 289 Rz. 13) und
- des § 289 Abs. 1 HGB n. F. nach der für nach dem 31. 12. 1998 beginnende Geschäftsjahre auf die **Risiken der künftigen Entwicklung** des Unternehmens einzugehen ist.

Dies bedeutet, dass die Kreditinstitute bei den prüfungspflichtigen Gesellschaften wesentliche Vorgänge, wie

- bedeutsame Entwicklungen und Tendenzen,
- größere Verluste,
- Verschlechterung der Geschäftslage der Gesellschaft,

die in der Zeit **zwischen** dem **Bilanzstichtag und der Feststellung** des Jahresabschlusses eingetreten sind, dem Lagebericht entnehmen können.

Außerdem ist ein Risikobericht zukünftig ein integraler Bestandteil des Lageberichts, in dem zumindest

- über bestandsgefährdende Risiken und
- Risiken, die geeignet sind, die Vermögens-, Finanz- und Ertragslage spürbar nachhaltig zu beeinflussen,

zu berichten ist (Baetge/Schulze, DB 1998 S. 937 ff.). Durch den Risikobericht gewinnt die Berichterstattung im Rahmen des Lageberichts an Bedeutung, und dem Informationsbedürfnis des Bilanzlesers (besonders auch der Kreditinstitute) und dem

Gedanken des „shareholder value" wird mehr Rechnung getragen (Dücker, NWB Fach 18 S. 3593 ff.).

Zu erwähnen ist noch, dass die Gesellschaften im Lagebericht u. a. auch

- auf die voraussichtliche zukünftige Entwicklung und eventuell
- auf den Forschungs- und Entwicklungsbereich sowie
- auf bestehende Zweigniederlassungen

eingehen müssen. Zu weiteren Einzelheiten der Rechnungslegungsstandards für die Aufstellung des Lageberichts vgl. IDW RS HFA 1.

Da der Lagebericht wegen der Prüfungspflicht der mittelgroßen und großen Gesellschaften zudem auch noch von einem Wirtschaftsprüfer oder vereidigten Buchprüfer geprüft wird und da gem. § 317 Abs. 2 HBG n. F. auch geprüft werden muss, ob die genannten Risiken der zukünftigen Entwicklung zutreffend dargestellt sind, ist der Lagebericht ein wichtiger Teil der Rechnungslegung. Was die Prüfung des Risikoberichts anbelangt, geht der Gesetzgeber davon aus, dass der Abschlussprüfer sich nur hinreichend Gewissheit darüber verschaffen kann, dass die Geschäftsführung alle verfügbaren Informationen verwendet hat, von grundlegend realistischen und in sich widerspruchsfreien Annahmen ausgegangen ist und die Prognoseverfahren richtig gehandhabt hat (FN-IDW 6/1998 S. 229 ff.).

Aufgrund des Rundschreibens des BAK haben sich die Banken gegebenenfalls auch den Lagebericht vorlegen zu lassen (vgl. Anlage 2). Dies bedeutet aufgrund früherer Klarstellungen des BAK, dass die Kreditinstitute zwingend den Lagebericht einzufordern haben, wenn ein Lagebericht erstellt wurde (freiwillige Erstellung genügt). Im Hinblick auf die zukünftige weitere Verbesserung der Rechenschaftslegung im Lagebericht (Risikobericht) kann der Auffassung des BAK nur zugestimmt werden.

6.3 Erleichterungen für Tochter-Kapitalgesellschaften und Tochter-Personengesellschaften bei der Rechnungslegung

Bei Krediten an konzernangehörige Unternehmen hat sich grundsätzlich das Kreditinstitut zusätzlich die Jahresabschlussunterlagen für den Gesamtkonzern und gegebenenfalls auch die Jahresabschlüsse der einzelnen Konzernunternehmen – sofern sie wesentliche Bedeutung für die wirtschaftliche Situation des unmittelbaren Kreditnehmers haben – vorlegen zu lassen, da diese Unternehmen nach § 19 Abs. 2 KWG eine Kreditnehmereinheit bilden. Bei der Beurteilung der Frage, ob neben dem Einzelabschluss des unmittelbaren Kreditnehmers auch die Jahresabschlussunterlagen des Gesamtkonzerns und gegebenenfalls einzelner besonders bedeutender weiterer Konzernunternehmen heranzuziehen sind, hat das Kreditinstitut auf die Umstände des jeweiligen Einzelfalls abzustellen. Das Kreditinstitut hat insoweit einen Beurteilungsspielraum. Im Vordergrund steht auch hier die Prüfung der Bonität des unmittelbaren Kreditnehmers (vgl. auch Abschn. 2.2).

Zum Konzernabschluss ist eine Konzernmutter, die die konzernbilanziellen Größenordnungen des § 293 HGB erfüllt, nach § 290 HGB verpflichtet, wenn die Konzerntöchter in der in § 290 HGB beschriebenen Weise (vgl. Abschn. 2.2) von der Konzernmutter abhängig sind. Für den Konzernabschluss selbst gibt es keine Erleichterungen, wohl aber für die Einzelabschlüsse der Konzerntöchter.

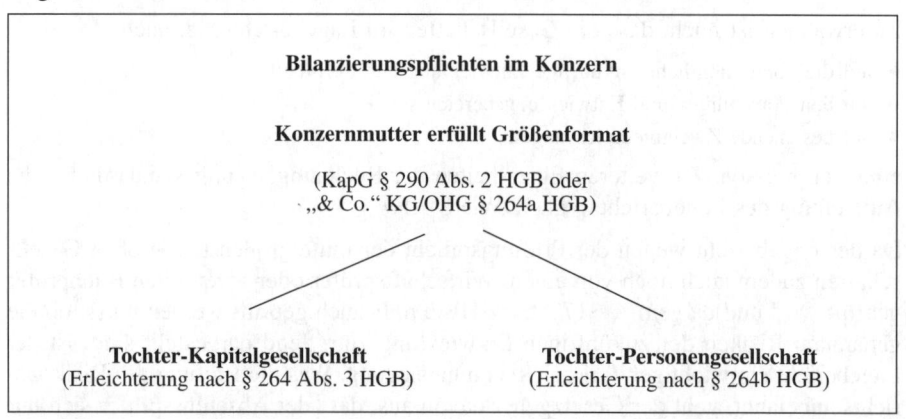

Bilanzierungspflichten im Konzern

Konzernmutter erfüllt Größenformat

(KapG § 290 Abs. 2 HGB oder
„& Co." KG/OHG § 264a HGB)

Tochter-Kapitalgesellschaft
(Erleichterung nach § 264 Abs. 3 HGB)

Tochter-Personengesellschaft
(Erleichterung nach § 264b HGB)

Nach § 264 Abs. 3 HGB (Änderung durch das KapAEG) werden Tochter-Kapitalgesellschaften hinsichtlich Inhalt, Prüfung und Offenlegung des Jahresabschlusses Befreiungen eingeräumt. Nach § 264 Abs. 4 HGB (Änderung durch das KapCoRiLiG) werden Tochter-Kapitalgesellschaften eines nach § 11 des Publizitätsgesetzes zur Aufstellung eines Konzernabschluss verpflichteten Mutterunternehmens hinsichtlich Inhalt, Prüfung und Offenlegung des Jahresabschlusses Befreiungen eingeräumt. Erleichterungen nach § 264 Abs. 3 HGB können nur Kapitalgesellschaften (GmbH, AG, KGaA) in Anspruch nehmen.

Bedingung für die Inanspruchnahme der **Erleichterungen** für die **Tochter-Kapitalgesellschaften** ist, dass die Tochter-Kapitalgesellschaft Tochterunternehmen eines nach § 290 HGB zur Aufstellung eines Konzernabschlusses verpflichteten Mutterunternehmen ist. Ergibt sich die Pflicht zur Aufstellung des Konzernabschlusses nicht aus § 290 HGB, sondern aus anderen Vorschriften, sind die unmittelbaren Tochter-Kapitalgesellschaften eines solchen Mutterunternehmens nicht nach § 264 Abs. 3 HGB begünstigt. Nach § 290 sind grundsätzlich alle Kapitalgesellschaften, die Mutterunternehmen mit Sitz im Inland sind, zur Aufstellung eines Konzernabschlusses verpflichtet. Sie können jedoch nach §§ 291–293 HGB von dieser Verpflichtung befreit sein (vgl. Abschn. 2.2). Nehmen sie die Befreiung nicht in Anspruch, indem sie freiwillig einen Konzernabschluss aufstellen, so schaffen sie die Voraussetzungen für die Befreiung der Tochtergesellschaften nach § 264 Abs. 3 HGB. Nach § 264b HGB (Änderungen durch das KapCoRiLiG) werden allerdings auch Tochter-Personengesellschaften i. S. d. § 264a Abs. 1 HGB diese Erleichterungen eingeräumt.

Voraussetzungen für die Inanspruchnahme der Erleichterungen für die Tochter-Personengesellschaft sind, dass:

- die Tochter-Personengesellschaft (GmbH & Co KG) auf freiwilliger Basis in den Konzernabschluss einer EU-ansässigen Mutter-Komplementär-GmbH einbezogen ist (also ohne Prüfung der Konzernvoraussetzungen),

6.3 Erleichterungen für Tochtergesellschaften bei der Rechnungslegung

- der Konzernabschluss gem. der Konzernbilanzrichtlinie vom 13. 6. 1983 und der Prüferrichtlinie vom 10. 4. 1984 aufgestellt, geprüft und offen gelegt wird,
- das Mutterunternehmen die Unterlagen in deutscher Sprache auch beim Sitzregister der Tochter-Personengesellschaft offen legt,
- die Befreiung der Tochter-Personengesellschaft im Konzernanhang angegeben wird (Strobel, DB 2000 S. 53 ff.).

Die Erleichterungsvorschriften des § 264 Abs. 3 HGB betreffen die §§ 264-289 und 316-329 HGB und führen im Wesentlichen dazu, dass die Tochter-Kapitalgesellschaften bzw. Tochter-Personengesellschaften

- nur einen Jahresabschluss wie Nicht-Kapitalgesellschaften erstellen müssen (insbesondere bezüglich Gliederung und Bewertung);
- keinen Anhang erstellen müssen;
- keinen Lagebericht erstellen müssen;
- nicht prüfungspflichtig sind;
- den Jahresabschluss nicht offen legen müssen (Dörner/Wirth, DB 1998 S. 1525, 1531).

Dies sind weitgehende Erleichterungen, die im Hinblick darauf gewährt werden, dass die Anforderungen des Konzernabschlusses einzuhalten sind. In der Praxis führt dies dazu, dass, wenn die Erleichterungen in Anspruch genommen werden,

- es nicht sinnvoll ist, die Gliederung und Bewertung im Jahresabschluss der Tochter-Kapitalgesellschaft an den Vorschriften für Nicht-Kapitalgesellschaften auszurichten, da in der so genannten Handelsbilanz II – also in der an die Konzernbilanzrichtlinien angepassten originären Bilanz (Handelsbilanz I) – konzerneinheitlich nach den Vorschriften für große Kapitalgesellschaften zu verfahren ist.
- auf die Erstellung eines Anhangs verzichtet werden darf, da die für die Erstellung des Konzernabschlusses wesentlichen Informationen durch regelmäßige Konzernmeldungen abgedeckt werde;
- die Erstellung eines Lageberichts entbehrlich ist;
- auf die Jahresabschlussprüfung nicht verzichtet werden kann, sondern vielmehr die Handelsbilanz II und die Konzernmeldungen vom Konzernabschlussprüfer nach § 317 Abs. 3 Satz 1 HGB im Rahmen der Konzernabschlussprüfung entsprechend § 317 Abs. 1 HGB zu prüfen sind;
- die Offenlegung entfällt, was zu einer spürbaren Entlastung im Bundesanzeiger führen dürfte (Dörner/Wirth, DB 1998 S. 1525,1531).

Dies sind sehr weitgehende Erleichterungen. Sie laufen im Ergebnis darauf hinaus, dass bei Tochter-Kapitalgesellschaften bzw. bei Tochter-Personengesellschaften, die die Erleichterungen des § 264 Abs. 3 HGB in Anspruch nehmen, die Unterlagen zur Erfüllung des § 18 KWG nicht ausreichen, da insbesondere **kein Anhang, kein Lagebericht** und **kein Prüfungsbericht** vorliegen. Insofern wird der Ermessensspielraum des Kreditinstituts in einer Weise eingeengt, die nicht dem BAK-Rundschreiben (vgl. Anlage 2) entspricht. D. h. die Kreditinstitute erhalten nur vom Gesamtkonzern vollständige Unterlagen im Sinne des § 18 KWG. Ob dies zwingend dazu führt, dass von unmittelbaren Kreditnehmern (Tochter-Kapitalgesellschaften bzw. Tochter-Personengesellschaften) weitere Unterlagen anzufordern sind, ist offen. Es müsste in diesen Fällen der Konzernabschluss ausreichen, da dies internationalem Standard entspricht.

Zu beachten ist ferner, dass die Konzernmutter (deutsches Unternehmen) einen von den handelsrechtlichen Konzernrechnungslegungsvorschriften befreienden Konzernabschluss nach § 292a Abs. 2 Nr. 2a HGB erstellen kann, wenn der Konzernabschluss nach international anerkannten Rechnungslegungsgrundsätzen aufgestellt worden ist (z. B. nach IAS oder US-GAAP, sofern die zwingenden Regelungen der Bilanzrichtlinie der EU beachtet werden) (Baetge/Kirsten, StuB 1999 1042 ff.).

7. Die Bilanzpolitik

Der Unternehmer wird normalerweise Bilanzpolitik immer dort betreiben, wo sie die größte Wirkung entfaltet. Diese wesentlichen Bereiche und Positionen sind aber von Unternehmen zu Unternehmen unterschiedlich. So sind es z. B. bei einem Unternehmen die Vorräte und bei einem anderen die Rückstellungen. Die größten Ansatzpunkte für die Bilanzpolitik ergeben sich jedoch meist im Bereich der Vorräte. Die Vorratsbewertung ist also ein wesentlicher Bereich der Bilanzpolitik, der deshalb auch von den Kreditinstituten kritisch durchleuchtet wird (vgl. Anlage 2).

7.1 Die wesentlichen Bereiche der Bilanzpolitik

Die Bilanzpolitik im Mittelstand wird im Wesentlichen in fünf Bereichen (vgl. nachfolgende Übersicht) betrieben.

Abbildung 24: Zusammenstellung der Bereiche der Bilanzpolitik

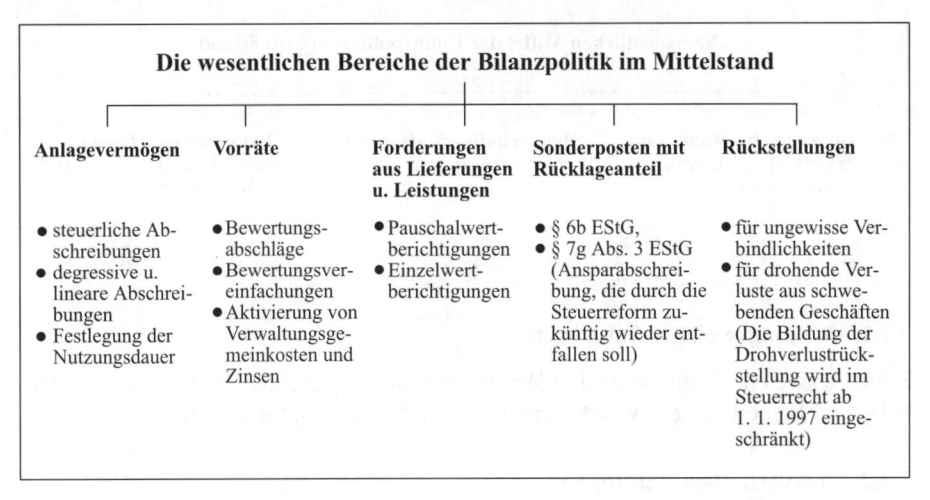

Anlagevermögen	Vorräte	Forderungen aus Lieferungen u. Leistungen	Sonderposten mit Rücklageanteil	Rückstellungen
• steuerliche Abschreibungen • degressive u. lineare Abschreibungen • Festlegung der Nutzungsdauer	• Bewertungsabschläge • Bewertungsvereinfachungen • Aktivierung von Verwaltungsgemeinkosten und Zinsen	• Pauschalwertberichtigungen • Einzelwertberichtigungen	• § 6b EStG, • § 7g Abs. 3 EStG (Ansparabschreibung, die durch die Steuerreform zukünftig wieder entfallen soll)	• für ungewisse Verbindlichkeiten • für drohende Verluste aus schwebenden Geschäften (Die Bildung der Drohverlustrückstellung wird im Steuerrecht ab 1. 1. 1997 eingeschränkt)

Die wesentlichen Bereiche der Bilanzpolitik im Mittelstand

Diese fünf Bereiche haben jedoch für den Unternehmer unterschiedliches Gewicht:

- Erste Priorität kommt den Vorräten zu (vgl. auch 7.3.1.2).

- Zweite Priorität gebührt dem Anlagevermögen. Insbesondere durch die steuerlich zulässigen Abschreibungen bestehen, wenn das Anlagevermögen wesentlich ist, erhebliche Gestaltungsspielräume.

- Dritte Priorität haben die Rückstellungen. Gesetzlich bestehen bei den Rückstellungen keine Bewertungsspielräume, jedoch sind durch die Ermessensspielräume, d. h. durch die optimistische und pessimistische Betrachtungsweise (vgl. Abschn. 7.4.3), tatsächlich ganz erhebliche Spielräume vorhanden.

- Die Bereiche „Forderungen aus Lieferungen und Leistungen" und „Sonderposten mit Rücklageanteil" spielen in der Praxis meist eine weniger wichtige Rolle. Bei den Forderungen aus Lieferungen und Leistungen können sich jedoch durch die optimistische und pessimistische Betrachtungsweise, gerade bei der Bildung von Einzelwertberichtigungen, erhebliche Ermessensspielräume ergeben.

- Beim Sonderposten mit Rücklageanteil ist die Ansparabschreibung bei den mittelständischen Unternehmen wichtig, weshalb sie besonders zu beachten ist (vgl. Abschn. 4.8.1.1; zukünftig soll sie jedoch wieder entfallen).

Im Übrigen ist in allen Bereichen der Bilanzpolitik, wie im Kapitel Handels- und Steuerbilanz dargelegt, im Mittelstand davon auszugehen, dass nur dort Bilanzpolitik gemacht wird, wo die Bewertungsspielräume im Handels- und Steuerrecht deckungsgleich sind.

7.2 Die wesentlichen Mittel der Bilanzpolitik

Die Mittel, mit denen Bilanzpolitik betrieben werden kann, sind in der folgenden Übersicht zusammengefasst.

Abbildung 25: Die wesentlichen Instrumente der Bilanzpolitik

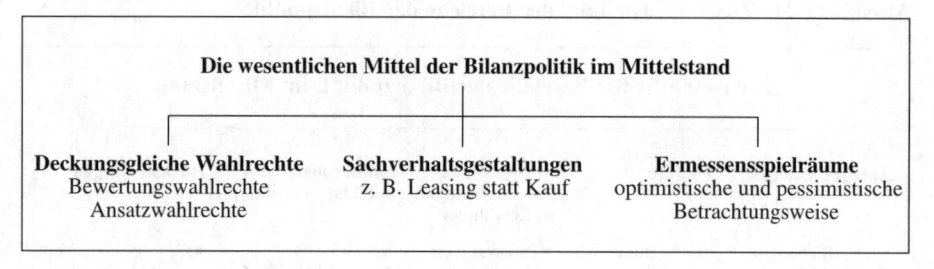

```
              Die wesentlichen Mittel der Bilanzpolitik im Mittelstand
              ┌──────────────────────┬──────────────────────┬──────────────────────┐
    Deckungsgleiche Wahlrechte    Sachverhaltsgestaltungen    Ermessensspielräume
      Bewertungswahlrechte         z. B. Leasing statt Kauf   optimistische und pessimistische
       Ansatzwahlrechte                                              Betrachtungsweise
```

7.2.1 Deckungsgleiche Wahlrechte

Deckungsgleiche Wahlrechte sind Wahlrechte, die in gleichem Umfang in der Handels- und Steuerbilanz gewährt werden (vgl. Abschn. 4.8.2 und 4.9).

7.2.2 Sachverhaltsgestaltungen

Sachverhaltsgestaltungen werden, besonders in Zeiten mit angespannter Liquidität, von den Unternehmern meist zwangsläufig zur Verbesserung der Liquiditätslage eingesetzt. Sie sind aus dem Jahresabschluss nicht ohne weiteres ersichtlich, insbesondere wenn Investitionen oder Instandsetzungsarbeiten hinausgeschoben werden. Durch die ab 1. 1. 1995 zulässige Ansparabschreibung (vgl. Abschn. 4.8.1.1) eröffnet sich der Bank jedoch die Möglichkeit nachzufragen, für welche Investitionen ein Sonderposten mit Rücklageanteil nach § 7g Abs. 3 EStG gebildet wurde, sodass die Gewerbetreibenden sich darauf einstellen müssen, dass bei einer Auflösung dieses Postens die Bank nachfragt, welche Investitionen hinausgeschoben wurden. Im Übrigen lässt sich die Bank, wenn ein größerer Leasingaufwand aus dem Jahresabschluss ersichtlich ist, auch diesen erläutern, sodass sich der Unternehmer hierzu auf kritische Fragen einstellen sollte. Eine Übersicht wichtiger Sachverhaltsgestaltungen in mittelständischen Unternehmen enthält Abbildung 26.

Abbildung 26: Übersicht wichtiger Sachverhaltsgestaltungen

Sachverhaltsgestaltungen	Inanspruchnahme der Gestaltung in der Praxis
1. Gegenstände des Anlagevermögens wurden geleast anstatt gekauft	häufig
2. Investitionen werden hinausgeschoben bzw. zurückgestellt	häufig
3. Notwendige Instandhaltungsmaßnahmen werden hinausgeschoben bzw. zurückgestellt	häufig
4. Investitionen werden unterlassen	selten
5. Gegenstände des Anlagevermögens werden verkauft und zurückgeleast (sale and lease back)	einmaliger Vorgang

7.2.3 Ermessensspielräume

Besonders reizvoll für den Unternehmer ist das Ausnutzen von Ermessensspielräumen, da dieses Mittel der Bilanzpolitik praktisch nicht nachzuweisen ist. In der Theorie gibt es Ermessensspielräume nicht, doch sind sie, wie die Praxis zeigt, zum Teil ganz erheblich. So kann z. B. ein Unternehmen, das von einem Kunden auf Schadenersatz i. H. von 100 000 DM verklagt wird, das Prozessrisiko ohne Prozesskosten

- **bei optimistischer Betrachtungsweise**
  sehr gering einschätzen. Das Unternehmen kann also der Auffassung sein, dass es den Prozess gewinnt. In Zweifelsfällen ist zu empfehlen, den Banken eine Rechtsanwaltbestätigung vorzulegen (vgl. Abschn. 4.5.2.1.3);
- **bei pessimistischer Betrachtungsweise** auf 100 000 DM einschätzen. Das Unternehmen geht also davon aus, dass es den Prozess verliert.

Oft wird nun ein Unternehmen, das hohe Gewinne erwirtschaftet, i. d. R. immer dazu tendieren, das Prozessrisiko möglichst pessimistisch, also möglichst hoch einzuschätzen. Andererseits tendieren Unternehmen, denen es nicht so gut geht, die u. U. Verluste erwirtschaften, dazu, die Prozessrisiken möglichst gering – also optimistisch – einzuschätzen. De facto bestehen also für die Unternehmer ganz erhebliche Ermessensspielräume, wie die Praxis immer wieder zeigt. Es ist zum Teil auch sehr schwierig, diese Risiken und damit die Rückstellungen richtig einzuschätzen. Erst wenn der Prozess rechtskräftig entschieden ist, zeigt es sich, ob das Risiko richtig eingeschätzt wurde; dann allerdings werden die Banken auch kritische Fragen stellen, wenn eine Fehleinschätzung vorlag.

7.3 Die Instrumente zum Aufspüren der Bilanzpolitik

Ziel der bisherigen Ausführungen war es, dem Unternehmer (Kreditnehmer) ein Gespür dafür zu vermitteln, wo und wie er Bilanzpolitik betreiben kann. Andererseits sind auch den Banken die Mittel der Bilanzpolitik bekannt, sodass sie bei der Bilanzanalyse versuchen, die vom Unternehmen vorgenommenen Maßnahmen und deren Auswirkungen auf die Zahlen des Jahresabschlusses aufzuspüren, um die vom Kreditnehmer nach § 18 KWG vorgelegten Unterlagen richtig auswerten zu können. Nur dann können sie eine abschließende Entscheidung über die Kreditgewährung bzw. die Weitergewährung des Kredites zukunftsgerichtet treffen. Insbesondere ist es das Ziel der Kreditinstitute zu erkennen, ob

- der Jahresabschluss **geschönt** oder
- der Jahresabschluss nach dem **Vorsichtsprinzip** erstellt

wurde.

Damit die Banken dies können, benötigen sie die entsprechenden Angaben, die ihnen entweder

- im Bericht,
- im Anhang,
- in den Erläuterungen zum Jahresabschluss oder
- mündlich

gemacht werden müssen.

Bei kleineren mittelständischen Unternehmen fehlen diese Angaben häufig, besonders wenn es sich nicht um Kapitalgesellschaften handelt. Das Nichtvorhandensein solch wichtiger Angaben ist jedoch auch ein Grund dafür, dass sich die Bank aufgrund der vorgelegten Unterlagen kein eindeutiges Bild von den wirtschaftlichen Verhältnissen des Kreditnehmers machen kann, sodass sie aufgrund des Rundschreibens des BAK dann zwingend weitere Unterlagen verlangen muss. Zusätzlich wird die Bank das Gespräch (Bilanzgespräch) mit den Kreditnehmer bzw. der Geschäftsführung suchen, um Klarheit über die Bilanzpolitik zu erhalten (vgl. Anlage 1). Die folgende Zusammenfassung zeigt die Instrumente, die den Banken zum Aufspüren der Bilanzpolitik zur Verfügung stehen.

7.3 Die Instrumente zum Aufspüren der Bilanzpolitik

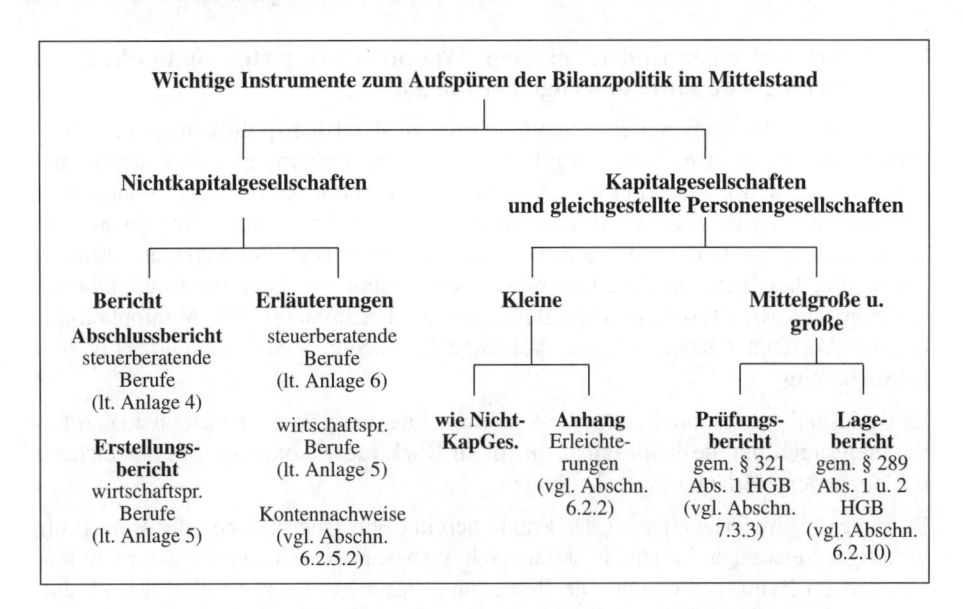

Abbildung 27: Zusammenstellung wichtiger Instrumente zum Aufspüren der Bilanzpolitik

```
                Wichtige Instrumente zum Aufspüren der Bilanzpolitik im Mittelstand
                                           │
                    ┌──────────────────────┴──────────────────────┐
        Nichtkapitalgesellschaften                    Kapitalgesellschaften
                                                 und gleichgestellte Personengesellschaften
                │                                              │
        ┌───────┴───────┐                            ┌─────────┴─────────┐
     Bericht       Erläuterungen                  Kleine          Mittelgroße u.
                                                                       große
  Abschlussbericht  steuerberatende
  steuerberatende      Berufe
      Berufe         (lt. Anlage 6)
   (lt. Anlage 4)                             ┌─────────┴──────┐    ┌─────────┴─────────┐
                   wirtschaftspr.          wie Nicht-       Anhang   Prüfungs-       Lage-
   Erstellungs-      Berufe                KapGes.     Erleichte-    bericht        bericht
     bericht       (lt. Anlage 5)                       rungen      gem. § 321    gem. § 289
   wirtschaftspr.                                     (vgl. Abschn.  Abs. 1 HGB    Abs. 1 u. 2
      Berufe      Kontennachweise                        6.2.2)    (vgl. Abschn.      HGB
   (lt. Anlage 5)  (vgl. Abschn.                                      7.3.3)     (vgl. Abschn.
                      6.2.5.2)                                                       6.2.10)
```

7.3.1 Der Abschlussbericht bzw. Erstellungsbericht und Erläuterungen

Wurde ein Abschlussbericht oder ein Erstellungsbericht erstellt, so gibt dieser, wenn die Anforderungen der gewissenhaften Berichterstattung beachtet wurden (IDW, FG 2/1988 bzw. IDW PS 450), umfassend, also auch zur Vermögens-, Finanz- und Ertragslage, Auskunft. Allerdings werden die Kreditinstitute die Berichte genau analysieren und bei Zweifeln weitere Unterlagen anfordern.

Werden dem Jahresabschluss nur Erläuterungen beigefügt (Regelfall), so sollten auch diese eine entsprechende Informationstiefe haben, damit vonseiten der Kreditinstitute nicht zwingend weitere Unterlagen bzw. weitere Erläuterungen eingefordert werden müssen. Liegen nämlich nur unzureichende oder keine Erläuterungen vor, so ist die Bank nach § 18 KWG auf jeden Fall gezwungen, weitere Informationen einzuholen, da ein solcher Abschluss immer Anlass zu Zweifeln gibt. Im Einzelnen wäre, was den Qualitätsstandard der Erläuterungen betrifft, Folgendes zu beachten.

7.3.1.1 Erläuterungen zum Anlagevermögen

Durch die Beifügung eines Anlageverzeichnisses zum Jahresabschluss, in dem einmal die Entwicklung des Anlagevermögens zusammengefasst und dann außerdem noch aufgegliedert für jedes einzelne Anlagenkonto dargestellt wird, ist das Anlagevermögen ausreichend erläutert. Aus dem Anlageverzeichnis sind nämlich die Abschreibungsmethoden, die Nutzungsdauern sowie die Sonderabschreibungen und auch deren Veränderungen durch einen Vergleich mit dem Vorjahr schnell ersichtlich. Bei anlageintensiven Unternehmen ist immer zu empfehlen, die Entwicklung des Anlagevermögens dem Jahresabschluss beizulegen, wenn diese nicht sehr umfangreich ist.

Bei den Kapitalgesellschaften werden außerdem im Anhang zusätzliche Angaben über die vorgenommenen Sonderabschreibungen gemacht (vgl. Abschn. 6.2.9).

7.3.1.2 Erläuterungen zu den Vorräten (Warenvorräte, fertige und unfertige Erzeugnisse sowie unfertige Leistungen)

Die Vorräte sollten, da sie eine Schlüsselrolle in der Bilanzpolitik spielen, ausreichend erläutert werden. Generell gilt, dass die Vorratsbewertung vom Unternehmer gewissenhaft und exakt durchgeführt werden muss. Gibt nämlich der Bilanzansatz der Vorräte einschließlich der Erläuterungen Anlass zu Zweifeln, so werden sich die Kreditinstitute weitere Unterlagen, wie beispielsweise auch das Inventar, vorlegen lassen und bei weiteren Zweifeln diese auch nachprüfen oder nachprüfen lassen (rechnerische Richtigkeit, richtige Bewertung und Erfassung). Die Manipulationen bei den Vorräten reichen, wie die Vergangenheit schon mehrfach zeigte, bis zum **Bilanzbetrug**.

Es ist deshalb verständlich, dass die Kreditinstitute diese Position besonders sorgfältig analysieren und deshalb, falls es nicht zu Rückfragen kommen soll, ausreichend tief gegliederte Erläuterungen benötigen.

Besondere Schwierigkeiten in der Praxis bereitet den Unternehmen die Bewertung unfertiger Leistungen im Handwerksbereich, insbesondere bei den Bauunternehmungen und im Bauträgerbereich. Die Bewertung dieser Leistungen sollte deshalb entsprechend erläutert werden, wobei zu differenzieren ist, ob

- **eine Kostenrechnung vorliegt**
  Verfügt das Unternehmen über eine Kostenrechnung, so werden die Baustellen aufgrund der angefallenen Einzelkosten und der umgelegten Gemeinkosten bewertet. Es ist dann zu erläutern, welche **Gemeinkosten aktiviert** wurden, insbesondere wie das deckungsgleiche Wahlrecht bei den Verwaltungsgemeinkosten (vgl. Abschn. 4.8.1.3) ausgeübt wurde. Zu berücksichtigen ist außerdem, dass

  – Regieerlöse = Umsätze, die vereinbarungsgemäß sofort abgerechnet werden, entsprechend aus den Kosten herauszukürzen sind. Aus Vereinfachungsgründen erfolgt dies vielfach zum Rechnungsbetrag;

  – den aktivierten Herstellungskosten die erhaltenen Anzahlungen gegenübergestellt werden. Auf diese Weise wird sichergestellt, dass nicht Anzahlungen in die Umsatzerlöse gebucht wurden und somit u. U. – was durchaus vorkommt – doppelt erfasst wurden, nämlich einmal in den Umsatzerlösen und zum anderen noch in den unfertigen Leistungen. Eine Gegenüberstellung zeigt auch, ob die Abschlagszahlungen rechtzeitig angefordert wurden;

  – falls ein Missverhältnis zwischen dem einzelnen Bilanzansatz und den Anzahlungen vorliegt, der Grund zu erfragen ist, weshalb z. B. nur geringe Anzahlungen geleistet oder keine Kosten vorhanden sind;

  – Verluste, die sich aufgrund dieser Bewertung ergeben, in der Handelsbilanz voll zu erfassen sind. D. h. die Verluste sind auf die gesamte Bauleistung hochzurechnen, selbst wenn mit der Baustelle erst begonnen wurde (Imparitätsprinzip,

7.3 Die Instrumente zum Aufspüren der Bilanzpolitik

vgl. Abschn. 4.2). Dabei ist auch zu beachten, dass alle Subunternehmerleistungen richtig abgegrenzt wurden, d. h. alle Subunternehmer entsprechend dem Leistungsstand der Baustelle in den Kosten enthalten sind. Falls der Aktivausweis, also die unfertigen Leistungen, durch den Verlust aufgebraucht wird, sind evtl. höhere Verluste als Rückstellungen für drohende Verluste aus schwebenden Geschäften zu passivieren. Dies gilt bereits, wenn ein Bauauftrag zum Abschlussstichtag vorliegt, bei dem definitiv bekannt ist, dass er zu Verlusten führt (z. B. wenn er infolge des Wettbewerbs nur mit großen Abschlägen zur Beschäftigungssicherung hereingeholt wurde). Ertragsteuerlich ist allerdings zu beachten, dass **Drohverlustrückstellungen** (Rückstellungen für drohende Verluste aus schwebenden Geschäften) für Wirtschaftsjahre, die nach dem 31. 12. 1996 enden, in der Steuerbilanz **nicht mehr gebildet** werden dürfen (vgl. Abschn. 4.2), weshalb die handelsrechtliche Passivierungspflicht zwingend zu einer von der Handelsbilanz abweichenden Steuerbilanz führt. Somit können in der Steuerbilanz Verluste aus Bauaufträgen nur noch i. H. des Aktivausweises bei der Bewertung der Vorräte (strenges Niederstwertprinzip) berücksichtigt werden;

- **keine Kostenrechnung vorliegt**
Verfügt das Unternehmen über keine Kostenrechnung und kann es daher die Kosten nicht auftragsbezogen zuordnen, sind die unfertigen Leistungen **retrograd** zu bewerten. Bei dieser Bewertungsmethode ist allerdings eine verlustfreie Bewertung, d. h. eine Berücksichtigung zukünftig eintretender Verluste (auch saldiert), nicht möglich. In diesen Fällen ist nur eine Bewertung anhand der am Bilanzstichtag erbrachten Leistungen (in der Regel in Höhe der letzten Abschlagsrechnungen plus Mehrleistungen bis zum Bilanzstichtag) möglich. Der Wertansatz wird wie folgt ermittelt:

Leistungen zum Bilanzstichtag bewertet zu Auftragspreisen
./. Gewinnabschlag
./. Abschlag für Massenrisiko (Änderung der abgerechneten Massen infolge Nachprüfung)
./. Gewährleistungsrisiko
./. Verwaltungsgemeinkosten (Wahlrecht)
= Bilanzausweis

Bezüglich der Verwaltungsgemeinkosten besteht ein Aktivierungswahlrecht. Auch bei der retrograden Bewertung sind den so ermittelten Werten die erhaltenen Anzahlungen gegenüberzustellen, um dadurch Doppelbewertungen auszuschließen.

Dies ist nur eine ganz grobe Skizzierung, wie die unfertigen Leistungen im Handwerkerbereich ermittelt und erläutert werden sollten, damit die Kreditinstitute nicht angehalten sind, weitere Unterlagen einzufordern.

Im **Bauträgerbereich** sind die Probleme ähnlich wie im Handwerksbereich. Allerdings erbringen die Bauträger in der Regel die Bauleistung nicht selbst, sondern lassen sie durch Subunternehmer erbringen, sodass sich hieraus zusätzliche Probleme ergeben, insbesondere bei der **Erfassung der Kosten.** Auch bei Objekten, die nur zum Teil veräußert wurden, ist zu beachten, dass sämtliche Kosten erfasst werden. Es sind also die noch nicht abgerechneten Subunternehmerleistungen in die Baukosten miteinzubeziehen, was durch Rückstellungen geschieht. Dies ist auch im Handwerksbereich zu beachten, wenn dort Subunternehmer eingesetzt werden. Wird z. B. ein Bauvorhaben zum Jahresende fertig gestellt, so werden die Außenanlagen – jahreszeitlich bedingt – erst im nächsten Frühjahr erstellt, sodass die Kosten für diese Leistung in der Regel immer fehlen. In Zweifelsfällen werden deshalb die Kreditinstitute nachfragen, ob sämtliche Subunternehmerleistungen in den Kosten enthalten sind. Auch ist zu erläutern, inwieweit Verwaltungsgemeinkosten und Zinsen aktiviert wurden.

Im Übrigen werden die Baukosten nach Tausendstel entsprechend dem Anteil der veräußerten Wohnungen ausgebucht. Für die nicht veräußerten Wohnungen müssen u. U. Abschläge auf die Herstellungskosten – ausgehend vom voraussichtlich realisierbaren Veräußerungspreis minus Veräußerungskosten – gemacht werden, um die einzelne Einheit verlustfrei zu bewerten. Der Wert ist wie folgt zu ermitteln:

Voraussichtlich realisierbarer Veräußerungserlös
./. Veräußerungskosten (Provision, Werbung etc.)
./. noch anfallende Zinsen bis zur voraussichtlichen Veräußerung
./. noch anfallende Baukosten (z. B. Außenanlagen, Teppichböden etc.)
./. Gewährleistungsrisiken
./. Verwaltungsgemeinkosten (Wahlrecht)
./. Verlustabschlag (falls die Herstellungskosten höher sind)
= Bilanzausweis bei verlustfreier Bewertung

Auch dies ist nur eine grobe Skizzierung, wie die Wertansätze im Bauträgerbereich zu ermitteln und zu erläutern sind.

7.3.1.3 Erläuterungen zu den Rückstellungen

Auch die Rückstellungen sind ausführlich zu erläutern, was die Zusammensetzung des Bilanzausweises, den Grund der Bildung und die Ermittlung des Rückstellungsbetrages betrifft.

Die Pensionsrückstellungen werden in der Regel den Werten der Steuerbilanz entsprechen, sodass ein Zinssatz von 6% der Ermittlung zugrunde liegt.

Im Übrigen sind bei den Kapitalgesellschaften bzw. den gleichgestellten Personengesellschaften die nichtpassivierten Pensionsrückstellungen (Altrückstellungen und deren Erhöhungen) im Anhang betragsmäßig anzugeben. In Zweifelsfällen werden deshalb die Kreditinstitute bei den Nichtkapitalgesellschaften nachfragen, ob solche Verpflichtungen bestehen.

Von Bedeutung für die Erläuterungen sind insbesondere auch die sonstigen Rückstellungen. Hier müssen nicht nur Rückstellungen für Jahresabschlusskosten gebildet werden, sondern es sind für alle relevanten Bereiche, z. B. Urlaub, Garantieleistungen, noch anfallende Baukosten realisierter Objekte, ausreichende Rückstellungen

7.3 Die Instrumente zum Aufspüren der Bilanzpolitik

zwingend zu bilden. Die Problematik der Prozesskosten wurde schon hinreichend erläutert (vgl. Abschn. 7.2.3). Zu den Rückstellungen für noch anfallende Baukosten ist anzumerken, dass diese sowohl im Bauträgerbereich als auch im Bauunternehmungsbereich anfallen können, wenn nämlich die Bauleistungen abgerechnet wurden, die Subunternehmerleistungen hingegen noch nicht abgerechnet wurden, die Baustelle noch nicht geräumt wurde oder aber, was sehr häufig der Fall ist, die Baustelle selbst zum Bilanzstichtag noch nicht abgerechnet wurde und deshalb Kosten für das Aufmaß und die Abrechnung der Baustelle anfallen. Die einzelnen Rückstellungen sollten deshalb ausreichend erläutert werden.

7.3.1.4 Erläuterungen zu den Forderungen aus Lieferungen und Leistungen

Die Forderungen aus Lieferungen und Leistungen sollten, wenn sie nicht zu umfangreich sind, ebenfalls im Jahresabschluss erläutert werden. Es empfiehlt sich, das Inventar, gegliedert nach Debitoren und Rechnungsdatum, dem Jahresabschluss beizulegen. Zusätzlich sollte bei jedem einzelnen Posten vermerkt werden, wann dieser bezahlt wurde bzw., falls der Posten bis zum Zeitpunkt der Bilanzerstellung noch nicht beglichen wurde, in welcher Höhe eine Einzelwertberichtigung gebildet wurde. Auch die Ermittlung der Pauschalwertberichtigung ist kurz zu erläutern. Das Steuerrecht lässt ohne Nachweis nur eine Pauschale von 1% zu (Betriebsprüfungs-Rationalisierungserlass. Vgl. Jaudzims/Igersheim, DB 1996 S. 2293 ff.). Anhand einer solchen Darstellung können die Kreditinstitute die Werthaltigkeit der Forderungen gut auf ihre Plausibiliät prüfen, ohne dass es zu Rückfragen oder zur Anforderung weiterer Unterlagen kommt.

7.3.1.5 Erläuterungen zu den Sonderposten mit Rücklageanteil

Der Sonderposten mit Rücklageanteil ist für den Mittelstand durch die neue Ansparabschreibung nach § 7g Abs. 3-6 EStG besonderes interessant. Diese Vergünstigung soll allerdings der Steuerreform zum Opfer fallen. In jedem Fall ist zu erläutern, nach welcher Vorschrift (z. B. § 6b EStG, § 7g EStG) und in welcher Höhe der Posten gebildet wurde. Auch die Auflösung bzw. Übertragung ist entsprechend zu erläutern. Diese Posten sind gerade im Hinblick auf die nachhaltige Kapitaldienstfähigkeit, da sie dem außerordentlichen Bereich zuzuordnen sind, für die Kreditinstitute von Bedeutung.

7.3.2 Der Anhang

Zu den Einzelheiten vgl. Abschn. 6.2.8. Bei den Kapitalgesellschaften und den gleichgestellten Personengesellschaften ist der Anhang ein äußerst wichtiges Instrument, da er, wenn er gewissenhaft erstellt wird, den Kreditinstituten auf eine Reihe von Fragen (vgl. Checkliste Anlage 1) Antworten gibt. So werden die Fragen

- zur Bewertungsstetigkeit,
- zu nichtpassivierten Pensionsrückstellungen,
- zu den steuerlichen Sonderabschreibungen und
- zu den Sonderposten mit Rücklageanteil

bei den Kapitalgesellschaften und den gleichgestellten Personengesellschaften bereits durch den Anhang beantwortet.

7.3.3 Der Prüfungsbericht

Bei den prüfungspflichtigen Kapitalgesellschaften bzw. gleichgestellten Personengesellschaften (mittelgroße und große; vgl. Abschn. 6.2.4) gibt der **Prüfungsbericht** (§ 321 HGB n. F.) umfassend Auskunft. Er ist nach Meinung des BAK immer dann anzufordern und auszuwerten, wenn die Wertansätze im Jahresabschluss Anlass zu Zweifeln geben (vgl. Anlage 2). Die Kreditinstitute sind deshalb sicherlich geneigt, auch den Prüfungsbericht anzufordern (Ausnahme: Es sind ausreichende Sicherheiten vorhanden).

Im Prüfungsbericht wird beispielsweise

- über Art und Umfang sowie über das Ergebnis der Prüfung „mit der gebotenen Klarheit" berichtet; darüber hinaus werden
- die Posten des Jahresabschlusses aufgegliedert und ausreichend erläutert,
- nachteilige Veränderungen der Vermögens-, Finanz- und Ertragslage aufgespürt und ausreichend erläutert,
- Verluste, die das Jahresergebnis nicht unwesentlich beeinflusst haben, aufgeführt und erläutert,
- die wirtschaftlichen Verhältnisse dargestellt,
- festgestellte bestands- oder entwicklungsgefährdende Tatsachen mitgeteilt.

Somit werden im Prüfungsbericht umfangreiche Erläuterungen und Darstellungen der wirtschaftlichen Situation des geprüften Unternehmens gegeben. Außerdem besteht nach § 321 Abs. 1 HGB n. F. eine Redepflicht, wenn schwerwiegende Verstöße der Geschäftsführung gegen Gesetz und Gesellschaftsvertrag festgestellt wurden. All dies sind für die Banken wichtige Gründe, einen Prüfungsbericht anzufordern, zumal die Banken die Qualität der Prüfungsberichte sehr hoch einschätzen (Dykxhoorn/Sinning/Wiese, BB 1996 S. 2031 ff.). Auch wissen die Leiter der Kreditabteilungen der Banken die Prüfungsberichte (Arbeit) von vereidigten Buchprüfern zu schätzen, obwohl diese erst seit dem 1. 1. 1986, mit Inkrafttreten des Bilanzrichtlinien-Gesetzes, Pflichtprüfungen bei mittelgroßen Kapitalgesellschaften durchführen dürfen (Dykxhoorn/Sinning/Wiese, BB 1996 S. 2031 ff.).

7.3.4 Zusammenfassung

Zusammenfassend lässt sich also feststellen, dass die Bilanzpolitik aufgrund der Unterlagen, die den Kreditinstituten zur Verfügung stehen, ohne Rückfragen

- bei den Nichtkapitalgesellschaften meist nicht,
- bei den kleinen Kapitalgesellschaften und den gleichgestellten Personengesellschaften erheblich besser,
- bei den mittelgroßen und großen Kapitalgesellschaften und den gleichgestellten Personengesellschaften noch besser

aufgespürt werden kann.

Je ausführlicher die Berichte oder Erläuterungen sind, desto besser ist auch die Bilanzpolitik erkennbar. Es empfiehlt sich, um Rückfragen und die Anforderung weiterer Unterlagen durch die Banken zu vermeiden, die einzelnen Posten des Jahresabschlusses ausreichend zu erläutern.

7.4 Fallstudie zur Bilanzpolitik

7.4.1 Sachverhaltsvorgaben

Eine Bauunternehmung in der Unternehmensform der GmbH & Co KG mit ca. 20 Arbeitnehmern und einem Betriebsvermögen von weniger als 400 TDM hat ihren vorläufigen Jahresabschluss zum 31. 12. 01 erstellt. Die folgenden Sachverhalte sind jedoch im Jahresabschluss noch nicht berücksichtigt worden.

Sachverhalt 1: Im Geschäftsjahr wurde am 1. 7. 01 erstmals ein Citykran (Spezialkran für Innenstadtbaustellen) mit Anschaffungskosten in Höhe von 140 TDM angeschafft. Die betriebsgewöhnliche Nutzungsdauer der bisherigen Baukräne betrug laut erstmaliger Ermittlung zehn Jahre. Laut steuerlicher AfA-Liste beträgt die Nutzungsdauer acht Jahre. Alle Neuzugänge wurden wie bisher im Gleichklang mit dem Steuerrecht mit 30% (§ 7 Abs. 2 EStG) degressiv abgeschrieben. Der Citykran soll unter Beachtung der steuerlichen Vereinfachungsregel (R 44 Abs. 2 EStR) (Anschaffung 1. Halbjahr = volle AfA; Anschaffung 2. Halbjahr = 1/2 AfA) abgeschrieben werden.

Sachverhalt 2: In den Jahren 02 und 03 ist die Neuanschaffung folgender beweglicher Anlagegegenstände geplant:

– ein weiterer Baukran mit Anschaffungskosten in Höhe von 90 TDM, der in jedem Fall spätestens im Jahr 03 angeschafft werden muss, da ein bereits zehn Jahre alter Kran zu ersetzen ist;

– ein Lkw mit Anschaffungskosten in Höhe von 100 TDM, wobei dieser auch, falls der alte Lkw ohne eine Großreparatur durchhält, erst nach 03 angeschafft werden könnte.

Sachverhalt 3: Die Bestandsveränderungen der unfertigen Bauleistungen sind noch nicht gebucht. Der Anfangsbestand per 1. 1. 01 betrug 1 420 TDM, der Endbestand per 31. 12. 01 beträgt 450 TDM. Die Zurechnung der Einzel- und Gemeinkosten wurde in 01 geändert, sodass in 01 aus Kalkulationsgründen möglichst viele Kosten direkt den Baustellen zugerechnet wurden. Da bisher jedoch alle aktivierbaren Gemeinkosten angesetzt wurden (Bewertung zu Herstellungskosten, vgl. Abschn. 4.8.1.3), enthält der Schlussbestand ebenfalls alle aktivierbaren Gemeinkosten. Die aktivierten Verwaltungsgemeinkosten betragen in 01 68 TDM und die aktivierten Fertigungsgemeinkosten 92 TDM.

Sachverhalt 4: In den Forderungen ist ein Betrag von 40 TDM netto an ein Bauträgerunternehmen enthalten, das schon seit sechs Monaten (erstmals vor dem Bilanzstichtag) mit der Begründung, dieser Betrag sei zu Unrecht in Rechnung gestellt, nicht bezahlt. Laut Auskunft des Anwalts sind, falls es zu einem Rechtsstreit kommt, die Erfolgsaussichten gut, eine 100%ige Erfolgsgarantie kann der Anwalt jedoch nicht übernehmen. In der Branche spricht man auch davon, dass das Bauträgerunternehmen in finanziellen Schwierigkeiten ist und die Nichtzahlung u. U. auch auf eine Konkursverschleppung hinauslaufen könnte.

Sachverhalt 5: In einem bereits am Bilanzstichtag anhängigen Rechtsstreit macht ein Bauherr einen Schadenersatzanspruch in Höhe von 60 TDM geltend. Laut Auskunft des Geschäftsführers ist dieser Anspruch unbegründet, der Anwalt sieht jedoch, falls der Sachverständige zu einem anderen Ergebnis kommen sollte, ein gewisses Risiko. Für die Prozesskosten wurde bereits eine Rückstellung gebildet, die nach Auffassung des Geschäftsführers ausreichend bemessen ist.

Unter Berücksichtigung dieser Sachverhalte und ohne Ertragsteuern sind bei Ausnutzung aller Möglichkeiten der Bilanzpolitik zwei Jahresabschlüsse zu erstellen, wobei im

1. Jahresabschluss das **maximale Jahresergebnis** und im
2. Jahresabschluss das **minimale Jahresergebnis**

ausgewiesen werden sollen. Die beiden Jahresabschlüsse sind also unter der Prämisse, dass die Handelsbilanz der Steuerbilanz entspricht, mit unterschiedlicher Zielrichtung zu erstellen.

7.4.2 Lösungsblatt zur Fallstudie

Abbildung 28: Lösungsblatt der Fallstudie zur Bilanzpolitik

	Vor-läufiger Stand	Maßnahmen der Bilanzpolitik zur			
		Gewinnmaximierung		Gewinnminimierung	
		Verände-rung	endgülti-ger Stand	Verände-rung	endgülti-ger Stand
	TDM	TDM	TDM	TDM	TDM
Aktiva					
Anlagevermögen	267				
Umlaufvermögen					
Vorräte	1 423				
Forderungen	1 017				
Flüssige Mittel	46				
Aktiver RAP	1				
Summe Aktiva	2 754				
Passiva					
Kommanditkapital	40				
Verlustausgleichskonto der Kommanditisten	-293				
Jahresüberschuss	1 289				
Sonderposten mit Rückla-geanteil	0				
Rückstellungen	84				
Verbindlichkeiten	1 634				
Summe Passiva	2 754				
GuV					
Umsatzerlöse	3 624				
Verminderung des Bestan-des an unfertigen Baulei-stungen	0				
Sonst. betr. Erträge	40				
Materialaufwand	-679				
Rohertrag	2 985				
Personalaufwand	-1 231				
Abschreibungen	-104				
Sonstige betriebliche Auf-wendungen	-286				
Zinsaufwendungen	-70				
Ergebnis gew. Geschäftstä-tigkeit	1 294				
Sonst. Steuern	-5				
Jahresüberschuss	1 289				

7.4.3 Musterlösung
Zu Sachverhalt 1: Abschreibungen

Aufgrund des Sachverhalts liegt ein mittelständisches Unternehmen mit einem Betriebsvermögen unter 400 TDM vor, sodass die Sonderabschreibung des § 7g EStG in Anspruch genommen werden kann. Zukünftig darf die Sonderabschreibung nach § 7g EStG nur noch dann in Anspruch genommen werden, wenn für die Neuanschaffung eine entsprechende Rücklage gebildet wurde (§ 7g Abs. 2 Nr. 3 EStG i. d. F. des Steuerentlastungsgesetzes 1999/2000/2002). Die steuerlichen Abschreibungen unterliegen, wenn sie nicht einheitlich in Anspruch genommen werden (lt. Sachverhalt ist dies nicht der Fall) nicht dem Stetigkeitsgebot, da keine Bewertungsmethode vorliegt. Werden sie dagegen einheitlich in Anspruch genommen, liegt eine Bewertungsmethode vor (HFA 3/1997). Abweichungen zum Vorjahr dürfen dann nur noch in begründeten Ausnahmefällen erfolgen (vgl. ausführlich Abschn. 4.8.3). Im Anhang wären bei einer Kapitalgesellschaft, wegen der Durchbrechung des Stetigkeitsgrundsatzes, dann die entsprechenden Angaben zu machen (vgl. Abschn. 6.2.9). Die Sonderabschreibung nach § 7g Abs. 1 u. 2 EStG beträgt: 20% von 140 TDM = 28 TDM.

Dies bedeutet, dass bei Gewinnmaximierung (maximales Jahresergebnis) die Sonderabschreibung nach § 7g EStG nicht in Anspruch zu nehmen ist, während zur Ermittlung des minimalen Jahresergebnisses die volle Sonderabschreibung in Höhe von 28 TDM im ersten Jahr (eine Verteilung auf 5 Jahre wäre gem. § 7g Abs. 1 EStG möglich) anzusetzen ist.

Aufgrund von § 264a HGB sind für alle Wirtschaftsjahre, die nach dem 31. 12. 1999 beginnen, da es sich um eine Personengesellschaft im Sinne dieser Vorschrift handelt, bei Inanspruchnahme steuerlicher Sonderabschreibungen weitere Anhangangaben (vgl. Abschn. 6.2.9) erforderlich.

Da laut Sachverhalt bisher alle Neuzugänge immer degressiv nach § 7 Abs. 2 EStG abgeschrieben wurden, liegt eine Bewertungsmethode vor (Küting/Weber, § 252 Rz. 117; HFA 3/1997). Fraglich ist jedoch, da erstmals ein Citykran, d. h. ein Spezialkran für Innenstadtbaustellen, angeschafft wurde, ob dieser ein mit den bisherigen angeschafften Kränen vergleichbarer Kran ist. Lt. Sachverhalt ist dies wahrscheinlich nicht der Fall. Die Frage, ob jedoch ein Ermessensspielraum dahingehend besteht, dass Wirtschaftsgüter, die mit den bisherigen nicht vergleichbar sind, anders abgeschrieben werden dürfen als die bisherigen Neuzugänge, stellt sich auch bei nicht vergleichbaren Wirtschaftsgütern nicht, da sämtliche Neuzugänge einheitlich mit 30% degressiv abgeschrieben wurden, also die **Bewertungsmethode** der degressiven Abschreibung auf **alle Neuzugänge** angewendet wurde. Dies bedeutet, dass selbst andersartige, neu angeschaffte Bewertungsobjekte wie bisher einheitlich degressiv abgeschrieben werden müssen (Küting/Weber, § 252 Rz. 117). Diese Auslegung des Grundsatzes der Bewertungsstetigkeit (Beibehaltung von Bewertungsmethoden) widerspricht auch nicht dem Grundsatz der Einzelbewertung, d. h. das Unternehmen ist zur Beibehaltung der bisherigen Bewertungsmethode verpflichtet, wenn nicht ein begründeter Ausnahmefall (vgl. Abschn. 4.8.3) vorliegt (vgl. ADS, § 252 Rz. 103, 106). Weicht das Unternehmen dennoch ab, so entspricht der Jahresabschluss inso-

7.4 Fallstudie zur Bilanzpolitik

weit nicht mehr den Grundsätzen ordnungsmäßiger Buchführung (vgl. Küting/Weber, § 252 Rz. 122). Eine andere Abschreibungsmethode (z. B. die lineare) wäre nur dann zulässig, wenn das Unternehmen bisher die Neuzugänge differenziert abgeschrieben hätte; z. B. neu angeschaffte Gegenstände z. T. degressiv und z. T. linear abgeschrieben hätte. Die früher zum Teil in der Literatur vertretene Auffassung, dass nach dem Grundsatz der Einzelbewertung die im vorangegangenen Jahresabschluss angewandte Bewertungsmethode nicht auf im laufenden Jahr neu hergestellte oder neu erworbene Wirtschaftsgüter übertragen werden muss, ist zwischenzeitlich einer veränderten Beurteilung gewichen (vgl. Kupsch, DB 1987 S. 1157 f.). Dies bedeutet, dass im vorliegenden Fall die Begründung, dass es sich um einen neuartigen Vermögensgegenstand handelt, den es im Unternehmen bisher noch nicht gab, für eine Änderung der Bewertungsmethode (Abschreibungsmethode) nicht mehr ausreicht. Der Citykran ist also wie bisher mit 30% degressiv abzuschreiben. Ein begründeter Ausnahmefall nach § 252 Abs. 2 HGB liegt lt. Sachverhalt nicht vor.

Die **Aufgabe** der Rechnungslegung, die **Jahresabschlüsse vergleichbar** zu machen, verbietet es, über die Bewertungsstetigkeit Bilanzpolitik zu betreiben (Siegel, in: Beck HdR, B 161 Rz. 62). Eine unterschiedliche wirtschaftliche Situation des Unternehmens an aufeinander folgenden Abschlussstichtagen ist kein hinreichender Grund, von den Grundsätzen der Bewertungsstetigkeit abzuweichen. Gerade das Abweichen aus diesem Grunde könnte nämlich bewirken, dass die Änderung der wirtschaftlichen Situation nicht sichtbar wird (Siegel, in: Beck HdR, B 161 Rz. 58). In der Praxis dürfte dennoch bei den Nichtkapitalgesellschaften vielfach, ohne dass ein begründeter Ausnahmefall vorliegt und ohne einen Vermerk, – gegen die Grundsätze ordnungsmäßiger Buchführung – von der degressiven zur linearen Abschreibung übergegangen werden. Die Banken versuchen jedoch, bei der Bilanzanalyse auf solche Übergänge besonderes Augenmerk zu legen. Unter Umständen wäre dies auch ein Haftungsfall aller mit der Erstellung des Jahresabschlusses betrauten Personen.

Die Abschreibung beträgt, da der Kran im 2. Halbjahr angeschafft wurde, 15% von 140 TDM = 21 TDM.

Laut Sachverhalt hat das Unternehmen auch erstmals eine längere betriebliche Nutzungsdauer für Kräne festgestellt, nämlich zehn Jahre. Die Änderung von Datenannahmen, wie z. B. die Nutzungsdauereinschätzung, die aufgrund der tatsächlichen Daten erstmals ergab, dass die betriebliche Nutzungsdauer größer als die steuerliche Nutzungsdauer ist, unterliegt nicht dem Grundsatz der Bewertungsstetigkeit, sodass der neue Kran ohne Durchbrechung des Stetigkeitgrundsatzes auf zehn Jahre abgeschrieben werden darf (Siegel, in: Beck HdR, B 161 Rz. 65). Dies ändert jedoch nichts an der Abschreibung des Geschäftsjahres, sondern wirkt sich erst später, insbesondere beim Übergang von der degressiven auf die lineare Abschreibung, aus. Etwas anderes würde nur dann gelten, wenn die betriebliche Nutzungsdauer schon bisher immer über der steuerlichen Nutzungsdauer lag und vom Unternehmen konsequent immer die Nutzungsdauer der steuerlichen AfA-Tabellen herangezogen wurde (Bewertungsmethode).

Zu Sachverhalt 2: Ansparrücklage

Aufgrund des Sachverhalts ist nach § 7g Abs. 3 EStG auch die Bildung einer Ansparrücklage (Bilanzansatzwahlrecht bzw. Passivierungswahlrecht, das in der Handels- und Steuerbilanz deckungsgleich ist und nicht den Grundsätzen der Bewertungsstetigkeit unterliegt, vgl. Abschn. 4.8.3) für neue bewegliche Anlagegüter, die spätestens im zweiten Folgejahr nach Bildung der Ansparrücklage angeschafft werden, möglich. Dies bedeutet:

Für den Kran:

Da der Kran in jedem Fall in den beiden nächsten Jahren neu angeschafft wird, darf eine Ansparrücklage in Höhe von 50%, die in den Sonderposten mit Rücklageanteil nach § 7g Abs. 3 EStG einzustellen ist, gewinnmindernd gebildet werden, wenn das Ergebnis minimiert werden soll. Sie beträgt 50% von 90 TDM = 45 TDM.

Für den Lkw:

Beim Lkw ist aufgrund des Sachverhalts noch nicht sicher, ob er tatsächlich in den nächsten beiden Jahren angeschafft wird. Aufgrund der Vorschrift des § 7g Abs. 3 EStG darf jedoch, wenn das Ergebnis minimiert werden soll, auch in diesem Fall eine Rücklage in Höhe von 50% gebildet werden. Sie beträgt 50% von 100 TDM = 50 TDM.

Sollte jedoch der Lkw nicht innerhalb der 2-Jahresfrist angeschafft werden, so ist die Ansparrücklage spätestens im zweiten Folgejahr nach ihrer Bildung aufzulösen und für jedes Jahr ein Gewinnzuschlag in Höhe von 6% in der Steuerbilanz vorzunehmen. Dadurch soll der Zinsvorteil aus der Rücklagenbildung ausgeglichen werden. Tatsächlich hat sich jedoch in der Praxis die durch die Rücklagenbildung erzielte Steuerstundung bereits dadurch ausgewirkt, dass

- die Zinsaufwendungen geringer oder
- die Zinserträge höher sind.

Mit der 6%igen Verzinsung (12% für zwei Jahre) wird nun der steuerliche Gewinn nochmals erhöht, sodass im Einzelfall zu überlegen ist, ob sich die Bildung einer Ansparrücklage auch lohnt, wenn eventuell das Wirtschaftsgut in der 2-Jahresfrist nicht angeschafft wird.

Durch die Bildung der Ansparrücklage werden, wenn das neue Wirtschaftsgut innerhalb der 2-Jahresfrist angeschafft wird, die Sonderabschreibung nach § 7g EStG und die degressive Abschreibung nach § 7 Abs. 2 EStG wirtschaftlich vorverlegt. Wird das neue Wirtschaftsgut im 2. Halbjahr angeschafft, so führt die Auflösung der Ansparrücklage zumindest in Höhe von 15% zu einer Gewinnerhöhung.

Kapitalgesellschaften und gleichgestellte Personengesellschaften müssen allerdings die Änderungen der Bilanzansatzwahlrechte begründen und ihren Einfluss auf die Vermögens-, Finanz- und Ertragslage darstellen (vgl. Abschn. 6.2.9) und die Vorschriften des Steuerrechts, nach denen ein Sonderposten mit Rücklageanteil gebildet wurde, sowie die Zuführung und Auflösung des Sonderpostens mit Rücklageanteil (vgl. Abschn. 6.2.9) im Anhang angeben. Im Übrigen ist derzeit in der Diskussion, die Ansparabschreibung mit der geplanten Steuerreform wieder abzuschaffen.

Zu Sachverhalt 3: Bestandsveränderungen

Die Bestandsveränderungen ermitteln sich wie folgt:

Unfertige Bauleistungen per 1. 1. 01	1 420 TDM
Unfertige Bauleistungen per 31. 12. 01	450 TDM
Bestandsveränderungen	970 TDM

Lt. Sachverhalt wurde jedoch die Zurechnung der Einzel- und Gemeinkosten im Jahr 01 geändert, sodass nach § 252 Abs. 2 HGB ein begründeter Ausnahmefall vorliegen könnte, der eine Abweichung vom Grundsatz der Bewertungsstetigkeit zuließe. Änderungen im Rechnungswesen, insbesondere in der Kostenrechnung, also Änderungen aus organisatorischer Sicht, begründen nur dann eine Abweichung vom Grundsatz der Bewertungsstetigkeit, wenn sie z. B. zur Produktionssteuerung oder Preiskalkulation vorgenommen wurden. Wurde die Änderung jedoch zur Bilanzbeeinflussung vorgenommen, so liegt kein begründeter Ausnahmefall vor (vgl. Müller, BB 1987 S. 1637). Dieser Nachweis, dass eine Änderung in der Kostenrechnung ausschließlich zum Zwecke der Bilanzbeeinflussung vorgenommen wurde, ist jedoch schwer zu führen. Lt. Sachverhalt erfolgte die Änderung aus Kalkulationsgründen, sodass ein begründeter Ausnahmefall vorliegt (Küting/Weber, § 252 Rz. 127). Im Übrigen ist die Praxis, was die Gründe für eine Abweichung von der Bewertungsstetigkeit betrifft, äußerst einfallsreich (vgl. Abschn. 4.8.3).

Bei der Ermittlung des minimalen Jahresergebnisses sind daher die Bestandsveränderungen wie folgt zu ermitteln:

Vorläufige Bestandsveränderungen	970 TDM
+ Verwaltungsgemeinkosten	+ 68 TDM
= Berichtigte Bestandsveränderungen	1 038 TDM

Die Fertigungsgemeinkosten müssen zwar handelsrechtlich nicht angesetzt werden, ein Nichtansatz wird jedoch steuerrechtlich nicht akzeptiert (vgl. Abschn. 4.8.1.3).

Diese Begründung der Abweichung von der Bewertungsstetigkeit könnte auch Auswirkungen auf die Änderungen der Abschreibungen haben. Da lt. Sachverhalt jedoch die Umstellung der Kostenrechnung nicht zu einer Umstellung der Abschreibungen führte, sondern nur ausnahmsweise der Neuzugang Citykran anders abgeschrieben werden sollte, reicht diese Begründung auch nur zur Änderung der Ermittlung der Verwaltungsgemeinkosten, nicht jedoch zur Änderung der Abschreibung.

Auch bei der Bewertung von Gegenständen des Umlaufvermögens (insbesondere Vorräten) gilt zukünftig der Maßgeblichkeitsgrundsatz nicht mehr. Lt. § 253 Abs. 3 Satz 1 und 2 HGB gilt in der Handelsbilanz das **strenge Niederstwertprinzip,** was zur Folge hat, dass Vermögensgegenstände des Umlaufvermögens zwingend auf den u. U. niedrigeren Zeitwert des Abschlussstichtages abgeschrieben werden müssen. Dies gilt jedoch nicht für so genannte „Verlustprodukte" – besonders günstig angebotene Produkte, um Kunden anzulocken („Lockvogelangebote") – mit deren Verkauf wirtschaftliche Vorteile für das Unternehmen im Ganzen verbunden sind (BFH, DStR 1999 S. 1479 ff.).

Die Bewertung des Umlaufvermögens in der Steuerbilanz erfolgt grundsätzlich über den Bewertungsvorbehalt des § 5 Abs. 6 EStG nach § 6 Abs. 1 Nr. 2 EStG i. d. F. des Steuerentlastungsgesetzes 1999/2000/2002. Nach dieser Vorschrift ist zukünftig auch beim Umlaufvermögen eine Teilwertabschreibung steuerrechtlich nur noch möglich, wenn eine voraussichtlich dauernde Wertminderung vorliegt (**gemildertes Niederstwertprinzip**, das bisher nur für das Anlagevermögen galt), weshalb es bei vorübergehenden Wertminderungen des Umlaufvermögens nunmehr zwingend zu einer Abweichung zwischen Handels- und Steuerbilanz kommt.

Zudem müssen für die Wirtschaftsjahre, die nach dem 31. 12. 1999 beginnen, nach § 264a HGB den Kapitalgesellschaften gleichgestellte Personengesellschaften im Anhang die Änderung von Bewertungsmethoden begründen und den Einfluss auf die Vermögens-, Finanz- und Ertragslage gesondert darstellen (vgl. Abschn. 6.2.9).

Zu Sachverhalt 4: Forderungsbewertung

Die Zahlung der Rechnung wird vom Schuldner seit längerem mit der Begründung verweigert, dass die Leistung nicht erbracht worden sei. Die Einbringung der Forderung steht deshalb in Frage. Lt. Sachverhalt ist bereits ein Anwalt eingeschaltet worden, der jedoch gute Erfolgsaussichten im Falle eines Rechtsstreites sieht. Die Forderung ist also stichtagsbezogen zu bewerten, wobei die Sichtweise des ordentlichen und vorsichtigen Kaufmanns maßgebend ist (RFHE 7, S. 130). Es handelt sich also um ein Problem der Wertbeeinflussung oder der Wertaufhellung.

- Eine **Wertbeeinflussung** liegt vor, wenn die Tatsache am Bilanzstichtag noch nicht gegeben, sondern erst nach dem Bilanzstichtag eingetreten ist (z. B. hat ein Brandschaden an einer Produktionsanlage nach dem Bilanzstichtag wegen des Stichtagsprinzips keinen Einfluss auf die Bewertung am Bilanzstichtag).

- Eine **Wertaufhellung** liegt vor, wenn die Tatsache am Bilanzstichtag bereits gegeben und spätestens bei der Bilanzaufstellung erkennbar ist (BFH, BStBl. 1993 II S. 153); wie beispielsweise Forderungsausfälle, bei denen der Kunde die Zahlung im alten Jahr immer wieder hinauszögert und sich im neuen Jahr der Ausfall endgültig herausstellt (Hoffmann, BB 1996 S. 1157).

Da die Forderung am Bilanzstichtag durch den Einwand des Kunden zumindest problematisch war, wäre sie zu 100% wertzuberichtigen, wenn sich im Zeitpunkt der Bilanzerstellung die endgültige Zahlungsunfähigkeit z. B. durch Konkurs des Schuldners herausgestellt hätte (Hoffmann, BB 1996 S. 1157). Dies ist aber lt. Sachverhalt nicht der Fall. In der Praxis stehen dem Kaufmann, auch bei größtmöglicher Sorgfalt über das für ihn Wissbare, jede Menge Ermessensspielräume offen (Hoffmann, BB 1996 S. 1162). Diese Ermessensspielräume entziehen sich auch dem Durchblick des erfahrensten Bilanzanalytikers. Bei den Forderungen allerdings kann der Bilanzanalytiker (Banker) durch Vorlage der in der Bilanz erfassten offenen Forderungen u. U. bereits aus seiner Kenntnis der verschiedenen Schuldner als Kreditnehmer das Ausfallrisiko noch besser als der Kaufmann einschätzen. Dies setzt allerdings voraus, dass in kritischen Fällen sämtliche am Bilanzstichtag offenen Forderungen bei der Bilanzanalyse durchleuchtet werden.

In der Praxis hat also der Kaufmann einen erheblichen Ermessensspielraum, in diesem Fall die Forderung zu bewerten. Will er ein maximales Jahresergebnis, wird er die Forderung nicht abwerten, da die Erfolgsaussichten in einem Rechtsstreit gut sind und eine Zahlungsunfähigkeit des Schuldners bisher nicht eingetreten ist. Lt. Sachverhalt ist dies aber ein Grenzfall, sodass ein vorsichtiger Kaufmann die Forderung auch in voller Höhe von 40 TDM netto wertberichtigen kann, wenn er das Ergebnis minimieren möchte, denn das Risiko eines Ausfalls ist nicht vollständig auszuschließen.

Bezüglich dieses Sachverhalts sind keinerlei Anhangangaben erforderlich.

Zu Sachverhalt 5: Rückstellungen

Für die Bildung einer Rückstellung gilt ebenfalls das Vorsichtsprinzip (vgl. Abschn. 4.2). Doch auch hier lässt sich das Risiko lt. Sachverhalt im Zeitpunkt der Bilanzerstellung nur schwer einschätzen, da es sich noch nicht durch eine Wertaufhellung konkretisiert hat. In der Praxis kann deshalb der Kaufmann, je nachdem wie er das Risiko einschätzt, bei Ergebnismaximierung auf die Bildung einer Rückstellung für das Prozessrisiko verzichten oder aber bei Ergebnisminimierung eine Rückstellung in voller Höhe bilden.

Durch die Bildung einer Prozesskostenrückstellung hat der Kaufmann zumindest für diesen Teil bereits Vorsorge getroffen. Problematisch sind also in der Praxis die Fälle, in denen sich das Risiko bis zur Bilanzerstellung noch nicht konkretisiert hat. Hier stehen dem Kaufmann somit erhebliche Ermessensspielräume offen. In der Regel wird jedoch ein vorsichtiger Kaufmann zumindest ein Teil des Risikos, indem er nur einen bestimmten Prozentsatz zurückstellt, berücksichtigen.

Dieser Spielraum entzieht sich ebenfalls vollständig dem Bilanzanalytiker. Wurde das Risiko jedoch falsch eingeschätzt, so zeigt sich dies in späteren Jahresabschlüssen durch eine Rückstellungsauflösung bzw. zusätzlichen Aufwand. Anhangangaben sind zu diesem Sachverhalt nicht erforderlich.

7.4.4 Musterlösungsblatt zur Fallstudie

Abbildung 29: Musterlösung der Fallstudie zur Bilanzpolitik

	Vor-läufiger Stand TDM	Maßnahmen der Bilanzpolitik zur			
		Gewinnmaximierung		Gewinnminimierung	
		Veränderung TDM	endgültiger Stand TDM	Veränderung TDM	endgültiger Stand TDM
Aktiva					
Anlagevermögen	267	-21^{1b}	246	-28^{1a} -21^{1b}	218
Umlaufvermögen					
Vorräte	1 423	-970^3	453	$-1\,038^3$	385
Forderungen	1 017		1 017	-40^4	977
Flüssige Mittel	46		46		46
Aktiver RAP	1		1		1
Summe Aktiva	2 754	-991	1 763	-1 127	1 627
Passiva					
Kommanditkapital	40		40		40
Verlustausgleichskonto der Kommanditisten	-293		-293		-293
Jahresüberschuss	1 289	-991	298	-1 282	7
Sonderposten mit Rücklageanteil	0		0	$+95^2$	95
Rückstellungen	84		84	$+60^5$	144
Verbindlichkeiten	1 634		1 634		1 634
Summe Passiva	2 754	-991	1 763	-1 127	1 627
GuV					
Umsatzerlöse	3 624		3 624		3 624
Verminderung des Bestandes an unfertigen Bauleistungen	0	-970^3	-970	$-1\,038^3$	-1 038
Sonst. betr. Erträge	40		40		40
Materialaufwand	-679		-679		-679
Rohertrag	2 985		2 015		1 947
Personalaufwand	-1 231		-1 231		-1 231
Abschreibungen	-104	-21^{1b}	-125	-28^{1a} -21^{1b} -95^2 -40^4 -60^5	-153
Sonstige betriebliche Aufwendungen	-286		-286		-481
Zinsaufwendungen	-70		-70		-70
Ergebnis gew. Geschäftstätigkeit	1 294		303		12
Sonst. Steuern	-5		-5		-5
Jahresüberschuss	1 289	-991	298	-1 282	7

1a AfA (Sonderabschreibung) an Anlagevermögen
 b AfA (degressive Abschreibung) an Anlagevermögen
2 Sonst. betriebliche Aufwendungen an Sonderposten mit Rücklageanteil
3 Verminderung des Bestandes an unfertigen Bauleistungen an Vorräte (unfertige Bauleistungen)
4 Sonst. betriebliche Aufwendungen an Forderungen
5 Sonst. betriebliche Aufwendungen an Rückstellungen

7.4.5 Fazit

Wie mit dieser Fallstudie gezeigt, ist es ohne Probleme möglich, den Gewinn zwischen den Zielen Gewinnmaximierung und Gewinnminimierung um etwa 290 TDM differieren zu lassen, wobei fast jeder Zwischenwert durch die nur teilweise Ausübung der Wahlrechte bzw. Risikoeinschätzungen möglich ist. Sämtliche Kennzahlen würden – je nach Gewinnziel – vollkommen unterschiedlich ausfallen – immerhin beträgt die Gewinndifferenz knapp 8 % vom Umsatz. Teilweise sind noch nicht einmal Angaben im Anhang erforderlich bzw. können diese mit einem lapidaren Satz abgehandelt werden. Möchte der Unternehmer höhere Kredite in Anspruch nehmen, könnte er möglichst hohe Aktivposten und damit einen hohen Gewinn und geringe Risiken (Rückstellungen) ausweisen, um ein möglichst gutes Ergebnis und eine gute Performance darzustellen. So war es verschiedenen Unternehmen in der Vergangenheit möglich, Fehlinvestitionen und -spekulationen sogar in Millionenhöhe durch die Auflösung stiller Reserven so zu kaschieren, dass in der Folgebilanz keine wesentlichen Veränderungen der ausgewiesenen Werte festgestellt werden konnten. Der Unternehmer muss allerdings damit rechnen, dass die Bank seinen Jahresabschluss kritisch durchleuchtet und gerade im Hinblick auf die nachhaltige Kapitaldienstfähigkeit Änderungen der Bewertung auch kritisch betrachtet.

8. Die Bilanzanalyse

Ziel der Bilanzanalyse der Kreditinstitute ist es, eine **Aussage** über die **nachhaltige Kapitaldienstfähigkeit** des Kreditnehmers machen zu können. Damit diese Analyse nicht zu falschen Schlüssen führt, gilt es, die Bilanzpolitik zu erkennen, denn zwischen der Bilanzpolitik und der Bilanzanalyse bestehen die verschiedensten Beziehungen. Die Bilanzpolitik beeinflusst nämlich die Zahlen des Jahresabschlusses und somit auch die Kennzahlen, wie die Fallstudie zeigt. Wer also die Wechselbeziehungen zwischen der Bilanzpolitik und der Bilanzanalyse negiert, begeht einen grundlegenden systematischen Fehler (Küting, DStR 1996 S. 934 ff.).

8.1 Die Verfahren der Bilanzanalyse

Für die Bilanzanalyse gibt es eine Reihe verschiedener Verfahren, wobei sich jedoch die meisten dieser Verfahren überwiegend mit den Kennzahlen beschäftigen. Die einzelnen Bilanzanalyseverfahren werden zudem von den verschiedenen Großbanken unterschiedlich verwendet, sodass es sehr schwierig ist, einen Überblick zu vermitteln. Generell lässt sich aber sagen, dass die meisten Verfahren das Schwergewicht auf die Bilanzkennzahlen legen. Zur Ermittlung der Bilanzkennzahlen müssen die Daten des Jahresabschlusses in Erfassungsbogen übertragen werden. Nach Feststellungen von Schulte (Seminar: Jahresabschlussanalyse aus der Sicht der Banken, Jan. 1990) werden aber bei der Übertragung der Zahlen des Jahresabschlusses sehr viele Fehler gemacht, sodass bis zu 80% der Auswertungen falsch sind. Dies liegt zumeist daran, dass viele Mitarbeiter diese Arbeit als lästig ansehen und deshalb die erforderliche Sorgfalt außer Acht lassen. Werden nun diese Fehler zuungunsten der Kreditnehmer gemacht, so kann dies zu Problemen führen. Dies mögen die Gründe dafür sein, dass die Kreditinstitute zunehmend dazu übergehen, nur noch wenige Kennzahlen zu verwenden, die sie jedoch sehr gewissenhaft ermitteln (Diskriminanzanalyse).

8.1.1 Die Diskriminanzanalyse

Die Diskriminanzanalyse ist ein mathematisch-statistisches Klassifikationsverfahren zur Trennung der Bankkunden in kreditwürdige und nicht-kreditwürdige Kunden (Oser, BB 1996 S. 367). Dies wird mit Hilfe weniger Kennzahlen erreicht (z. B. bei der Bayerischen Vereinsbank drei Kennzahlen, bei der Baden-Württembergischen Bank AG sechs Kennzahlen). Ziel der Diskriminanzanalyse ist es, Leistungsstörungen und damit die Insolvenzgefährdung zwei bis drei Jahre vor Eintritt des Insolvenzfalles zu erkennen. Dies gelingt mit etwa 80 %iger Sicherheit. Der Vorteil dieser Methode liegt also darin, dass nur wenige Kennzahlen berechnet werden müssen und diese deshalb möglichst fehlerfrei ermittelt werden können. Die **Schwachstelle** der Diskriminanzanalyse ist die **Bilanzpolitik**, die von ihr zu wenig berücksichtigt wird. Dies ist vielleicht auch der Grund, dass die Trefferquote nur ca. 80% beträgt.

8.1.2 Die qualitative Bilanzanalyse

Die qualitative Bilanzanalyse wurde von Küting entwickelt (Küting, DStR 1992 S. 691 ff.) und versucht, verstärkt die Auswirkungen der Bilanzpolitik bei der Ermittlung der Kennzahlen zu berücksichtigen. Wird die Bilanzpolitik richtig erfasst, so zeigt sich auch in den Kennzahlen viel früher die wahre Situation des Unternehmens (vgl. Abschn. 8.3), wenn nicht bewusst falsche Zahlen (Bilanzbetrug) ausgewiesen werden. Erfahrene Praktiker, die täglich die verschiedenen Spielarten der Bilanzpolitik praktizieren, können der Auffassung von Küting nur zustimmen. Die **Probleme der Kennzahlen** sind darin begründet, dass

- sie erst **nachträglich**, also nach Vorlage des Jahresabschlusses, **ermittelt** werden können und
- sie durch die **Bilanzpolitik beeinflusst** werden.

8.1.3 Die neuronalen Netze

Die künstlichen neuronalen Netze (KNN) sind zwischenzeitlich ein interessantes Hilfsmittel zur Lösung des Klassifikationsproblems im Rahmen der Analyse von Jahresabschlüssen geworden (Oestreicher/Piotrowski-Allert, DB 1996 S. 1045 ff.). Es handelt sich dabei um mächtige Netzwerkmodelle, die aufgrund eigener Selbstorganisationsregeln Ähnlichkeiten und Unterschiede zwischen Unternehmen auf der Basis von Kennzahlen zu ihren Jahresabschlüssen in den Koordinaten eines zweidimensionalen Raums zum Ausdruck bringen. Diese Auswertungen bieten auch zusätzliche Anhaltspunkte für eine vertiefende Analyse der Lage und Entwicklung von Unternehmen, deren Jahresabschlüsse im Zeitablauf die Klassifizierung (Clusterzugehörigkeit) wechseln oder von der branchentypischen Struktur abweichen (Oestreicher/Piotrowski-Allert, DB 1996 S. 1051). Da diese künstlichen Intelligenzen ebenfalls auf der Basis von Kennzahlen arbeiten, werden die Ergebnisse gegenüber den anderen Verfahren nur dann erheblich aussagefähiger, wenn es gelingt, auch in diese Systeme die Bilanzpolitik zu integrieren.

8.2 Die Bereiche der Bilanzanalyse

Die Auswertung der Jahresabschlüsse durch die Kreditinstitute nach § 18 KWG (vgl. Anlage 2) erfolgt in erster Linie mit Hilfe einer Bilanzanalyse. Sie umfasst folgende Bereiche:

1. Ermittlung der stillen Reserven,
2. Ermittlung der Kennzahlen und
3. Analyse der Kennzahlen.

Daneben werten die Kreditinstitute, wegen des Kriteriums der nachhaltigen Kapitaldienstfähigkeit, noch weitere Unterlagen und Daten zukunftsgerichtet aus (vgl. Abschn. 11).

8.2.1 Die Feststellung der stillen Reserven

Durch das im Handelsrecht geltende Vorsichtsprinzip können im Unternehmen umfangreiche stille Reserven gebildet werden (vgl. Abschn. 4.2): so beispielsweise aufgrund des Anschaffungskostenprinzips im Grundvermögen, je nachdem wie lange das Grundvermögen schon bilanziert ist. Im Hinblick auf die Ausnahmeregelung zur Offenlegung der wirtschaftlichen Verhältnisse nach § 18 Satz 2 KWG können die stillen Reserven im Grundvermögen für den Unternehmer bedeutsam sein. Sollte nämlich die kreditgewährende Bank aufgrund der stillen Reserven ausreichend abgesichert sein (vgl. Abschn. 2.4), so entfällt unter Umständen die Offenlegung nach § 18 KWG. Dies ist der Fall, wenn der Wert der gestellten Sicherheiten in jedem Fall zur Zahlung des von der Bank zur Verfügung gestellten Kapitals und der Zinsen ausreicht.

Aber nicht nur im Grundvermögen, sondern auch in anderen Bilanzpositionen können stille Reserven enthalten sein, die es zu ermitteln gilt, damit der Unternehmer seine Vermögens- und Finanzlage den Kreditinstituten richtig darstellen kann. Dabei ist noch zu berücksichtigen, dass diese zum Teil versteuert (Handelsbilanz weicht von der Steuerbilanz ab) oder unversteuert (z. B. Sonderposten mit Rücklageanteil) sind. Es empfiehlt sich somit vielfach, den Kreditinstituten von vornherein bewusst die stillen Reserven offen zu legen, damit diese nicht u. U. falsche Rückschlüsse ziehen.

8.2.2 Die Ermittlung der Kennzahlen

Die Kreditinstitute verwenden zum Teil die unterschiedlichsten Kennzahlen, die sie wegen der Fehlerquellen jedoch sehr sorgfältig ermitteln sollten (vgl. Abschn. 8.1). Aus der Fülle von Kennzahlen wurden für die Fallstudie (vgl. Abschn. 8.3.2.1) einige wichtige Formeln herausgegriffen.

8.2.3 Die Analyse der Kennzahlen

8.2.3.1 Allgemeines

Die Kennzahlen können von den Kreditinstituten nur dann richtig analysiert werden, wenn sie über eine längere Zeitreihe (drei Jahre, vgl. Anlage 2) ermittelt und die Bilanzpolitik und deren Auswirkungen richtig quantifiziert wurden. Dies zeigt auch die Fallstudie zur Bilanzanalyse (vgl. Abschn. 8.3), wobei zu beachten ist, dass in der Fallstudie der Unternehmer nur **bei einer Bilanzposition**, nämlich den Vorräten, **Bilanzpolitik** betrieben hat. Es handelt sich also um einen relativ einfachen Fall der Bilanzpolitik.

Die als Anlage 1 beigefügte Checkliste zeigt, mit welchen Fragen die Kreditinstitute beim Bilanzgespräch die Bilanzpolitik festzustellen versuchen und wie einfach dies mit diesen Fragen möglich ist. Ziel der Kreditinstitute ist es, die Auswirkungen der Bilanzpolitik möglichst genau zu erfassen, damit insolvenzgefährdete Unternehmen möglichst rechtzeitig erkannt werden. Einen guten Anhaltspunkt für kritische Rückfragen der Kreditinstitute zur Bilanzpolitik gibt auch die folgende Liste zur Normbilanzierung im Mittelstand.

8.2.3.2 Die Normbilanzierung im Mittelstand

(Angelehnt an Küting, Seminar Bilanzanalyse und Bilanzpolitik im Rahmen der Kreditwürdigkeitsprüfung, 11. 11. 1994, BvB Praktiker-Seminar)

1. Ansatz der Herstellungskosten erfolgt mit der steuerlichen Wertuntergrenze (ohne Verwaltungskosten).
2. Fremdkapitalzinsen werden nicht in die Herstellungskosten einbezogen (z. B. Bauträger).

3. Die Abschreibung auf bewegliche Wirtschaftsgüter des Anlagevermögens wird aufgrund der gebrochenen Abschreibungsmethode vorgenommen (erst degressiv, dann linear).
4. Die Abschreibungsvereinfachungsregel, wonach von den in der ersten Hälfte des Geschäftsjahres angeschafften beweglichen Wirtschaftsgütern des Anlagevermögens die volle und von den in der zweiten Jahreshälfte angeschafften Wirtschaftsgütern die halbe Jahresabschreibung abgesetzt werden kann, wird angewandt.
5. Es werden weder außerordentlich kurze noch lange Nutzungsdauern bei der Abschreibungsermittlung zugrunde gelegt.
6. Geringwertige Wirtschaftsgüter werden sofort abgeschrieben.
7. Steuerliche Sonderabschreibungen werden in Anspruch genommen (in erster Linie § 7g Abs. 1 EStG (wenn zulässig!) und die Sonderabschreibungen für die neuen Bundesländer).
8. Die Rücklagenbildung (50%) für die künftige Anschaffung und Herstellung von Wirtschaftsgütern (Ansparabschreibung) wird vorgenommen (§ 7g Abs. 3 EStG, erstmals ab 1. 1. 1995, wenn zulässig!).
9. Pensionsverpflichtungen werden in voller Höhe passiviert.
10. Der Zinssatz für Pensionsrückstellungen beträgt 6%.

Weicht ein Unternehmen von der Normbilanzierung im Mittelstand ab, so ist dies für die Kreditinstitute immer ein Anlass, kritische Fragen zur Bilanzpolitik und deren Auswirkung zu stellen. Dies gilt ganz besonders für das Jahr der Abweichung. Erstmalige Abweichungen von der Normbilanzierung deuten vielfach auf Probleme des Kreditnehmers, u. U. sogar auf eine Kreditgefährdung hin, weshalb viele Kreditinstitute diese kritisch betrachten und zum Anlass für detaillierte Fragen nehmen.

8.3 Fallstudie zur Bilanzanalyse

8.3.1 Sachverhaltsvorgaben

Die Fallstudie hat die Bilanzen der Jahre 01 bis 04 einer im Textileinzelhandel tätigen GmbH (Boutique) zur Grundlage. Die wesentliche Bilanzposition auf der Aktivseite ist das Vorratsvermögen, sodass Bilanzpolitik praktisch nur dort betrieben werden kann (vgl. auch Abschn. 7.1).

Teil I

Im 1. Teil wurden die Zahlen des Jahresabschlusses (Bilanz u. GuV) unter der Prämisse ermittelt, dass die Gesellschaft die ursprünglich gewählte Bewertungsmethode für den Warenbestand im gesamten Untersuchungszeitraum 01 bis 04 unverändert beibehielt (Bewertungsstetigkeit).

Teil II

Nachdem sich jedoch die Ertragslage der GmbH von Jahr zu Jahr verschlechterte und somit auch die Kreditwürdigkeit sank, sah sich der Unternehmer (Geschäftsführer) veranlasst, durch eine Änderung der Vorratsbewertung der Bank ein positives Ergebnis und damit auch positive Kennzahlen zu zeigen. Da der Grundsatz der Bewertungsstetigkeit (vgl. Abschn. 4.8.3) bei der Vorratsbewertung zu beachten ist, wurde die Bewertungsänderung im Anhang mit einer fadenscheinigen Sortimentsänderung, d. h. einer Umstellung von modischer Ware auf Standardware begründet. In Wirklichkeit lag aber nur ein Lieferantenwechsel und keine Sortimentsänderung vor. Nach Meinung des Geschäftsführers war dies jedoch ein Fall (Ausnahmefall), der eine Abweichung vom Grundsatz der Stetigkeit erlaubte, und dies sogar in zwei Schritten, nämlich in den Jahren 02 und 03, da die vermeintliche Sortimentsumstellung nicht abrupt, sondern sukzessive erfolgte. Die Bewertungsabschläge waren deshalb nach Auffassung des Geschäftsführers nicht auf einmal anzupassen, sondern wurden in den Jahren 02 und 03 wie folgt verändert:

- Änderungen im Jahre 02:
  für 0 – 1 Jahre alte Ware → von 10% auf 5%
  für 1 – 2 Jahre alte Ware → von 30% auf 25%
  für 2 – 3 Jahre alte Ware → von 75% auf 65%
- Änderung im Jahre 03
  für 0 – 1 Jahre alte Ware → von 5% auf 0%
  für 1 – 2 Jahre alte Ware → von 25% auf 15%
  für 2 – 3 Jahre alte Ware → von 65% auf 50%

Somit wurden die Bewertungsabschläge in den Jahren 02 und 03 immer weiter reduziert, weshalb sich die Wertansätze und Jahresergebnisse in der Bilanz und der GuV im Gegensatz zur Bewertungsstetigkeit wie folgt entwickelten.

Im Anhang wurde zu den Bewertungsänderungen noch vermerkt (vgl. Abschn. 6.2.9), dass sich die Änderungen im Jahre 02 mit 25 TDM und im Jahre 03 mit 40 TDM positiv auf die Ertrags-, Vermögens- und Finanzlage auswirken. Außerordentliche oder periodenfremde Erträge und Aufwendungen sind in der GuV nicht enthalten. In der Position Personalaufwand sind in den Jahren 02–04 Geschäftsführergehälter an den Alleingesellschafter-Geschäftsführer in Höhe von 68 TDM und ein Gehalt an dessen Ehefrau mit 6 TDM enthalten. Diese Gehälter sind ausreichend für eine angemessene Lebensführung der beiden Eheleute.

8.3 Fallstudie zur Bilanzanalyse

Abbildung 30: Zusammenstellung der Zahlen der Fallstudie zur Bilanzanalyse

Jahresabschluss	bei Stetigkeit				bei Bewertungs-änderung		
	01	02	03	04	02	03	04
Aktiva	TDM	TDM	TDM	TDM	TDM	TDM	TDM
Anlagevermögen	11	25	20	15	25	20	15
Umlaufvermögen							
Vorräte	193	240	242	232	265	307	292
Sonstige Vermögensgegenstände	5	7	15	18	7	15	18
Flüssige Mittel	3	3	6	5	3	6	5
Ungedeckter Fehlbetrag	55	67	91	134	42	26	74
Summe Aktiva	267	342	374	404	342	374	404
Passiva							
Gezeichnetes Kapital	50	50	50	50	50	50	50
Verlustvortrag	-120	-105	-117	-141	-105	-92	-76
Jahresüberschuss/-fehlbetrag	15	-12	-24	-43	13	16	-48
Ungedeckter Fehlbetrag	55	67	91	134	42	26	74
Rückstellungen	5	5	8	8	5	8	8
Verbindlichkeiten							
langfristig	104	110	90	109	110	90	109
kurzfristig	84	157	199	207	157	199	207
gegenüber Gesellschaftern	74	70	77	80	70	77	80
Summe Passiva	267	342	374	404	342	374	404
Gewinn- und Verlustrechnung							
Umsatzerlöse	470	490	543	520	490	543	520
Sonstige betriebliche Erträge	2	4	5	4	4	5	4
Materialaufwand	-290	-325	-374	-352	-300	-334	-357
Rohertrag	**182**	**169**	**174**	**172**	**194**	**214**	**167**
Personalaufwand	-83	-93	-87	-89	-93	-87	-89
Abschreibungen	-7	-11	-8	-6	-11	-8	-6
Sonstige betriebliche Aufwendungen	-52	-56	-76	-87	-56	-76	-87
Zinsaufwendungen	-24	-20	-25	-32	-20	-25	-32
Ergebnis der gewöhnlichen Geschäftstätigkeit	**16**	**-11**	**-22**	**-42**	**14**	**18**	**-47**
Sonstige Steuern	-1	-1	-2	-1	-1	-2	-1
Jahresüberschuss/-fehlbetrag	**15**	**-12**	**-24**	**-43**	**13**	**16**	**-48**
Verlustvortrag Vorjahr	-120	-105	-117	-141	-105	-92	-76
Bilanzverlust	**-105**	**-117**	**-141**	**-184**	**-92**	**-76**	**-124**

8.3.2 Analyse des Jahresabschlusses

Ein Vergleich des Warenbestandes (Vorräte) bei Stetigkeit der Jahre 02-04 mit dem Warenbestand ohne Stetigkeit der Jahre 02-04 zeigt, dass sich im Jahre 02 durch die erstmalige Reduzierung der Bewertungsabschläge der Warenbestand gegenüber dem Ansatz bei Stetigkeit um 25 TDM erhöhte. Im gleichen Umfang verbesserte sich auch das Jahresergebnis. Die nochmalige Reduzierung der Bewertungsabschläge im Jahre 03 lässt den Unterschied zum Bilanzansatz bei Stetigkeit weiter ansteigen. Die Differenz beim Warenbestand vergrößert sich auf 65 TDM. Das Jahresergebnis verbessert sich um 32 TDM (65 TDM ·/. 25 TDM, Auswirkung im Jahre 02).

Im Jahre 04 wurden die veränderten Bewertungsabschläge aus dem Jahre 03 beibehalten. In diesem Jahr zeigt sich nun, dass die Bewertungsänderungen, die in den Jahren 02 und 03 zu positiven Zahlen führten, zeitlich begrenzt sind. So hat sich der Warenbestand gegenüber dem Jahr 03 kaum verändert (Veränderung des Warenbestands im Jahr 04 = 65 TDM ·/. 60 TDM Differenz = ·/. 5 TDM). Der Materialaufwand (Wareneinsatz) verändert sich jedoch entgegengesetzt zum Warenbestand, sodass sich das Jahresergebnis um 5 TDM verschlechtert hat. Diese Auswirkung im Jahr 04 ist darauf zurückzuführen, dass bei einem Rückgang des Warenbestandes (leichter Rückgang) die Bestandsminderung mit höheren Werten zu Buche schlägt. D. h. die abgehende Ware, die aufgrund der geringeren Bewertungsabschläge höher bewertet wurde, hat einen höheren Aufwand (Materialaufwand) zur Folge mit der Konsequenz, dass sich, wenn der Warenbestand abnimmt, die in den Jahren 02 und 03 durchgeführte Bewertungsänderung dann zusätzlich negativ auswirkt. Würde sich allerdings der Warenbestand weiter erhöhen, so würde die Bewertungsänderung, obwohl die Bewertungsabschläge nicht weiter verringert wurden, auch noch weiterhin positiv auf das Jahresergebnis auswirken.

	01 TDM	02 TDM	03 TDM	04 TDM
Warenbestand bei Stetigkeit	193	240	242	232
Warenbestand ohne Stetigkeit		**265**	**307**	**292**
Veränderung		+25	+65	+60
Unterschied der Veränderung zum Vorjahr = Gesamtauswirkung		+25	+40	-5

8.3.2.1 Beeinflussbarkeit der Kennzahlen

Durch eine Änderung der Bewertungsabschläge kann der Unternehmer also kurzfristig ein besseres Bild der Vermögens-, Finanz- und Ertragslage der Gesellschaft vermitteln. Die aufgestauten **„Scheingewinne"** lösen sich aber in späteren Jahren, wenn der Warenbestand abnimmt, wieder auf. Deshalb muss der Unternehmer, wenn es sich nicht um eine zyklische Schwankung handelt, erkennen, dass diese Maßnahme seine wirtschaftliche Situation in keiner Weise verbessert und er dringend Möglichkeiten (Konzepte) suchen muss (vgl. Abschn. 12), seine wirtschaftliche Situation zu verbessern. Andernfalls würde diese Maßnahme nur die Liquidation der Gesellschaft

8.3 Fallstudie zur Bilanzanalyse

hinauszögern, weil die Banken u. U. die wahre Situation nicht erkennen. Diese Möglichkeit ist insbesondere dann gegeben, wenn die Kreditinstitute die Kennzahlen oberflächlich ermitteln.

Die Kennzahlen wandeln sich nämlich durch diese Maßnahme zugunsten der Gesellschaft, sodass, falls die Bank den Anhang negiert, sie die Veränderung der Vorratsbewertung nicht richtig interpretiert. Die Zahlen der Gesellschaft täuschen nämlich eine wirtschaftliche Lage vor, die der Wirklichkeit nicht entspricht.

Da die Banken vielfach die Jahresabschlüsse erst nach neun Monaten bzw. zwölf Monaten erhalten, ist es dann, wenn der Unternehmer nicht selbst Konsequenzen gezogen hat, für Rettungsmaßnahmen oder ein Gegenlenken oft zu spät, wobei gerade bei kritischen Engagements meist auch eine Krisensituation vorliegt und deshalb die Jahresabschlüsse von den Unternehmen, auch wegen der strafrechtlichen Gefahren (vgl. Abschn. 4.6.3), unverzüglich aufzustellen sind. Wie sich nun die Bewertungsänderung auf die Kennzahlen auswirkt, zeigt ein Vergleich verschiedener ausgewählter Kennzahlen.

Abbildung 31: Darstellung der Kennzahlen der Fallstudie zur Bilanzanalyse

	01	02	03	04
Cash-flow (bei Stetigkeit)	22 000	-1 000	-16 000	-37 000
Cash-flow (ohne Stetigkeit)		**24 000**	**24 000**	**-42 000**
Eigenkapitalquote (bei Stetigkeit)	7,12	0,88	-3,74	-13,37
Eigenkapitalquote (ohne Stetigkeit)		**8,19**	**13,64**	**1,49**
Schuldentilgungsdauer (bei Stetigkeit)	8,41	-*	-*	-*
Schuldentilgungsdauer (ohne Stetigkeit)		**11,00**	**11,79**	**-***
Rohertragsquote (bei Stetigkeit)	38,30	33,67	31,12	32,31
Rohertragsquote (ohne Stetigkeit)		**38,78**	**38,49**	**31,35**
Umsatzrentabilität (bei Stetigkeit)	3,19	-2,45	-4,42	-8,27
Umsatzrentabilität (ohne Stetigkeit)		**2,65**	**2,95**	**-9,23**
Gesamtkapitalrentabilität (bei Stetigkeit)	14,61	2,34	0,27	-2,72
Gesamtkapitalrentabilität (ohne Stetigkeit)		**9,65**	**10,96**	**-3,96**
Lagerdauer (bei Stetigkeit)	240	266	233	237
Lagerdauer (ohne Stetigkeit)		**318**	**331**	**294**

* Cash-flow ist negativ, daher keine Kennzahl ermittelbar

Formeln:

Gesamtleistung = Umsatzerlöse + Bestandsmehrungen - Bestandsminderungen

Cash-flow = Jahresergebnis + Abschreibungen

$$Schuldentilgungsdauer\ in\ Jahren = \frac{(Fremdkapital - flüssige\ Mittel)}{Cash\text{-}flow}$$

$$Eigenkapitalquote = \frac{(Eigenkapital + Verb.\ geg.\ Gesellschaftern) \times 100}{Bilanzsumme}$$

Rohertrag = Gesamtleistung - Materialaufwand

$$Rohertragsquote = \frac{Rohertrag \times 100}{Gesamtleistung}$$

$$Umsatzrentabilität = \frac{Jahresergebnis \times 100}{Gesamtleistung}$$

$$Gesamtkapitalrentabilität = \frac{(Jahresergebnis + Fremdkapitalzinsen) \times 100}{Bilanzsumme}$$

$$Lagerdauer = \frac{Vorräte \times 360}{Materialaufwand}$$

Durch die Bewertungsänderungen in den Jahren 02 und 03 haben sich in diesen beiden Jahren fast alle Kennzahlen – gegenüber der Bewertungsstetigkeit – zugunsten des Unternehmens wesentlich verbessert. Eine Ausnahme macht nur die Lagerdauer. Diese hat sich bereits im Jahr 02 um **52 Tage** und im Jahr 03 um **98 Tage** erhöht. Im Falle von Handelsunternehmen wird dies von einem erfahrenen Bilanzanalytiker immer negativ ausgelegt. Ob allerdings wegen der positiven Einflussnahme auf die anderen Kennzahlen, die dadurch die wahre Situation des Unternehmens nicht abbilden, sondern eine Kontinuität vortäuschen, von der Bank die notwendigen Konsequenzen gezogen worden wären, ist offen. Das Unternehmen verstand es nämlich, sehr geschickt die Bewertungsänderung durch die Sortimentsänderung (exklusivere Qualität, langsamerer Lagerumschlag) zu begründen.

Allerdings handelt es sich bei dem Kreditnehmer um eine GmbH, die im Anhang zahlenmäßige Angaben (vgl. Abschn. 6.2.9) zu den Auswirkungen der Bewertungsänderungen auf die Ertrags-, Vermögens- und Finanzlage gemacht hat. Wertet nun das Kreditinstitut den Jahresabschluss gewissenhaft aus, weshalb insbesondere auch der Anhang zu beachten ist und daher immer angefordert werden muss (vgl. Anlage 2), so wird es bei der Auswertung in den Jahren 02 und 03 folgende Korrekturen vornehmen.

8.3 Fallstudie zur Bilanzanalyse

Abbildung 32: Bewertungskorrekturen der Fallstudie zur Bilanzanalyse

Bilanz- und GuV-Position	Jahr 02			Jahr 03		
	Ansatz TDM	Korrektur TDM	bereinigter Ansatz TDM	Ansatz TDM	Korrektur TDM	bereinigter Ansatz TDM
Vorräte	+ 265	·/. 25	+ 240	+ 307	·/. 65	+ 242
Verlustvortrag	·/. 105	---	·/. 105	·/. 92	·/. 25	·/. 117
Ungedeckter Fehlbetrag	+ 42	+ 25	+ 67	+ 26	+ 65	+ 91
Materialaufwand	+ 300	+ 25	+ 325	+ 334	+ 40	+ 374
Jahresüber- schuss/ -fehlbe- trag	+ 13	·/. 25	·/. 12	+ 16	·/. 32	·/. 24

Somit wird, wenn der Jahresabschluss der Gesellschaft von der Bank richtig ausgewertet wird, also unter Einbeziehung des Anhangs, und die Anhangangaben vom Unternehmen korrekt gemacht wurden, die **Bewertungsänderung rückgängig gemacht**. Die Kennzahlen unterscheiden sich dann in den Jahren 02 und 03 nicht von denen bei Bewertungsstetigkeit, und die Gesellschaft muss sich auf kritische Fragen zum Jahresabschluss einstellen. Sicher wird auch das Kreditengagement vonseiten der Bank neu überdacht werden.

Diese Fallstudie zeigt auch, wie wichtig korrekte Anhangangaben sind und welche Probleme auch haftungsrechtlicher Art auf den Unternehmer und seinen steuerlichen Berater zukommen können, wenn die Anhangangaben nicht vollständig gemacht werden. Andererseits zeigt diese Fallstudie auch den großen qualitativen Unterschied der Jahresabschlüsse der Kapitalgesellschaften und der gleichgestellten Personengesellschaften zu den Jahresabschlüssen der Nichtkapitalgesellschaften. Bei den Nichtkapitalgesellschaften (vgl. auch Abschn. 7.3) kann nämlich wegen fehlender Angaben im Anhang der Jahresabschluss nicht korrigiert werden. Daher werden die Kreditinstitute gerade im Bereich der Vorratsbewertung bei den Nichtkapitalgesellschaften eigene Ermittlungen anstellen (vgl. Anlage 1 und 2), insbesondere wenn der Jahresabschluss aus sich heraus keine eindeutige Beurteilung der wirtschaftlichen Situation zulässt. Ziel der Jahresabschlussanalyse der Kreditinstitute ist es nämlich, die Auswirkungen von Bewertungsänderungen (unterschiedlicher Gebrauch von Bewertungswahlrechten) auf die wirtschaftlichen Verhältnisse rechtzeitig auch bei den Nichtkapitalgesellschaften zu erkennen.

8.3.2.2 Der ROSTI (Return on Stock Investment)

Wie die vorstehende Fallstudie zeigt, ist es den Kreditinstituten mit der klassischen Jahresabschlussanalyse bei den Nichtkapitalgesellschaften nicht möglich, die Gefahr, die von einer Bewertungsänderung ausgeht, rechtzeitig zu erkennen, es sei denn, es werden freiwillige Angaben gemacht. Es wäre für die Kreditinstitute hilfreich, wenn sie ein einfaches Werkzeug hätten, das sich von einer Bewertungsänderung nicht oder nur geringfügig beeinflussen lässt, insbesondere wenn sie nur unvollständige Angaben erhalten, und somit auf die Gefährdungssituation rechtzeitig hinweist. Möglicherweise ist der ROSTI, eine von Unternehmensberatern bei Handelsunternehmen bevorzugte Kennzahl, eine solche Kennzahl?

Der ROSTI ist eine Kennzahlenkombination. Er ist das Produkt aus Rohgewinnspanne und Lagerumschlagshäufigkeit. Die Kennzahl sagt aus, wie hoch der Rohgewinn gemessen am durchschnittlichen Lagerbestand ist. Im Einzel- und Großhandel ist diese Kennzahl äußerst aussagefähig, wie die folgende Darstellung zeigt:

$$Rohgewinnspanne = \frac{Rohgewinn \times 100}{Wareneinsatz}$$

$$Lagerumschlagshäufigkeit = \frac{Wareneinsatz}{Lagerbestand}$$

$$ROSTI = Rohgewinnspanne \times Lagerumschlagshäufigkeit = \frac{Rohgewinn \times 100}{Lagerbestand}$$

Abbildung 33: Kennzahlenentwicklung einer ausgewählten Kennzahl

ROSTI bei Bewertungsstetigkeit							
Jahr	Umsatzerlöse in TDM	Wareneinsatz in TDM	Rohgewinn in TDM	Rohgewinnspanne in %	Warenbestand in TDM	Lagerumschlag	ROSTI
01	470	290	180	62,07	193	1,50	93,26
02	490	325	165	50,77	240	1,35	68,75
03	543	374	169	45,19	242	1,55	69,83
04	520	352	168	47,73	232	1,52	72,41
ROSTI bei Bewertungsmethodenänderung							
Jahr	Umsatzerlöse in TDM	Wareneinsatz in TDM	Rohgewinn in TDM	Rohgewinnspanne in %	Warenbestand in TDM	Lagerumschlag	ROSTI
01	470	290	180	62,07	193	1,50	93,26
02	490	**300**	**190**	**63,33**	**265**	**1,13**	**71,70**
03	543	**334**	**209**	**62,57**	**307**	**1,09**	**68,08**
04	520	**357**	**163**	**45,66**	**292**	**1,22**	**55,82**

Die Kennzahl reagiert auf die Bewertungsänderung – d. h. sie ist ein ausgesprochen guter Indikator für positive und negative Veränderungen der Warenvorräte. Man kann gut erkennen, dass die Verbesserung des Rohgewinns durch einen erhöhten Warenbestand erkauft wird und sich somit de facto aufhebt. Der ROSTI bleibt durch die Bewertungsänderung nahezu unbeeinflusst und ist somit im Handel – nicht nur für die

8.3 Fallstudie zur Bilanzanalyse

Banken, sondern auch für den Unternehmer selbst – eine wichtige Kennzahl. Nicht geeignet ist der ROSTI allerdings für Dienstleistungs- und Produktionsbetriebe.

8.3.2.3 Die Break-Even-Point-Analyse

Die Break-Even-Point-Analyse ist für den Unternehmer ein wichtiges Kontrollinstrument, um frühzeitig zu bestimmen, ob für sein Unternehmen Gefahr besteht. Sie ist ein Hilfsmittel bei der Erfolgsplanung und der Erfolgskontrolle.

Der Break-Even-Point (BEP) ist der Punkt, bei dem

- der Gesamterlös gleich den Gesamtkosten ist;
- der Übergang von der Verlustzone zur Gewinnzone liegt;
- der Gewinn gleich null ist.

Voraussetzung für eine Analyse ist die Zerlegung der Aufwendungen in ihre **variablen** und ihre **fixen** Bestandteile.

8.3.2.3.1 Graphische Break-Even-Point-Analyse

Abbildung 34: Graphische Break-Even-Point-Analyse

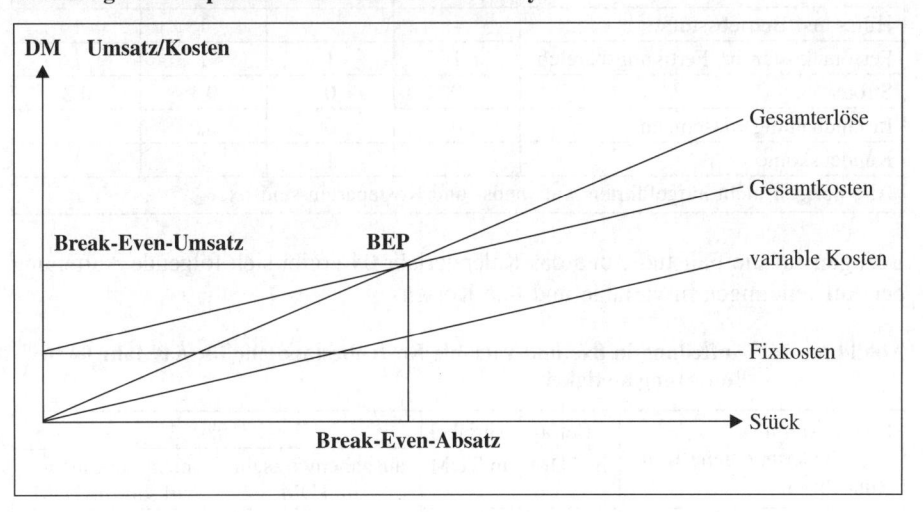

8.3.2.3.2 Der Reagibilitätsgrad

Es gibt Kosten, die sowohl einen variablen als auch einen fixen Kostenanteil haben können, man denke beispielsweise an Stromkosten, in denen sowohl ein fixer Grundbetrag als auch die variablen Stromeinheiten enthalten sind. Die Messzahl für den variablen Kostenanteil ist der Reagibilitätsgrad (r), der den Grad der Teilvariabilität einer Kostenart angibt. So gibt z. B. ein Reagibilitätsgrad von 0 an, dass die Kostenart zu 100% fix ist. Ein Reagibilitätsgrad von 1 hingegen bedeutet, dass die Kostenart zu 100% variabel ist. Sollte eine Kostenart einen Reagibilitätsgrad zwischen 0 und 1 haben, so enthält die Kostenart fixe wie variable Kostenanteile. Wäre demnach der Reagibilitätsgrad 0,4, so würde eine 10%ige Umsatzsteigerung die Kosten um 4% erhöhen.

8.3.2.3.3 Die Ermittlung des Break-Even-Points

In der nachfolgenden Tabelle sind die durchschnittlichen Erfahrungswerte von wichtigen variablen und teilvariablen Aufwands- bzw. Kostenarten enthalten, die in der Praxis anzutreffen sind.

Abbildung 35: Zusammenstellung der Reagibilitätskennzahlen

Aufwands- bzw. Kostenart	häufig anzutreffende Reagibilitätsgrade			
	Einzel-handel	Groß-handel	Dienstl. Gew.	Erzeug. Prod.
Materialeinsatz	-	-	1	1
Wareneinsatz	1	1	-	
Verkaufsprovision	-	1	1	1
Werkzeugverbrauch	-	-	1	1
Hilfs- und Betriebsstoffe	-	-	1	1
Personalkosten im Fertigungsbereich	1	1	1	1
Strom	0	0	0,1	0,2
Instandhaltung Maschinen	0	0	0,5	0,7
Kundenskonto	-	1	1	1
Alle übrigen nicht aufgeführten Aufwands- und Kostenarten sind fix.				

Bezogen auf die Fallstudie und das Kalenderjahr 04 ergibt sich folgende Aufteilung der Aufwendungen in variable und fixe Kosten.

Abbildung 36: Aufteilung in fixe und variable Kostenbestandteile für das Jahr 04 bei Bewertungsstetigkeit

GuV-Position (Aufgliederung siehe Kontennachweis)	Betrag in TDM	variabel in TDM	fix	
			ausgabenwirksam in TDM	nicht ausgabenwirksam in TDM
Materialaufwand	352	352	0	0
Personalaufwand	89	0	89	0
Abschreibungen	6	0	0	6
Sonst. betr. Aufwendungen	87	9	78	0
Zinsaufwand	32	0	32	0
Summen	**566**	**361**	**199**	**6**

Die Aufteilung der Aufwendungen ergibt nun, dass von den Aufwendungen 361 TDM variabel und 205 TDM fix sind. Von den fixen Kosten sind ausgabenwirksam 199 TDM und nicht ausgabenwirksam 6 TDM.

8.3 Fallstudie zur Bilanzanalyse

Für die Break-Even-Point-Analyse ist zuerst der Deckungsbeitrag in % des Umsatzes zu ermitteln.

$$\text{Deckungsbeitrag in \% des Umsatzes} = \frac{(\text{Umsatzerlöse - variable Aufwendungen}) \times 100}{\text{Umsatzerlöse}} =$$

$$= \frac{(520 - 361) \times 100}{520} = 30{,}57\,\%$$

Nunmehr kann der Break-Even-Point, also der Mindestumsatz, bei dem sämtliche Kosten gedeckt sind, ermittelt werden.

$$\text{BEP in TDM} = \frac{\text{Gesamte Jahresfixkosten} \times 100}{\text{Deckungsbeitrag in \% vom Umsatz}} = \frac{205 \times 100}{30{,}57} = 671$$

Auf die Fallstudie bezogen müsste das Einzelhandelsunternehmen im Jahre 04 einen Umsatz von 671 TDM erwirtschaften, damit sämtliche Kosten gedeckt sind, also kein Verlust mehr erwirtschaftet wird. Tatsächlich erzielte das Unternehmen nur einen Umsatz von 520 TDM. Dieser Umsatz liegt also um 151 TDM unter dem nach der Break-Even-Analyse ermittelten kostendeckenden Umsatz. Langfristiges Ziel eines gesunden Unternehmens darf es jedoch nicht sein, lediglich die Aufwendungen (Kosten) abzudecken, sondern vielmehr einen Gewinn zu erwirtschaften.

8.3.2.3.4 Die Ermittlung des Zielumsatzes

Es ist deshalb ein Jahresumsatz anzustreben, bei dem das Unternehmen einen bestimmten Gewinn in Abhängigkeit vom Umsatz erzielt. Wird z. B. ein Gewinn von 5% bezogen auf den Zielumsatz (Umsatzrendite) angestrebt, so ermittelt sich dieser Zielumsatz nach folgender Formel:

$$\text{Zielumsatz} = \frac{\text{Gesamte Jahresfixkosten}}{\dfrac{\text{Deckungsbeitrag in \% des Umsatzes}}{100} - \dfrac{\text{Umsatzrendite in \%}}{100}} =$$

$$= \frac{205\ \text{TDM}}{\dfrac{30{,}57\,\%}{100} - \dfrac{5{,}0\,\%}{100}} = 802\ \text{TDM}$$

Bei einem Zielumsatz von 802 TDM wird also ein Gewinn von 5% des Umsatzes, was rund 40 TDM Gewinn entspricht, erwirtschaftet. Das Unternehmen kann mit dieser Methode den jeweils gewünschten Gewinn in Prozent des Umsatzes ermitteln, wobei sich aber immer die Frage stellt, ob dieser Umsatz auch erzielbar ist.

Die Break-Even-Point-Analyse ist also ein wichtiges Instrument für die Ermittlung des Umsatzes, bei dem alle Kosten abgedeckt sind, sowie zur Ermittlung realistischer Zielumsätze. Es ist nämlich nicht damit getan, den Zielumsatz zu ermitteln, sondern es ist realistisch abzuwägen, ob diese Umsätze überhaupt zu erzielen sind. Zu überlegen wäre auch, ob u. U. durch eine Erhöhung der Gewinnspanne der Deckungsbeitrag ohne Umsatzerhöhung (Kostensenkung) verbessert und damit auch die Rentabilität erhöht werden kann.

8.3.2.4 Die Ermittlung der Kapitaldienstfähigkeit

Bei der Ermittlung der Kapitaldienstfähigkeit geht es insbesondere darum, den „ordentlichen" Betriebserfolg, im Sinne eines nachhaltig erzielbaren, aus dem betriebstypischen Leistungsprozess bedingten Erfolges, zu ermitteln bzw. von anderen Ergebnissegmenten zu isolieren (Wehrheim, DStR 1997 S. 508 ff.). Der ordentliche Betriebserfolg ist somit frei von **betriebsfremden, periodenfremden** und **einmaligen Geschäftsvorfällen**. Diese Komponenten, die vielfach unter den „sonstigen betrieblichen Erträgen" und „sonstigen betrieblichen Aufwendungen" ausgewiesen werden (vgl. Abschn. 6.2.7.4), gilt es festzustellen und zu berücksichtigen. Voraussetzung dafür ist, dass diese beiden GuV-Positionen entsprechend erläutert werden. Hier ist es auch von Nachteil, dass die kleinen Kapitalgesellschaften und die gleichgestellten Personengesellschaften die periodenfremden Komponenten im Anhang nicht mehr erläutern müssen (vgl. Abschn. 6.2.9). In Zweifelsfällen müssen die Banken sich diese Positionen somit erläutern lassen bzw. weitere Unterlagen, aus denen sich die Zusammensetzung ergibt (z. B. den Kontennachweis, vgl. Abschn. 6.2.5.2 und 12.2.6), anfordern.

Bei der Ermittlung der Kapitaldienstfähigkeit eines Unternehmens spielt auch eine Rolle, ob

- ein bestehendes Kreditengagement durch eine andere Bank abgelöst werden soll;
- ein Kreditengagement aufgestockt werden soll;
- ein Kreditengagement unverändert weitergeführt werden soll.

8.3.2.4.1 Ablösung eines bestehenden Engagements

Handelt es sich um die Ablösung eines bestehenden Engagements durch eine andere Bank, wird das neue Kreditinstitut den Grund für den Bankwechsel wissen wollen und sich anschließend durch Prüfung der aktuellen Jahresabschlüsse ein möglichst umfassendes Bild über die wirtschaftlichen Verhältnisse der künftigen Kundenfirma machen. In einem solchen Fall wird die Bank die Jahresabschlüsse – wie bereits beschrieben – nach Ergebnisbeeinflussungen durch Ausübung von Bewertungswahlrechten sowie auf außerordentliche und periodenfremde Einflüsse untersuchen. Nimmt die Verschuldung des Unternehmens nicht zu, reicht es für die Feststellung der Kapitaldienstfähigkeit aus, wenn geklärt wird, ob

- die handels- und steuerrechtlichen Jahresabschlüsse identisch sind;
- das Stetigkeitsprinzip konsequent beachtet wurde;
- das Ergebnis durch außerordentliche und periodenfremde Erträge und Aufwendungen beeinflusst wurde.

Wird durch eingehendes Studium der Erläuterungen zum Jahresabschluss (u. U. auch Prüfungsberichte) dieser Fragenkomplex zur Zufriedenheit gelöst, wird die Bank sich außerdem darüber Klarheit verschaffen, ob die Abschreibungspolitik, die Bewertung immaterieller Rechte, die Bestandsbewertung, die Bewertung der Forderungen, die zeitlichen Abgrenzungen und die Bildung von Rückstellungen unter Beachtung des Imparitäts- und Niederstwertprinzips sowie des Prinzips der Vorsicht erfolgt sind. Können auch diese Fragen zufrieden stellend beantwortet werden, ist eine verfälschende Ergebnisbeeinflussung weitgehend auszuschließen, sodass bei einem derart bereinigten Jahresüberschuss davon ausgegangen werden kann, dass der Zinsaufwand, der künftig an das neue Institut zu leisten ist, bisher verdient wurde. Darüber hinaus werden Banken nur noch abklären, ob die bereinigten Jahresüberschüsse sowie die Abschreibungen, die als reiner Buchaufwand dem Unternehmen liquiditätsmäßig zur Verfügung standen, bisher ausgereicht haben, um die **nicht** in der Gewinn- und Verlustrechnung **ausgewiesenen Tilgungen** auf Darlehen und Kredite **abzudecken**. Bei Personenhandelsgesellschaften und Einzelfirmen werden Kreditinstitute außerdem darauf achten, ob die Jahresüberschüsse neben den Tilgungszahlungen auch für die Zahlung eines angemessenen Unternehmerlohnes sowie die hierauf fällige Einkommensteuer reichen.

Abschließend wird die Bank sich noch ein Bild über die Entnahmepolitik der letzten Jahre machen, da unabhängig von der Rechtsform viele mittelständische Unternehmen durch ausufernde Entnahmen der Gesellschafter oder Eigentümer in Liquiditätsschwierigkeiten gekommen sind. Hierzu werden die Kapitalkonten und Verrechnungskonten analysiert.

8.3.2.4.2 Aufstockung eines Engagements

Handelt es sich um die Aufstockung eines Engagements, sei es durch Erhöhung der Betriebsmittellinie oder durch Ausreichung eines neuen Investitionsdarlehens, erstreckt sich die Prüfung der Jahresabschlüsse neben den oben abgehandelten Problemstellungen auch auf die Frage, ob das Abschreibungspotential und die Jahresüberschüsse der letzten Jahre ausgereicht haben, um die Bedienung der durch das Neuengagement zusätzlichen jährlichen Zinsen und Tilgungen zu gewährleisten. Hierzu gibt die Kennzahl der **Gesamtkapitalrentabilität** nützliche Auskunft, ob eine durch Fremdkapital finanzierte neue Investition vertretbar ist. Liegt die Rentabilität des Gesamtkapitals nach Aufnahme der zusätzlichen Fremdmittel über dem marktüblichen Darlehenszinssatz der entsprechenden Laufzeit, ist die Investition vertretbar. Die Gesamtkapitalrentabilität wird wie folgt ermittelt:

$$GKR = \frac{(Bereinigter\ JÜ + Zinsen) \times 100}{Gesamtkapital}$$

Abschließend wird die Bank die Nachhaltigkeit der Ertragslage des kreditnehmenden Unternehmens überprüfen. Hierzu wird sie einerseits – wie bereits ausgeführt – auf die Ertragssituation mehrerer Jahre und andererseits auf Kennzahlen, die sie vergleichend nebeneinander stellt, abstellen. Letztere zeigen dem Kreditinstitut neben absoluten und relativen Aussagegrößen auch vergleichende Entwicklungen über die Eigenkapitalausstattung, die Liquiditäts-, Erfolgs- und Finanzlage auf, die durch einen Branchenvergleich noch an Aussagekraft gewinnen. Wenn diese Kennziffern auf einem Zahlenmaterial basieren, das entsprechend den obigen Ausführungen um ergebnisbeeinflussende Faktoren bereinigt wurde, geben sie der Bank über die Substanz sowie die Krisenanfälligkeit des Unternehmens wichtige Informationen. Je höher die Substanz eines Unternehmens aus Eigenkapital und stillen Reserven ist, um so krisenunanfälliger ist das Unternehmen, wobei unter Going-concern-Gesichtspunkten nur stille Reserven nicht betriebsnotwendiger Wirtschaftsgüter einbezogen werden dürfen. Die Nachhaltigkeit der Bedienung der Zinsen und Tilgung herausgelegter Finanzierungen nimmt dann entsprechend zu.

8.3.2.4.3 Die Errechnung des Kapitaldienstes

Anhand der Fallstudie in Abschn. 8.3 wird der Kapitaldienst wie folgt ermittelt:

(1) bei Bewertungsstetigkeit

Bei Bewertungsstetigkeit ist z. B. im Jahr 03 keine Kapitaldienstfähigkeit gegeben, da die Summe aus Jahresfehlbetrag und Abschreibungen negativ ist. Eine Korrektur um außerordentliche und periodenfremde Aufwendungen und Erträge ist nicht erforderlich, da diese laut Sachverhalt nicht vorliegen. Der Kapitaldienst ermittelt sich somit:

	TDM
Jahresfehlbetrag	./. 24
Abschreibungen	+ 8
Ergebnis	./. 16

Das Unternehmen ist nicht kreditwürdig, da es noch nicht einmal die Zinsen (25 TDM) in voller Höhe erwirtschaftet. Eine Herabsetzung des Geschäftsführergehalts und des Ehegattengehalts (vgl. Abschn. 8.3.1) ist praktisch ebenfalls nicht möglich, da die Eheleute lt. Sachverhalt diese Einnahmen zur angemessenen Lebensführung benötigen. Die Verschuldung – insbesondere im kurzfristigen Bereich – müsste deshalb durch Eigenkapital (z. B. eine Beteiligung) heruntergefahren werden.

(2) bei Bewertungsänderung ohne Anhangauswertung

Bei Bewertungsänderung stellt sich das Bild, wenn der Anhang nicht berücksichtigt wird, wesentlich positiver dar. Die obige Rechnung sieht dann in 03 wie folgt aus:

	TDM
Jahresüberschuss	+ 16
Abschreibungen	+ 8
Ergebnis	+ 24

Jetzt kann das Unternehmen die Zinsen und die laufende Tilgung bedienen (bei 2% Tilgung) und könnte darüber hinaus bei einem Zinssatz von 7% p. a. und einer Tilgung von 2% p. a. ein zusätzliches Darlehen von ca. 260 000 DM bedienen.

Nachdem allerdings trotz der Bewertungsänderung die Substanz des Unternehmens aufgrund immer noch viel zu geringer Eigenkapitalausstattung (wenn auch besser als bei Bewertungsstetigkeit) zu klein ist, würde sich eine Bank ohne voll werthaltige Sicherheit im Sinne des § 18 Satz 2 KWG nicht an eine Finanzierung und schon gar nicht an ein langfristiges Darlehen wagen.

(3) bei Bewertungsänderung mit Anhangauswertung

Wertet das Kreditinstitut allerdings den Anhang richtig aus, so errechnet sich der Kapitaldienst wie folgt:

	TDM
Jahresüberschuss	+ 16
+ Abschreibungen	+ 8
./. Anhangkorrektur	./. 40
bereinigtes Ergebnis	./. 16

Bei richtiger Auswertung des Anhangs weicht also das Ergebnis nicht von dem Ergebnis bei Bewertungsstetigkeit ab.

Dieses vereinfachte Beispiel zeigt sehr deutlich, wie wichtig die richtige Anhangauswertung für die Kreditinstitute ist und welche Probleme sich bei Nichtkapitalgesellschaften bzw. unvollständigen Anhangangaben für die Kreditinstitute ergeben können, wenn die Bilanzpolitik des Unternehmens nicht hinterfragt wird. Im Übrigen wird erst die Zukunft mit dem Abverkauf der Ware zeigen, ob die Bewertungsänderung überhaupt berechtigt war. Die vorsichtigere Alternative, die sicherlich das Prinzip der Vorsicht berücksichtigt, ist die Stetigkeit.

8.3.2.5 Fazit

Die Fallstudie zeigt dem Unternehmer deutlich, dass eine Bewertungsänderung allein kein Unternehmen retten kann. Eine Bewertungsänderung ist nur eine kurzfristige Maßnahme, die im Jahr der Änderung die Jahresabschlüsse nicht mehr vergleichbar macht und je nachdem, in welche Richtung geändert wurde, u. U. eine Verbesserung vortäuscht. Es besteht sogar die Gefahr, dass durch die (scheinbare) Ergebnisverbesserung der Unternehmer wichtige strukturelle Maßnahmen, die den Betrieb wieder fit machen könnten, vernachlässigt. Dies haben auch die Kreditinstitute erkannt, weshalb es für sie ebenfalls sehr wichtig ist, sich nicht von einer Bewertungsänderung und deren kurzfristigen Auswirkungen täuschen zu lassen und zu beachten, dass man sich auch reich rechnen kann, was sich besonders auf die Kapitaldienstfähigkeit auswirkt.

Die Fallstudie zeigt auch, wie gefährlich eine Aussage allein aufgrund von Kennzahlen sein kann. Die Kennzahlen wie Cash-flow und Umsatzrentabilität sind nämlich nicht in der Lage, auf die Gefahr, in der sich das Unternehmen befindet, rechtzeitig hinzuweisen; sie zeigen sogar (fälschlicherweise) eine Kontinuität an, wenn nicht die Anhangangaben korrigierend berücksichtigt werden. Es wird zudem aufgezeigt, wie mit Hilfe der BEP-Analyse errechnet werden kann, wie hoch der Umsatz mindestens sein muss, um wenigstens eine schwarze Null schreiben zu können. Zudem eignet sich die BEP-Analyse zur Budgetierung, was den Nebeneffekt hat, dass schon im Voraus geplant werden muss und schon während des laufenden Geschäftsjahres gefährliche Entwicklungen erkannt werden, sodass vielleicht noch rechtzeitig gegengesteuert werden kann.

9. Notfallkonzept für Krisensituationen

9.1 Allgemeines

Besonders wichtig für das Unternehmen und daher auch für die Kreditinstitute ist es, dass **Vorsorge** für sog. Notfälle, wie eine plötzliche schwere Erkrankung, ein schwerer Unfall oder gar den plötzlichen Tod, also für den unerwarteten, meist kurzfristigen Ausfall des Unternehmers (Geschäftsführers bei Kapitalgesellschaften) getroffen wird.

9.2 Generalvollmacht

In erster Linie gilt es, bei einem kurzfristigen Ausfall die Handlungsfähigkeit zu gewährleisten, also dem mitarbeitenden Ehegatten, dem Nachfolger oder einem qualifizierten Mitarbeiter entsprechende Vollmachten, die nur für diese Krisensituation gelten, zu erteilen. Zu beachten ist aber, dass die Vollmacht bei einem plötzlichen Tod auch **über den Tod hinaus** und für den Fall, dass der Unternehmer ein Betreuungsfall wird, auch im **Betreuungsfall** gilt.

Ist ein mitarbeitender Ehegatte oder ein Nachfolger vorhanden, so empfiehlt es sich, eine notarielle Generalvollmacht zu erteilen. Die notarielle Form ist deshalb zu empfehlen, weil Banken und Behörden eine notarielle Vollmacht problemlos anerkennen. Die Kosten der notariellen Vollmacht richten sich nach dem Wert des Vermögens des Vollmachtgebers, wobei der Wert nach oben auf einen Betrag von maximal 1 000 000 DM begrenzt ist, was maximale Notargebühren von 805 DM zzgl. MWSt. verursacht (Müller/Ohland/Brandmüller, a. a. O., Rz. B 176).

Wird die Vollmacht einem qualifizierten Mitarbeiter erteilt, so wird sie meist eingeschränkt auf die Geschäfte des Unternehmens.

9.3 Notfallkonzept bei längerfristigem bzw. dauerndem Ausfall des Unternehmers

Stellt sich heraus, dass die Erkrankung länger andauert oder verstirbt der Unternehmer plötzlich, so ist mit einem **längerfristigen** bzw. dauernden Ausfall zu rechnen. In diesem Fall stellt sich dann die Frage, ob das Unternehmen

- weitergeführt,
- verpachtet oder
- verkauft

werden soll.

Eine **Weiterführung** bietet sich insbesondere dann an, wenn damit zu rechnen ist, dass der Unternehmer wieder gesund wird, ein Nachfolger in absehbarer Zeit vorhanden ist (z. B. ein Kind, das die Berufsausbildung abschließt) oder der Ehegatte zur Fortführung des Unternehmens in der Lage ist.

Eine **Betriebsverpachtung** wird sich meist dann anbieten, wenn das Vermögen des Unternehmens im Wesentlichen aus Grundvermögen besteht, das insbesondere mit

9.3 Notfallkonzept bei Ausfall des Unternehmers

dem Betrieb aufgrund der Lage gut verpachtet werden kann. In diesen Fällen ist auch das Herunterwirtschaften und/oder die Eröffnung eines Konkurrenzunternehmens durch den Pächter nach Ablauf der Pachtzeit meist kein Problem. Allerdings ist bei der Vertragsgestaltung darauf zu achten, dass die Instandhaltung des Grundvermögens entsprechend vereinbart wird und mit Sanktionen (Kündigungsrecht etc.) erzwungen werden kann.

Kommt eine Weiterführung bzw. Betriebsverpachtung nicht in Betracht, so bleibt meist nur noch der **Verkauf** des Unternehmens. Dieser ist dann zügig durchzuführen, damit der Wert nicht sinkt (z. B. durch das Abwandern der guten Mitarbeiter oder durch erwirtschaftete Verluste etc.).

Es empfiehlt sich, dass der Unternehmer, da er die Verhältnisse seines Unternehmens am besten kennt, dieses Konzept frühzeitig mit seiner Familie, u. U. auch mit dem qualifizierten Mitarbeiter, bespricht und dies bei jeder Änderung der Verhältnisse tut. Nur dann können die Familienangehörigen bzw. der qualifizierte Mitarbeiter entsprechend reagieren. Vielfach empfiehlt es sich, diese Überlegung auch mit dem Berater (Steuerberater etc.) und der kreditgebenden Bank zu besprechen, um auch deren Erfahrungen berücksichtigen zu können. Im Übrigen gilt es daneben, die Unternehmensnachfolge durch Testament und Gesellschaftsvertrag abzusichern (vgl. Abschn. 5; Müller/Ohland/Brandmüller, a. a. O., Rz. B 251 u. 252).

10. Regelung der Unternehmensnachfolge

Damit die Kapitaldienstfähigkeit nachhaltig gesichert ist, ist es erforderlich, dass die Unternehmensnachfolge **rechtzeitig geregelt** wird. Nur so ist die langfristige Existenz des Unternehmens sichergestellt. Dazu ist erforderlich, dass für das Unternehmen

- solange der Unternehmer noch jung ist, ein Notfallkonzept für Krisensituationen (vgl. Abschn. 9) und ein Ehegattentestament vorliegen;
- je älter der Unternehmer wird, desto notwendiger die Nachfolge geregelt sein sollte.

Wie die Ausführungen zu den Unternehmensformen (vgl. Abschn. 5) zeigen, ist bei der Unternehmensnachfolge

- beim Einzelunternehmen darauf zu achten, dass dieses möglichst nur an **einen Nachfolger** übergeben wird und nicht in der Rechtsform der Erbengemeinschaft von allen Erben weitergeführt wird;
- bei den Personengesellschaften darauf zu achten, dass
  - die Anteile durch den Eintritt aller Erben in die Gesellschaft **nicht zersplittert** werden;
  - der Übergang des **Sonderbetriebsvermögens** auf den Nachfolger besonders geregelt ist (vgl. Abschn. 5.2.1);
- bei den Kapitalgesellschaften ebenfalls eine Zersplitterung der Anteile zu vermeiden.

Die Nachfolge gilt es im Testament und bei den Personen- und Kapitalgesellschaften insbesondere auch noch im Gesellschaftsvertrag zu regeln. Zur Sicherung des Familienfriedens ist es wichtig, die Unternehmensnachfolge rechtzeitig zu regeln, damit der Unternehmer die Nachfolge noch so gestalten kann, dass das Unternehmen in jedem Fall erhalten bleibt. Vielfach ist nämlich der Unternehmensnachfolger zu bevorzugen, da das übrige Vermögen meist nicht ausreicht, alle Erben gleichmäßig zu bedenken. Diese Bevorzugung des Nachfolgers wird aber nur dann von den weichenden Erben akzeptiert, wenn der Unternehmer zu Lebzeiten sein Unternehmen auf den Nachfolger überträgt und es ihm gelingt, die weichenden Erben von der Notwendigkeit dieses Schrittes zu überzeugen (vgl. Müller/Ohland/Brandmüller, a. a. O., Rz. B 137). Sinnvoll ist eine Unternehmensnachfolgeregelung in der Regel immer dann, wenn das Unternehmen sukzessiv, d. h. in mehreren Schritten, auf den Nachfolger, der meist ein Familienangehöriger ist, aber auch ein verdienter Mitarbeiter sein kann, übertragen wird. Dabei ist auch sicherzustellen, dass ab einem bestimmten Zeitpunkt der Nachfolger das Unternehmen tatsächlich übernimmt, d. h. zumindest die Entscheidungsbefugnis über das Unternehmen hat. Für den Fall, dass bis dahin noch nicht alle Anteile übertragen wurden, ist testamentarisch sicherzustellen, dass beim Tod des Unternehmers die restlichen Anteile des Unternehmens auf den Nachfolger übergehen.

Im Übrigen ist die Nachfolgeregelung, was die steuerliche Seite betrifft, sehr kompliziert, sodass es sich dringend empfiehlt, für diese Gestaltung auch einen steuerlichen Berater einzuschalten. Besondere Vorsicht ist bei der Übertragung eines überschuldeten Unternehmens geboten. Hier sind ebenfalls nicht nur die haftungsrechtlichen Probleme, sondern auch die steuerrechtlichen Probleme (einkommen- und gewerbesteuerrechtliche Probleme, vgl. Müller/Ohland/Brandmüller, a. a. O.,

10. Regelung der Unternehmensnachfolge

Rz. D 199 ff.) zu beachten. Ist die Unternehmensnachfolge rechtzeitig eingeleitet und geregelt, so ist dies eine große Gewähr, dass auch künftig der Kapitaldienst nachhaltig erbracht werden kann.

11. Parameter der künftigen nachhaltigen Ertragskraft

11.1 Die Aussagefähigkeit von Parametern der künftigen nachhaltigen Ertragskraft eines Unternehmens

Die bisherigen Ausführungen haben sich einerseits mit dem Kriterium der **nachhaltigen Ertragskraft** als oberstem Prinzip der Kreditwürdigkeitsprüfung und andererseits mit der wirtschaftlichen Entwicklung des Kreditnehmers in der Vergangenheit, die die Annahme rechtfertigt, dass dieser das vorgenannte Kriterium erfüllt, befasst. Weil sich dieses Buch vorwiegend mit bilanzierenden mittelständischen Unternehmen auseinandersetzt, ist es konsequent, dass der Jahresabschluss sowie die Jahresabschlussanalyse den Schwerpunkt dieser Ausführungen einnehmen. Es wurde daher aufgezeigt, welche formellen Voraussetzungen ein ordnungsgemäß erstellter Jahresabschluss erfüllen muss, aber auch welche Risiken für Kreditinstitute in den Jahresabschlüssen kreditnehmender bzw. -beanspruchender Unternehmen verborgen sein können. Wie aufgezeigt wurde, können insbesondere ergebnisbeeinflussende Faktoren, wie Umgehung der Grundsätze ordnungsmäßiger Buchführung, Verwendung von Bewertungswahlrechten bzw. falsche Zuordnung ertragserheblicher Komponenten, zu einer Verfälschung des operativen Ergebnisses eines Unternehmens führen. Wie Banken diese Faktoren zu entdecken versuchen, um sie bei der Beurteilung der wirtschaftlichen Verhältnisse zu berücksichtigen, insbesondere bei der Interpretation von Erfolgs- und Finanzkennzahlen, wurde bisher umfassend dargestellt.

Wie am Anfang dieses Buches erklärt wurde, soll darüber hinaus die Frage beantwortet werden, welche Instrumentarien zur Verfügung stehen, die einerseits eine Früherkennung ergebniswirksamer Veränderungen ermöglichen und andererseits die Erwartung rechtfertigen, dass auch **künftig** mit einer nachhaltigen Ertragskraft zu rechnen ist. Es handelt sich hier um den Fragenkomplex, ob die internen Unternehmensstrukturen, wie Vertrieb, Verwaltung, Organisation, Rechnungswesen und Produktionsabläufe, den Grundsätzen moderner betriebswirtschaftlicher Erkenntnisse entsprechen, aber auch, ob die externen Rahmenbedingungen, wie Veränderung des Nachfrageverhaltens, technischer Fortschritt, Konkurrenzbedingungen, laufend kontrolliert und überwacht werden, um durch eine Steigerung der Forschungs- und Entwicklungstätigkeit die Produktpalette eventuell veränderten Voraussetzungen anzupassen. Dass diese angesprochenen Faktoren nur Wahrscheinlichkeitsparameter sind, die die Beurteilung der künftigen Entwicklung des Unternehmens nicht vollständig erfassen können, sodass ein Restrisiko nicht zu erkennender Imponderabilien immer bestehen wird, ist eine Selbstverständlichkeit, die jedem geläufig ist, der sich mit komplexen Entwicklungsprozessen eingehend befasst hat.

Es kann daher die Aufgabe der folgenden Ausführungen nur sein zu eruieren, ob das Unternehmen gegenwärtig über die von Lehre und Praxis anerkannten Parameter verfügt, die diesen nicht zu vermeidenden Restrisikobereich möglichst stark einengen, abgesehen davon, dass es auch unabhängig von Bankinteressen für den Unternehmer von absoluter Notwendigkeit ist, aussagefähige Steuerungsinstrumente in seinem Unternehmen installiert zu haben.

11.2 Liquidität und Zahlungsbereitschaft

Eines der wirksamsten Früherkennungssignale für eine sich abzeichnende Krise ist für Kreditinstitute eine Verschlechterung der Liquiditätssituation eines Unternehmens. Letztlich hat der Gesetzgeber nicht umsonst die Illiquidität als Insolvenzgrund definiert, wobei er durch den Tatbestand der Insolvenzverschleppung deutlich gemacht hat, dass ein Vermeiden der Illiquidität durch eine zu weitgehende Außenfinanzierung, etwa durch permanentes Aufstocken des Betriebsmittelkredits durch eine Bank, durchaus strafbar sein kann. Ob ein Unternehmen als zahlungsfähig und -bereit einzustufen ist, hängt letztlich in sehr hohem Maße von seiner Selbstfinanzierungskraft ab, die aufzeigt, in welchem Zeitraum es in der Lage ist, seine kurzfristige Verschuldung aus den laufenden Einnahmen abzubauen. Auf diesem Grundgedanken beruht unter anderem die Entwicklung des **Cash-flow**, der als Kennzahl aus Positionen der Gewinn- und Verlustrechnung entwickelt wird, die ausschließlich den Liquiditätsüberschuss des Unternehmens ausweisen sollen. Von Banken wird diese Kennzahl daher auch zur Ermittlung des Schuldentilgungspotentials herangezogen. Der Cash-flow wird üblicherweise wie folgt ermittelt:

Abbildung 37: Cash-flow-Ermittlung

   Jahresüberschuss/-fehlbetrag
+ Abschreibung auf Anlagen
+ Zuführung zu Pensionsrückstellungen
= Cash-flow

Der Cash-flow gibt somit den Betrag an, der dem Unternehmen nach Abwicklung des laufenden Geschäftsverkehrs zur Schuldentilgung, Investitionsfinanzierung oder Ausschüttung zur Verfügung gestanden hat. Liegt der Cash-flow bei null oder gar im negativen Bereich, ist damit zu rechnen, dass die laufende Zahlungsbereitschaft auch in Mitleidenschaft gezogen ist.

Weil der Cash-flow aus Positionen der Gewinn- und Verlustrechnung (GuV) ermittelt wird, hat er lediglich historische Bedeutung und kann nur als ergänzendes Warnsignal verstanden werden.

Als echte Frühwarnzeichen sehen Banken die Einnahmen- und Ausgabenströme des laufenden Geschäftsverkehrs auf den Betriebsmittelkonten an. Die Beobachtung des Zahlungsverkehrs nach Beträgen und Zahlungszweck sowie -art kann nämlich das erste untrügliche Zeichen nachlassender Zahlungsfähigkeit sein. Noch aussagekräftiger wird dieses Überwachungsinstrument, wenn es mit einer durch das Unternehmen erstellten Liquiditätsvorschau abgeglichen wird. Diese Vorschau wird von Kreditinstituten häufig nach Beträgen, Verwendungszweck, Zahlungsempfängern bzw. -absendern sowie Zahlungsterminen mit möglichen Toleranzbreiten aufgegliedert gewünscht. Bei Abweichungen von dieser Aufstellung auf dem laufenden Konto ergibt sich ein Erklärungsbedarf, der entweder plausibel und daher nachvollziehbar ist oder Zweifel aufkommen lässt, den dann die Banken als Warnsignal bewerten. Schwieriger wird dieses für die Banken sicherlich sehr nützliche Instrument in seiner

Handhabung, wenn die Kreditnehmerfirma Kundin bei zwei oder mehreren Banken ist. In diesen Fällen ist es für die Banken von außerordentlichem Nutzen, wenn sie mit den anderen Kreditinstituten Informationen über die Kontenentwicklung austauschen. Dass diese Bereitschaft zum Informationsaustausch in konjunkturell schwierigen Zeiten größer ist als in wirtschaftlichen Boomzeiten, in denen das Konkurrenzdenken mehr dominiert, ist eine ungute Nebenerscheinung, die sich für die Banken dann spätestens rächt, wenn der Kreditnehmer in wirtschaftlicher Schieflage seine angespannte Situation dadurch vertuscht, dass er Zahlungen ohne Grundgeschäfte zwischen seinen Banken hin- und herschiebt und sich über Scheckbestätigungsfristen zusätzliche Kreditspielräume verschafft. Dieser Tatbestand ist zwar strafrechtlich eine sog. Scheckreiterei und erfüllt die Voraussetzungen des Kreditbetruges, kommt aber leider in der Praxis immer wieder vor und kann zu erheblichen Schäden bei den beteiligten Instituten führen, die meist im Zeitpunkt des Erkennens nicht mehr zu verhindern sind.

Sollte im Rahmen der Kontenüberwachung eine atypische Abweichung erkannt werden, wird die Bank verlangen, dass diese unbedingt aufgeklärt wird, insbesondere wenn sie mit laufenden Überziehungen einhergeht, sodass von einer Ausdehnung der kurzfristigen Verschuldung des Unternehmens gesprochen werden kann.

Die Ursache für eine derart konstante Überziehung kann sicherlich in einer verschlechterten Zahlungsmoral der Kunden eines kreditnehmenden Unternehmens liegen, was ohne nähere Prüfung noch nicht beunruhigend sein muss, da in wirtschaftlich angespannten Zeiten die Ausnutzung längerer Zahlungsziele übliches Geschäftsgebaren ist. Ein Warnzeichen ist dieses Kundenverhalten für die Banken jedoch alle Mal, da das kreditnehmende Unternehmen mit einer höheren Zinslast aufgrund ständig ausgefahrener Kreditlinien konfrontiert wird, die gerade in Krisenzeiten häufig mit einem auf verstärktem Konkurrenzkampf beruhenden Preisdruck einhergeht, der eine Weitergabe dieser zinsbedingten Zusatzkosten nicht zulässt. Die anfangs kostendeckende Kalkulation wird auf diese Weise Makulatur, und das Unternehmen produziert bereits Verluste, ohne dass diese schon aus einem Jahresabschluss erkannt werden können. Im Extremfall enden die aufgezeigten Merkmale in Forderungsausfällen, die gerade bei Unternehmen, die aus Konkurrenzgründen mit sehr geringen Margen kalkulieren müssen, sehr schnell zur Insolvenz führen können.

Eine weitere Ursache für die überproportionale Ausdehnung der kurzfristigen Verschuldung durch eingefrorene Überziehungen können auch in Auftrags- oder Umsatzeinbrüchen liegen. Unausgelastete Kapazitäten aufgrund einer veralteten Produktpalette, meist verbunden mit einer rückläufigen Forschungs- und Entwicklungstätigkeit oder einem verstärkten Preisdruck durch eine veränderte Konkurrenzsituation – etwa durch Importe aus Billiglohnländern –, führen das Unternehmen zwangsläufig in die Verlustzone, da sich die Kostensituation, insbesondere im Fixkostenbereich, häufig nicht flexibel genug an die veränderte Ertragslage anpassen lässt. Verfügt das Unternehmen über ein ausreichendes Rationalisierungspotential, sind noch gewisse Anpassungsspielräume gegeben, um auf eine veränderte Situation am Markt reagieren zu können, insbesondere wenn über ein großes Eigenkapitalpolster verfügt wird.

Liegt jedoch der genau umgekehrte Fall vor, nämlich hohe Fremdkapitalausstattung bei geringem Kostenanpassungspotential, da bereits eine sehr hohe Maschinen- und Automatenausstattung aus Produktivitätssteigerungsgründen realisiert wurde, wird sich das Unternehmen schwer tun, Verluste zu vermeiden, da sich in einem solchen Fall der Hauptkostenfaktor kaum noch beeinflussen lässt, nämlich die permanent tickende Zinsuhr. Ob Banken dann noch bereit sind, Maßnahmen wie Standortverlagerungen in Billiglohnländer etc. mitzufinanzieren, hängt dann meist davon ab, ob ein Kapitalgeber gefunden wird, der bereit ist, das Unternehmerrisiko durch Eigenkapitaleinschuss zu einem großen Teil auf seine Schultern zu laden. Häufig haben Banken, wenn sie sich nicht dem Vorwurf der Insolvenzverschleppung aussetzen wollen, in diesem Punkte keine Entscheidungsfreiheit für eine andere Lösung des Problems.

Weitere Ursachen für eine angespannte kurzfristige Liquiditätslage können auch in einer Verschlechterung der Auftragsabwicklung bzw. Produktendkontrolle liegen, sodass sich Auftraggeber häufig veranlasst sehen, Abschlagszahlungen zu stoppen oder Abschlusszahlungen zu stornieren.

Alle diese Faktoren, von denen es natürlich noch eine Fülle weiterer gibt, sodass die genannten nur Beispielfunktion haben, führen letztlich zu einer Verschlechterung der sog. goldenen Finanzierungsregel und damit zu einer Schwächung der Finanzstruktur eines Unternehmens. Die **goldene Finanzierungsregel** besagt nichts anderes, als dass Aktiv- und Passivpositionen über die gleiche Fristigkeit verfügen sollten, also dass Anlagevermögen und wenn möglich auch Teile des Lagerbestandes langfristig und nur die Teile des Umlaufvermögens, die über einen hohen Realisierungsgrad verfügen, kurzfristig finanziert werden sollten.

Die Ausführungen zu diesem Kapitel sollten dem Kreditnehmer zeigen, welche wichtige Funktion eine ordnungsgemäße Führung des Betriebsmittelkontos bei Banken einnimmt, da ein nicht erklärbares überdimensioniertes Anwachsen der kurzfristigen Verbindlichkeiten eines Unternehmens häufig nichts anderes ist als die Finanzierung von Verlusten, sodass oft dem schlechten Geld gutes hinterhergeworfen wird. Außerdem kann der Tatbestand einer strafbaren Insolvenzverschleppung mit diesem Verhalten durch das Kreditinstitut erfüllt worden sein, allerdings fehlt in der Praxis häufig das Verschuldensmerkmal der groben Fahrlässigkeit bzw. des Vorsatzes.

Die sorgfältige Überwachung des Betriebsmittelkontos stellt somit eines der Hauptfrüherkennungsinstrumente einer Unternehmenskrise dar, sodass es in der Natur der Sache liegt, dass sich Kreditinstitute teilweise mit bohrenden Fragen Klarheit über Transaktionen auf diesem Konto verschaffen wollen.

11.3 Weitere Unterlagen und Informationsinstrumente

11.3.1 Allgemeines

Die Kreditinstitute sind nach § 18 KWG verpflichtet, vom Kreditnehmer weitere Informationen und Unterlagen anzufordern, wenn z. B.

- der vorgelegte Jahresabschluss unter Inanspruchnahme gesetzlich eingeräumter Erleichterungen aufgestellt wurde (vgl. Abschn. 4.3.3);
- der testierte bzw. geprüfte Jahresabschluss nicht innerhalb von neun bzw. zwölf Monaten nach dem Bilanzstichtag vorgelegt wurde (vgl. Abschn. 4.6 und Anlage 1);
- die Verlässlichkeit des Jahresabschlusses insbesondere im Hinblick auf die Person des Mitwirkenden nicht gegeben ist (vgl. Abschn. 4.5);
- der Jahresabschluss kein klares Urteil über die wirtschaftlichen Verhältnisse des Kreditnehmers ermöglicht, insbesondere wenn die Wertansätze in den Jahresabschlussunterlagen Anlass zu Zweifeln geben;
- anderweitige Erkenntnisse der Bank einen Anlass zu Zweifeln geben (z. B. Leistungsstörungen).

In diesen Fällen ist die Heranziehung weiterer geeigneter Unterlagen geboten. Als weitere geeignete Unterlagen kommen beispielsweise in Betracht:

- Summen- und Saldenlisten,
- Betriebswirtschaftliche Auswertungen,
- Zwischenabschluss,
- Erfolgs- und Liquiditätspläne,
- Nachweise über Auftragsbestände,
- Umsatzzahlen,
- Umsatzsteuervoranmeldungen,
- Wirtschaftlichkeitsberechnungen des zu finanzierenden Vorhabens,
- Einkommensnachweise.

11.3.2 Die aussagefähige betriebswirtschaftliche Auswertung (BWA) bzw. der Zwischenabschluss

Im Zeitalter der EDV ist es für einen fortschrittlichen Unternehmer zur Unternehmenssteuerung geradezu unerlässlich, das Instrument der kurzfristigen Erfolgsrechnung zu nutzen. Nur so kann er Veränderungen rechtzeitig erkennen, um dann noch reagieren zu können. Bei den Kreditinstituten entsteht immer ein positiver Eindruck, wenn der Unternehmer eine betriebswirtschaftliche Auswertung (BWA) zeitnah vorlegen kann. Ist keine BWA vorhanden, so kann der Unternehmer zumindest eine Summen- und Saldenliste vorlegen. Einen Zwischenabschluss wird er nur in Ausnahmefällen (Krisensituationen etc.) vorlegen.

11.3.2.1 Die Summen- und Saldenliste als Grundlage der BWA

Die Summen- und Saldenliste gibt zumindest einen ersten Überblick, wie sich im Vergleich z. B. zum Vorjahr (sinnvoll ist nur ein Vergleich mit dem entsprechenden Vorjahr) die Umsatzerlöse und die Kosten entwickelt haben. Zu bedenken ist dabei jedoch immer, dass in der Summen- und Saldenliste keinerlei Abgrenzung, keine Abschreibung, kein Eigenverbrauch, kein Wareneinsatz sowie keine kalkulatorischen Kosten erscheinen. Ferner werden z. B. auch erwartete Rechnungsabstriche sowie Bestandsveränderungen der unfertigen Leistungen bei Bauunternehmungen oder Bauträgern etc. bzw. Zuführungen und Auflösungen von Rückstellungen in keiner Weise berücksichtigt. Aus diesen Gründen ist eine Summen- und Saldenliste eine

Unterlage, die der entsprechenden Erläuterung durch den Kreditnehmer bedarf. Es empfiehlt sich daher, dass der Kreditnehmer die Summen- und Saldenliste entweder selbst oder durch seinen Steuerberater möglichst ausführlich erläutert. Sie ist allerdings ein Instrument, das jederzeit dem Kreditinstitut kurzfristig, wenn es weitere Unterlagen benötigt, vom Unternehmer zur Verfügung gestellt werden kann, wenn eine „betriebswirtschaftliche Auswertung" (BWA) nicht eingerichtet ist.

11.3.2.2 Die betriebswirtschaftliche Auswertung

Eine „betriebswirtschaftliche" Auswertung bereitet die Zahlen der Summen- und Saldenliste auf und ergänzt sie durch entsprechende Abgrenzung, statistische Buchungen etc. Sie ist normalerweise Grundlage und Ausgangspunkt einer effizienten betriebswirtschaftlichen Beratung des Unternehmers, in der Regel durch seinen Steuerberater oder andere vom Unternehmer beauftragte Personen. Besonders aussagefähig wird eine betriebswirtschaftliche Auswertung, wenn nicht nur die aktuellen Zahlen des laufenden Jahres, sondern auch die des Vorjahres, u. U. sogar Planwerte, analysiert werden. Insbesondere die Abweichungen zum Vorjahr verdienen besondere Beachtung und sind entsprechend zu erläutern, um sich weitere Rückfragen durch das Kreditinstitut zu sparen. Die DATEV bietet sogar einen 3-Jahres-Vergleich an, der in komprimierter Form einen Überblick über das Betriebsgeschehen der letzten drei Wirtschaftsjahre vermittelt. Es werden dabei der jeweils aktuelle Monat sowie die aufgelaufenen Werte des lfd. Jahres mit den Werten des Vorjahres und des Jahres zuvor verglichen. Dadurch können längerfristige Tendenzen noch besser erkannt und in die Kreditbesprechung einbezogen werden.

Eine BWA muss einen gewissen **Qualitätsstandard** bieten, da sie sonst zu falschen Rückschlüssen Anlass gibt und dann schlechter als eine Summen- und Saldenliste wäre. Insbesondere sind zu beachten:

- **die Abgrenzungen**
  Dies bedeutet, dass Aufwendungen, die nicht regelmäßig monatlich anfallen und einen größeren Umfang haben, gleichmäßig auf das Kalenderjahr in der monatlichen BWA zu verteilen sind. Es sind dies z. B. Urlaubsgeld, Weihnachtsgeld, Jahresabschlusskosten, Berufsgenossenschaftsbeiträge, Zinsaufwendungen bei langfristigen Krediten, Versicherungsbeiträge, Einstellungen in die Rückstellungen (wie für Urlaub, Gewährleistungen, Pensionen etc.). Außerdem sind Vorauszahlungen z. B. für Mieten, die ein anderes Wirtschaftsjahr betreffen, abzugrenzen. Ebenso sind Erträge, die nicht regelmäßig anfallen, entsprechend zu verteilen oder abzugrenzen, wie z. B. Zinserträge für langfristige Ausleihungen, Mietvorauszahlungen, Erhöhungen von Rückkaufswerten, Auflösungen von Rückstellungen.

- **die Abschreibungen für das laufende Geschäftsjahr**
  Diese sind möglichst exakt anhand der getätigten Investitionen und der Abschreibungsliste des Vorjahres anteilig zu erfassen, wobei in einer BWA Sonderabschreibungen nicht zu erfassen sind bzw. wenn sie erfasst werden, besonders gekennzeichnet werden sollten, um die Auswirkungen dieser Abschreibungen auf das Ergebnis darzustellen.

- **der exakte Wareneinsatz**
  In der Finanzbuchhaltung werden während des Geschäftsjahres nur die Aufwendungen für die im Geschäftsjahr erworbenen Waren erfasst. Diese spiegeln aber in keiner Weise den den Umsatzerlösen zurechenbaren Wareneinsatz wider. Je nach Zeitpunkt des Wareneinkaufs führt dieser zu einem entsprechenden Aufwand, der nur am Jahresende, wenn der Waren-

bestand durch Inventuraufnahme erfasst wird, durch die Bestandsveränderungen entsprechend korrigiert wird. Da eine zusätzliche Inventur im laufenden Jahr meist nicht machbar ist, empfiehlt es sich gerade im Handel, den Wareneinsatz in Prozent vom Umsatz zu ermitteln, wobei jedoch, wenn sich die Zuschlagssätze aufgrund geänderter Marktverhältnisse ändern, auch der Prozentsatz neu zu ermitteln ist. Ansonsten würde, je nachdem wann der Wareneinkauf in der Buchhaltung erfasst wird, dieser die BWA positiv oder negativ beeinflussen.

Bei Bau- oder Bauträgerunternehmen ist eine BWA, wenn nicht die unfertigen Leistungen exakt ermittelt werden und die dazugehörigen Kosten exakt abgegrenzt werden, nicht brauchbar, da sie nur zu falschen Ergebnissen führt. Solange nämlich die Umsatzerlöse und die Bestandsveränderungen nicht gebucht sind, zeigt eine BWA ein völlig falsches Ergebnis. Wurde z. B. eine große Baustelle des vergangenen Jahres erst im Januar des laufenden Jahres realisiert, so zeigt die BWA ein viel zu gutes Ergebnis, während sie in den Fällen, in denen eine Baustelle erst am Jahresende realisiert wird, bis zur Realisierung ein entsprechend schlechtes Ergebnis ausweist. Eine BWA ist bei diesen Branchen nur dann sinnvoll, wenn die Leistung zum jeweiligen Monatsende (z. B. ¼- oder ½-jährlich) exakt ermittelt wird. Dies setzt aber voraus, dass u. a.

– die Leistung exakt zu Auftragspreisen bewertet wird;
– der Wertansatz um Werteelemente, die in der Leistung enthalten sind (wie z. B. Materiallieferungen, Subunternehmerleistungen), für die aber die Rechnungen noch ausstehen, korrigiert werden muss;
– auf der Baustelle lagerndes, noch nicht verarbeitetes Material der Baustelle gutgebracht wird.

Wird dies nicht gemacht, ist eine BWA in diesem Bereich sinnlos. Eine exakte Leistungsermittlung mit Abgrenzung führt also u. U. zu einem ganz erheblichen Aufwand. Unternehmen, die sich diesen Aufwand jedoch leisten (z. B. auch nur vierteljährlich oder halbjährlich), besitzen in der BWA ein ganz hervorragendes Steuerungsinstrument für ihr Unternehmen.

- **der Eigenverbrauch**
  Er spielt nur dort eine Rolle, wo der Eigenverbrauch einen größeren Umfang einnimmt und nicht monatlich gebucht wird.
- **die kalkulatorischen Kosten**
  Kalkulatorische Kosten sind z. B. ein kalkulatorischer Unternehmerlohn oder kalkulatorische Zinsen für das eingesetzte Kapital. Werden auch kalkulatorische Kosten in einer BWA berücksichtigt, erhöht dies noch den Qualitätsstandard.

Ein Unternehmer, der eine solch qualifizierte BWA dem Kreditinstitut vorlegt, sollte sie entsprechend erläutern und evtl. sogar die Nachweise der ermittelten Zahlen beifügen, sodass sich das Kreditinstitut selbst von dem hohen Standard der BWA überzeugen und sie dann entsprechend für die Kreditbeurteilung heranziehen kann. So gesehen eignet sich eine BWA auch zur Selbstdarstellung, um damit dem Kreditinstitut zu zeigen, welch ein bedeutender Kunde man ist.

11.3.2.3 Der Zwischenabschluss

Die höchste Qualität, die der Kreditnehmer an weiteren Unterlagen dem Kreditinstitut bieten kann, ist ein Zwischenabschluss. In diesem ist neben den Anforderungen an eine BWA auch noch auf die Werthaltigkeit der Forderungen und evtl. neuer Rückstellungen einzugehen. Die Qualität des Zwischenabschlusses erhöht sich insbesondere durch einen entsprechenden Erläuterungsbericht und eine entsprechende Bescheinigung oder einen Vermerk der steuerberatenden oder wirtschaftsprüfenden Berufe (vgl. Abschn. 4.5). Da ein Zwischenabschluss aber mit erheblich höheren Kosten als eine BWA verbunden ist, sollten Kreditinstitute, die einen solchen Nachweis fordern, auch darauf hingewiesen werden, dass dieses Instrument allein aus Kostengründen nur in bestimmten Zeitabständen oder in besonderen Krisensituationen der Bank vorgelegt werden kann.

11.3.3 Zusätzliche Informationsinstrumente

Kontoführung und kurzfristige Erfolgsrechnung (BWA) sind Instrumente, die dem Kreditinstitut, aber auch dem Unternehmer signalisieren können, ob sich das Unternehmen auf eine Krise zubewegt oder nicht. Zeichnet sich eine Krise ab, ist auch damit zu rechnen, dass die nachhaltige Kapitaldienstfähigkeit verloren geht, wenn sie nicht bereits verloren gegangen ist.

Um einer Krise vorzubeugen, soweit dies trotz nicht vermeidbarer Restrisiken möglich ist, sollte das kreditnehmende Unternehmen zumindest über die grundlegenden Controllinginstrumente verfügen, die sich für eine erfolgreiche Unternehmensführung als effizient erwiesen haben. Dementsprechend wird auch das Vertrauen der Bank in die künftige nachhaltige Kapitaldienstfähigkeit zunehmen. Das Kreditinstitut wird in diesem Zusammenhang das Management sicherlich mit der Frage konfrontieren, ob es in dem Unternehmen eine wirksame **Überwachung des Auftrags- und Debitorenbestandes** gibt.

11.3.3.1 Der Auftragsbestand

Hinsichtlich des Auftragsbestandes gilt es zu eruieren, ob auf Veränderungen in der Kundenstruktur reagiert werden muss, d. h. ob ein Überdenken der Geschäfts- bzw. Produktpolitik des Unternehmens erforderlich wird.

Diese Veränderungen können z. B. in der Umschichtung der Produktnachfrage liegen. Hier stellt sich die Frage, ob die Weiterentwicklung vorhandener Produkte bzw. Entwicklung neuer Produkte sich dem Nachfrageverhalten angepasst hat. Der Bank ist in diesem Zusammenhang transparent zu machen, ob durch regelmäßiges Brainstorming des Managements mit technischen und kaufmännischen Abteilungsleitern dieses Problem sowohl markt- als auch entwicklungs- und produktionsmäßig ausreichend Berücksichtigung findet.

Weiterhin wird die Bank den Auftragsbestand dahingehend durchleuchten, ob Kunden eine zunehmend dominante Position einnehmen, sodass ein Abhängigkeitsverhältnis bei dem Kreditnehmer entstanden ist. Hier ist durch das Unternehmen aufzuzeigen, ob durch Vertriebsmaßnahmen oder Produktdiversifikation auf dieses Problem reagiert wird.

Letztlich können Kunden auch an die Konkurrenz verloren gegangen sein, sei es aus Unzufriedenheit wegen Qualitäts- oder Liefermängel oder aus sonstigen Gründen. Auch in diesem Fall wird die Bank sicherlich wissen wollen, wie das Unternehmen diese Problematik lösen wird. Es gilt, in solchen Fällen den Qualitäts- und Fertigungsstandard zu heben bzw. die Produktivität zu steigern. Hier stellen sich die Fragen, ob der Maschinenpark dem modernsten Standard entspricht (Stichwort: CAD-, CNC-Steuerung etc.) oder die Lohnkosten bzw. der Personalbestand den veränderten Rahmenbedingungen angepasst wurden.

11.3.3.2 Der Debitorenbestand

Die **Kontrolle des Forderungsbestandes** ist im Allgemeinen mit zwei Aspekten für das finanzierende Kreditinstitut verbunden:

(1) Wie ist die durchschnittliche Bonität der Kunden einzustufen (Stichwort Ausfallrisiko)? Hier werden die Forderungslisten auf Debitoren durchsucht, die ihre Verbindlichkeiten über Monate nicht beglichen haben.

(2) Ist der Debitorenbestand weit gestreut oder nehmen einige Positionen eine dominante Stellung ein, sodass bei einem Ausfall das Unternehmen in seiner Existenz gefährdet ist?

Letztlich ist unter diesem Gesichtspunkt auch eine zu hohe Lieferantenabhängigkeit für die Banken von Interesse. Auch hier können sich erhebliche Schwierigkeiten für ein Unternehmen einstellen, insbesondere wenn eine sehr hohe Produktspezifikation vorliegt und ein Ausweichen auf einen Ersatzlieferanten kaum oder nur zu extrem hohen Zusatzkosten möglich ist.

11.3.3.3 Preiskalkulation und Auftragsabwicklung

Ein weiteres Problem stellt sich Banken bei der Hinterfragung der **Auftrags- und Preiskalkulation** eines Unternehmens. Insbesondere bei der Abwicklung von Großaufträgen, sei es auf Baustellen (Bauunternehmen, Stahlbauunternehmen etc.) oder bei der Fertigung von Großprodukten (Maschinen, Fahrzeugen, Schiffen etc.), ist es üblich, die Kaufpreiszahlungen auf mehrere Raten, sog. Abschlagszahlungen, zu verteilen. Da das Unternehmen im Allgemeinen im Rahmen des abgeschlossenen Werkvertrages zu Vorleistungen verpflichtet ist und die Liquidität, die zur Finanzierung eines derartigen Auftrages erforderlich ist, aus Kostengründen kaum vorgehalten wird, wird es sich bei seiner Hausbank um eine Auftragsfinanzierung mit variablem Zinssatz, die häufig durch Aufstockung der laufenden Betriebsmittelkreditlinie oder Einräumung eines sog. Saisonkredits gewährt wird, bemühen. Ob diese zusätzliche Kreditvaluta wieder ordnungsgemäß aus den Kaufpreiszahlungen getilgt wird, hängt letztlich davon ab, ob die Preiskalkulation des Unternehmens einerseits auf fundierten Zahlen beruht und andererseits über ausreichende Sicherheitspolster für Unwägbarkeiten in der Auftragsabwicklung, die häufig zu Zahlungsverzögerungen und zusätzlichem Zinsaufwand führen, verfügt. Sicherlich kann ein gut fundiertes Unternehmen einen Auftrag auch einmal mit Verlust abschließen, ohne gleich in seiner Existenz gefährdet zu sein, aber zum Dauerzustand dürfen derartige Verlustabschlüsse nicht werden, da eine kontinuierliche Ertragseinbuße zu einer Substanzreduzierung führt. Banken werden also laufend zu ergründen versuchen,

11.3 Weitere Unterlagen und Informationsinstrumente

- wie eine Auftragsabwicklung läuft;
- ob sie sich noch im Rahmen der Planung sowie der vorgesehenen Toleranzen bewegt;
- ob die Abschlagszahlungen fristgerecht geleistet wurden.

Nur wenn diese Kriterien erfüllt werden, ist mit einer ordnungsgemäßen Abwicklung des Auftrages und damit mit der Erfüllung des nachhaltigen Kapitaldienstes für alle Fremdmittel zu rechnen. Darüber hinaus wird das Unternehmen dann auch in der Lage sein, neben Steuerzahlungen und einem angemessenen Unternehmerlohn bzw. Gewinnausschüttung die Rücklagen zu dotieren, was wiederum seiner Substanzfestigung und damit dem Aspekt der Nachhaltigkeit dient.

Wie ist einer Bank nun plausibel zu machen, dass die Auftrags- und Preiskalkulation auf fundierten Daten basiert und nach menschlichem Ermessen zu einer erfolgreichen Auftragsabwicklung führen wird?

Es wird Aufgabe der Geschäftsführung sein, der Bank zu verdeutlichen, dass in dem Unternehmen eine Kosten- und Leistungsrechnung (KLR) installiert wurde, die eine hohe Transparenz der betriebsbedingten Kosten und Leistungen gewährleistet. Auf diese Weise soll eine verursachungsgerechte Ermittlung der Selbstkosten pro Erzeugniseinheit erreicht werden, die wiederum als Grundlage für die Verkaufspreise bzw. die Auftragskalkulation dient. Aber auch eine Wirtschaftlichkeitskontrolle anhand von Soll-Ist-Vergleichen (Nachkalkulation) mit dem Ziel höherer betrieblicher Effizienz ist die Aufgabe einer KLR. Letztlich liefert sie die Voraussetzungen zur Bewertung unfertiger und fertiger Erzeugnisse für den Jahresabschluss und die BWA.

11.3.3.4 Die Kostenartenrechnung

Es wird der Bank kaum möglich sein, branchenbedingte Besonderheiten der spezifischen KLR eines kreditnehmenden Unternehmens zu analysieren, aber sie wird zumindest beurteilen können, ob die üblichen methodischen Standards einer KLR eingehalten wurden. So wird sie sicherlich darauf achten, ob im Rahmen einer **Kostenartenrechnung** die Kosten vollständig und geordnet, etwa durch Anwendung des IKR (Industriekontenrahmens), erfasst wurden.

Es werden hier sicherlich Fragen nach den **unternehmensbezogenen Abgrenzungen** gestellt, um sicherzustellen, dass die neutralen Aufwendungen und Erträge aus den Kosten und Leistungen, die zum Betriebsergebnis führen, eliminiert werden (seitdem Mitte der 80er Jahre das neue Bilanzrichtliniengesetz in Kraft trat, wird schon in der Geschäftsbuchführung und im Jahresabschluss deutlich zwischen operativem und neutralem Ergebnis differenziert).

Grundsätzlich ist die **Einführung kalkulatorischer Kosten** für die KLR eines Unternehmens zwingende Notwendigkeit, um zu gewährleisten, dass nur der Wertverzehr in die KLR eingebracht wird, der durch die Leistungserstellung und -verwertung tatsächlich entstanden ist, auch wenn er in der Erfolgsrechnung der Geschäftsbuchführung nicht oder in anderer Höhe angesetzt wurde. Hierdurch wird ein Kostenvergleich mit den einzelnen Abrechnungsperioden (Zeitvergleich) bzw. ein Branchenvergleich (Vergleich von Betrieben der gleichen Branche) überhaupt erst möglich. Gerade das in der heutigen Praxis angewandte Benchmarking erfordert diese Voraussetzungen für eine aussagefähige Vergleichbarkeit. Aber auch eine – wie oben schon erwähnt – kalkulatorische Preisfindung setzt die Eliminierung von Zufallsschwankungen im Kostenbereich voraus.

Üblicherweise werden die kalkulatorischen Kostenarten in **Grund-, Anders- und Zusatzkosten** eingeteilt, je nachdem, ob sie in der Geschäftsbuchführung gleich, in unterschiedlicher Höhe oder überhaupt nicht ausgewiesen werden. So sind kalkulatorische Abschreibungen und Wagnisse (= Rückstellungen in der Geschäftsbuchführung) Anderskosten, während kalkulatorischer Unternehmerlohn (nur bei Personenhandels- und Einzelunternehmen relevant) und kalkulatorische Zinsen auf das betriebsnotwendige Eigenkapital Zusatzkosten sind.

Zusammenfassend kann also gesagt werden, dass die Einbeziehung kalkulatorischer Kosten eine höhere Genauigkeit bei der Ermittlung und eine bessere Vergleichbarkeit der betrieblichen Kosten und Leistungen ermöglicht.

Eine **Abgrenzungsrechnung** mit kostenrechnerischen Korrekturen im Rahmen einer Kostenartenrechnung zeigt das folgende Beispiel, das den IKR verwendet:

Abbildung 38: Beispiel einer Kostenartenrechnung (vgl. Schmolke-Deitermann)

Die Geschäftsbuchführung der Muster KG, Musterstadt, schließt die Abrechnungsperiode mit folgenden dort erfassten Aufwendungen und Erträgen ab:		
		TDM
500	Umsatzerlöse für Fertigerzeugnisse	2 800
508	Umsatzerlöse für Handelswaren	450
540	Zinserträge	30
55	Erträge aus dem Abgang von Anlagegegenständen	50
57	Erträge aus der Auflösung von Rückstellungen	20
590	Erträge aus Vermietung und Verpachtung	15
621	Gehälter	520
631	Sozialabgaben auf Gehälter	105
66	Abschreibungen auf Sachanlagen	210
69	Verluste aus dem Abgang von Anlagegegenständen	30
700	Zinsaufwendungen	45
71	Betriebssteuern	80
762	Aufwendungen für Büromaterial	5
77	Aufwendungen für Versicherungen	60
78	Sonstige Aufwendungen	40
Aus der Kosten- und Leistungsrechnung liegen folgende Angaben vor:		
51	Minderbestand an fertigen Erzeugnissen	20
60	Roh-, Hilfs- und Betriebsstoffverbrauch zu Verrechnungspreisen	800
	Die Aufwendungen für diesen Stoffverbrauch belaufen sich auf	750
620	Löhne	900
630	Sozialabgaben auf Löhne	150
753	Reparaturen	30
	Kalkulatorische Abschreibungen auf Anlagen	180
	Kalkulatorische Zinsen	120
	Kalkulatorischer Unternehmerlohn	10

11.3 Weitere Unterlagen und Informationsinstrumente

Abbildung 39: Ergebnis- und Abgrenzungsrechnung (vgl. Schmolke-Deitermann)

Ergebnistabelle							
Rechnungskreis I		**Rechnungskreis II**					
Erfolgsbereich		**Abgrenzungsbereich**				**KLR-Bereich**	
Aufwands- und Ertragsarten der GB		Untern.-bez. Abgrenzungen		Kostenrechn. Korrekturen		Kosten- und Leistungsarten	
Kto.	Aufwendungen	Erträge	Neutrale Aufwendungen	Erträge	Aufwendungen lt. GB	Verrechn. Kosten lt. KLR	Kosten	Leistungen
	(./.)	(+)	(./.)	(+)	(./.)	(+)	(./.)	(+)
500		2 800						2 800
508		450						450
51	20						20	
540	30		30					
55	50		50					
57	20		20					
590	15		15					
60	750				750	800	800	
620	900						900	
621	520						520	
630	150						150	
631	105						105	
66	210				210	180	180	
69	30		30					
700	45				45	120	120	
71	80						80	
753	30						30	
762	5						5	
77	60						60	
78	40		40					
U.-L.						10	10	
	2 945	3 365	70	115	1 005	1 110	2 980	3 250
	(+) 420		(+) 45		(+) 105		(+) 270	
	3 365	3 365	115	115	1 110	1 110	3 250	3 250

Abstimmung der Ergebnisse:	
Gesamtergebnis der Unternehmung im RK I: **Unternehmensgewinn**	420
Ergebnis aus unternehmensbezogenen Abgrenzungen: (+) 45	
+ Ergebnis aus kostenrechnerischen Korrekturen: (+) 105	
Neutraler Gewinn (Abgrenzungsergebnis)	150
+ Betriebsgewinn	270
Gesamtgewinn der Unternehmung im RK II	420

Das obige Beispiel zeigt deutlich, dass nicht alle Daten der Geschäftsbuchführung (GB) ungeprüft in die Kosten- und Leistungsrechung eingehen. Die Aufwendungen und Erträge der GB werden vielmehr im Abgrenzungsbereich gefiltert oder korrigiert, bevor die betrieblichen Aufwendungen und Erträge in der KLR zum Betriebsergebnis zusammengefasst werden dürfen. Umgekehrt gehen die im KLR-Bereich erfassten Daten, sofern sie zu Aufwendungen oder Erträgen in der GB werden (z. B. Löhne), grundsätzlich unverändert in den Erfolgsbereich der Geschäftsbuchführung ein.

11.3.3.5 Die Kostenstellenrechnung

Die nächste Stufe einer aussagefähigen KLR, die der finanzierenden Bank verdeutlicht, dass das Unternehmen über eine Auftrags- und Preiskalkulation sowie über eine effiziente Wirtschaftlichkeitskontrolle verfügt, ist die **Kostenstellenrechnung**.

In jedem Unternehmen fallen sog. **Einzelkosten**, die den Kostenträgern direkt zuzurechnen sind, und sog. **Gemeinkosten**, die eine direkte Zurechnung nicht erlauben, an. Beide Kostenarten zusammen führen zu den sog. **Selbstkosten** bzw. **Selbstkosten je Stück**.

Die Kostenarten werden hier also nicht wie bei der Kostenartenrechnung nach ihrer Verursachung, wie etwa Material, Personal, Verwaltung etc., sondern nach ihrer Zurechenbarkeit aufgeteilt.

Während die Einzelkosten aufgrund von Belegen dem Produkt (= Kostenträger) unmittelbar zugeordnet werden, werden die Gemeinkosten auf sog. **Kostenstellen** möglichst verursachungsgerecht verteilt, wobei hier wieder üblicherweise zwischen Kostenstelleneinzelkosten und -gemeinkosten unterschieden wird. Es sind demnach Kostenstellen zu bilden, die sich aus Tätigkeits- und Verantwortungsbereichen ergeben, denen anschließend die Gemeinkosten entweder direkt oder über Zuschlagssätze (= Verteilungsschlüssel) zugeordnet werden. Es werden somit die klassischen Kostenbereiche nach Funktionen gebildet.

Abbildung 40: Aufstellung der Kostenbereiche nach Funktionen

Allgemeiner Bereich	Material- bereich	Fertigungsbereich		Verwaltungs- bereich	Vertriebs- bereich
Allgemeine Kostenstellen	Material- stellen	Fertigungs- hilfsstellen	hauptstellen	Verwaltungs- stellen	Vertriebs- stellen

Diesen Kostenstellen werden nun die Gemeinkosten zugeordnet, die sich wiederum wie folgt aufteilen:

Abbildung 41: Aufgliederung der Gemeinkosten

Materialgemein- kosten	Fertigungsgemein- kosten	Verwaltungsgemein- kosten	Vertriebsgemein- kosten

Es ist allg. Praxis, die Zuordnung der Gemeinkosten zu den Kostenstellen über den sog. **Betriebsabrechnungsbogen** (BAB) vorzunehmen, der einmal monatlich erstellt wird. Das Ergebnis, das sich aus Einzelkosten und aus über Zuschlagssätze bzw. direkt zugeordneten Gemeinkosten ergibt, sind **die Herstellkosten des Umsatzes**.

Der Verteilungsschlüssel (= Zuschlagssatz), mit dem die Gemeinkosten auf die Kostenstellen verteilt wurden, wird als Prozentsatz der sog. **Zuschlagsgrundlage** ermittelt. So ist die Zuschlagsgrundlage für die Materialgemeinkosten der bewertete Verbrauch an Fertigungsmaterial, für die Fertigungsgemeinkosten die in einer Abrechnungsperiode gezahlten Fertigungslöhne und für die Verwaltungs- und Vertriebsgemeinkosten die sog. **Herstellkosten des Umsatzes**. Letztere ermitteln sich unterschiedlich, je nachdem, ob die Endbestände an unfertigen und fertigen Erzeugnissen mit den Anfangsbeständen übereinstimmen oder nicht.

Um Abweichungen bei den Ist-Zuschlagssätzen festzustellen, werden sie mit den sog. **Normalzuschlägen** verglichen, die ebenfalls in den BAB eingearbeitet sind. Die Normalzuschlagssätze werden aus den durchschnittlichen Ist-Werten früherer Monate (etwa zwölf Monate) entwickelt und bieten über die Über- bzw. Unterdeckungskontrolle ein Mittel für die Korrektur der Zuschlagssätze.

Der BAB ermöglicht somit die Errechnung von Gemeinkostenzuschlagssätzen für die Kosten- und Preiskalkulation, die Bewertung der Erzeugnisse und Eigenleistungen sowie die Überwachung der Gemeinkosten an den Stellen ihrer Entstehung. Ein sog. „mehrstufiger BAB" mit mehreren Fertigungshauptstellen sieht wie folgt aus:

Abbildung 42: Beispiel eines BAB (vgl. Schmolke-Deitermann)

Kostenart	Zahlen der KLR TDM	Allgem. Kostenstelle: Kraftzentrale TDM	Material-stelle TDM	Fertigungshilfs-stelle TDM	Fertigungshauptstellen I TDM	Fertigungshauptstellen II TDM	Verwalt.-stelle TDM	Vertriebs-stelle TDM
Hilfsstoffe	20	7	1	0	5	6	0	1
Hilfslöhne	110	35	1	5	33	35	1	0
Gehälter	361	26	5	5	58	95	92	80
Soziale Abgaben	88	5	0	2	22	28	26	5
Abschreibungen	24	7	1	1	6	6	2	1
Steuern	111	96	1	5	1	1	2	5
Verschiedene Aufwendungen	98	39	1	2	24	28	3	1
	812	215	10	20	149	199	126	93
Umlage Kraftzentrale			5	14	75	98	10	13
			15	34			136	106
Umlage Fertigungshilfsstelle					16 240	18 315		
Fertigungsmaterial Fertigungslöhne Herstellungskosten des Umsatzes		150			160	175	1 077	
Zuschlagssätze	–	10,0%	–	–	150,0%	180,0%	12,6%	9,8%

Auch bei Offenlegung der Kostenarten- und Kostenstellenrechnung bleibt für die Banken ein Restrisiko, das sich bei falschem Ansatz der kostenrechnerischen Korrekturen (Abgrenzungsbereich) bzw. der Gemeinkostenzuschlagssätze im Betriebsergebnis bzw. in der Auftrags- und Produktkalkulation niederschlägt. So ist häufig erst im Rahmen der sog. „Nachkalkulation" ersichtlich, ob das Betriebsergebnis periodenrichtig bzw. der Auftrag oder das Produkt kostendeckend kalkuliert wurde.

11.3.3.6 Die Kostenträgerrechnung

Die 3. Stufe der KLR bildet die **Kostenträgerrechnung**, sodass sich bisher folgendes kostenrechnerische Schema ergibt:

Abbildung 43: Schema der KLR

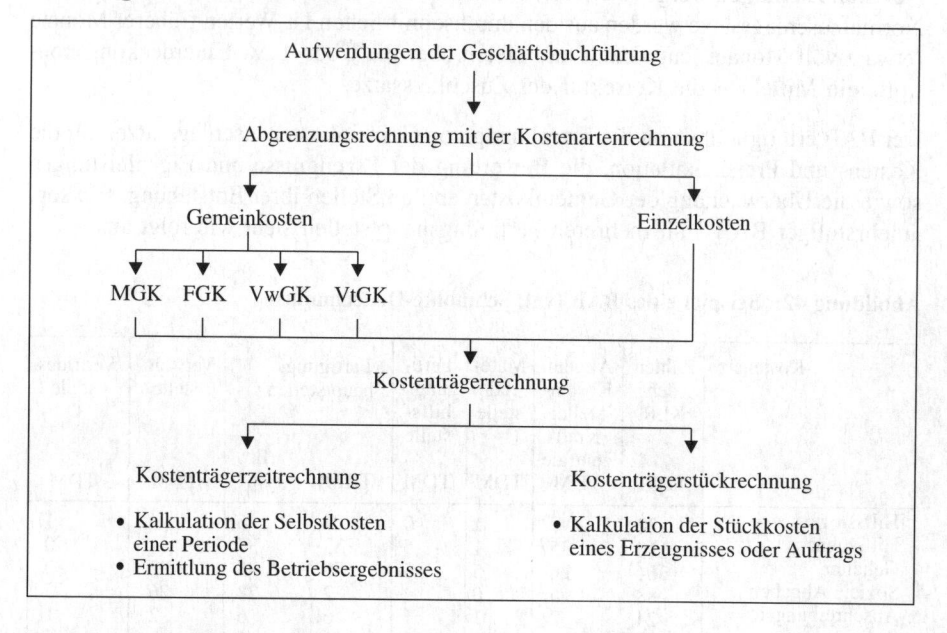

```
              Aufwendungen der Geschäftsbuchführung
                              │
                              ▼
         Abgrenzungsrechnung mit der Kostenartenrechnung
              │                              │
              ▼                              ▼
         Gemeinkosten                    Einzelkosten
        ┌────┬────┬────┐
       MGK  FGK  VwGK VtGK
        │    │    │    │
                              │
                  Kostenträgerrechnung
              │                              │
              ▼                              ▼
     Kostenträgerzeitrechnung      Kostenträgerstückrechnung

   • Kalkulation der Selbstkosten    • Kalkulation der Stückkosten
     einer Periode                     eines Erzeugnisses oder Auftrags
   • Ermittlung des Betriebsergebnisses
```

Als Kostenträger kommen in Betracht:

- Absatzleistungen → Einzelerzeugnis, Serie, Auftrag,
- Lagerleistung → fertige und unfertige Erzeugnisse,
- Eigenleistung.

Die **Kostenträgerzeitrechnung** hat die Aufgabe, alle Einzel- und Gemeinkosten einer Abrechnungsperiode „insgesamt und getrennt für jede Erzeugnisgruppe" des Produktionsprogrammes zu erfassen. Es ergeben sich somit folgende Ziele:

- „Errechnung der Herstellkosten insgesamt und für jede Erzeugnisgruppe" (Grundlage der Bewertung der fertigen und unfertigen Erzeugnisse),
- „Errechnung der Selbstkosten" (Grundlage der Kontrolle der Wirtschaftlichkeit und Rentabilität),
- „Ermittlung des Betriebsergebnisses" einer Abrechnungsperiode (Grundlage einer kaufm. Erfolgsrechnung).

Um diese Ziele zu realisieren, werden üblicherweise die Gesamtkosten auf ihren Anteil an jeder einzelnen Erzeugnisgruppe aufgesplittet, was mit Hilfe des sog. Kostenträgerblattes (BAB II) erfolgt. Entnommen werden die Einzelkosten (Fertigungsmaterial und Fertigungslöhne) aus der KLR und anhand der Belege auf die verschiedenen Erzeugnisgruppen verteilt. Die Gemeinkosten werden mit Hilfe der

11.3 Weitere Unterlagen und Informationsinstrumente

Normalkostenzuschlagssätze anteilig jeder einzelnen Erzeugnisgruppe zugewiesen. Das Ergebnis führt zu den „Selbstkosten des Umsatzes" für jede einzelne Produktgruppe und ist das Ziel der Kostenträgerzeitrechnung. Der Vergleich der Selbstkosten des Umsatzes mit den Nettoverkaufserlösen (= Umsatzerlöse ./. Retouren und Erlösschmälerungen) korrigiert um die Soll-Ist-Abweichung der Normal- und Ist-Kosten führt zum Betriebsergebnis. Zur Verdeutlichung wird in Abbildung 44 ein Kostenträgerblatt (BAB II) mit Ergebnisermittlung tabellarisch dargestellt.

Mit Hilfe des Kostenträgerblatts können ermittelt werden:

- der Anteil der verschiedenen Erzeugnisgruppen an den Gesamtkosten der Abrechnungsperiode,
- der Anteil der einzelnen Erzeugnisgruppen am Umsatzergebnis,
- das monatliche Betriebsergebnis (kurzfristige Erfolgsrechnung).

In der Praxis ist es üblich, eine sog. geschlossene Kostenrechnung, die BAB mit Kostenträgerzeit- und Ergebnisrechnung einschließt, zu erstellen. Wie eine derartige Kostenrechnung aussieht, wird in Abbildung 45 tabellarisch dargestellt, wobei die Zahlenwerte aller bisher verwendeten Tabellen frei erfunden sind. **Die geschlossene Kostenrechnung ermöglicht die Abstimmung des in der Kostenträgerrechnung ermittelten Betriebsergebnisses mit dem Betriebsergebnis der Geschäftsbuchführung.**

Abbildung 44: Beispiel eines Kostenträgerblattes (vgl. Schmolke-Deitermann)

		Kostenträger insgesamt	Kostenträger	
			Produkt A	Produkt B
		TDM	TDM	TDM
1-13 Kostenträgerzeitrechnung	1. Fertigungsmaterial 2. + 10% MGK	100 10	70 7	30 3
	3. **Materialkosten (1+2)**	110	77	33
	4. Fertigungslöhne 5. + 125% FGK	84 105	52 65	32 40
	6. **Fertigungskosten (4+5)**	189	117	72
	7. **Herstellkosten der Produktion (3+6)**	299	194	105
	8. + Minderbestand unf. Erz. 9. ./. Mehrbestand fertige Erz.	60 -20	40 -15	20 -5
	10. **Herstellkosten des Umsatzes** 11. + 15% VwGK 12. + 5% VtGK	339 51 17	219 33 11	120 18 6
	13. **Selbstkosten des Umsatzes**	407	263	144
14-17 Ergebnisrechnung	14. Netto-Verkaufserlöse (Kto. 50)	503	367	136
	15. **Umsatzergebnis (14-13)** 16. + Überdeckung lt. BAB	96 4	104	-8
	17. **Betriebsergebnis (15+16)**	100	= Saldo Betriebsergebnisrechnung	

Kostenträgerblatt (BAB II)
(zugleich Kostenträgerzeit- und Ergebnisrechnung)

11.3 Weitere Unterlagen und Informationsinstrumente

**Abbildung 45: Beispiel einer geschlossenen Kostenrechnung
(vgl. Schmolke-Deitermann)**

Geschlossene Kostenrechnung (BAB mit Kostenträgerzeit- und Ergebnisrechnung)							
Kostenarten	Gesamt-kosten TDM	BAB-Kostenstellenbereiche					Kostenträgerrechnung TDM
		I Material TDM	II Fertigung TDM	III Verwaltung TDM	IV Vertrieb TDM	K-Bereiche insges. TDM	
Einzelkosten							
Fertigungsmaterial	100						▶ 100
Fertigungslöhne	84						▶ 84
Ist-Gemeinkosten							
Hilfsstoffe	16	0	14	0	2	16	
Betriebsstoffe	7	0	5	1	1	7	
Hilfslöhne	19	2	15	0	2	19	
Gehälter	80	4	25	39	12	80	
Soziale Abgaben	26	2	17	5	2	26	
Abschreibungen	10	0	8	1	1	10	
Steuern	14	1	7	4	2	14	
Übrige Aufwendungen	6	0	5	1	0	6	
▶ **Gesamt-Istkosten**	362	9	96	51	22	178	
Verrechnete Normalgemeinkosten		10% 10	125% 105	15% 51	5% 17	183	▶ 183
Über-/Unterdeckung (+ bzw. -)		1	9	0	-5	5	

KLR-Bereich				Summe	367
Betriebsergebnisrechnung				Bestandsveränderungen	40
Kosten		Leistungen		Selbstkosten des Umsatzes	407
				Verkaufserlöse	503
▶ Istkosten	363	Erlöse	503	Umsatzergebnis	96
Bestandsveränderg.	40			+ Kosten-Überdeckung	▶ 5
▶ Betriebsergebnis	100				
	503		503	= Betriebsergebnis	101

Abstimmung mit Betriebsergebnis der Ergebnistabelle

Um dem am Anfang dieser Ausführungen erläuterten Informationsbedürfnis der Banken gerecht zu werden – nämlich Kalkulation von Aufträgen und Verkaufspreisen unter dem Aspekt der nachhaltigen Kapitaldienstfähigkeit für alle dem Unternehmen gewährten Fremdmittel –, wird nun der abschließende Teil dieses gestrafft dargestellten KLR-Bereichs behandelt, die sog. **Kostenträgerstückrechnung.**

Ziel dieser Kalkulationsmethode ist es, einerseits als Grundlage für die Kalkulation des Verkaufspreises und andererseits als Entscheidungshilfe bei der Annahme von Aufträgen zu festen Marktpreisen zu dienen, wobei die von der Kostenträgerstückrechnung ermittelten Selbstkosten für den einzelnen Kostenträger die preisliche Untergrenze darstellen sollten, zu der ein Auftrag angenommen wird.

Es wird im Allgemeinen zwischen drei Kalkulationsverfahren unterschieden:

- Zuschlagskalkulation → für Einzel- und Serienfertigung unterschiedlicher Erzeugnisse mit verzweigtem Produktionsprozess,
- Divisionskalkulation → für Betriebe, die ein einheitliches Erzeugnis herstellen,
- Kalkulation mit Äquivalenzziffern → für Betriebe mit Sortenfertigung.

Die **Zuschlagskalkulation** geht von den Einzelkosten (Fertigungsmaterial, Fertigungslöhne) aus und führt über schrittweise Einrechnung der anteiligen Gemeinkosten über Zuschlagssätze zu den Selbstkosten des Produktes.

Die **Divisionskalkulation** dividiert die Gesamtkosten einer Abrechnungsperiode durch die Anzahl der Produkte und kommt auf diese Weise zu den Selbstkosten pro Produkt.

Die **Kalkulation mit Äquivalenzziffern** geht von gleichartigen Produkten aus, die sich lediglich in Abmessung, Körnung oder Zusammensetzung unterscheiden. Die in einer Produktionsanalyse ermittelten Äquivalenzziffern geben lediglich an, wie hoch die Produktionsbeanspruchung der einzelnen Produktionsstätten durch das jeweilige Produkt ist. Die Berechnung entspricht dann der Divisionskalkulation.

Die Zuschlagskalkulation hat den Vorteil, dass sie sich sehr gut für die Erstellung einer „Vorkalkulation" und damit als „Preisfindungsinstrument" eignet. Die Einzelkosten können mit hoher Genauigkeit aus Stücklisten und Konstruktionszeichnungen sowie aus Vergabezeiten entnommen werden. Die anteiligen Gemeinkosten werden mit Hilfe von Normalzuschlagssätzen ermittelt. Anhand der Nachkalkulation, bei der den Sollkosten die Istkosten gegenübergestellt werden, wird der tatsächliche Erfolg eines Auftrages ersichtlich. Das folgende Beispiel zeigt die Funktion einer Kostenträgerstückrechnung mit Vor- und Nachkalkulation:

Abbildung 46: Beispiel einer Kostenträgerstückrechnung mit Vor- und Nachkalkulation (vgl. Schmolke-Deitermann)

Beispiel in DM:	Vorkalkulation		Nachkalkulation	
Fertigungsmaterial		1 400		1 440
Materialgemeinkosten	8,0%	112	7,4%	107
Materialkosten		1 512		1 547
Fertigungslöhne I		486		470
Fertigungsgemeinkosten	110,0%	535	105,0%	493
Fertigungskosten I		1 021		963
Fertigungslöhne II		273		289
Fertigungsgemeinkosten	120,0%	328	122,0%	352
Fertigungskosten II		601		641
Herstellkosten		3 133		3 151
Verwaltungsgemeinkosten	20,0%	627	18,6%	586
Vertriebsgemeinkosten	4,0%	125	5,5%	173
Selbstkosten des Auftrages		**3 885**		**3 910**

In diesem Beispiel übersteigen die tatsächlichen Kosten die verrechneten Normalkosten um 25 DM. Da der vereinbarte Nettoverkaufspreis nachträglich nicht geändert werden kann, muss der geplante Gewinn von 77 DM um diesen Betrag niedriger ausfallen. In der Regel enthalten die Normalzuschlagssätze bereits eine „Sicherheitsreserve", sodass in diesem Fall keine Änderung der Zuschlagssätze vorgenommen wird. Sind die Abweichungen höher oder treten sie wiederholt auf, müssen die Normalzuschlagssätze angepasst werden.

Bei Unternehmen, die in einem hohen Grade hochwertig maschinell ausgerüstet sind, ist den Banken gegenüber der Nachweis zu erbringen, dass die Gemeinkostenverteilung über Maschinenstundensätze erfolgt, da der Lohn als Verteilungsgrundlage nicht verursachungsgerecht ist und zu Verzerrungen führt, die wiederum eine falsche Ermittlung der Zuschlagssätze zur Folge haben. Falsche Zuschlagssätze führen zu einer falschen Verkaufspreisfestsetzung, was letztlich zu Bedienungsstörungen bei den aufgenommenen Fremdmitteln führen muss.

Abbildung 47: Beispiel eines Betriebsabrechnungsbogens mit Maschinenstundensatzrechnung (vgl. Schmolke-Deitermann)

Betriebsabrechnungsbogen unter Einbeziehung der Maschinenstundensatzrechnung							
Kostenart	Zahlen der KLR	Material-stelle	Automatendreherei		Übrige Fertigungsstellen	Verwaltungsstelle	Vertriebsstellen
			maschinenabhängige Fertigungsgemeinkosten	Restgemeinkosten			
			fix	variabel			
	DM	DM	DM	DM	DM	DM	DM
Allg. Betriebskosten	3 400	200	0	0	1 200	2 000	0	0
Energie	1 550	150	40	360	0	700	200	100
Werkzeuge	800	50	200	0	0	500	0	50
Betriebsstoffkosten	3 000	0	0	750	0	2 250	0	0
Gehälter	10 000	0	0	0	0	2 000	8 000	0
Hilfslöhne	14 450	950	0	0	3 900	8 400	0	1 200
Soziale Abgaben	7 400	250	0	0	1 500	4 000	1 400	250
Kalkulatorische Zinsen	4 900	900	800	0	0	2 200	600	400
Abschreibungen auf Maschinen	7 050	100	2 000	0	0	4 800	0	150
Abschreib. auf Gebäude	12 000	1 200	2 800	0	0	4 400	2 800	800
Reinigung, Beleuchtung	830	80	200	0	0	400	100	50
Reparatur	4 300	0	350	900	0	3 050	0	0
Sonstige Kosten	3 600	120	0	0	0	1 480	1 800	200
gesamt	73 280	4 000	6 390	2 010	6 600	36 180	14 900	3 200
Zuschlagsgrundlage		Fertigungsmaterial 32 000	Maschinenstunden 150		Fertigungslöhne 6 000	Fertigungslöhne 30 150	Herstellkosten des Umsatzes 135 455	
Zuschlagssätze		12,5%	56,00 DM Maschinenstundensatz		110,0%	120,0%	11,0%	2,4%

Es ist nicht Aufgabe dieses Buches, eine echte Maschinenstundensatzermittlung in Abhängigkeit von den Maschinenlaufzeiten und anschließender Restgemeinkostenverteilung darzustellen, aber gewerbefinanzierende Banken werden sicherlich immer mehr in solche Controllinginstrumente Einblick nehmen wollen, um zu ermitteln, ob der Umsatz zu Preisen erzielt wird, die kosten- und damit auch kapitaldienstdeckend sind. Der Nachweis, ob das Unternehmen über derartige Kalkulationsinstrumente verfügt, kann zum Beispiel durch den BAB in Abb. 47 erbracht werden:

Die aufgezeigten Kalkulationsschemen gehören sicherlich zur KLR eines größeren mittelständischen Unternehmens. Für Handwerksbetriebe reicht häufig eine „Lohnstundensatzermittlung" für die Preiskalkulation aus. Hier werden die Gesamtkosten nach fixen und variablen Bestandteilen aufgeteilt und in Relation zu den zu erbringenden Jahresarbeitsstunden pro Mitarbeiter gesetzt, sodass nach Festsetzung des sog. **Stundenverrechnungssatzes**, in den alle Personal- und Sachkostenbestandteile einbezogen sind, der Auftragspreis durch Multiplikation mit den zu erwartenden Arbeitsstunden des Auftrages leicht ermittelt werden kann. Ein Handwerksbetrieb, der einer Bank ein derartiges Kalkulationsschema nachweisen kann, zeigt deutlich, dass er die Preisermittlung gemäß „Pi-mal-Daumen-Rechnung", wie es noch häufig gang und gäbe ist, weit hinter sich gelassen hat.

Um die Ausgangsthematik nochmals anzusprechen:

Dieser Teil des Buches steht unter der Prämisse, dass Banken anhand eines aussagefähigen internen Rechnungswesens verdeutlicht werden soll, dass das Unternehmen in der Lage ist, Trendabweichungen, insbesondere Ertragseinbrüche, rechtzeitig zu erkennen, um auf derartige Veränderungen angemessen reagieren zu können, sodass die nachhaltige Kapitaldienstfähigkeit nach menschlichem Ermessen auch für die Zukunft erhalten bleibt.

11.3.3.7 Die Deckungsbeitragsrechnung

Die bisherigen Steuerungsinstrumente dienten letztlich der Ermittlung des Verkaufspreises pro Produkt auf Vollkostenbasis, d. h. es wurde im Rahmen der Kostenträgerstückrechnung unterstellt, dass sich sowohl die variablen als auch die fixen Kostenanteile der Gesamtkosten pro Stück proportional zur Produktionsmenge entwickeln. Diese Annahme berücksichtigt allerdings nicht, dass die Fixkostenbestandteile solange konstant bleiben, wie Zusatzaufträge von dem Unternehmen ohne Aufstockung der Produktionskapazitäten bewältigt werden können, d. h. also, dass der Stückpreis, zu dem ein Auftrag hereingenommen werden kann, lediglich die variablen, also die durch die Erzeugung des Produktes entstehenden Zusatzkosten, decken muss, um eine Erfolgsverschlechterung zu vermeiden. Dieser Anteil des Verkaufserlöses pro Stück, um den die variablen Kosten pro Stück überdeckt werden, heißt **Deckungsbeitrag pro Stück**. Er steht im Mittelpunkt der sog. **Deckungsbeitragsrechnung**. Die Preisuntergrenze, zu der ein Auftrag hereingenommen werden sollte, wenn er schon auf Vollkostenbasis nicht durchsetzbar ist, liegt also genau auf dem Niveau, bei dem die variablen Zusatzkosten gedeckt werden. Es gilt verkürzt also folgende Aussage:

1. Preis ./. variable Stückkosten = Deckungsbeitrag je Stück
2. Preis > variable Stückkosten = Verbesserung des Betriebserfolges
3. Preis < variable Stückkosten = Verschlechterung des Betriebserfolges
4. Preis = variable Stückkosten = Preisuntergrenze

Im **Einproduktunternehmen** wird also der **Betriebsgewinn einer Abrechnungsperiode** durch Multiplikation der Deckungsbeiträge pro Stück mit der Produktionsmenge der Periode abzüglich der Fixkosten dieser Periode ermittelt, wobei die **sog. Gewinnschwelle (= Break-even-point)** die Ausbringungsmenge kennzeichnet, bei der die Summe der erwirtschafteten Stückdeckungsbeiträge gerade ausreicht, um die fixen Kosten zu decken.

Für die Gewinnschwellenmenge (Gm) gilt also folgende Formel:

$$Gm = \frac{Kf\ (\textit{fixe Kosten einer Periode})}{db\ (\textit{Stückdeckungsbeitrag})}$$

Es gilt also folgende Aussage:

- Deckungsbeitrag > fixe Kosten = Betriebsgewinn
- Deckungsbeitrag < fixe Kosten = Betriebsverlust

Im **Mehrproduktunternehmen** darf auf eine Teilkostenrechnung (= Aufsplittung der Gesamtkosten in ihre variablen und fixen Bestandteile) auf keinen Fall verzichtet werden, wenn man nicht Gefahr laufen will, über den Rentabilitätsbeitrag der einzelnen Produkte ein falsches Bild zu gewinnen und somit zu völlig falschen Produktionsentscheidungen zu gelangen, **da ein Erzeugnis solange als wirtschaftlich gilt, also produziert werden sollte, wie es einen Deckungsbeitrag erzielt, also die Verkaufserlöse die variablen Kosten übersteigen**. In der Praxis wird diese Entscheidungsfindung noch durch Unterteilung der fixen Gesamtkosten in sog. erzeugnisfixe und unternehmensfixe Kosten verfeinert, was zu den Deckungsbeiträgen I und II führt und die Produktionsauswahl noch deutlicher unterstützt.

Mit der Deckungsbeitragsrechnung lässt sich somit die exakte Preisuntergrenze bestimmen, zu der Zusatzaufträge angenommen werden sollten. Darüber hinaus hilft sie, das Sortiment optimal unter Ertragsgesichtspunkten zu gestalten.

An dieser Stelle sollen die Ausführungen zum internen Rechnungswesen abgeschlossen werden, da die Klientel, an die sich dieses Buch wendet, wahrscheinlich selten über einen noch detaillierteren KLR-Bereich verfügen wird. Es geht sicherlich an der Praxis vorbei, wenn eine Bank erwarten würde, dass ein durchschnittliches mittelständisches Unternehmen über eine flexible Plankostenrechnung verfügen muss, um anhand von Soll-Ist-Abweichungen (Preisabweichungen, Verbrauchsabweichungen etc.) die Erfolgsentwicklung der späteren Zukunft zu planen. Auch die Einführung einer Prozesskostenrechnung zur Ermittlung der Kostensituation von Haupt- und Teilprozessen mit den verursachenden cost-drivern ist sicherlich nur von einem gehobenen Mittelstand zu erwarten. Ebenso verhält es sich mit den retrograden Verfahren, dem sog. Target Costing.

Es soll hier auch erwähnt werden, dass selbstverständlich für den behandelten KLR-Bereich für die Datenerfassung und -aufbereitung DV-Unterstützungen in Form von Tabellenkalkulationen und Standardsoftware angeboten werden, deren Einführung heutzutage eine Notwendigkeit ist und dem Informationsbedürfnis der Banken sehr entgegenkommt. Ebenso ist es für die Bankanalyse von Vorteil, wenn eine Datenbank mit Benchmarkings eingeführt wurde, da über Branchenvergleichswerte ebenfalls frühzeitig Trendabweichungen aufgespürt werden können.

Dieses Kapitel wurde verhältnismäßig umfangreich abgehandelt, da es als die fortführende Ergänzung des noch ausführlicher behandelten externen Rechnungswesens zu verstehen ist. Insbesondere in der heutigen Zeit hochkomplexer und reagibler wirtschaftlicher Zusammenhänge ist ein transparentes internes Rechnungswesen eine effiziente Hilfe für die Kreditentscheidungsfindung der Banken.

Die folgenden Ausführungen sollen nun gestraffter dargestellt werden, da sie bis auf die Abschn. 11.7 und 11.8 für die Finanzierungsentscheidung der Kreditinstitute lediglich als – das Gesamtbild abrundende – Zusatzinformationen zu bewerten sind.

11.4 Marktstruktur, Produktstruktur und -entwicklung, Vertriebswege und -arten sowie Kundenstruktur als wesentliche Informationen für die Unternehmensleitung

Banken werden über das spezielle Know-how einer Branche sowie des Absatzmarktes dieser Branche nur in geringem Maße verfügen. Sie sind daher darauf angewiesen, sich über das Abfragen von generellen Parametern ein Bild darüber zu verschaffen, ob das kreditnachfragende bzw. -beanspruchende Unternehmen die üblichen Kriterien der Absatzpolitik beachtet. Sie werden sich daher vergewissern, dass sich das Unternehmen über den Markt, die Produkte, die Vertriebswege sowie die Kundenstrukturen genau informiert.

Üblich ist, diesen Fragenkomplex in **generelle Perspektiven** und **unternehmensindividuelle Perspektiven** einzuteilen.

Im Rahmen der **generellen Perspektiven** ist einerseits der Wirtschaftsbereich an sich und andererseits die strukturelle Entwicklung dieses Bereiches von Interesse. Es wird also erforderlich sein zu verdeutlichen, dass die konjunkturelle Entwicklung der Absatzregion des Unternehmens durch die üblichen amtlichen Daten über Auftragseingänge und -bestände, Beurteilung der Fertigwarenlager, Geschäftsklima (Ifo-Indikator) und Investitionsneigung transparent ist. Weiter sollte verdeutlicht werden können, dass die Erhebungen über Konsumentenstimmungen, Bevölkerungsdichte, Bruttosozialprodukt pro Kopf, Preisniveau, Inflationsraten, Altersstrukturen sowie Reallohnentwicklung von den einschlägigen Institutionen (wie IHK, Ifo-Institut, Infas etc.) vorliegen und die Vertriebs- und Absatzentscheidungen beeinflussen.

Aber auch technologische Änderungen, wie Änderungen der Verfahrens- und Produkttechnologien bei Wettbewerbern und Forschungsinstituten, oder auch signifi-

11.4 Wesentliche Informationen für die Unternehmensleitung

kante Änderungen von Verbrauchsgewohnheiten sollten dem kreditnehmenden Unternehmen bekannt sein und in die betriebliche Entscheidungsfindung einbezogen werden.

Die **unternehmensindividuellen Perspektiven** sollten der Bank verdeutlichen, dass der unmittelbare Absatz- und Beschaffungsmarkt laufend überwacht wird und damit bekannt ist. Der Kreditnehmer wird sicherlich nach den eigenen Auftragseingängen und -beständen sowie dem Bestell-, Einkaufs- und Zahlungsverhalten befragt werden. Es werden aber auch Daten über die Abhängigkeit von Schlüsselkunden sowie deren Nachfrageverhalten offen gelegt werden müssen, ebenso deren wirtschaftliche Situation. So ist es sicherlich für den Unternehmer selbst, aber auch für die kreditgewährende Bank wichtig, die Auftragseingänge, Investitionen und wichtigsten Kennzahlen der Jahresabschlüsse dieses Kundenkreises des Kreditnehmers zu kennen.

Zur Konkurrenzsituation stellen sich weitere Fragen, z. B.:
- Wie ist die Preis- und Programmpolitik der Hauptkonkurrenten zu beurteilen?
- Sind der Unternehmensleitung die geplanten Investitionen der Konkurrenz bekannt?
- Welche Vertriebs- und Absatzpolitik ist von der Konkurrenz geplant?

Es handelt sich also bei den Aktivitäten der Kreditinstitute – wie erwähnt – überwiegend um das Abtasten nach Schwachstellen, die das kreditnehmende Unternehmen von seinem bisherigen Erfolgsweg abbringen und die Ertragskraft nachhaltig negativ beeinflussen könnten.

So ist auch der Beschaffungsmarkt für Rohstoffe, aber auch die Lieferantenabhängigkeit für die Leistungsfähigkeit des Unternehmens von erheblicher Bedeutung. Es sind in diesem Zusammenhang sicherlich Fragen nach der Rohstoffbeschaffung in Verbindung mit der erforderlichen Vorratshaltung relevant. Aber auch die Termin- und Liefertreue, das Preis- und Qualitätsniveau, das Angebotsvolumen sowie die wichtigsten Kennzahlen der letzten Jahresabschlüsse der Lieferanten geben der Bank Aufschlüsse darüber, ob dem Unternehmen von der Beschaffungsseite Gefahren drohen könnten.

Letztlich soll in diesem Kapitel noch die Produktstruktur und -entwicklung sowie die Vertriebsstruktur behandelt werden.

Im Rahmen der Produktstruktur stellen sich Fragen nach der Altersstruktur, der Programmbreite und -tiefe, den Anteil der Nachwuchs-, Star-, Cash- und Problemprodukte (Portfolioanalyse), aber auch nach der Qualitätskontrolle, während die Produktentwicklung den FuE-Bereich tangiert mit Fragen nach der FuE-Kapazität, der Anzahl eigener Patente, der Anzahl vergebener bzw. erworbener Lizenzen, den FuE-Kosten sowie individuellen Projektkosten.

Zur Vertriebsstruktur stellen sich Fragen nach der Marketing- und PR-Politik, die sich primär mit der Öffentlichkeitsarbeit für den bestehenden und potentiellen Kundenkreis auseinandersetzen; aber auch Fragen zu den Vertriebsmethoden, der Ausbildung und Schulung des Vertriebspersonals sowie zur Steigerung des Absatzes durch Zielvereinbarungen mit Anreizsystemen durch Sonderprämien sind von Bedeutung.

Dieser gesamte Fragenkatalog hat – wie immer wieder erwähnt – nur den einen Zweck, nämlich die Erfolgsstruktur des Unternehmens zu ergründen, um sich zu vergewissern, wie hoch die Wahrscheinlichkeit ist, dass der Kreditnehmer auch in Zukunft erfolgreich am Markt agiert und die für den Kapitaldienst benötigten Erträge verdient.

11.5 Organisation, Fertigung und Personalstruktur des Unternehmens

Auch in diesem Kapitel soll dem Leser wiederum aufgezeigt werden, welchen Informationsumfang Banken brauchen, um sich einen Überblick zu verschaffen, ob das kreditsuchende bzw. -beanspruchende Unternehmen auch in betrieblichen Bereichen, die mit der eigentlichen Kreditentscheidung verhältnismäßig wenig zu tun zu haben scheinen, den Anforderungen moderner betriebswirtschaftlicher Erkenntnisse entspricht. So können auch Schwachstellen im Organisations-, Fertigungs- oder Personalbereich zu kostensteigernden oder ertragsmindernden Auswirkungen führen, die im Extremfall sogar eine Existenzgefährdung darstellen können.

Der Unternehmer wird also auch mit Fragen konfrontiert werden, die sich mit der **Aufbau- und Ablauforganisation** befassen, und ist sicherlich gut beraten, wenn er anhand von Organigrammen verdeutlichen kann, über welche Organisationsform sein Betrieb verfügt. Er sollte veranschaulichen können, dass über Aufgabenanalyse und -synthese eine plausible Stellendefinition mit Stellenplan und Stellenbeschreibung vorliegt, dass die Kompetenz- und Verantwortungsbereiche exakt definiert und abgegrenzt sind bzw. Schnittstellen sauber herausgearbeitet wurden und mit den einzelnen Stellenleitern auf Zuständigkeiten abgestimmt wurden. Über diesen Weg muss verdeutlicht werden, dass die Instanzen- und Abteilungsbildung zu einer der üblichen Organisationsformen führt, die unterschiedlich von Branche zu Branche entweder mehr zentral oder dezentral ausgerichtet sind. Klassischerweise bietet sich hier die bekannte Skala an, die sich von der Linien-, Funktions-, Stablinien- bis zur Sparten- und Matrixorganisation erstreckt. Welche dieser Formen letztlich gewählt wird, ist der Bank nicht nur aufzuzeigen, sondern es ist auch plausibel zu machen, warum z. B. aus branchenspezifischen Gründen der einen Organisationsform der Vorzug vor der anderen gegeben wurde.

Aber auch eine gut funktionierende Ablauforganisation ist eine wesentliche Voraussetzung für einen erfolgreichen Betrieb. Es ist dringend erforderlich, dass die Arbeitsprozesse rationell ausgeführt und aufeinander abgestimmt sind. Der Arbeitsablauf sollte sowohl nach Arbeitsplatz, Arbeitsinhalt und -ziel als auch nach Arbeitszuordnung durchgehend gestaltet sein, denn nichts ist kostenintensiver als schlecht strukturierte Arbeitsabläufe, ganz zu schweigen von der demotivierenden Wirkung auf die Mitarbeiter. Permanente Kontrollen müssen sodann gewährleisten, dass das einmal erreichte Niveau erhalten bleibt, wenn nicht gar verbessert wird.

Ein weiterer Kostentreiber, der die Ertragskraft nachhaltig belasten kann, ist der **Fertigungsbereich**. Es sollte der Bank zumindest in knappen plausiblen Worten verdeutlicht werden können, dass es eine Programmplanung gibt, die die Lagerhal-

11.5 Organisation, Fertigung und Personalstruktur des Unternehmens

tung darauf abstimmt, ob die Absatzmengen konstant sind oder saisonal schwanken, und falls derartige Schwankungen vorliegen, wie diese eventuell ausgeglichen werden können, um zu möglichst niedrigen Beständen an Roh-, Hilfs- und Betriebsstoffen, aber auch an Halb- und Fertigerzeugnissen zu kommen, also Kosten zu sparen. Eine kurze Erläuterung durch den Kreditnehmer verbunden mit einer Betriebsbesichtigung über die angewandten Fertigungsverfahren, z. B. ob bei Fließfertigung die Zeittakte aufeinander abgestimmt sind oder wie das Verhältnis von Durchlaufzeiten zu Beschäftigungsschwankungen berücksichtigt wird, aber auch ob bei Werkstattfertigung die Kosten für die langen Transportwege, die Förderkosten und die Zwischenlagerungskosten mit Wartezeiten auf den Preis abgewälzt werden können, flößt der Bank zusätzliches Vertrauen ein, dass das Unternehmen professionell geführt wird. Liegt darüber hinaus der Typ der Einzelfertigung vor, stellt sich wieder die gleiche Frage, nämlich die nach der Preiselastizität. Bei Serienfertigung wird die Bank hingegen zumindest wissen wollen, ob die **optimale Losgröße** der Fertigungslose bekannt ist, also die Fertigungsmenge, bei der sich unter Berücksichtigung der auflagefixen und auflageproportionalen Kosten ein Minimum an Kosten pro Einheit der produzierten Menge ergibt. Letztlich werden sicherlich auch Fragen nach Umrüstzeiten und Ausschussquoten gestellt werden, da den Banken die Kostenintensität dieser Negativkriterien bekannt sein sollte. Der echte Kreditpraktiker wird dem Kreditnehmer darüber hinaus auch Fragen zur Fertigungsvorbereitung, wie z. B. Stücklistenerfassung, stellen, um auch hier zumindest an der Reaktion beurteilen zu können, ob der Kreditnehmer dieses Problem im Griff hat und erfolgsmindernde Zusatzkosten vermieden werden. Aber auch nach Make-or-Buy- bzw. Outsourcing-Strategien könnte gefragt werden, um sich zu vergewissern, dass alle Möglichkeiten an Rationalisierungseffekten angedacht und ausgeschöpft wurden.

Als letztes soll in diesem Kapitel auf die Personalpolitik eingegangen werden, denn nur zufriedene und motivierte Mitarbeiter setzen letztlich die betrieblichen Ziele mit der Intensität um, die für ein effizientes Erreichen des geschäftlichen Erfolges erforderlich ist.

In diesem Zusammenhang wird die Bank sicherlich wissen wollen, ob das Personal über den erforderlichen Ausbildungsstand verfügt und wie dieser laufend aktualisiert wird. So stellen sich Fragen danach, ob es regelmäßige Ausbildungsseminare bzw. -schulungen sowohl für die kaufmännischen als auch für die technischen und produzierenden Mitarbeiter gibt.

Weiterhin wird die Altersstruktur sowie die Lehrlings- und Nachfolgepolitik von Interesse sein. Ist ein Altersmix von erfahrenen, älteren und jungen Mitarbeitern gegeben, die für die gegenwärtige, aber auch für die künftige Entwicklung des Unternehmens positive Aussichten implizieren? Hierfür ist auch das Betriebsklima von Bedeutung, denn nur wenn unter der Mitarbeiterschaft ein kollegialer Teamgeist herrscht, ist gesichert, dass sowohl der formelle als auch informelle Informationsfluss funktioniert und Reibungsverluste aufgrund gezielt fehlgeleiteter Unterrichtung weitgehend vermieden werden.

In diesem Zusammenhang wird sich auch die Frage nach der sog. gerechten Entlohnung stellen. Mit gerechter Entlohnung kann keinesfalls die Verbesserung des Betriebsklimas durch Überzahlung gemeint sein, da jedem Mitarbeiter bewusst sein wird, dass eine derartige Kostenbelastung den Betrieb in der Existenz gefährden muss, was wiederum zu Arbeitsplatzängsten und einem schlechten Betriebsklima führt, sondern die Entlohnung muss leistungsbezogen erfolgen und mit der Arbeitnehmerseite, z. B. Betriebsrat, abgestimmt worden sein. Die Beachtung dieser Faktoren führt zu einer ausgewogenen Personalpolitik, die den Erfolg des Unternehmens sichern hilft und daher für die kreditgebende Bank von Interesse ist.

11.6 Die Lager- und Materialpolitik des Unternehmens

Zur Analyse der wirtschaftlichen Lage eines Unternehmens gehört bankseitig auch die Information über die Beschaffungspolitik und die Lagerhaltung. Sie stellt nämlich einen ganz entscheidenden Kostenfaktor bei der Durchführung des Betriebsprozesses dar. Es ist essentiell, ob die erforderlichen Mengen an Gütern in benötigter Art und Qualität termingerecht zur Verfügung stehen. Es stellt sich somit die Frage, ob die Bedarfsermittlung auf das jeweilige Fertigungsverfahren abgestimmt ist und anhand von Stücklisten erfasst wird. Hier ist wiederum die Vorratsplanung zu berücksichtigen, mit dem Ziel des **optimalen Lagerbestandes,** der die pro Einheit kostenminimale Bestellmenge zum Ziel hat, wobei der sog. eiserne oder Mindestbestand zu beachten ist, der als Reserve vorliegen muss, um bei Eintritt von Störfaktoren Produktionsausfälle zu vermeiden. In diese Überlegungen münden Fragen nach der Beachtung von Beschaffungs- und Lieferzeiten, aber auch von Melde- bzw. Bestellbestand, ab dem die Einkaufsabteilung nachbestellen muss. Werden diese Probleme durch DV-mäßige Überwachung anhand einer **permanenten Inventur** bzw. eines Warenbewirtschaftungssystems gelöst und fließen in die Ermittlung des optimalen Lagerbestandes Relationsgrößen wie Auftrags- und Umschlagskennziffern ein, führt dies im Jahresvergleich zu nützlichen kostenüberwachenden Aussagen.

Letztlich ist hier noch das Kriterium der **optimalen Bestellmenge** zu erwähnen, die eine Durchschnittsgröße darstellt und den Konflikt zu lösen versucht, der sich daraus ergibt, dass kleine Bestellmengen aufgrund des schnelleren Lagerumschlages und der geringeren räumlichen Ausdehnung des Lagers einerseits zu niedrigeren Lager- und Zinskosten führen, andererseits aber zu höheren Beschaffungs- und Transportkosten. In diese Problematik spielt auch das Problem der **optimalen Lagerdauer** und der **optimalen Bestellhäufigkeit** hinein.

Auch wenn Banken in der Vergangenheit zu diesen Fragenkomplexen noch nicht ins Detail gegangen sein sollten, werden sie in der Zukunft hierzu deutlich mehr aufgefordert sein, wenn sie künftig Kreditausfälle größeren Umfangs im Firmenkundengeschäft vermeiden wollen.

11.7 Die Investitions- und Finanzierungsplanung des Unternehmens

Wenn es sich bei dem vorliegenden Buch um eines der üblichen Einführungswerke in die Kreditvergabepraxis der Banken handeln würde, hätte mit diesem Kapitel begonnen werden müssen, denn bei Beantragung eines Kredits – sei es ein Betriebsmittelkredit oder ein Darlehen – steht am Anfang immer die Frage nach dem Verwendungszweck. Will der Antragsteller das laufende Geschäft finanzieren, wird er einen Betriebsmittelkredit beantragen, will er hingegen eine langfristige Investition tätigen – etwa in Gebäude oder Maschinen –, wird er ein Darlehen beantragen, dessen Laufzeit an der Nutzungsdauer der Investition ausgerichtet ist.

Dieses Buch hat sich aber zum Ziel gesetzt, auf das Bilanzgespräch im weiteren Sinne mit den Banken vorzubereiten und den mittelständischen Unternehmen aufzuzeigen, nach welchen Gesichtspunkten Kreditinstitute handeln. Unter diesem Aspekt wurde die nachhaltige Kapitaldienstfähigkeit als oberstes Kriterium der Kreditentscheidung an den Anfang gestellt und somit von der klassischen Vorgehensweise abgewichen.

Kredite können für unterschiedliche Zwecke verwendet werden, nämlich für den Betriebsmittel- und für den Investitionsbereich. Für den ersten Bereich wird im Allgemeinen ein sog. **Kontokorrentkredit mit variablem Zinssatz** und für den zweiten Bereich ein **langfristiges Darlehen mit festem Zinssatz** durch die Banken ausgereicht.

Zur Beantragung eines neuen bzw. zur Aufstockung eines bestehenden Betriebsmittelkredits wird, wie unter Abschn. 6.2 bereits erläutert, die Vorlage einer sog. Liquiditätsplanrechnung – auch Liquiditätsvorschau genannt – sehr vorteilhaft sein und viele Fragen durch die Bank ersparen helfen.

Eine Liquiditätsplanrechnung erfasst – wie oben bereits ausgeführt – unter Berücksichtigung von Toleranzabweichungen den wahrscheinlichen Zahlungsfluss aus Einnahmen und Ausgaben des Unternehmens und versucht auf diese Weise, den künftigen kurzfristigen Finanzierungsbedarf (meist für 1 Jahr) und somit die Entwicklung des Kontokorrentkontos zu simulieren. Je häufiger eine derartige Berechnung in der Vergangenheit bereits aufgestellt wurde, um so exakter erfasst sie die Zukunft, da langfristige Erfahrungswerte zumeist zu realistischen Toleranzannahmen bei den Geldein- und -ausgängen führen. Sollte sich während eines Rechnungszeitraums eine nicht vorhersehbare Abweichung größeren Ausmaßes einstellen, ist die gesamte Liquiditätsvorschau kurzfristig zu korrigieren und der Bank die angepasste Ausfertigung einzureichen. Welche Bestandteile eine derartige Vorschau haben sollte, wurde bereits im Abschn. 11.2 erläutert.

Ob derartige Liquiditätsplanrechnungen auf weitgehend realistischen Planzahlen beruhen, lässt sich durch die Banken am besten anhand retrospektiver **Kapitalflussrechnungen** oder auch anhand so genannter **Mittelherkunfts- und -verwendungsrechnungen** nachvollziehen. Hier wird anhand einer Gegenüberstellung von Aktiv- und Passivpositionen aufgezeigt, aus welchen Quellen Finanzierungsmittel dem Unternehmen zur Verfügung standen und für welche Finanzierungszwecke diese verwendet wurden. Eine Kapitalflussrechnung sieht vereinfacht dargestellt wie folgt aus:

Abbildung 48: Vereinfachte Darstellung einer Kapitalflussrechnung

Aktivmehrung	Aktivminderung
Passivminderung	Passivmehrung
Verlust	Gewinn

Sie gibt der Bank Auskunft darüber, ob die Betriebseinnahmen, insbesondere aus Umsatzerlösen, zu einem Überschuss über die Betriebsausgaben, insbesondere für Material, Personal, Fremdleistungen und Abgaben, geführt haben. Darüber hinaus werden die Ausgaben für Sach- und Finanzinvestitionen sowie für immaterielle Investitionen, wie Entwicklung und Markterschließung, sowie die Finanzierungsart – Außen- oder Innenfinanzierung – ersichtlich. Aus dieser Rechnung lässt sich, zusammen mit einer Erlös- und Kosten- sowie einer Investitionsplanung, der künftige kurzfristige Liquiditätsbedarf ziemlich genau ableiten.

Die Antwort auf die Frage, ob sich eine Investition, sei es eine Rationalisierungs- oder Erweiterungsinvestition, für das Unternehmen lohnt, insbesondere wenn sie aus langfristigem Fremdkapital finanziert werden soll, erfordert im Allgemeinen zwei Schritte, die auch der Bank die Plausibilität einer derartigen Maßnahme näher bringen.

In einem ersten Schritt ist eine **detaillierte Investitionsplanung** zu erstellen, die die Abhängigkeiten der betrieblichen Teilbereiche berücksichtigt und daher mit den einzelnen Abteilungsleitern abgestimmt werden muss. Sodann sollte in einem zweiten Schritt die Wirtschaftlichkeit der geplanten Investitionen ermittelt werden. Hierzu stehen die klassischen Investitionsrechnungsverfahren zur Verfügung, wobei es sich empfiehlt, der Bank aufzuzeigen, dass das übliche **Return-on-Investment-Verfahren (ROI-Verfahren)** durch eines der dynamischen Verfahren, das den Zeitfaktor berücksichtigt (z. B. Kapitalwertmethode) ergänzt wurde.

Das ROI-Verfahren berechnet die Rentabilität einer Investition nach folgender Formel:

$$ROI = \frac{Gewinn}{Umsatz} \times \frac{Umsatz}{invest.\ Kapital}$$

Der erste Faktor dieser Formel zeigt den Umsatzerfolg, der zweite den Kapitalumschlag. Multipliziert man beide Faktoren, so ergibt sich als Produkt die jährliche Rentabilität des investierten Kapitals. Die Schwäche dieses Verfahrens liegt in der kurzfristigen Betrachtungsweise, die zukünftige Veränderungen von Kosten und Erlösen nicht berücksichtigt, und in der Schwierigkeit, Umsätze und Gewinne einzelnen Investitionsprojekten zuzurechnen. Dieses Verfahren sollte daher um eines der dynamischen Verfahren ergänzt werden. Sollten beide Verfahren zu einem positiven Ergebnis führen, spricht dieses für die Durchführbarkeit der Investition.

11.7 Die Investitions- und Finanzierungsplanung des Unternehmens 201

Als dynamisches Rechnungsverfahren bietet sich die **Kapitalwertmethode** an. Diese Methode geht davon aus, dass die Einzahlungen und Auszahlungen, die durch ein bestimmtes Investitionsobjekt hervorgerufen werden, im Zeitablauf nach Betrag, zeitlichem Anfall und Dauer unterschiedlich sein können. Die einzelnen Beträge müssen daher vergleichbar gemacht werden, indem das Zeitmoment berücksichtigt wird, denn es ist offensichtlich, dass für den Betrieb eine Einzahlung um so wertloser ist, je weiter sie in der Zukunft und ein Auszahlung um so belastender, je näher der Zahlungszeitpunkt liegt. Die Vergleichbarkeit wird erreicht, indem alle zukünftigen Einzahlungen und Auszahlungen auf den Zeitpunkt unmittelbar vor Beginn der Investition abgezinst werden. Es wird also der Barwert ermittelt. Der Kapitalwert einer Investition ergibt sich als Differenz zwischen der Summe der Barwerte aller Einzahlungen und der Summe der Barwerte aller Auszahlungen, die mit dieser Investition in Zusammenhang stehen. Der Abzinsungssatz richtet sich nach dem gewünschten Mindestzinssatz und liegt in Höhe der Kapitalkosten des Investors. Er wird Kalkulationszinsfuß genannt. Ist der Kapitalwert gleich Null, wird gerade diese Mindestverzinsung erzielt, d. h. die Einzahlungsüberschüsse reichen aus, die Anfangsauszahlungen zu tilgen und das investierte Kapital zum Kalkulationszinsfuß zu verzinsen.

Ist der Kapitalwert positiv, so liegt die Verzinsung des eingesetzten Kapitals nach Tilgung über dem Kalkulationszinsfuß. Die Investition sollte also durchgeführt werden. Ist der Kapitalwert hingegen negativ, sollte die Investitionsentscheidung ebenfalls negativ ausfallen. Die übliche Formel der Kapitalwertmethode lautet:

$$K = \sum_{t=0}^{n} (E_t - A_t) \times (1 + i)^{-t}$$

K = Kapitalwert; E_t = Einzahlungen am Ende der Periode t; A_t = Auszahlungen am Ende der Periode t; i = Kalkulationszinsfuß; t = Periode (t = 0, 1, 2 ... n); n = Nutzungsdauer des Investitionsobjekts.

Auch ein mittelständischer Unternehmer sollte der Hausbank aufzeigen können, dass die kurz- und langfristigen Ausgaben sauber kalkuliert wurden und auch verkraftet werden können, denn Investitionsvorhaben zum falschen Zeitpunkt und in der falschen Größenordnung haben schon viele Unternehmen in die größten Schwierigkeiten gebracht.

Begleitet werden sollte die Investitionskalkulation durch eine Finanzplanung, die der Erhaltung des finanziellen Gleichgewichtes und zur Verhinderung der Ansammlung liquider, schlecht verzinslicher Mittel dient. Berücksichtigt wird dieser Aspekt bereits in der oben in diesem Abschnitt angesprochenen Liquiditätsplanrechnung, die auf den Einnahmen- und Ausgabenströmen einer Abrechnungsperiode beruht.

Um Strukturprobleme insbesondere bei langfristigen Kapitalbindungen zu vermeiden, sollte das Unternehmen darauf achten, dass es die sog. **goldene Finanzierungsregel** und die sog. **goldene Bilanzregel** einhält. Die goldene Finanzierungsregel besagt, dass die Fristen zwischen Kapitalbeschaffung und -rückzahlung einerseits sowie Kapitalverwendung andererseits einander entsprechen sollen, während die goldene Bilanzregel besagt, dass das Anlagevermögen und gewisse Teile des Lagers mit langfristigem Kapital (Eigen- und langfristigem Fremdkapital) finanziert werden müssen.

Auf die Einhaltung dieser beiden Grundsätze reagieren Banken äußerst sensibel, denn sie kennen aus ihrem eigenen Geschäftsbereich die Fristenkongruenzproblematik sowie die Gefahren einer Fristenabweichung sehr genau (wobei das Gefahrenmoment, das für Banken aus diesem Bereich entstehen kann, wesentlich größer ist als für andere Dienstleistungsunternehmen oder für Produktionsunternehmen).

Der Bank ist also wieder zu verdeutlichen, dass Investition und Finanzierung möglichst detailliert geplant wurden und Gefahren für die künftige Ertragskraft aus diesem Bereich nach menschlichem Ermessen nicht zu erwarten sind.

11.8 Die Qualität des Managements des Unternehmens

Eines der wesentlichen Entscheidungskriterien insbesondere für die Blankokreditgewährung ist die Qualifikation des Managements. Die fachlichen, aber auch die persönlichen Eigenschaften der weisungsbefugten Verantwortungsträger waren schließlich die Grundvoraussetzung dafür, dass das Unternehmen in der Vergangenheit erfolgreich war, aber auch in der Zukunft noch erfolgreich agieren wird. Ob auch künftig die Führung des Betriebes gelingen wird, also ein nachhaltiges positives operatives Ergebnis erzielt wird, hängt entscheidend davon ab, ob das Management in der Lage ist, den Markt des Unternehmens richtig einzuschätzen, um dann alle Betriebsmittel wie menschliche Arbeitskraft und Werkstoffe danach zu planen, zu organisieren und permanent zu kontrollieren.

Die langfristige Gewinnmaximierung ist das oberste Ziel, das das Management – bestehe es aus Eigentümern oder Geschäftsführern – anvisieren muss, wobei hier selbstverständlich eine Interessengleichheit mit der Hausbank vorliegt.

Viele Aktivitäten, die durch das Management in dem Betrieb umgesetzt wurden bzw. auch künftig umgesetzt werden müssen, sind in den vorherigen Abschnitten angesprochen worden. Ob diese Parameter erfolgreich eingesetzt wurden, ist zum größten Teil auf das Management selbst zurückzuführen. Eines der wesentlichsten Kriterien ist dabei die Führung der Mitarbeiter, die nur bei Akzeptanz der Geschäftsführung die Leistung bringen werden, die von ihnen erwartet wird. Das Management gibt in Form von Zielvereinbarungen bestimmte gemeinsam erarbeitete Ziele vor, die die jeweilige Führungskraft in ihrem Geschäftsgebiet realisieren soll. Diese Art des sog. **Management by Objectives** hat den Vorteil, dass sich die zweite Führungsebene in den Prozess der Entscheidungsfindung einbezogen fühlt, was letztlich zu einer höheren Identifikation mit der Entscheidung führt, somit den Teamgeist fördert. Das Unternehmen wird auf diese Weise als pluralistisches, soziales Gefüge verstanden, dessen Ausrichtung aller Organisationsmitglieder auf ein gemeinsames Ziel als höchste Aufgabe gilt.

11.8 Die Qualität des Managements des Unternehmens

Diese Art von Akzeptanz wird beim sog. **Management by Exceptions** kaum erreicht werden, denn in diesem Fall beschränkt die Betriebsführung ihre Entscheidungen auf außergewöhnliche Fälle und überlässt ansonsten die Aufgabenbereiche den einzelnen Führungskräften der zweiten Ebene. Dieser Führungsstil führt dazu, dass die Bindung der Betriebsleitung zur zweiten Ebene verloren geht und diese, allein gelassen, keinen Teamgeist an die unteren Ebenen weitervermitteln kann. Das Management überzeugt und motiviert in diesem Fall nicht selbst und degeneriert zum Fremdkörper im eigenen Betrieb.

Es gehört also zu einer erfolgreichen Betriebsführung, dass neben der Organisation des betrieblichen und personellen Prozesses auch die persönliche Überzeugungskraft gegenüber den Mitarbeitern stimmen muss. Der **Chef** ist einerseits derjenige, der als oberste Instanz die erarbeiteten Betriebsziele durchsetzt, aber auch in Risikosituationen die Verantwortung trägt. Nur eine derart strukturierte Persönlichkeit ist in der Lage, die Behauptung am Markt, den betrieblichen Prozess und die Bewältigung von Problemen durchzuziehen und auf die Dauer erfolgreich zu meistern. Dieser Persönlichkeit wird auch glaubhaft abgenommen, dass notwendige Maßnahmen getroffen werden müssen, wenn diese für das Fortbestehen des Unternehmens von übergeordneter Bedeutung sind. Die Hausbank wird, nachdem in den letzten Jahren Managementfehler zu bedeutenden Unternehmenszusammenbrüchen geführt haben, immer mehr auf diesen sehr persönlichen Bereich achten.

Aber sie wird auch Fragen stellen nach den Hilfsinstrumenten für die Entscheidungsfindung bzw. für die Einleitung von Entscheidungsprozessen. In einem modernen Unternehmen liefert das Controlling Informationsinstrumente in Form eines Management-Informations-Systems (MIS), das anhand wesentlicher Kennzahlen aus allen Betriebsbereichen kurzfristige Trendabweichungen kurz und prägnant aufzeigt und den Entscheidungsprozess auslöst. Hierzu gehört ein optimales Berichtswesen, sei es über Markterhebungen oder innerbetriebliche Abwicklungsprozesse. Aber auch die Planung der finanziellen Zukunft anhand von Mehrjahresbudgets – DV-mäßig unterstützt von Simulationsmodellen – sowie die Rohstoffpreis-, aber auch Zinsänderungen sind in eine Plan-GuV einzubeziehen. Die letztgenannten Instrumente werden in typisch mittelständisch strukturierten Unternehmen allerdings nur in sehr vereinfachter Form unter Inkaufnahme von erheblichen Toleranzabweichungen vorliegen. Aber diese Schwäche wissen die Banken gut einzuschätzen. Die Einführung derartiger Parameter ist letztlich immer noch besser, als der Zukunft völlig unvorbereitet zu begegnen, und sie vermittelt den Eindruck, dass das Management für künftige Veränderungen aufgeschlossen ist.

12. Unternehmenskrise

12.1 Die Reaktion von Banken in der Unternehmenskrise

Nachdem bisher gezeigt wurde, unter welchen wirtschaftlichen Bedingungen Banken die Kreditwürdigkeit des Kreditnehmers als gegeben ansehen (wobei der gesamte Komplex der Kreditbesicherung nicht abgehandelt wurde, da er nicht zum Themenkreis dieser Ausführungen gehört), und außerdem ausführlich dargestellt wurde, wie Banken die Erfüllung des Hauptkriteriums, nämlich die nachhaltige Kapitaldienstfähigkeit, untersuchen, soll nun in diesem Abschnitt auf das Verhalten der Banken in der Krise des kreditnehmenden Unternehmens eingegangen werden.

Wie oben ausgeführt wurde, befinden sich die Banken in der Situation, das Geld bzw. Kapital ihrer Einleger derart anzulegen, dass nach menschlichem Ermessen die Rückzahlung mit vereinbarten Zinsen zu den jeweiligen Fälligkeitszeitpunkten problemlos erfolgen kann. Sicherheitseinrichtungen wie Einlagensicherungsfonds haben lediglich Feuerwehrfunktion, auf die nur in Ausnahmefällen zugegriffen werden kann. Um diesem Anspruch des Einlagenschutzes gerecht werden zu können, hat der Gesetzgeber für die Anlage von Einlagen im Kreditgeschäft in § 18 Satz 1 KWG genau definiert, unter welchen Voraussetzungen Kredite durch Banken herausgelegt werden dürfen, nämlich nur bei detaillierter Offenlegung und Durchleuchtung der wirtschaftlichen Verhältnisse sowie bei Nachweis einer positiven Bonität nach vorsichtiger und gründlicher Analyse. Sollte ein Verstoß gegen § 18 Satz 1 KWG bei einer Kreditausreichung vorliegen und dieser Kredit Not leidend werden, so hat die Geschäftsleitung der Bank mit Sanktionen durch das BAK zu rechnen, die bis zur Abberufung führen können.

In dieser Konfliktsituation befinden sich die Banken, wenn ein Not leidendes Engagement nachfinanziert oder durch Zins- oder Forderungsverzicht etwa gegen Besserungsschein unterstützt werden soll.

Um nicht mit § 18 Satz 1 KWG in Konflikt zu kommen, ist vor allem die Erarbeitung und Vorlage eines **plausiblen Sanierungskonzeptes** erforderlich, dessen Realisierung einen hohen Grad an Erfolgswahrscheinlichkeit beinhalten sollte.

Es empfiehlt sich für den betroffenen Unternehmer, durch einen sachverständigen Dritten eine **Schwachstellen- und Ursachenanalyse** erstellen zu lassen. Die Bank muss ihre Entscheidung, bei der Sanierung des Unternehmens mitzumachen, auf das Urteil eines neutralen, fachkundigen Dritten stützen können, der völlig unvoreingenommen die Schwachstellen des Unternehmens eingrenzt sowie die Ursachen ermittelt, die zu diesen Schwachstellen führten. Hierzu sollte ein Gutachten erstellt werden, das zur Ermittlung der Schwachstellen Kennzahlen verwendet, die spezifisch nach Betriebsbereich und Branche vergleichend eingesetzt werden, sodass signifikante Abweichungen – durch Benchmarks – deutlich ersichtlich werden. Auf diese Weise ist ein Filter geschaffen, der sehr effizient die Schwerpunkte herauskristallisiert, an denen eine Sanierung gezielt ansetzen sollte.

In anschließenden Gesprächen mit der Geschäftsleitung bzw. den zuständigen Abteilungsleitern sollten sodann die gefundenen Schwachstellen bzw. Negativabweichungen untersucht werden, um deren Ursachen zu ermitteln, die in dem Gutachten aufzulisten sind, um für die Erarbeitung eines Sanierungskonzeptes als Ansatzpunkte zu dienen.

Der eigentliche **Maßnahmenkatalog,** der ergriffen werden soll, um die Schwierigkeiten zu beseitigen, sollte den zweiten Teil des Gutachtens bilden. Hier ist wiederum zu differenzieren zwischen Maßnahmen auf der Produkt- und Ertragsseite einerseits sowie der Kostenseite andererseits.

Eine Analyse kann z. B. ergeben haben, dass die Umsätze des Unternehmens deutlich rückläufig waren, weil einzelne Produkte nicht mehr in dem Umfang bzw. zu den Preisen abgesetzt werden können, die eine Kostendeckung gewährleisten. Eine detaillierte Deckungsbeitragsrechnung pro Stück muss nun offen legen, ob einzelne Produkte aus dem Fertigungsprogramm herausgenommen werden sollten, um bei einer Konzentration auf gewisse Kernerzeugnisse bei gleichzeitiger Kostenanpassung wieder eine nachhaltige Gewinnsituation zu erreichen. Bei einer derartigen Analyse ist es insbesondere im Mehrproduktunternehmen unerlässlich, die fixen und variablen Kostenbestandteile pro Erzeugnis herauszufiltern, da sonst völlig falsche Entscheidungen getroffen werden.

Die Analyse kann aber auch durchaus ergeben haben, dass ein Markt für die Produktpalette absolut noch vorhanden ist, dass das Unternehmen aber Produktneuerungen versäumt hat oder über Fertigungsverfahren verfügt, die zur Erstellung moderner Produkte nicht geeignet sind, da sie zu kostenintensiv sind. In diesem Fall muss die Deckungsbeitragsrechnung zur Ermittlung der Preisuntergrenze eingesetzt werden, um festzustellen, welcher Preis bei jedem Produkt erzielt werden muss, um nach durchgeführter Produktverbesserung bzw. Investition Kostendeckung zu erreichen und um festzustellen, ob dieser Preis am Markt durchsetzbar ist. Einhergehen muss eine derartige Analyse mit Investitionsrechnungen sowie Finanzbedarfsplanungen, um der Bank aufzuzeigen, welcher Kapitalbedarf zu welchem Zeitpunkt erforderlich ist.

Stellen sich die Probleme des Unternehmens nach erfolgter Analyse auf der Kostenseite heraus, kann im Allgemeinen mit sog. schnellgreifenden Maßnahmen ein kurzfristig sichtbarer Erfolg erzielt werden. Unter schnellgreifenden Maßnahmen sind Personal- und Sachkostensenkungen, beschleunigter Forderungseintrieb, Abbau überhöhter Lagerbestände sowie Veräußerung nicht benötigten Anlagevermögens zu verstehen. Auf diese Weise kann auf einfache Art ein schneller Erfolg, nämlich eine **Verbesserung der Ertrags- und Liquiditätssituation,** erreicht werden. Allerdings ist dieses Potential nach einmaliger Ausnutzung erschöpft, sodass ohne Beseitigung der eigentlichen Strukturprobleme der leicht erreichte Erfolg auch nur von kurzer Dauer ist. Das Gutachten des Sachverständigen sollte daher neben diesen Vorschlägen auch ein Konzept enthalten, wie das Unternehmen als Ganzes umzustrukturieren ist, um einen langfristigen, also nachhaltigen Erfolg festigen zu können.

Somit sollte im Rahmen dieser Konzeption dargestellt sein, wie die Vertriebs- und Produktpolitik des Unternehmens künftig gehandhabt wird, um künftige Fehlentwicklungen zu vermeiden. Hierzu ist der Nachweis zu führen, dass regelmäßig

Analysen über die Absatz- und Beschaffungsmärkte herangezogen werden, um Änderungen im Nachfrageverhalten oder auch der Rohstoffpreise frühzeitig zu erkennen. Aber auch regelmäßige Konkurrenzbeobachtung ist von dem Sachverständigen dringend zu empfehlen, um gegen veränderte Marktsituationen rechtzeitig reagieren zu können. Im Produktbereich sind außerdem häufig Überlegungen zum sog. Outsourcing angebracht, um kostengünstiger produzieren zu können.

Die Betriebs- und Arbeitsabläufe sollten behandelt werden, und die **Einführung eines differenzierten Controlling** empfohlen werden. Die Auftragskalkulation ist zu überprüfen und evtl. unter modernen KLR-Gesichtspunkten zu ändern.

Ein derartiges Konzept muss der Bank ebenfalls verdeutlichen, dass Managementfehler künftig durch ein ausgefeiltes MIS (Management-Informations-System) weitgehend vermieden werden können.

Eventuell ist eine **Kapitalbeschaffung** über Beteiligungen oder öffentliche Finanzierungsmittel (etwa Konsolidierungsdarlehen) vorzuschlagen und aufzuzeigen, wie derartige Mittel besorgt werden sollen und welche Auswirkungen sie auf die Bilanz- und Ertragsstruktur des Unternehmens haben. So gibt es eine Fülle von Maßnahmen, die in einer derartigen Konzeption behandelt werden müssen. Über jedem Sanierungskonzept muss aber als oberster Grundsatz der Anspruch auf Plausibilität und logische Geschlossenheit stehen, denn nur dann ist auch für einen Branchenfremden nachvollziehbar, dass die vorgelegte Konzeption den hohen Grad an Erfolgswahrscheinlichkeit enthält, der es dem Bankvertreter ermöglicht, übergeordnete Entscheidungsgremien von der Notwendigkeit weiterer stützender Maßnahmen zu überzeugen. Außerdem ist nur unter dieser Voraussetzung die Problematik des § 18 Satz 1 KWG zu bewältigen. Es muss nämlich der Nachweis möglich sein, dass Sanierungsmaßnahmen sinnvoll sind, die nach sehr gründlicher Vorbereitung durch Nachfinanzierungen oder eventuelle Forderungsverzichte unterstützt werden sollen.

Letztlich ist für eine positive Bankentscheidung auch die Absicht des sachverständigen Dritten von hoher Wichtigkeit, die von ihm aufgezeigten Sanierungsmaßnahmen mit umzusetzen und verantwortlich mitzutragen, und zwar solange, bis die Sanierungsphase erfolgreich abgeschlossen ist.

Am Ende dieses Abschnitts soll anhand einer Fallstudie noch zu der Problematik Stellung bezogen werden, die bei einem Unternehmen in der Krise durch die Unternehmensleitung vor allen weiterführenden Maßnahmen beachtet werden muss, nämlich die Abwendung der Insolvenzreife durch die Geschäftsführung. Diese Thematik hätte von der Reihenfolge der Darstellung her evtl. an den Anfang dieses Abschnitts gehört: da aber meist erst umfangreiche Analysen (Überschuldungsbilanz bei einer Kapitalgesellschaft etc.) erforderlich sind, um den Insolvenzgrund und damit die Insolvenzreife festzustellen, ist es in jedem Falle sinnvoll, Sanierungskonzept und Insolvenzgutachten jeweils durch den jeweiligen einschlägigen Sachverständigen parallel erstellen zu lassen, insbesondere unter dem Aspekt, dass sich auf diese Weise die beiden Sachverständigen über eine mögliche Weiterführung des Unternehmens unabhängig voneinander ein Bild machen können.

12.2 Fallstudie zur Überschuldung einer GmbH 207

Ob bei einer Einzelfirma oder Personenhandelsgesellschaft (ausgenommen die GmbH & Co KG) der einzige Konkursgrund, nämlich Illiquidität, vorliegt, ist von Fall zu Fall zu entscheiden und hängt maßgeblich von der Beurteilung durch die Kapitalgeber und Finanziers des Unternehmens ab. Der Tatbestand der Konkursverschleppung mit der Folge von Schadensersatzansprüchen sowie strafrechtlicher Sanktionen für die Geschäftsführer bzw. Inhaber, aber auch für die finanzierenden Banken, kann von den betroffenen Gläubigern nur dann mit Erfolg konkretisiert werden, wenn ein Schaden an sich und darüber hinaus der kausale Zusammenhang zwischen Schaden und Handlungsweise der Beklagten nachgewiesen werden kann. Außerdem ist den Beklagten noch ein Verschulden – also Vorsatz oder grobe Fahrlässigkeit – nachzuweisen. Beide Kriterien führen in der Praxis zu erheblichen Beweisschwierigkeiten und damit selten zu einem prozessualen Erfolg für den Kläger.

Anders liegt der Sachverhalt bei Kapitalgesellschaften, da bei diesen zu dem Konkursgrund Illiquidität noch der weitere Konkursgrund, nämlich Überschuldung, hinzukommt. Welche Problematik sich für die Geschäftsführung einer GmbH, GmbH & Co KG oder auch AG aus diesem weiteren Insolvenzgrund ergibt und wie die Überschuldung abgewendet werden kann, zeigt die folgende Fallstudie.

12.2 Fallstudie zur Überschuldung einer GmbH

12.2.1 Sachverhaltsvorgaben

Die Fallstudie zeigt die Bilanz und die GuV einer in der Baubranche tätigen GmbH, wobei die GuV einen „Jahresfehlbetrag" von 357 TDM und die Bilanz einen „Nicht durch Eigenkapital gedeckten Fehlbetrag" von 520 TDM ausweisen. Im Anlagevermögen sind ca. 50 TDM stille Reserven vorhanden.

In der GuV sind in der Position Personalaufwand (438 TDM) Löhne u. Gehälter i. H. von 335 TDM enthalten, deren Zusammensetzung sich aus dem nachstehenden Kontennachweis, der aus Plausibilitätsprüfungsgründen von den Kreditinstituten meist angefordert wird, ergibt.

Zu welchen rechtlichen und wirtschaftlichen Überlegungen und Folgerungen geben diese Teile des Jahresabschlusses Anlass?

Abbildung 49: Zusammenstellung der Zahlen der Fallstudie zur Unternehmenskrise

Bilanz	GJ	Vorjahr		GJ	Vorjahr
Aktiva	TDM	TDM	Passiva	TDM	TDM
Anlagevermögen	215	345	Gezeichnetes Kapital	50	50
Umlaufvermögen			Verlustvortrag	-213	7
Forderungen	63	104	Jahresfehlbetrag	-357	-220
Flüssige Mittel	1	3	Ungedeckter Fehlbetrag	520	163
Aktiver RAP	12	20	Rückstellungen	40	50
Ungedeckter Fehlbetrag	520	163	Verbindlichkeiten		
			geg. Kreditinstituten	226	136
			aus Lieferung u. Leist.	1	22
			geg. Gesellschaftern	511	373
			sonstige	33	54
Summe Aktiva	811	635	Summe Passiva	811	635

Gewinn- und Verlustrechnung	GJ	Vorjahr
	TDM	TDM
Umsatzerlöse	513	644
andere aktivierte Eigenleistungen	0	109
Sonstige betriebliche Erträge	28	14
Materialaufwand	-64	-111
Rohertrag	**477**	**656**
Personalaufwand	-438	-494
Abschreibungen	-168	-145
Sonstige betriebliche Aufwendungen	-178	-196
Zinsaufwendungen	-54	-31
Ergebnis der gewöhnlichen Geschäftstätigkeit	**-361**	**-210**
außerordentliches Ergebnis	8	0
Steuern v. Einkommen u. Ertrag	0	-3
Sonstige Steuern	-4	-7
Jahresfehlbetrag	**-357**	**-220**

Kontennachweis der GuV-Position Löhne und Gehälter		GJ	Vorjahr
Kto.	Löhne und Gehälter	TDM	TDM
4110	Monatslohn	-109	-129
4111	Gehalt Geschäftsführer 1	-93	-110
4112	Gehalt Geschäftsführer 2	-102	-109
4113	Lohnfortzahlung	17	7
4116	Lohnfortzahlung Erstattung Arbeitsamt	3	8
4117	Erstattung Lohnausgleich	0	13
4125	Ehegattengehalt	-48	-57
4170	VWL-AG-Anteil	-3	-3
	Summe	**-335**	**-380**

12.2.2 Die Überschuldung

Die Haftungsordnung der Kapitalgesellschaften (auch der GmbH & Co KG, vgl. Abschn. 5.4) ist auf folgendem einfachen wie einfallsreichen Prinzip aufgebaut:

- Es muss ein bestimmtes **Garantiekapital** (gezeichnetes Kapital) **aufgebracht** werden, um am Rechtsverkehr teilnehmen zu können.
- Ist das **Garantiekapital aufgezehrt**, weil das Vermögen nicht mehr zur Deckung der bestehenden Verbindlichkeiten ausreicht, muss die Gesellschaft ihre **Tätigkeit beenden**.
- Die Verpflichtung zur Einhaltung dieser Regeln obliegt den Geschäftsführern (§ 64 Abs. 1 GmbHG). Diese haben nämlich innerhalb einer Frist von drei Wochen, ohne schuldhaftes Verzögern, den Antrag auf Eröffnung des Konkurs- oder Vergleichsverfahrens zu stellen. Die Nichtbeachtung dieser vom Gesetz auferlegten **Pflichten** (vgl. Abschn. 5.4.2.5) durch die Geschäftsführer führt
  – zu einer zivilrechtlichen **Schadenersatzpflicht** (§ 823 Abs. 2 BGB i. V. mit § 64 Abs. 1 GmbHG; § 826 BGB), die durch die Konkursverschleppungshaftung deutlich aufgewertet wurde (Neugläubiger haben Anspruch auf den vollen – nicht durch die Quote begrenzten – Schaden (BGH, ZIP 1994 S. 1103).);
  – zu **strafrechtlichen Sanktionen** (§ 84 Abs. 1 Nr. 2, § 84 Abs. 2 GmbHG) gegen die Geschäftsführer (Fleischer, ZIP 1996 S. 773 ff.).

Zur Vermeidung straf- und zivilrechtlicher Folgen müssen die Geschäftsführer die wirtschaftliche Lage der Gesellschaft **fortlaufend beobachten** (BGH, ZIP 1994 S. 1103, 1109). Neben der Zahlungsunfähigkeit ist dabei auch die Überschuldung zu beachten:

- **die formelle Überschuldung**
  Eine formelle Überschuldung liegt vor, wenn die Passivseite der Bilanz größer ist als die Aktivseite bewertet zu Buchwerten. Dies führt zum Ausweis eines „Nicht durch Eigenkapital gedeckten Fehlbetrages" auf der Aktivseite. Dieser Ausweis sagt jedoch nichts über eine materielle Überschuldung der Gesellschaft aus. Die Geschäftsführer müssen außerdem bereits schon vorher, nämlich bei Verlust des halben Stammkapitals, tätig werden (vgl. Abschn. 5.4.2.5).
- **die materielle Überschuldung**
  Die materielle Überschuldung ist mit einer Überschuldungsbilanz (Überschuldungsstatus) festzustellen. Bei der Überschuldungsbilanz handelt es sich um eine Vermögensaufstellung, die weitgehend eigenen Regeln folgt (Fleischer, ZIP 1996 S. 774). Es sind die Vermögenswerte mit Liquidationswerten unter Aufdeckung der stillen Reserven bzw. mit Teilwerten anzusetzen (zu Einzelheiten vgl. Stellungnahme FAR 1/1996 und Abschn. 5.4.1).

Einer Überschuldung kann jedoch durch Umqualifizierung von Fremd- in Eigenkapital (eigenkapitalersetzende Darlehen, Rangrücktritt) entgegengewirkt werden, mit dem Ergebnis, dass im Überschuldungsstatus „funktionelles Eigenkapital" vorliegt. Ist dies der Fall, sind die Verbindlichkeiten gegenüber Gesellschaftern in Höhe von 511 TDM im Überschuldungsstatus nicht anzusetzen. Die Gesellschaft ist also, unter Berücksichtigung der stillen Reserven im Anlagevermögen in Höhe von 50 TDM und dem eventuellen Wegfall der Verbindlichkeiten gegenüber Gesellschaftern in Höhe von 511 TDM, nicht überschuldet, wie folgende Rechnung zeigt:

	TDM
Nicht durch Eigenkapital gedeckter Fehlbetrag	./. 520
+ stille Reserven im Anlagevermögen	+ 50
+ Verbindlichkeiten gegenüber Gesellschaftern	+ 511
= positiver Vermögenswert	+ 41

12.2.3 Die eigenkapitalersetzenden Gesellschafterdarlehen (latentes Fremdkapital)

Verbindlichkeiten der Gesellschaft gegenüber Gesellschaftern können aufgrund der §§ 32a und 32b GmbHG eigenkapitalersetzende Darlehen und damit funktionelles Eigenkapital sein. Voraussetzung für diese Umqualifizierung ist jedoch ein besonderes Moment, nämlich die **Gewährung oder das Stehenlassen von Geldmitteln zu einem Zeitpunkt, in dem ordentliche Kaufleute Eigenkapital zugeführt hätten** (§ 32a Abs. 1 GmbHG, Priester, DB 1991 S. 1919). Es kommt also auf die Erkennbarkeit der Umstände an, die eine Umqualifizierung begründen (BGH, GmbHR 1995 S. 899). Für diese Erkennbarkeit gibt es mehrere Indizien, wie z. B.:

- die Einstellung der Zahlung von Löhnen, Gehältern, Steuern und Sozialversicherungsbeiträgen;
- der Verlust des Großteils des Stammkapitals ohne erhebliche stille Reserven im Anlagevermögen;
- die Feststellung einer besonders hohen Überschuldung bei späterer Konkurseröffnung (Centrale für GmbH, Rundbrief 5/1996);
- die GmbH wird von einem Bankangestellten (als Zeuge) zu einem bestimmten Zeitpunkt als nicht „blankokreditwürdig" bezeichnet (BGH, DStR 1998 S. 426 ff.).

Lassen die Gesellschafter, sobald sie aufgrund eines dieser Indizien die Kreditunwürdigkeit erkennen (die Darlegungs- und Beweislast, dass ein Gesellschafter ausnahmsweise von der eingetretenen Krise keine Kenntnis haben konnte, trifft ihn persönlich; BGH, GmbHR 1998 S. 936 ff.), die gewährten Mittel stehen – ziehen sie also nicht innerhalb einer Überlegungsfrist von 2 – 3 Wochen zurück – liegen eigenkapitalersetzende Darlehen vor. Dies hat zur Folge, dass

- eigenkapitalersetzende Gesellschafterdarlehen im Konkurs- oder Vergleichsverfahren **nicht geltend gemacht** werden können;
- der Konkursverwalter nach § 32a KO (§ 135 InsO) die **Rückzahlung** von Beträgen, die innerhalb eines Jahres vor Konkurseröffnung an Gesellschafter zurückgezahlt wurden, **in** die **Konkursmasse** verlangen kann (dies gilt auch für die GmbH & Co KG aufgrund §§ 129a, 172a HGB);
- aufgrund der Rechtsprechung eigenkapitalersetzende Gesellschafterdarlehen, soweit sie einen Verlust an Stammkapital und eine etwaige Überschuldung ausgleichen, nach § 30 GmbHG nicht an die Gesellschafter zurückgezahlt werden dürfen. Wurden sie trotzdem an die Gesellschafter zurückbezahlt, sind sie gem. § 31 GmbHG von diesen an die Gesellschaft zurückzuzahlen (Gleiches gilt auch für die GmbH & Co KG, Priester, DB 1991 S. 1920; BGH, DB 1990 S. 980 – 982);
- die **Geschäftsführer,** falls sie eigenkapitalersetzende Gesellschafterdarlehen an die Gesellschafter zurückzahlen, gem. § 43 Abs. 3 GmbHG der Gesellschaft zum **Schadenersatz** verpflichtet sind.

Im Überschuldungsstatus dagegen sind eigenkapitalersetzende Gesellschafterdarlehen trotz obiger Rechtsfolgen nach h. M. nur dann nicht als Schuldposten anzusetzen, wenn vonseiten des Gesellschafters ein **Rangrücktritt** oder ein **Forderungsverzicht mit Besserungsschein** erklärt wurde. Nur dann wird die Unsicherheit beseitigt, ob es sich im jeweiligen Einzelfall um Eigenkapitalersatz handelt oder nicht (Priester, DB 1991 S. 1924; OLG Düsseldorf, DStR 1996 S. 1226, rkr. nach Nichtannahme der Revision durch den BGH mit Beschluss vom 12. 2. 1996 – II ZR 63/95).

In der Handelsbilanz sind eigenkapitalersetzende Gesellschafterdarlehen als Fremdkapital auszuweisen, da sie im Fall der Besserung der finanziellen Verhältnisse voll Fremdkapital bleiben und somit nur temporär gesperrt sind, soweit die §§ 30, 31 GmbHG anzuwenden sind. Dies gilt auch bei einer Rangrücktrittserklärung. Sie sollten jedoch, und hier mehren sich die Stimmen (z. B. Fleischer, ZIP 1996 S. 773 ff.), durch Vermerke besonders gekennzeichnet werden, wie etwa „davon § 32a GmbHG unterfallend bzw. nach § 30 GmbHG gesperrt". Zinsen sind zu passivieren, dürfen jedoch nicht ausgezahlt werden, soweit dadurch § 30 GmbHG verletzt wird (Priester, DB 1991 S. 1924). Eigenkapitalersetzende Gesellschafterdarlehen sind, auch mit Rücksicht auf die ab 1. 1. 1999 in Kraft tretende Insolvenzrechtsreform, grundsätzlich als Fremdkapital zu passivieren (Wolf, DB 1997 S. 1833 ff.; § 39 Abs. 2 InsO).

In der Steuerbilanz gilt aufgrund der BFH-Rechtsprechung (BFH, DStR 1993 S. 871) das Maßgeblichkeitsprinzip. Dies bedeutet:

- Die eigenkapitalersetzenden Darlehen sind auch in der Steuerbilanz Verbindlichkeiten;
- die Zinsverbindlichkeiten sind gewinnmindernd zu passivieren;
- dies gilt auch bei einem schriftlichen Rangrücktritt (nicht jedoch bei einem Forderungsverzicht mit Besserungsschein, da die Forderung zunächst erlischt und sie erst wieder auflebt, wenn sich die wirtschaftliche Situation gebessert hat. Die Besserungsklausel führt daher bilanzrechtlich zur Bildung von Eigenkapital (BFH, 1991 II S. 588).);
- verdeckte Gewinnausschüttungen kommen nur i. H. der Darlehenszinsen in Betracht, die auf das ausstehende Stammkapital entfallen. Ein ordentlicher und gewissenhafter Geschäftsmann würde nämlich erst das ausstehende Stammkapital einfordern, bevor er ein Darlehen aufnimmt.

12.2.4 Der Rangrücktritt

Der Rangrücktritt ist ein wichtiges Instrument, um die Passivierung von Verbindlichkeiten im Überschuldungsstatus und damit die straf- und zivilrechtlichen Folgen der Konkursverschleppung zu vermeiden (Priester, DB 1991 S. 1920). Er hat Vertragscharakter und setzt sich

- aus der Rangrücktrittserklärung des Gläubigers (Gesellschafters) und
- der konkludenten Annahme durch die Gesellschaft

zusammen. Im Gesetz ist der Rangrücktritt nicht geregelt, sondern er ist von der Praxis entwickelt worden, wobei der BGH Schriftform zur Beweissicherung verlangt.

Formulierung z. B.: Die Forderung des Gesellschafters .... gegen die Gesellschaft tritt im Rang zurück zugunsten aller gegenwärtigen und künftigen Gläubiger der Gesellschaft, indem Tilgung, Zinsen und Kosten auf die Forderung lediglich aus einem künftigen Bilanzgewinn oder Liquidationsüberschuss zu leisten sind. Zur Vermeidung der Überschuldung verpflichtet sich der Gesellschafter gegenüber der Gesellschaft deshalb, eine Rückzahlung erst dann zu verlangen, wenn keine Überschuldung mehr besteht und sich durch die Rückzahlung keine erneute Überschuldung mehr ergibt.

Zu unterscheiden sind der direkte und der indirekte Rangrücktritt:

- Beim **direkten Rangrücktritt** tritt der Gesellschafter in Bezug auf bereits bestehende Kreditforderungen zurück (siehe obige Formulierung).
- Beim **indirekten Rangrücktritt** erklärt der Gesellschafter, der sich für eine Darlehensschuld der Gesellschaft gegenüber einem Dritten (Bank) verbürgt hat, dass er mit seinen Forderungen gegenüber der Gesellschaft im Falle der Inanspruchnahme hinter den übrigen Gläubigern zurücktritt und die Gesellschaft von ihrer Darlehensverbindlichkeit freistellt. Ist dieser Freistellungsanspruch vollwertig, so gleicht seine Aktivierung im Überschuldungsstatus die Darlehensverbindlichkeit aus (FN-IDW, 6/1987 S. 189; BGH, DB 1987 S. 979).

Der Rangrücktritt ist also im Falle der materiellen Überschuldung ein wichtiges Instrument, um zivil- und strafrechtliche Folgen von der Gesellschaft, den Geschäftsführern und den Gesellschaftern abzuwenden. Dies gilt zumindest so lange, wie die Nichtpassivierung eigenkapitalersetzender Darlehen ohne Rangrücktritt im Überschuldungsstatus nicht abschließend geklärt ist.

Nach h. M. müssen auch nach der InsO Darlehen mit Rangrücktritt nicht im Überschuldungsstatus als Verbindlichkeiten ausgewiesen werden (Gelhausen, WP-Handbuch 1998 Bd. II Rz. 68; Heißenberg, KÖSDI 1998 S. 11796, m. w. N.; Arbeitskreis für Insolvenz, FN-IDW 1998 S. 568; Karsten Schmidt, GmbHR 1999 S. 9 ff.).

12.2.5 Weitere wichtige Punkte

Neben der Überschuldungsproblematik sind noch folgende Gesichtspunkte zu beachten:

- **Anhangangaben**
  In prekären Situationen sind aufgrund des „true and fair view"-Grundsatzes zusätzliche Angaben im Anhang erforderlich (vgl. Abschn. 6.2.5.1). Es ist deshalb im Anhang zumindest darzulegen, dass die Gesellschaft aufgrund des Rangrücktritts nicht materiell überschuldet ist.
- **Liquiditätsstatus**
  Wegen der drohenden Überschuldung ist die Liquidität von den Geschäftsführern laufend zu überwachen.
- **Frist zur Aufstellung des Jahresabschlusses**
  Da sich das Unternehmen in einer Krisensituation befindet, sind die kurzen Fristen für die Aufstellung des Jahresabschlusses zu beachten (vgl. Abschn. 4.6.3).

12.2.6 Analyse der Kontennachweise

Der Kontennachweis für die GuV-Position „Löhne und Gehälter" zeigt, dass an die Gesellschafter-Geschäftsführer im Geschäftsjahr Gehälter in Höhe von 195 TDM bezahlt wurden. Diese Gehaltszahlungen wirken sich nun, auf die Gesamtliquidität bezogen, wie folgt aus:

- Die Verluste der GmbH werden durch diese Gehaltszahlungen erhöht,
- die Geschäftsführer müssen ihre Gehälter versteuern, obwohl die GmbH nur Verluste erwirtschaftet.

Es fließt daher in Höhe der von den Gesellschaftern zu zahlenden Einkommensteuer zusätzliche Liquidität ab, während sich die Verluste der GmbH bei den Gesellschaftern steuerlich nicht auswirken. Es wäre zu überlegen, ob die Geschäftsführer ihre Gehälter reduzieren oder sogar vollständig auf ihre Gehälter verzichten. In Höhe der auf die Gesellschaftergehälter entfallenden Einkommensteuer würde somit bei einer Gesamtbetrachtung die Liquidität geschont. Ertragsteuerlich ist dies jedoch nicht unproblematisch. Aufgrund der Rechtsprechung des BFH (vgl. Abschn. 5.4.2.2) wird in diesen Fällen u. U. die Üblichkeit und Ernsthaftigkeit der ursprünglichen Gehaltsvereinbarung bezweifelt, sodass u. U. eine totale verdeckte Gewinnausschüttung vorliegt, die auch zu einer Nachversteuerung der bisherigen Gehaltszahlungen führen würde. Diese Rechtsprechung ist unsinnig. Sie zwingt die Gesellschafter-Geschäftsführer, die Gesellschaft im Zweifel zu liquidieren, ohne dass sie auf die Interessen der Gesellschafter, deren Interesse es ist, die Gesellschaft zu erhalten, Rücksicht nimmt. In diesen Fällen ist ein Gesellschafter-Geschäftsführer nicht mit einem Fremdgeschäftsführer vergleichbar. Wegen der ertragsteuerlichen Gefahren ist, bei Einleitung obiger Schritte, immer ein qualifizierter steuerlicher Berater hinzuzuziehen, damit eine ungewollte verdeckte Gewinnausschüttung vermieden wird.

Auch wäre eine Umwandlung der Kapitalgesellschaft in eine Nichtkapitalgesellschaft z. B. durch **Formwechsel** auf eine Personenhandels- oder BGB-Gesellschaft kostengünstig möglich. Diese Gestaltung bedarf allerdings wegen der steuerlichen Folgen, u. U. Verfall der Verluste, der Hinzuziehung eines steuerlichen Beraters.

12.2.7 Fazit

Die vorliegende Fallstudie zeigt die Bilanz und die Gewinn- und Verlustrechnung einer überschuldeten GmbH. Die von den Gesellschaftern gewährten Darlehen sind aufgrund der vorliegenden Indizien eigenkapitalersetzende Darlehen, die im Überschuldungsstatus aufgrund herrschender Meinung nur dann nicht anzusetzen sind, wenn ein Rangrücktritt erklärt wurde. Wird der Rangrücktritt erklärt, und dies ist wegen der zivil- und strafrechtlichen Gefahren zwingend erforderlich, liegt keine Überschuldung vor. Der „Nicht durch Eigenkapital gedeckte Fehlbetrag" wird durch die stillen Reserven im Anlagevermögen (ca. 50 000 DM) und den Rangrücktritt für Verbindlichkeiten in Höhe von 511 017 DM ausgeglichen.

Da sich das Unternehmen jedoch in einer Krisensituation befindet (weitere Verluste können unweigerlich auch zu einer materiellen Überschuldung führen), ist die wirtschaftliche Lage laufend zu beobachten. Im Übrigen gelten für die Aufstellung des Jahresabschlusses die kurzen Fristen der Unternehmen in der Krise. Außerdem sind wegen der prekären Situation aufgrund des „true and fair view"-Grundsatzes Anhangangaben über die Beseitigung der materiellen Überschuldung zu machen.

Es wäre auch zu überlegen, ob nicht durch Reduzierung der Gehälter im Rahmen dessen, was steuerrechtlich zulässig ist, oder durch Umwandlung die Liquidität insgesamt geschont und dadurch zukünftig Verluste vermieden oder zumindest reduziert werden können.

13. Exkurs: Fallstudie zur Kreditantragstellung bei einer Bank

An dieser Stelle soll in kurzer Form dargestellt werden, wie der Kreditantrag, der zur internen Entscheidungsfindung von Banken erstellt wird, im Allgemeinen aussieht und von welcher Systematik er mit gewissen Abweichungen von Institut zu Institut ausgeht. Darüber hinaus soll aber auch aufgezeigt werden, dass Banken bei Kunden, mit denen eine langjährige Geschäftsverbindung besteht, häufig dazu neigen, sich überbesichern zu lassen und dazu noch Konditionen in Rechnung stellen, die deutlich über dem Markt liegen. Insofern stellt bei dieser Studie die abschließende Stellungnahme keinen beurteilenden Kreditentscheidungsvorschlag dar, wie im Allgemeinen üblich, sondern einen Vorschlag zur Neuordnung des Engagements nach Besicherungs- und Konditionenkriterien. Die Fallstudie wurde daher in der Systematik eines Kreditantrages aufgezogen, allerdings mit dem Ziel, die Neuordnung eines bestehenden Engagements im Interesse des Kreditnehmers zu erreichen.

Bewusst ist der gesamte Komplex der Kapitaldienstfähigkeit nur auf die Ermittlung des Cash-flow sowie der Mieteinnahmen beschränkt worden, da eine umfangreiche Jahresabschlussanalyse mit Stellungnahme zu den wirtschaftlichen Verhältnissen, wie es in der Praxis üblich und erforderlich ist, den Rahmen dieser Ausführung sprengen würde. Nachdem das vorliegende Buch sich vorwiegend mit der Problematik der nachhaltigen Kapitaldienstfähigkeit auseinandergesetzt hat, weiß der Leser um die Brisanz dieses Kriteriums. Die Aufgabe eines guten Kreditsachbearbeiters besteht darin, aus dem umfangreichen Fragenkomplex, den ein qualifiziertes Kreditgespräch abklopfen sollte, die wirtschaftlichen und bilanziellen Kriterien in einer Stellungnahme in verhältnismäßig kurzer und prägnanter Form derart zusammenzufassen, dass eine Entscheidungsfindung durch die zuständigen Gremien ermöglicht wird. Ein abschließendes Votum sollte sodann die Meinung des Sachbearbeiters zu dem beantragten Fall verdeutlichen.

Nachdem die vorliegende Fallstudie von einem unter anderem mit Grundpfandrechten besicherten Kreditengagement ausgeht, sind auch Ausführungen zu Bewertungs- und Besicherungsfragen behandelt worden. Die Problematik der Sicherheitenbewertung ist in diesem Buch nur im Zusammenhang mit § 18 Satz 2 KWG kurz angesprochen worden, wobei § 18 Satz 2 KWG nur einen speziellen Themenkreis definiert und nicht die Bewertung, die zweckgebundene Zuordnung und den Wertansatz von Sicherheiten an sich behandelt. Letzteres war nicht die Aufgabenstellung dieses Buches. Es soll jedoch anhand dieser Fallstudie, wie am Beginn dieses Abschnitts erläutert, unter anderem auch aufgezeigt werden, dass Banken zur Überbesicherung neigen, auch wenn diese nach aktueller Rechtsprechung äußerst fragwürdig ist. Nach diesem Vorspann stellt sich die Fallstudie nun wie folgt dar:

Finanzierungsanalyse Firmengruppe Muster und Fam. Muster priv.		
1. Engagementdarstellungen:		
Engagement Firmengruppe Muster	TDM	
Engagement Fa. Muster GmbH u. Co KG (Stärkung der Betriebsmittel; Objektgesellschaft)		
Darlehen gesamt:	1 400	6. 2. 97
Kontokorrent:	1 500	6. 2. 97
Gesamt:	2 900	6. 2. 97
Engagement Fa. Muster GmbH (Betriebsmittel) (Betriebsgesellschaft)		
Kontokorrent:	380	6. 2. 97
Firmengruppe Muster gesamt:	3 280	
Engagement Familie Muster privat		
Engagement J. u. L. Muster (Objekt Musterstraße)		
Darlehen gesamt:	280	6. 2. 97
Kontokorrent:	6	6. 2. 97
Gesamt:	286	6. 2. 97
Engagement J. Muster (Objekt Musterberg)		
Darlehen gesamt:	850	27. 8. 96
Kontokorrent:	480	27. 8. 96
Gesamt:	1 330	27. 8. 96
Familie Muster privat gesamt:	1 616	
Alle Engagements gesamt:	**4 896**	

2. Bewertung der Objekte:	
Firmengruppe Muster	TDM
Fl-Nr.: 2 (Eigentümer: Muster GmbH & Co KG)	
Grundstücksgröße: 2 300 m² (1 000 m² à 400 DM; 1 300 m² à 100 DM)	530
Objekt (598 m² Wfl.; ca. 3 289 m³ à 400 DM)	1 315
Sachwert	1 845
Ertragswert (Mietertrag ./. Bodenwertverzinsung 6 % ./. 10 % Abschlag x 16,66 + Grundstückswert)	1 200
Verkehrswert (als Mittelwert)	1 522
Fl-Nr.: 4 (Eigentümer: Muster GmbH & Co KG)	
Grundstücksgröße: 18 100 m² (8 000 m² à 200 DM; 10 100 m² à 100 DM)	2 700
Objekte	3 100
(Ertragswert = Mietertrag ./. Bodenwertverzinsung 6 % ./. 20 % Abschlag x 14,3)	(0)
Verkehrswert	5 900
Firmengruppe Muster gesamt:	7 422

Familie Muster privat	
Fl-Nr.: 3 (Eigentümer: J. u. L. Muster)	
Grundstücksgröße: 22 300 m²	2 300
(22 300 m² à 100 DM, da innerorts gelegen und daher Bauerwartungsland)	
Verkehrswert	2 300
Fl-Nr.: 1 (Eigentümer: J. Muster)	
Grundstücksgröße: 3 200 m²	
(600 m² à 400 DM; 2 600 m² à 100 DM)	500
Objekt (280 m² Wfl.; ca. 1 540 m³ à 400 DM)	616
Gerätehalle	150
Gesamtverkehrswert	1 270
Familie Muster privat gesamt	3 570
Verkehrswerte gesamt:	**10 992**

3. Beleihungswerte:	
Beleihungswerte der Firmengruppe Muster	
Fl-Nr. 2 (Eigentümer: Fa. Muster GmbH & Co KG): 80 % des Verkehrswertes	1 218
Fl-Nr. 4 (Eigentümer: Fa. Muster GmbH & Co KG): 60 % des Verkehrswertes	3 540
Beleihungswerte der Firmengruppe Muster gesamt	4 758
Beleihungswerte der Familie Muster privat	
Fl-Nr. 3 (Eigentümer: J. u. L. Muster): 60% des Verkehrswertes	1 380
Fl-Nr. 1 (Eigentümer: J. Muster): 80% des Verkehrswertes	1 016
Beleihungswerte insgesamt	2 396
Beleihungswert Musterberg (Eigentümer: J. Muster): 80% des Verkehrswertes	600
Beleihungswerte der Familie Muster privat gesamt (inkl. Musterberg)	2 996
Beleihungswerte insgesamt (inkl. Musterberg)	**7 754**
Buchgrundschulden nominal auf allen Objekten	5 300
Das Gesamtengagement ist somit über Zweckerklärungen **voll werthaltig** durch Grundschulden besichert.	

4. Kapitaldienstfähigkeit:	
Engagement Firmengruppe Muster	TDM

Engagement Fa. Muster GmbH & Co KG nach Neuordnung u. Aufstockung	
Zinsaufwand: Darl. 1 700 TDM (Zinss. 6,75% p. a.)	114
Darl. 600 TDM (Zinss. 6,75% p. a.)	41
Darl. 260 TDM (Zinss. 6,60% p. a.)	17
Darl. 208 TDM (Zinss. 6,60% p. a.)	14
Darl. 306 TDM (Zinss. 6,60% p. a.)	20
KK. 300 TDM (Zinss. 9,00% p. a.)	22
(Durchschnittliche Beanspruchung des KK 80%)	
Zinsaufwand gesamt	228
Tilgung insgesamt	119
Kapitaldienst der Fa. Muster GmbH & Co KG	347
Cash-flow der Fa. Muster GmbH & Co KG 1995 inkl. Zinsaufwand ./. Verbrauch von Rückstellungen	360
Engagement: Fa. Muster GmbH	
Kapitaldienst wird im Rahmen des positiven Ergebnisses durch die Firma verdient.	

Engagement Familie Muster privat

Engagement: J. u. L. Muster (Objekt Musterstraße)	
Annuitäten	29
Kapitaldienst gesamt	29
Mieteinnahme	66
Engagement: J. Muster (Objekt Musterberg)	
Zinsen und Tilgungen werden aus dem Verkauf des Objektes bedient.	

13. Exkurs: Fallstudie zur Kreditantragstellung bei einer Bank

5. Vorschlag Neuordnung der Engagements Firmengruppe Muster u. Fam. Muster privat.

Wie oben aufgezeigt, ist der Kapitaldienst aller Kredite nachhaltig gewährleistet. Die Hausbank findet auch unter der folgenden Konstellation ausreichende Besicherung:

> Die Engagements Fa. Muster GmbH & Co KG sowie Muster GmbH in Höhe von künftig 3 870 TDM sind voll werthaltig auf Fl-Nr. 4 zuzügl. Fl-Nr. 2 besichert (Beleihungswerte mit allen Risikoabschlägen: 4 758 TDM; Grundschulden nom. 4 052 TDM).
>
> Das Engagement J. u. L. Muster in Höhe von 288 TDM ist voll werthaltig auf Fl-Nr. 1 besichert (Beleihungswert 1 016 TDM, Grundschulden nom. 1 160 TDM).
>
> Das Engagement J. Muster (Objekt Musterberg) ist in Höhe von 600 TDM (Grundschulden nom. 1 300 TDM) sowie durch Zusatzsicherheiten über 200 TDM auf Fl-Nr. 1 werthaltig besichert.

Es kann somit folgende Neuordnung der Gesamtengagements erfolgen:

> Das Bauerwartungsland Fl-Nr. 3 ist aus der Haftung völlig freizugeben, und bei dem Objekt Fl-Nr. 1 ist die Mithaft auf einen Grundschuldteil von 200 TDM für das Restengagement J. Muster (Objekt Musterberg) in Höhe von 800 TDM sowie in Höhe des Kontokorrentkredites für die Firma Muster GmbH zu begrenzen.
>
> Die selbstschuldnerische Bürgschaft des Herrn J. Muster ist für die einschlägigen Engagements nicht erforderlich und somit herauszugeben.
>
> Weiterer Sicherheiten für die Kredite, auch für das Kreditengagement Muster GmbH, bedarf es nicht.

6. Weitere Empfehlungen zu den bestehenden Engagements

> Der Zinssatz für den neu einzuräumenden KK-Kredit über 300 TDM ist unter Berücksichtigung der voll werthaltigen Grundschuldenbesicherung um ca. 1 % p. a. zu hoch. Der Überziehungszins ist mit 10,75% p. a. (0,125% p.T.) ebenfalls zu hoch. 4% p. a. ist angemessen.
>
> Das neu zu gewährende Darlehen über 1 700 TDM sollte aufgrund der derzeitigen Niedrigzinsphase mit einer Laufzeit von 10 Jahren ausgestattet werden. Wie erfolgt die Zinszahlung (monatl., vierteljährl. oder jährl.)?
>
> Der Tilgungssatz zum 30. 6. 1999 sollte zur Liquiditätsschonung bei 2% p. a. liegen, was aufgrund der werthaltigen Besicherung auch jederzeit vertretbar ist.
>
> Die Zweckerklärung über Grundschulden von 552 TDM (Eigentümer J. u. L. Muster) sowie die Zweckerklärung über Grundschulden von 1 250 TDM (Eigentümer J. u. L. Muster) sind zu weit gefasst und daher rechtlich fragwürdig. Im Rahmen der oben vorgeschlagenen Neuordnung sind die Zweckerklärungen völlig neu zu erstellen.

14. Zusammenfassung

Die Verfasser haben sich die Aufgabe gestellt, den gewerblichen mittelständischen Kreditnehmer auf Fragen und Erklärungswünsche der Banken vorzubereiten, indem sie die Hauptgründe aufzeigen wollen, warum Banken in der einen oder anderen Weise reagieren bzw. reagieren müssen. Deshalb wird immer auf das Kriterium der nachhaltigen Kapitaldienstfähigkeit Bezug genommen und in aller Deutlichkeit aufgezeigt, wie sich Kreditinstitute an die Erfüllung dieser Kreditvergabevoraussetzungen heranarbeiten.

Dieses Buch wendet sich dabei sowohl an den mittelständischen Handwerksbetrieb, der in der heutigen Zeit ohne schlüssige Auftragskalkulation (Stundensatzrechnung) nicht mehr auskommt, als auch an den sog. gehobenen Mittelstand, und zwar in den Passagen, in denen die auf die Zukunft gerichteten betriebswirtschaftlichen Parameter behandelt werden (KLR-Bereich, Controlling etc.).

Leser, die aus der Bankpraxis kommen, werden die Ausführungen, die auf die zukünftige Kapitaldienstfähigkeit abstellen, vielleicht als zu umfangreich behandelt ansehen, da gerade in der Praxis Fragen, die über die Jahresabschlussanalyse hinausgehen, in dieser Differenziertheit derzeit noch selten gestellt werden. Aber die Verfasser sind der Auffassung, dass die Notwendigkeit, sich mit diesen Kriterien zu befassen und diese im Detail zu hinterfragen, immer drückender wird. Es genügt einfach nicht mehr, die Vergangenheit des kreditnehmenden Unternehmens zu durchleuchten mit der lapidaren Einschätzung, dass wenn die Vergangenheit erfolgreich gemeistert wurde, auch die Zukunft schon gut verlaufen wird. Kreditsachbearbeiter werden daher nicht umhin können, sich künftig auf einem betriebswirtschaftlichen Niveau zu bewegen, das es ihnen ermöglicht, auch die zukünftige Entwicklung eines Unternehmens soweit als möglich einzugrenzen. Für diese Entwicklung des Kreditsektors der Banken spricht allein schon die extrem hohe Insolvenzquote mittelständischer Unternehmen in unserer Zeit, ganz abzusehen von den Großinsolvenzen, die in den letzten Jahren abgewickelt werden mussten.

Es wird also gerade bei Blancokreditvergaben immer mehr darauf hinauslaufen, dass der Unternehmer verdeutlichen muss, dass er sein Geschäft durch und durch versteht und seine Firma nach modernsten betriebswirtschaftlichen Erkenntnissen führt. Nur auf diese Weise kann bei Unternehmenskrediten das Hauptkriterium der nachhaltigen Kapitaldienstfähigkeit und damit die Anforderung des § 18 KWG vollständig erfüllt werden.

Wie wichtig dieses Kriterium für den Gesetzgeber ist, ist im Umkehrschluss aus der Ausnahmeregelung des § 18 Satz 2 KWG nachzuvollziehen, der dann auf die Offenlegung der wirtschaftlichen Verhältnisse verzichtet, wenn die Besicherung eine derart dominante Rolle einnimmt, dass die nachhaltige Kapitaldienstfähigkeit durch den hohen Grad an Werthaltigkeit der Sicherheiten quasi mitabgedeckt wird. Aber – wie gesagt – ist der Satz 2 als Ausnahme in den § 18 KWG aufgenommen worden. Darüber hinaus verpflichten die Verlautbarungen des BAK zu § 18 Satz 2 KWG die Banken dazu, die Werthaltigkeit der Sicherheiten regelmäßig zu überprüfen, um

14. Zusammenfassung

festzustellen, ob noch die engen Grenzen des § 18 Satz 2 KWG erfüllt werden. Auch hieraus wird ersichtlich, welches Gewicht der Gesetzgeber der Offenlegung und Beurteilung der wirtschaftlichen Verhältnisse des Kreditnehmers durch die Banken beimisst.

Anlage 1: Checkliste für das Bilanzgespräch mittelständischer Unternehmen

Bei den Kreditinstituten ist es üblich, mit den Firmenkunden, insbesondere bei **Krediten über 500 000 DM,** die den Vorschriften des § 18 KWG unterliegen, einmal im Jahr ein Gespräch über die wirtschaftliche Lage des Unternehmens zu führen. Anlass hierzu ist meist der vorgelegte Jahresabschluss. Über dieses Gespräch wird ein Protokoll gefertigt, das zu den Kreditunterlagen genommen wird. Sind die wirtschaftlichen Verhältnisse des Unternehmens geordnet, d. h. ist der **Kapitaldienst** gegeben (vgl. Abschn. 1.1 und 8.3.2.4.3), können also die Zinsen und die Tilgungen vom Unternehmen nachhaltig erwirtschaftet werden, so wird bei diesen Gesprächen i. d. R. weniger zum Jahresabschluss als zur allgemeinen Lage des Unternehmens gefragt. Ist jedoch der Kapitaldienst gefährdet, so muss sich der Unternehmer insbesondere auf eine kritische Durchleuchtung des Jahresabschlusses und auf Fragen zur zukünftigen Entwicklung des Unternehmens einstellen. In einer solchen Situation ist es wichtig, noch weitere Unterlagen wie z. B. Auftragsbestand, betriebswirtschaftliche Auswertung etc. mitzunehmen (vgl. Abschn. 11.3.2.2), um kritischen Fragen der Bank offensiv begegnen zu können. Die vorliegende **Checkliste** (Müller/Müller, BBK Fach 19 S. 433) soll **zur Vorbereitung auf dieses Kreditgespräch** dienen, wobei die einzelnen Fragen nur noch erläutert werden, da im Hauptteil die Hintergründe ausführlich erläutert wurden. Darüber hinaus stellt sich der gleiche Fragenkomplex für die Bank auch bei der Erstgewährung eines Kredits, sodass auch für diesen Fall die Checkliste ein nützliches Hilfsinstrument darstellt.

I. Nachhaltige Kapitaldienstfähigkeit

Jede Bank legt das Hauptaugenmerk auf die Erfüllung der Kapitaldienstfähigkeit. **„Kapitaldienstfähigkeit"** ist die fristgerechte Erbringung von Zinsen und Tilgungen für einen ausgereichten Kredit. **„Nachhaltigkeit"** bedeutet, dass die Bank nach menschlichem Ermessen damit rechnen kann, dass der Kapitaldienst über die gesamte Laufzeit des Kredits erbracht werden kann. Zur Beurteilung dieser Kriterien stehen der Bank in erster Linie die Bilanzen und GuV-Rechnungen der letzten Jahre sowie die kurzfristige Erfolgsrechnung des kreditnehmenden Unternehmens zur Verfügung. Aber auch Fragen zu unternehmensinternen Strukturen und Plänen wie rechnerische und personelle Ausstattung, Organisation, Produktions- und Arbeitsabläufe, Entwicklung neuer Produkte, Investitionen, Vertriebspolitik etc. oder unternehmensexternen Einflussgrößen wie Marktsituation, Erschließung ausländischer Märkte, Marktdurchdringung etc. sind zur Beurteilung insbesondere der künftigen Nachhaltigkeit von besonderer Bedeutung.

II. Die Offenlegungspflicht nach § 18 KWG

1. Wie ist § 18 KWG – die gesetzliche Regelung des Informationsrechts der Banken – zu verstehen?

Banken verwalten das Kapital und die Gelder Dritter, der sog. „Einleger". Sie erfüllen mit dieser Funktion einerseits eine Treuhandpflicht, nämlich das **Kriterium der**

Sicherheit, d. h. die Gelder bzw. das Kapital so anzulegen, dass es zum Fälligkeitstermin zurückgezahlt werden kann, und andererseits eine Gewinnerzielungsabsicht, nämlich das **Kriterium der Rentabilität,** d. h. mit den anvertrauten Mitteln so zu wirtschaften, dass eine angemessene Verzinsung erzielt wird. Um eine attraktive Verzinsung der bei den Banken eingelegten Mittel zu erreichen, ist eine **Anlage** u. a. in **Firmenkrediten** erforderlich, wobei jedoch stets der Aspekt der Sicherheit zu beachten ist. Um diesem Aspekt Rechnung tragen zu können, sind Banken nach § 18 KWG verpflichtet, sich über die wirtschaftlichen Verhältnisse desjenigen, dem sie die anvertrauten Gelder bzw. Kapitalien gegen Zinseinnahmen ausgeliehen haben, also des Kreditnehmers, ein umfassendes Bild zu verschaffen.

2. Wie ist der Umfang des § 18 KWG definiert?

Werden an einen Kreditnehmer **mehrere Kredite und Darlehen** ausgeliehen, ist die Bank verpflichtet, diese in voller Höhe zusammenzurechnen und als ein **Gesamtrisiko** zu beurteilen. Hiermit soll die Offenlegungsgrenze ermittelt werden, d. h. ob der ausgereichte Betrag aller an einen Kreditnehmer herausgelegten Kredite und Darlehen die Summe von 500 000 DM überschreitet oder nicht. Bei Krediten an Gesamtschuldner sind diese eventuell mit persönlichen Krediten an einzelne Gesamtschuldner zusammenzurechnen, da gem. § 421 BGB jeder Beteiligte zur Kreditrückzahlung verpflichtet ist.

Die wirtschaftlichen Verhältnisse müssen nur von einem Beteiligten der gesamtschuldnerischen Gemeinschaft offen gelegt werden, falls sich im Rahmen der Prüfung nach § 18 Satz 1 KWG ergibt, dass an dessen Bonität keine Zweifel bestehen. Bei **Personengesellschaften** ist i. d. R. auch die Prüfung der Bonität eines der persönlich haftenden Gesellschafter erforderlich. Bei **Konsortialkrediten** muss sich jeder Konsorte die wirtschaftlichen Verhältnisse nachweisen lassen.

3. Wie umfassend ist das Verfahren nach § 18 Satz 1 KWG?

§ 18 Satz 1 KWG schreibt ein fest definiertes Verfahren zur Erfüllung der Offenlegungspflicht vor. Danach sind die erforderlichen Unterlagen, insbes. die Jahresabschlüsse, innerhalb von 9 Monaten für große und mittlere Kapitalgesellschaften sowie ihnen gleichgestellte Personengesellschaften i. S. des § 264a HGB und 12 Monaten für kleine Kapitalgesellschaften, Personengesellschaften und Einzelunternehmen nach dem Bilanzstichtag vorzulegen (hier ist zu beachten, dass § 18 KWG von der Offenlegungsfrist nach § 325 Satz 1 HGB abweicht, die für alle bilanzierenden Gesellschaften künftig 12 Monate beträgt; vgl. Anlage 2) und auszuwerten und zu dokumentieren. Die Auswertung erfolgt durch Umsetzung der Bilanz- und GuV-Zahlen in ein **Gliederungsschema,** das nach festgesetzten Beurteilungskriterien gestaffelt ist und auf Plausibilität und Vergleichbarkeit abzielt. Die **Dokumentation** bedeutet, dass die Auswertung und ihr Ergebnis aktenkundig gemacht werden und dadurch von sachverständigen Dritten jederzeit nachvollzogen werden können.

4. Welche Ausnahmen von § 18 Satz 1 KWG gibt es?

Bei Stellung geeigneter Sicherheiten kann die Offenlegung der wirtschaftlichen Verhältnisse unbegründet sein und einen Verzicht rechtfertigen. Diese **Sicherheiten** können Grundpfandrechte, Wertpapiere, Beteiligungen, Sparguthaben, Termineinlagen, Bausparguthaben, Lebensversicherungen (Achtung: u. U. Steuerpflicht) und Edelmetalle sein, wobei § 18 Satz 2 KWG Wertabschläge vorschreibt, die zur Ermittlung der vollen Werthaltigkeit in Ansatz zu bringen sind. So liegen z. B. **Wertabschläge** für notierte Wertpapiere für festverzinsliche Werte bei 20 % und Dividendenwerte bei 40 % des Börsenkurses etc. Auch sog. „**Realkredite**" nach § 20 Abs. 2 Nr. 1 KWG rechtfertigen den Verzicht auf die Offenlegung der wirtschaftlichen Verhältnisse. Andere Sicherheiten können nach Antragstellung beim BAK ebenfalls in Ansatz gebracht werden, wobei das BAK vorgibt, in welcher Größenordnung der Ansatz zu erfolgen hat. Ist bei einem Mitverpflichteten die Bonität einwandfrei, etwa bei einem Bürgen oder Wechselaussteller, ist ebenfalls die Offenlegung der wirtschaftlichen Verhältnisse des Kreditnehmers nicht erforderlich.

5. Welche praxisorientierten Sonderregelungen gibt es?

Kredite können ohne Bilanzeinsicht zugesagt werden, soweit die Auszahlung unter der Bedingung des positiven Ergebnisses der Jahresabschlussanalyse steht. Außerdem muss die Kreditzusage eine **Kündigungsmöglichkeit** für den Fall enthalten, dass der Kreditnehmer die zur Bonitätsprüfung erforderlichen Unterlagen nicht zeitnah bei der Bank einreicht. Lässt sich die Offenlegung nicht durchsetzen, dürfen laufende Engagements nicht erhöht oder prolongiert werden. Auch falls ein Konzernabschluss aufgrund gesetzlicher Erleichterungen nicht aufgestellt werden muss (Schwellenwerte werden nicht erreicht), hat sich die Bank ein Bild von den wirtschaftlichen Verhältnissen des Konzerns zu verschaffen.

Die **Vorlage weiterer Unterlagen** (z. B. BWA, Auftragsbestandslisten, Kontennachweis etc.) für den Fall, dass die 9-Monatsfrist bzw. 12-Monatsfrist bis zur Vorlage testierter Jahresabschlüsse nicht eingehalten werden kann, gilt auch für Kredite, die nach Ablauf der 9-Monatsfrist bzw. 12-Monatsfrist gewährt werden.

Die Anforderungen des § 18 KWG können in Verbindung mit weiteren Unterlagen auch durch **vorläufige Jahresabschlüsse** erfüllt werden (vgl. Abschn. 4.3.3). Allerdings sind testierte bzw. geprüfte Abschlüsse nachzureichen. Bei Aktien- oder Rentenfonds richtet sich die Höhe des Sicherheitsabschlags nach der zugrunde liegenden Wertpapierart.

III. Vorüberlegungen zum Jahresabschluss

1. Soll der steuerliche Berater hinzugezogen werden?

Je problematischer die wirtschaftliche Lage und damit die Erbringung des Kapitaldienstes ist, um so wichtiger ist es, den steuerlichen Berater als kompetenten Fachmann mitzunehmen.

2. Wo soll das Gespräch stattfinden?

Als Ort für das Bilanzgespräch sollte in kritischen Situationen nicht die Bank, sondern es sollten möglichst die Geschäftsräume des Unternehmers oder die **Kanzlei des steuerlichen Beraters,** die dem Unternehmer vertraut sind und wo sich auch alle wichtigen Unterlagen zu Auskünften über den Jahresabschluss bzw. weitere Unterlagen wie der Kontennachweis, betriebswirtschaftliche Auswertungen etc. befinden, gewählt werden.

IV. Fragen zum Jahresabschluss

1. Allgemeine Fragen

1.1 Wann ist der Jahresabschluss den Banken fristgerecht vorzulegen?

Die Frist zur Offenlegung der Jahresabschlüsse beim Handelsregister nach HGB beträgt einheitlich 12 Monate. Die Fristen zur Erfüllung der Vorschriften des § 18 KWG betragen 9 Monate bei den großen und mittelgroßen Gesellschaften (Kapitalgesellschaften und gleichgestellte Personengesellschaften) sowie 12 Monate bei den sonstigen nicht prüfungspflichtigen, aber bilanzierungspflichtigen Kreditnehmern. Wird die Frist nicht eingehalten, ist die Bank bereits aus diesem Grunde verpflichtet, weitere Unterlagen einzuholen.

1.2 Ist der Jahresabschluss vom Kaufmann unterzeichnet?

Erst mit der Unterzeichnung (§ 245 HGB) übernimmt der Kaufmann (bei Personengesellschaften alle persönlich haftenden Gesellschafter, bei der GmbH alle Geschäftsführer) die **Verantwortung für die Vollständigkeit und Richtigkeit des Jahresabschlusses.** Die Bank darf deshalb nur einen unterzeichneten Jahresabschluss nach § 18 KWG akzeptieren, es sei denn, es handelt sich bei dem eingereichten Jahresabschluss nur um einen Entwurf, der vor Fristablauf (vgl. Abschn. 4.3.3) eingereicht wird. Die Bank muss dann aber den endgültigen (festgestellten) und unterzeichneten Jahresabschluss nachfordern.

1.3 Ist der Jahresabschluss mit einem qualifizierten Vermerk von dem ihn erstellenden Angehörigen wirtschaftsprüfender bzw. steuerberatender Berufe versehen?

Ergeben sich Zweifel über die Qualität des Vermerks (vgl. Anlagen 4 und 5) – generell dürfen die Banken, selbst bei nichtprüfungspflichtigen Gesellschaften, nur testierte oder mit einem Prüfungsvermerk versehene Jahresabschlüsse akzeptieren – so wird die Bank nachfragen, um welchen Vermerk es sich handelt. Wurde nur eine **„Erstellungsbescheinigung"** (schwächster Vermerk ohne eine Prüfungshandlung) erteilt, was bei mittelständischen Unternehmen der Normalfall ist, so ist die Bank aufgrund des Rundschreibens des BAK 16/99 (vgl. Anlage 2a) **immer verpflichtet,** weitere Unterlagen (wie betriebswirtschaftliche Auswertungen etc.) einzufordern. Wurde nur in eingeschränktem Umfang geprüft (z. B. auf Plausibilität), so muss die Bank unter Berücksichtigung der Umstände des jeweiligen Einzelfalls prüfen, **ob** und gegebenenfalls **in welchem Umfang** weitere (zeitnahe) Unterlagen heranzuziehen sind.

Anlage 1: Checkliste für das Bilanzgespräch 227

Die Banken werden sich also die Qualität der Vermerke und Bescheinigungen, neben der Qualität des Jahresabschlusses und der Qualifikation bzw. der Person des Prüfers, genau ansehen.

2. Fragen zur Plausibilität des Jahresabschlusses

2.1 Ist das Zahlenwerk plausibel?

Nach § 18 KWG ist die Bank verpflichtet, den Jahresabschluss auf Plausibilität zu prüfen. Dabei wird sie in erster Linie die Vorjahreszahlen der Bilanz und der GuV mit denen des laufenden Jahres vergleichen und **eventuelle Abweichungen hinterfragen.** Bei Kapitalgesellschaften und gleichgestellten Personengesellschaften (insbesondere der GmbH & Co KG) wird sie dies auch mit den Anhangangaben tun. Bei Abweichungen sollte sich deshalb der Kreditnehmer auf kritische Fragen einstellen.

2.2 Gibt es größere Abweichungen bei den einzelnen Konten?

Noch aussagefähiger für die Bank ist der Vergleich der Vorjahreszahlen mit denen des laufenden Jahres aufgrund des **Kontennachweises** (Auflistung aller Konten nach Bilanz- und GuV-Positionen). Der Kreditnehmer sollte sich deshalb darauf einstellen, dass die Bank auch den Kontennachweis anfordert, insbesondere wenn die Erläuterungen zum Jahresabschluss dürftig sind. Zum anderen muss sich dann der Kreditnehmer auf kritische Fragen zu allen Abweichungen gegenüber dem Vorjahr vorbereiten.

3. Fragen zur Bewertung

3.1 Entspricht die Handelsbilanz der Steuerbilanz?

Diese Frage wird die Bank immer interessieren, denn ein Kaufmann hat kraft Gesetzes eine Handelsbilanz zu erstellen (§§ 1 ff., 238 ff., 242 ff. HGB). Nur die Handelsbilanz hat Gläubigerschutzwirkung. Außerdem gilt der Grundsatz der Maßgeblichkeit der Handelsbilanz für die Steuerbilanz. Durch die Steuergesetzgebung weicht aber die Steuerbilanz, da zu Gunsten des Fiskus insbesondere die Passivierung von Verbindlichkeiten und Rückstellungen immer mehr eingeschränkt wird, zunehmend stärker von der Handelsbilanz ab. Entspricht die Handelsbilanz nicht der Steuerbilanz, was zukünftig im Gegensatz zu früher bei entsprechender Beachtung der handelsrechtlichen Vorschriften auch im Mittelstand der Regelfall sein wird, so wird sich die Bank für die Abweichungen interessieren und sich diese detailliert erläutern lassen. Die Beachtung der Vorschriften des Handelsrechts ist deshalb für die Qualität des Jahresabschlusses neben dem Vermerk oder der Bescheinigung (vgl. Frage 1.3) besonders wichtig.

3.2 Wurden die Bewertungsmethoden unverändert beibehalten?

Für die Bewertungsmethoden gilt generell der **Grundsatz der Bewertungsstetigkeit,** ausgenommen, es liegt ein begründeter Ausnahmefall vor. Durch Bewertungsänderungen können die Kennzahlen geschönt werden. Dadurch wird die Kreditwürdigkeit eventuell ungerechtfertigt verbessert. Ziel der Banken ist es daher, die Bilanzpolitik, insbesondere Änderungen der Bewertungsmethoden, gegenüber dem Vorjahr aufzuspüren, um aussagefähige Kennzahlen zu erhalten. Kapitalgesellschaften und gleichgestellte Personengesellschaften müssen Änderungen der Bewertungsmethoden im Anhang begründen und deren Einfluss auf die Finanz-, Vermögens- und Ertragslage darstellen. Folgende **Unterfragen** könnten z. B. gestellt werden:

- Wurden die Abschreibungssätze beibehalten?
- Wurden die Abschreibungsmethoden (linear, degressiv) beibehalten?
- Wurden GWG (geringwertige Wirtschaftsgüter) voll abgeschrieben?
- Wurden die Nutzungsdauern nicht verändert?
- Wurde die steuerliche Vereinfachungsregel (Zugang 1. Halbjahr volle Abschreibung, Zugang 2. Halbjahr ½ Abschreibung) angewandt?
- Wurden Verwaltungskosten und Zinsen aktiviert?
- Wurden die Bewertungsabschläge verändert?
- Wurden die Bewertungsvereinfachungsverfahren verändert?

3.3 Wurden die steuerlichen Abschreibungen unverändert vorgenommen?

Werden die steuerlichen Abschreibungen i. S. des § 254 HGB (Sonderabschreibungen, erhöhte Absetzungen und Bewertungsabschläge) **einheitlich in Anspruch genommen,** liegt eine Bewertungsmethode vor, die dem Stetigkeitsgebot (vgl. Abschn. 4.8.3) unterliegt. Liegt keine einheitliche Inanspruchnahme vor, unterliegt die unterschiedliche Ausübung auch nicht dem Stetigkeitsgebot. Kapitalgesellschaften und gleichgestellte Personengesellschaften müssen jedoch im Anhang ausführliche Angaben zu den steuerlichen Abschreibungen machen.

3.4 Wurden Sonderposten mit Rücklageanteil gebildet bzw. aufgelöst?

Bei den Sonderposten mit Rücklageanteil handelt es sich um **Ansatzwahlrechte** (z. B. Ansparrücklage gem. § 7g Abs. 3–6 EStG), die nicht dem Grundsatz der Bewertungsstetigkeit unterliegen. Kapitalgesellschaften und gleichgestellte Personengesellschaften müssen jedoch über Abweichungen von Bilanzierungsmethoden gegenüber dem Vorjahr im Anhang berichten und deren Einfluss auf die Finanz-, Vermögens- und Ertragslage darstellen.

4. Fragen zu den einzelnen Bilanz- und GuV-Positionen

4.1 Wie ist das Anlagevermögen bewertet und abgeschrieben?

Die Bank interessiert, wie die Anschaffungs- bzw. Herstellungskosten ermittelt wurden, wie die Wirtschaftsgüter abgeschrieben werden sowie welche Nutzungsdauern zugrunde gelegt wurden.

4.2 Wurden Investitionen in die Zukunft verlagert?

Durch geschickte Fragestellung sowie u. U. eine Betriebsbesichtigung versucht die Bank aufzuspüren, ob die notwendigen Investitionen auch tatsächlich unverzüglich vorgenommen werden oder aber wegen der angespannten Liquiditäts- und Finanzlage notwendige Investitionen in die Zukunft verlagert wurden.

4.3 Wurde geleast anstatt gekauft?

Ein Rückgang der Investitionen kann auch durch die Entscheidung, die Wirtschaftsgüter zu leasen anstatt zu kaufen, begründet sein. Die **zukünftigen Leasingbelastungen** sind deshalb für die Kreditinstitute besonders interessant, insbesondere wenn der Kapitaldienst gefährdet ist, die Ertrags- und Finanzlage also angespannt sind.

4.4 Wie sind die Vorräte bewertet?

Die Bewertung der Vorräte spielt eine Schlüsselrolle in der Bilanzpolitik. Generell wird sich die Bank dafür interessieren, ob die Vorratsbewertung **gewissenhaft und exakt durchgeführt** wurde. In Zweifelsfällen wird sie sich die Inventur vorlegen lassen und die Bewertung in Stichproben nachprüfen. Gerade die Vorratsbewertung sieht die Bank aufgrund der zum Teil doch sehr negativen Erfahrungen äußerst kritisch. Im Einzelnen könnte die Bank zur Vorratsbewertung z. B. noch folgende **Unterfragen** stellen:

- Welche Bewertungsabschläge werden auf die Vorräte vorgenommen?
- Werden den unfertigen Leistungen (insbesondere bei Bauunternehmungen) die erhaltenen Anzahlungen gegenübergestellt (dies ist insbesondere deshalb wichtig, um eventuelle Doppelbewertungen, d. h. die Erfassung der Anzahlungen in den Umsatzerlösen und zugleich ein Wertansatz bei den unfertigen Leistungen, aufzuspüren)?
- Wurden die drohenden Verluste aufgrund des Imparitätsprinzips voll erfasst?
- Werden den nicht verkauften Wohneinheiten (bei Bauträgern) die zu erwartenden Umsatzerlöse gegenübergestellt? Dies ist insbesondere deshalb wichtig, um überprüfen zu können, ob der Bilanzansatz um alle den Verkaufspreis mindernden Faktoren wie Provisionen, Zinsen, noch anfallende Baukosten, Gewährleistungsrisiken etc. korrigiert wurde.

4.5 Sind die Forderungen werthaltig?

In Zweifelsfällen wird sich die Bank die **offenen Forderungen** detailliert aufgliedern lassen und nachfragen, welche Forderungen inzwischen beglichen wurden. Insbesondere bei Forderungen, die nach wie vor noch offen sind, wird die Bank kritisch nachfragen, wie es um die Werthaltigkeit dieser Forderungen steht und in welcher Höhe sie wertberichtigt wurden, um eventuell allzu optimistische Erwartungen des Unternehmers und damit das Ergebnis zu korrigieren.

4.6 Sind unter Pensionsrückstellungen sämtliche Altzusagen und deren Erhöhungen ausgewiesen?

Für Altzusagen, d. h. Pensionszusagen, die vor dem 1. 1. 1987 vereinbart wurden, sowie Erhöhungen auf diese Altzusagen, die nach dem 1. 1. 1987 zugesagt wurden, besteht handelsrechtlich ein **Passivierungswahlrecht**. Die Kreditinstitute werden deshalb, wenn Altzusagen bestehen, sich immer erkundigen, ob diese passiviert sind bzw. ob nachträglich gewährte Erhöhungen ebenfalls passiviert wurden. Kapitalgesellschaften und gleichgestellte Personengesellschaften müssen aber nach Art. 28 Abs. 2 EGHGB die nicht passivierten Pensionsverpflichtungen im Anhang betragsmäßig angeben.

4.7 Sind in den sonstigen Rückstellungen alle Verpflichtungen und Risiken erfasst?

Unter den sonstigen Rückstellungen sind nicht nur die Rückstellungen für den Jahresabschluss, sondern auch alle übrigen relevanten Bereiche wie Urlaub, Garantieleistungen, noch anfallende Baukosten realisierter Objekte (bei Bauunternehmern und Bauträgern), Prozesskosten sowie Prozessrisiken etc. zu bilden. Bezüglich der sonstigen Rückstellungen werden die Kreditinstitute gezielt fragen, ob das Unternehmen die Rückstellungen auch **ausreichend bemessen bzw.** sämtliche Rückstellungen **erfasst** hat und ob bezüglich der Rückstellungshöhe nicht von allzu optimistischen Erwartungen ausgegangen wurde. Die Rückstellungen sind eine wichtige Säule der Bilanzpolitik, weshalb in diesem Bereich die Kreditinstitute i. d. R. gezielte Fragen stellen.

4.8 Sind die Entnahmen und Einlagen des Unternehmers bzw. der Gesellschafter aufgegliedert?

Insbesondere die **Analyse der Privatkonten** (zum Teil Kapitalkonten) der Unternehmer bzw. der Gesellschafter ist für die Bank von besonderer Bedeutung, da sie Aufschluss darüber geben, ob der private Lebensunterhalt bestritten werden kann bzw. ob sich der Unternehmer liquiditätsschonend verhält und nicht zu große Entnahmen tätigt. Interessant ist für die Bank auch, in welche Bereiche der Unternehmer die Entnahmen investiert. Eine Aufgliederung der Entnahmen und Einlagenkonten ist deshalb für die Bank äußerst wichtig und wird i. d. R. angefordert.

4.9 Sind die sonstigen Vermögensgegenstände und Verbindlichkeiten aufgegliedert?

Gerade die Aufgliederung der sonstigen Vermögensgegenstände und Verbindlichkeiten bietet der Bank einen weiteren Einblick in eventuelle problematische Ausweise. Auch hier wird deshalb die Bank eine Aufgliederung dieser Positionen i. d. R. verlangen.

4.10 Sind die Eventualverbindlichkeiten ausgewiesen?

Die Eventualverbindlichkeiten sind von allen Unternehmensformen zwingend anzugeben. Vielfach werden die Eventualverbindlichkeiten wie

- Verbindlichkeiten aus der Übertragung von Wechseln,
- Verbindlichkeiten aus Bürgschaften, Wechsel- und Scheckbürgschaften,
- Verbindlichkeiten aus Gewährleistungsverträgen,
- Haftungsverhältnisse aus der Bestellung von Sicherheiten für fremde Verbindlichkeiten

nicht ausgewiesen. Aus diesem Grund werden die Kreditinstitute immer nachfragen, ob **alle Eventualverbindlichkeiten,** die u. U. später, wenn tatsächlich mit dem Eintritt dieser Verbindlichkeiten zu rechnen ist, unter den Rückstellungen zu erfassen sind, **ausgewiesen** wurden. Die Nichtkapitalgesellschaften (Einzelunternehmen, Personenhandelsgesellschaften) sollten wie die Kapitalgesellschaften und die gleichgestellten Personengesellschaften die Eventualverbindlichkeiten entsprechend aufgliedern.

4.11 In welchen GuV-Positionen – außerhalb des außerordentlichen Bereichs – sind außerordentliche und periodenfremde Aufwendungen und Erträge enthalten?

Zur Ermittlung des nachhaltigen Kapitaldienstes ist das Jahresergebnis um außerordentliche und periodenfremde Aufwendungen und Erträge zu bereinigen. Aus diesem Grund wird die Bank nachfragen, in welchen GuV-Positionen außerordentliche und periodenfremde Erträge enthalten sind. Insbesondere die sonstigen betrieblichen Erträge und sonstigen betrieblichen Aufwendungen wird die Bank daraufhin analysieren und sich im Zweifelsfall eine **detaillierte Aufgliederung** dieser GuV-Positionen vorlegen lassen. Unter Umständen wird die Bank die gesamte GuV-Position aufgrund des **Vorsichtsprinzips** als außerordentliche behandeln. Aus diesem Grund empfiehlt es sich hier, der Bank detaillierte Auskünfte zu geben.

4.12 Welche Abschreibungen wurden auf das Umlaufvermögen vorgenommen?

Die Abschreibungen auf das Umlaufvermögen werden nur ausnahmsweise, „soweit sie die üblichen Abschreibungen überschreiten", unter der Position Abschreibung ausgewiesen. Aus diesem Grund wird die Bank in Zweifelsfällen nachfragen, wie hoch die Abschreibungen auf das Warenlager, die Roh-, Hilfs- und Betriebsstoffe, die unfertigen Erzeugnisse und die Forderungen waren.

5. Fragen speziell zu Kapitalgesellschaften und gleichgestellten Personengesellschaften

5.1 Sind im Anhang alle Angaben enthalten?

Bei den Kapitalgesellschaften und den gleichgestellten Personengesellschaften besteht der Jahresabschluss nicht nur aus Bilanz und GuV, sondern auch aus dem Anhang. Fehlen bei einer solchen Gesellschaft wichtige Anhangangaben (vgl. Abschn. 6.2.9) oder gar der gesamte Anhang, fehlt ein wesentlicher Bestandteil des Jahresabschlusses, weshalb die Kreditinstitute aufgrund von § 18 KWG zwingend darauf achten, dass ein vollständiger Anhang bei diesen Gesellschaften vorliegt.

5.2 Liegt bei einer mittelgroßen oder großen Kapitalgesellschaft bzw. gleichgestellten Personengesellschaft ein Lagebericht vor?

Große und mittelgroße Gesellschaften müssen nach § 264 Abs. 2 HGB zwingend einen Lagebericht erstellen. Da der Lagebericht bei diesen Gesellschaften ein wichtiger Teil der Rechnungslegung ist, hat die Bank nach § 18 KWG den Lagebericht auch zwingend von dem Kreditnehmer einzufordern.

5.3 Liegt bei einer prüfungspflichtigen Gesellschaft bzw. bei einer freiwilligen Abschlussprüfung der testierte Jahresabschluss vor?

Ist die Gesellschaft prüfungspflichtig (mittelgroße und große Gesellschaft), so muss nach § 18 KWG dem Kreditinstitut zwingend der testierte (geprüfte) Jahresabschluss vorgelegt werden (wegen der rechtlichen Konsequenzen vgl. Abschn. 6.2.4). Aber auch von Unternehmen (kleine Kapitalgesellschaften und Nichtkapitalgesellschaften), die sich freiwillig von Abschlussprüfern prüfen lassen, ist nach § 18 KWG ebenfalls zwingend der testierte Jahresabschluss einzureichen.

5.4 Wurden gesetzliche Erleichterungen, die ausschließlich die Publizitätspflicht betreffen, in Anspruch genommen?

Da die Kapitalgesellschaften und die gleichgestellten Personengesellschaften generell auch Dritten gegenüber den Jahresabschluss beim Handelsregister (große Gesellschaften im Bundesanzeiger) publizieren (offen legen) müssen, gewährt das Handelsrecht speziell für diese Offenlegung Erleichterungen (z. B. verkürzte Bilanz gem. § 327 Abs. 1 HGB, auch bei mittelgroßen Gesellschaften). Kreditinstitute dürfen jedoch **nur Jahresabschlüsse akzeptieren, die zumindest dem Standard entsprechen,** der für die Aufstellung und Feststellung vorgeschrieben ist, weshalb solche verkürzten Abschlüsse nie eingereicht werden sollten.

5.5 Sind weitere Unterlagen einzuholen, weil der Jahresabschluss unter Inanspruchnahme gesetzlicher Erleichterungen aufgestellt wurde, die den Informationswert beeinträchtigen?

Bereits bei der Aufstellung des Jahresabschlusses gewährt das Handelsrecht den kleinen Kapitalgesellschaften und den gleichgestellten Personengesellschaften (z. B. **verkürzte Bilanz** gem. § 266 Abs. 1 HGB; **verkürzte GuV** nach § 276 HGB) sowie der mittelgroßen Kapitalgesellschaft und der gleichgestellten Personengesellschaft (verkürzte GuV nach § 276 HGB) Erleichterungen, die den Informationswert des Jahresabschlusses beeinträchtigen. Daher sind die Kreditinstitute nach § 18 KWG in solchen Fällen verpflichtet, weitere Unterlagen einzuholen, insbesondere möglichst eine ausführliche Bilanz und GuV einzufordern. Aus diesem Grund ist es nicht empfehlenswert, den Kreditinstituten solche verkürzten Jahresabschlüsse einzureichen.

5.6 Wurden die Erleichterungen für Tochter-Kapitalgesellschaften bzw. Tochter-Personengesellschaften in Anspruch genommen?

Die §§ 264 Abs. 3 u. 264b HGB gewähren den Tochter-Kapitalgesellschaften und den Tochter-Personengesellschaften, wenn das Mutterunternehmen einen Konzernabschluss erstellt, unter gewissen Voraussetzungen weitgehende Erleichterungen. So muss die Tochter-Gesellschaft beispielsweise keinen eigenen Anhang und Lagebericht erstellen (vgl. Abschn. 6.3). Der Bank fehlen in diesen Fällen erhebliche Informationen, sodass sie verpflichtet ist, weitere Unterlagen einzuholen, es sei denn, der Konzernabschluss ist nach ihrem Ermessen ausreichend.

5.7 Wie viele Arbeitnehmer wurden im Kalenderjahr durchschnittlich beschäftigt?

In Jahresabschlüssen, bei denen entweder die Umsatzerlöse oder die Bilanzsumme das Größenkriterium (Bilanzsumme bis zu 6,72 Mio.; Umsatzerlöse bis zu 13,44 Mio.) zur mittelgroßen Kapitalgesellschaft überschreiten, spielt diese Frage eine wichtige Rolle. Durch diese Frage möchte die Bank nämlich sicherstellen, ob nicht das Unternehmen inzwischen eine mittelgroße Gesellschaft geworden ist und damit der **Prüfungspflicht** mit allen Konsequenzen (z. B. Nichtigkeit des Jahresabschlusses, wenn nicht geprüft wird) unterliegt.

5.8 Liegt bei einer Überschuldung ein Rangrücktritt vor?

Konkursantragsgrund ist bei der Kapitalgesellschaft und der GmbH & Co KG neben der Illiquidität zusätzlich auch eine materielle Überschuldung der Gesellschaft. Eine **materielle Überschuldung** liegt vor, wenn das Vermögen bei Ansatz von Liquidationswerten unter Einbeziehung der stillen Reserven die bestehenden Verbindlichkeiten nicht mehr deckt. Wird ein **Konkursantrag** nicht innerhalb von drei Wochen gestellt, drohen dem Geschäftsführer strafrechtliche Sanktionen und Schadensersatzforderungen.

V. Notfallprogramm für Krisensituationen

Es muss sichergestellt sein, dass im Fall eines Ausfalls (auch kurzfristigen Ausfalls) des Unternehmers entsprechende **Vollmachten** entweder für den mitarbeitenden Ehegatten oder für einen entsprechenden leitenden Mitarbeiter vorliegen, damit in Krisensituationen (z. B. Herzinfarkt) kein Stillstand im Unternehmen eintritt.

VI. Parameter der künftigen nachhaltigen Ertragskraft

1. Was sagen Parameter der künftigen nachhaltigen Ertragskraft über ein Unternehmen aus?

Während bisher die Unternehmensentwicklung in der Vergangenheit analysiert und damit ein Bild über die bisherige Situation vermittelt wurde, stellen die folgenden Ausführungen auf die künftig zu erwartende Entwicklung des Unternehmens ab. Es wird an dieser Stelle die Frage behandelt, ob in der **internen Unternehmensstruktur** oder bei den **externen Rahmenbedingungen** Schwächen oder Veränderungen zu entdecken sind, die ein Absinken der nachhaltigen Ertragskraft erwarten lassen. Es gilt also, gegenwärtig bekannte Parameter dahingehend zu untersuchen, ob mit hoher Wahrscheinlichkeit die Unternehmenslage gefestigt bleibt oder ob Veränderungen zu erwarten sind, die ein Reagieren und Anpassen erforderlich machen.

2. Ist das Unternehmen liquide und damit zahlungsbereit?

Ob ein Unternehmen von einer Krise heimgesucht wird, lässt sich am frühesten aus einer Verschlechterung der Zahlungsbereitschaft erkennen. Eine **Veränderung der Zahlungsströme,** d. h. der Einnahmen und Ausgaben, ist das erste Alarmzeichen, das zur näheren Analyse des Unternehmens zwingt. In diesem Zusammenhang können sich folgende **Unterfragen** stellen:

- Hängt die Zunahme der kurzfristigen Verschuldung allein mit einer Verschlechterung der Zahlungsmoral der Kunden zusammen oder mit echten Auftrags- und Umsatzeinbrüchen, z. B. weil die Produktpalette veraltet ist oder die Konkurrenz günstiger anbietet?
- Ist die Verschlechterung der Zahlungsbereitschaft des Unternehmens auf Forderungsausfälle zurückzuführen?

In den genannten Fällen werden i. d. R. Verluste des Unternehmens durch die Bank finanziert, da sich die Ertragskraft deutlich verschlechtert hat und es nur eine Frage der Zeit ist, bis bei Vorlage des nächsten Jahresabschlusses diese negative Veränderung durch das Zahlenmaterial aufgezeigt wird. Folgende **weitere Unterfragen** können sich außerdem stellen:

- Wurde gegen die sog. „goldene Finanzierungsregel" (vgl. Abschn. 11.7) verstoßen und wurden damit die Betriebsmittel verknappt?
- Hat sich die Auftragsabwicklung und -überwachung verschlechtert, sodass Kunden dazu veranlasst wurden, Abschlagszahlungen zu stoppen oder gar zu stornieren?

Auch diese Unterfragen weisen auf Möglichkeiten hin, die die Zahlungsbereitschaft eines Unternehmens erheblich einschränken können. Die aufgezeigten Merkmale sind aus einer **Fülle von möglichen Ursachen** nur beispielhaft ausgewählt worden, um zu verdeutlichen, was die Gründe für eine Verschlechterung der Liquiditätslage eines Unternehmens sein können und welchen Erklärungsbedarf eine Bank in einem solchen Fall haben muss.

3. Sind weitere Unterlagen und Informationsinstrumente vorhanden?

3.1 Liegt eine aussagefähige betriebswirtschaftliche Auswertung (BWA) vor?

Zu einer qualitativ anspruchsvollen BWA gehört zumindest ein **Vergleich mit den Vorjahreszahlen** (noch aussagefähiger ist ein 3-Jahres-Vergleich). Außerdem sind nicht regelmäßig anfallende Aufwendungen und Erträge (wie Weihnachtsgeld, Zinsaufwendungen und -erträge) entsprechend abzugrenzen sowie der Wareneinsatz bzw. die unfertigen Leistungen exakt zu erfassen. Unter Umständen ist auch der Eigenverbrauch zu beachten. Auch kalkulatorische Kosten wie Unternehmerlohn und Zinsen auf das Eigenkapital erhöhen den Aussagewert der BWA.

3.2 Liegen zusätzliche Informationsinstrumente vor?

Das Vertrauen der Bank in die Nachhaltigkeit der Ertragskraft eines Unternehmens wird sicherlich durch das Vorhandensein zumindest grundlegender **Controllinginstrumente** gefestigt, da diese ein schnelles Erkennen negativer Veränderungen und damit rechtzeitiges Reagieren des Managements ermöglichen. Hierzu stellen sich folgende **Unterfragen:**

- Wird der Auftrags- und Forderungsbestand laufend einer Überwachung und Analyse unterzogen?
- Sind die Auftrags- und Produktpreise durch eine Kalkulation mit vertretbaren Toleranzabweichungen im Griff?

Anlage 1: Checkliste für das Bilanzgespräch 235

- Verfügt das Unternehmen über ein Erfolgscontrolling, das die Kostenseite über eine Kostenarten-, Kostenstellen- (mit BAB) und eine Kostenträgerstückrechnung jeweils für Soll- und Ist-Zahlen zur Ermittlung von Abweichungen durchleuchtet?
- Ist die Hereinnahme von Zusatzaufträgen anhand einer auf Teilkosten basierenden Deckungsbeitragsrechnung beurteilbar, um kurzfristige Phasen zu geringer Auslastung unbeschadet überstehen zu können?

4. Sind Marktstruktur, Produktstruktur und -entwicklung, Vertriebswege und -arten sowie Kundenstruktur der Unternehmensleitung bekannt?

Die Unternehmensleitung muss verdeutlichen können, dass sie den Markt, den sie beliefert, durch und durch kennt. In diesem Zusammenhang stellen sich z. B. folgende **Unterfragen:**

- Ist dem Unternehmen seine Konkurrenzsituation transparent?
- Weiß das Unternehmen bei einer Abhängigkeit von mehreren Märkten, wie die einzelnen Vertriebsregionen sowie die jeweiligen Produkte zu gewichten sind?
- Verfügt das Unternehmen über Daten wie Populationsentwicklung, Geburtenraten, Konsumverhalten und Durchschnittsalter, Reallohnentwicklung, Nachfrageverhalten und Zinsentwicklung? (Diese Daten werden von statistischen Instituten jährlich ermittelt.)

Für Banken stellen sich zur Beurteilung der künftigen nachhaltigen Ertragskraft z. B. die folgenden weiteren **Unterfragen:**

- Lebt das kreditnehmende Unternehmen von einer Vielzahl oder nur von ein oder zwei Produkten?
- Arbeitet der FuE-Bereich ständig an der Entwicklung neuer und an der Verbesserung bestehender Produkte?
- Funktioniert die Qualitätskontrolle und ist die Produktpalette auf das Nachfrageverhalten der Kunden abgestimmt?
- Stellt sich das Management den Herausforderungen der modernen Absatzpolitik und sichert somit den Verkaufserfolg von morgen, indem es eine schlagkräftige Marketing- und PR-Politik, ein effizientes Ausbildungssystem für das Vertriebspersonal, Zielvereinbarungen und Anreizsysteme durch Sonderprämien in dem Unternehmen eingeführt hat?
- Liegt eine breite Kundenstreuung vor, sodass keine Abhängigkeit von nur wenigen Kunden gegeben ist und somit die Ausfallrisiken weit gestreut sind? (Dieser Gesichtspunkt ist besonders wichtig, wenn sich Unternehmen mit ihren Produkten in einer konjunkturanfälligen Branche bewegen.)

5. Sind Organisation, Fertigung und Personalstruktur den Anforderungen angepasst?

Folgende **Unterfragen** sollen der Bank darüber Aufschluss geben, ob das **Unternehmen rationell geführt** wird:

- Sind die Organisationsabläufe ausgefeilt und aufeinander abgestimmt?
- Ist die Organisationsform richtig gewählt und werden die Verwaltungs- und Arbeitsabläufe laufend überwacht?

Folgende weitere **Unterfragen** sollen darüber Aufschluss geben, ob das **Unternehmen künftigen Herausforderungen** gewachsen ist:

- Wie groß ist die Standortabhängigkeit?

- Verfügt das Unternehmen über rationelle Fertigungsverfahren aufgrund einer angepassten Geschäfts- und Produktionsausstattung?
- Ist der Maschinenpark sehr kostenintensiv?
- Wie hoch sind Ausschussquoten und Losgrößen und wie lang die Umrüstzeiten?
- Wurden Make or Buy- bzw. Outsourcing-Strategien geplant und entwickelt?
- Verfügt das Personal über den erforderlichen Ausbildungsstand?
- Ist das Durchschnittsalter der Beschäftigten bekannt?
- Funktioniert der Informationsfluss und ist das Betriebsklima aufgrund eines kollegialen Teamgeistes in Ordnung?
- Ist die Entlohnung den jeweiligen Leistungsstufen angepasst?

6. Gibt es eine Lager- und Materialpolitik?

Auch die Lager- und Materialpolitik lässt erkennen, ob das Unternehmen straff geführt ist und nicht überflüssige Kosten produziert werden. Daher stellen sich folgende **Unterfragen:**

- Ist eine permanente Inventur mit EDV-Überwachung vorhanden?
- Wird der Lagerbestand anhand von Auftrags- und Umschlagskennziffern optimal ermittelt und ist das Lager aufgrund von Stücklisten optimal sortiert?

7. Gibt es eine Investitions- und Finanzierungsplanung?

Fragestellungen über die Investitions- und Finanzierungsplanung geben insbesondere darüber Aufschluss, ob ein **aussagefähiges Finanzcontrolling** installiert ist. Die **Unterfragen** hierzu lauten etwa:

- Verfügt das Unternehmen über eine kurzfristige und langfristige Investitionsplanung?
- Wird die Rentabilität der Investitionen, insbesondere von Erweiterungsinvestitionen, anhand von Investitionsrechenverfahren ermittelt?
- Werden Kosteneinsparungen bei Rationalisierungsinvestitionen errechnet?
- Gibt es eine Investitionsablaufplanung mit permanentem Soll-Ist-Vergleich?

Diese Fragen zeigen der Bank, ob die Kalkulationsbasis bei maßgeblichen Unternehmensentscheidungen über ein ausreichendes Maß an Plausibilität verfügt. Die Bank wird zur Beurteilung, ob der kurzfristige finanzielle Spielraum des Unternehmens laufend überwacht wird und somit **keine finanziellen Verknappungen** auftreten können, folgende **Unterfragen** stellen:

- Gibt es eine Finanzierungsbedarfsrechnung?
- Wurden Zahlungsziellisten mit Überschreitungstoleranzen eingeführt, abgestimmt auf die kurzfristigen Bank- und Lieferantenlinien?

Weiterhin wird die Bank zu diesem Themenkreis folgende Fragen ansprechen:

- Wurde die sog. „goldene Finanzierungsregel" beachtet, indem langfristige Investitionen fristenkongruent und falls möglich mit zinsgünstigen Fördermitteln finanziert wurden?
- Werden quartalsweise Kapitalfluss- und Mittelherkunfts-/Mittelverwendungs-Rechnungen erstellt?

Auch dieser gesamte Fragenkomplex zielt wie die bisherigen Ausführungen zu den Unternehmensparametern aus der Sicht der Bank stets darauf ab, ob auch in Zukunft mit der nachhaltigen Ertragskraft des kreditnehmenden Unternehmens gerechnet werden kann. Mit absoluter Sicherheit ist diese Prognose sicherlich nicht zu stellen, jedoch ist die Aussicht, dass auch in Zukunft die wirtschaftliche Lage des Unternehmens zufrieden stellend ist, wesentlich wahrscheinlicher, wenn die Unternehmensleitung aufzeigen kann, dass alle Betriebsbereiche auf dem aktuellen Stand betriebswirtschaftlicher Erkenntnisse geführt werden.

8. Wie ist die Qualität des Managements?

Eines der wesentlichen Kriterien für die Kreditentscheidung, insbesondere wenn es um Blankogewährung geht, ist die Qualifikation des Managements. Neben **fachlicher Kompetenz** ist das **Führungsverhalten** eine der Hauptvoraussetzungen, dass im Unternehmen die Entscheidungen umgesetzt werden, die eine erfolgreiche Zukunft sichern helfen. Damit das Management erfolgreich handeln kann, ist die Information über die Lage des Betriebs von ausschlaggebender Bedeutung. Es stellt sich also die Frage: Sind für das Management Steuerungsinstrumente installiert worden, wie **Managementinformationssysteme** (MIS) mit Kennzahlen, ein optimales Berichtssystem, Budgets als Mehrjahresplanung und DV-mäßig unterstützte Simultanmodelle?

9. Ist die Unternehmensnachfolge geregelt?

Dies ist für die Bank insbesondere unter dem Gesichtspunkt wichtig, dass bei langfristiger Kreditgewährung auch eine langfristige Fortführung des Unternehmens in der nächsten Generation oder aber durch fremde Dritte (dies wird erbschaftsteuerlich ebenfalls begünstigt) sichergestellt ist.

VII. Reaktion der Banken in der Unternehmenskrise

Eine der schwierigsten Situationen stellt sich für eine Bank sicherlich ein, wenn sie einem Unternehmen in der Krise entweder durch Nachfinanzierungen oder gar durch Zinssenkungen und Forderungsverzicht, eventuell gegen Besserungsschein, zur Seite stehen soll. Die Grundvoraussetzung ist die Erstellung einer **Schwachstellen- und Ursachenanalyse** durch einen Sachverständigen. Das Ergebnis muss sein, die Schwachstellen des Unternehmens einzugrenzen sowie deren Ursachen zu ermitteln. Sollte sich herausstellen, dass die **Hauptschwachstelle im Produktbereich** zu suchen ist, muss anhand einer detaillierten Deckungsbeitragsrechnung eruiert werden, ob Produkte aus dem Produktionsprogramm herausgenommen werden sollen und sich das Unternehmen bei einer Beschränkung auf den sog. Kernbereich im Rahmen einer angepassten Kostensituation erfolgreich weiterführen lässt.

Liegen die Probleme in einem zu **aufwendigen Kostenapparat,** kann mit sog. schnell greifenden Maßnahmen meist eine deutliche Verbesserung der Ertrags- und Liquiditätssituation herbeigeführt werden. Schnell greifende Maßnahmen sind Personal- und Sachkostensenkungen, beschleunigter Forderungseintrieb, Lagerabbau und Veräußerung nicht benötigten Anlagevermögens. Allerdings muss diesem Maßnahmenkatalog eine **langfristige Strategie** folgen, um die wiedergewonnene Ertragskraft nachhaltig zu sichern. Hier kommen in Frage: Durchleuchtung der Produkt- und Vertriebspolitik, Outsourcing, Marktanalysen, umfassendes Controlling mit Auftragskalkulation, Vermeidung von Managementfehlern durch ein ausgefeiltes MIS, Hereinnahme von Eigenkapital durch Beteiligungen sowie Beantragung öffentlicher Finanzierungsmittel wie Konsolidierungsdarlehen etc.

Über jedem Sanierungskonzept muss als oberster Grundsatz der **Anspruch auf Plausibilität und logische Geschlossenheit** stehen. Auch für einen Branchenfremden muss ersichtlich sein, dass die vorgelegte Konzeption eine Erfolgswahrscheinlichkeit in sich trägt, insbesondere wenn er dieses Konzept als Vertreter einer Bank entweder in seinem Hause oder gegenüber übergeordneten Entscheidungsgremien vertreten muss.

VIII. Zusammenfassung

Die vorstehend erläuterte und nachfolgend im Überblick abgedruckte Checkliste soll primär mittelständische Unternehmer darüber informieren, auf welche Kriterien Banken bei der Kreditwürdigkeitsprüfung neuer und laufender Engagements besonderen Wert legen. Sie soll neben der fachlichen Information auch das Verständnis für die Denkweise der Banken wecken, die einerseits ihren Einlegern und Anteilseignern gegenüber verpflichtet sind und andererseits durch das Gesetz, insbesondere den § 18 KWG, den Rahmen vorgegeben bekommen, wie sie diese Verpflichtung bei der Kreditvergabe zu erfüllen haben.

Die Verfasser haben sich die Aufgabe gestellt, den gewerblichen Kreditnehmer auf Fragen und Erklärungswünsche der Banken vorzubereiten, indem sie die Hauptgründe aufzeigen wollen, warum Banken in der einen oder anderen Weise reagieren bzw. reagieren müssen. Deshalb wird immer wieder auf das Kriterium der nachhaltigen Kapitaldienstfähigkeit Bezug genommen und in aller Deutlichkeit aufgezeigt, wie sich Kreditinstitute an die Erfüllung dieser Kreditvergabevoraussetzung heranarbeiten.

Der Nachweis der Erfüllung dieses Kriteriums ist die grundsätzliche Voraussetzung der Krediteinräumung, die nur durch die Ausnahme des § 18 Satz 2 KWG durchbrochen wird, da hier die Besicherung eine derart dominante Rolle einnimmt, dass die nachhaltige Kapitaldienstfähigkeit durch den hohen Grad an Werthaltigkeit der Sicherheit quasi mitabgedeckt wird. Aber schon der Hinweis, dass diese Werthaltigkeit regelmäßig zu überprüfen ist, um festzustellen, ob noch die engen Grenzen des § 18 Satz 2 KWG erfüllt werden, zeigt deutlich, welches Gewicht der Gesetzgeber der Offenlegung der wirtschaftlichen Verhältnisse des Kreditnehmers beimisst.

Checkliste für das Bilanzgespräch mittelständischer Unternehmen

I.	**Nachhaltige Kapitaldienstfähigkeit**
II.	**Die Offenlegungspflicht nach § 18 KWG**
1.	**Wie ist § 18 KWG – die gesetzliche Regelung des Informationsrechts der Banken – zu verstehen?**
2.	**Wie ist der Umfang des § 18 KWG definiert?**
3.	**Wie umfassend ist das Verfahren nach § 18 Satz 1 KWG?**
4.	**Welche Ausnahmen von § 18 Satz 1 KWG gibt es?**
5.	**Welche praxisorientierten Sonderregelungen gibt es?**

Anlage 1: Checkliste für das Bilanzgespräch 239

III. Vorüberlegungen zum Jahresabschluss
1. **Soll der steuerliche Berater hinzugezogen werden?**
2. **Wo soll das Gespräch stattfinden?**

IV. Fragen zum Jahresabschluss
1. **Allgemeine Fragen**
   1.1 Wann ist der Jahresabschluss den Banken fristgerecht vorzulegen?
   1.2 Ist der Jahresabschluss vom Kaufmann unterzeichnet?
   1.3 Ist der Jahresabschluss mit einem qualifizierten Vermerk von dem ihn erstellenden Angehörigen wirtschaftsprüfender und steuerberatender Berufe versehen?
2. **Fragen zur Plausibilität des Jahresabschlusses**
   2.1 Ist das Zahlenwerk plausibel?
   2.2 Gibt es größere Abweichungen bei den einzelnen Konten?
3. **Fragen zur Bewertung**
   3.1 Entspricht die Handelsbilanz der Steuerbilanz?
   3.2 Wurden die Bewertungsmethoden unverändert beibehalten?
   3.3 Wurden die steuerlichen Abschreibungen unverändert vorgenommen?
   3.4 Wurden Sonderposten mit Rücklageanteil gebildet bzw. aufgelöst?
4. **Fragen zu den einzelnen Bilanz- und GuV-Positionen**
   4.1 Wie ist das Anlagevermögen bewertet und abgeschrieben?
   4.2 Wurden Investitionen in die Zukunft verlagert?
   4.3 Wurde geleast anstatt gekauft?
   4.4 Wie sind die Vorräte bewertet?
   4.5 Sind die Forderungen werthaltig?
   4.6 Sind unter Pensionsrückstellungen sämtliche Altzusagen und deren Erhöhungen ausgewiesen?
   4.7 Sind in den sonstigen Rückstellungen alle Verpflichtungen und Risiken erfasst?
   4.8 Sind die Entnahmen und Einlagen des Unternehmers bzw. der Gesellschafter aufgegliedert?
   4.9 Sind die sonstigen Vermögensgegenstände und Verbindlichkeiten aufgegliedert?
   4.10 Sind die Eventualverbindlichkeiten ausgewiesen?
   4.11 In welchen GuV-Positionen – außerhalb des außerordentlichen Bereichs – sind außerordentliche und periodenfremde Aufwendungen und Erträge enthalten?
   4.12 Welche Abschreibungen wurden auf das Umlaufvermögen vorgenommen?
5. **Fragen speziell zu Kapitalgesellschaften und gleichgestellten Personengesellschaften**
   5.1 Sind im Anhang alle Angaben enthalten?
   5.2 Liegt bei einer mittelgroßen oder großen Kapitalgesellschaft bzw. gleichgestellten Personengesellschaft ein Lagebericht vor?
   5.3 Liegt bei einer prüfungspflichtigen Gesellschaft bzw. bei einer freiwilligen Abschlussprüfung der testierte Jahresabschluss vor?

5.4 Wurden gesetzliche Erleichterungen, die ausschließlich die Publizitätspflicht betreffen, in Anspruch genommen?

5.5 Sind weitere Unterlagen einzuholen, weil der Jahresabschluss unter Inanspruchnahme gesetzlicher Erleichterungen aufgestellt wurde, die den Informationswert beeinträchtigen?

5.6 Wurden die Erleichterungen für Tochter-Kapitalgesellschaften bzw. Tochter-Personengesellschaften in Anspruch genommen?

5.7 Wie viele Arbeitnehmer wurden im Kalenderjahr durchschnittlich beschäftigt?

5.8 Liegt bei einer Überschuldung ein Rangrücktritt vor?

V. Notfallprogramm für Krisensituationen

VI. Parameter der künftigen nachhaltigen Ertragskraft

1. **Was sagen Parameter der künftigen nachhaltigen Ertragskraft über ein Unternehmen aus?**
2. **Ist das Unternehmen liquide und damit zahlungsbereit?**
3. **Sind weitere Unterlagen und Informationsinstrumente vorhanden?**

    3.1 Liegt eine aussagefähige betriebswirtschaftliche Auswertung (BWA) vor?

    3.2 Liegen zusätzliche Informationsinstrumente vor?

4. **Sind Marktstruktur, Produktstruktur und -entwicklung, Vertriebswege und -arten sowie Kundenstruktur der Unternehmensleitung bekannt?**
5. **Sind Organisation, Fertigung und Personalstruktur den Anforderungen angepasst?**
6. **Gibt es eine Lager- und Materialpolitik?**
7. **Gibt es eine Investitions- und Finanzierungsplanung?**
8. **Wie ist die Qualität des Managements?**
9. **Ist die Unternehmensnachfolge geregelt?**

VII. Reaktion der Banken in der Unternehmenskrise

Anlage 2: Überblick über die grundsätzlichen Anforderungen an die Offenlegung der wirtschaftlichen Verhältnisse nach § 18 KWG (Rundschreiben 9/98 des Bundesaufsichtsamtes für das Kreditwesen vom 7. 7. 1998)

I. Vorbemerkung

Gemäß § 18 Satz 1 KWG hat sich das Kreditinstitut von Kreditnehmern, denen es Kredite von insgesamt mehr als 500 000 DM gewährt, die wirtschaftlichen Verhältnisse, insbesondere durch Vorlage der Jahresabschlüsse, offen legen zu lassen[1].

Die Vorschrift des § 18 KWG ist Ausfluss des anerkannten bankkaufmännischen Grundsatzes, Kredite nur nach umfassender und sorgfältiger Bonitätsprüfung zu gewähren und bei bestehenden Kreditverhältnissen die Bonität des Kreditnehmers laufend zu überwachen. Die Vorschrift dient dem Schutz des einzelnen Kreditinstituts und seiner Einleger. Sie hält die Kreditinstitute über die Kreditwürdigkeitsprüfung zu einem risikobewussten Kreditvergabeverhalten an. Einer im Einzelfall nicht risikofreien Kreditvergabe steht die Vorschrift des § 18 KWG jedoch nicht entgegen, sofern sich das kreditgewährende Institut über die aus der Kreditvergabe herrührenden Risiken ein klares Bild verschafft und sie als verkraftbar beurteilt.

II. Anwendungsbereich des § 18 KWG

§ 18 KWG gilt für alle Kreditinstitute unabhängig von ihrer Rechtsform und von der Art der betriebenen Geschäfte. Alle einem Kreditnehmer[2] gewährten Kredite im Sinne des § 21 Abs. 1 KWG sind zusammenzurechnen, und zwar in voller Höhe. Bei der Errechnung des für die Offenlegungsgrenze maßgebenden Kreditbetrages bleiben nur die in § 21 Abs. 2 bis 4 KWG aufgeführten Kredite außer Betracht.

Gewährt wird ein Kredit, wenn er schriftlich oder mündlich zugesagt oder ohne vorherige Bewilligung als Überziehung zugelassen wird. Das gilt auch, wenn die Zusage an Bedingungen geknüpft wird. Rechtlich unverbindliche Absichtserklärungen, bei denen das Kreditinstitut in seiner Entscheidung frei bleibt, die Auszahlung des Kredits zu verweigern, sind keine Zusagen. Nach Sinn und Zweck des § 18 KWG nicht erfasst sind rechtlich prinzipiell bindende Zusagen, bei denen das Kreditinstitut den Kredit vorbehaltlich eines (noch ausstehenden) positiven Urteils über die Bonität des Kreditnehmers zusagt, auch wenn insoweit tatbestandlich nach § 21 KWG ein Kredit besteht.

---

1 Nach den Grundsätzen ordnungsgemäßer Geschäftsführung hat sich das Kreditinstitut bei Engagements auch unterhalb der Offenlegungsgrenze des § 18 Satz 1 KWG über die aus der Kreditvergabe herrührenden Risiken ein klares Bild zu verschaffen. Dies gilt insbesondere für solche Engagements, die in ihrer betragsmäßigen Höhe eine Grenze von 10 % des haftenden Eigenkapitals des kreditgewährenden Kreditinstituts erreichen oder überschreiten.

2 An dieser Stelle wird auf § 19 Abs. 2 KWG nicht besonders hingewiesen.

Ein Kredit an eine **Personenmehrheit,** bei der jeder Beteiligte gemäß § 421 BGB als **Gesamtschuldner** zur Kreditrückzahlung verpflichtet ist, ist als Kredit an jeden einzelnen Gesamtschuldner anzusehen. Hieraus folgt, dass der Kredit an die Personenmehrheit gegebenenfalls mit den den einzelnen Gesamtschuldnern persönlich gewährten Krediten zusammenzurechnen ist. Der Kreditbetrag, der sich bei dem einzelnen Gesamtschuldner aus der Addition der ihm persönlich und als Mitglied der Personenmehrheit gewährten Kredite ergibt, ist maßgebend dafür, ob die Grenze des § 18 Satz 1 KWG überschritten wird.

Bei der Entscheidung der Frage, ob sich das Kreditinstitut bei mehreren wirtschaftlich voneinander unabhängigen Gesamtschuldnern die wirtschaftlichen Verhältnisse jedes einzelnen Schuldners offen legen lassen muss, ist auf die Eigenart der gesamtschuldnerischen Verknüpfung von Gläubiger und Schuldnern abzustellen. Falls für das Kreditinstitut aufgrund der Offenlegung der wirtschaftlichen Verhältnisse eines der Gesamtschuldner dessen Bonität zweifelsfrei feststeht, muss sich das Kreditinstitut nicht auch noch Klarheit über die wirtschaftlichen Verhältnisse der übrigen Gesamtschuldner verschaffen, an deren Inanspruchnahme es voraussichtlich kein Interesse haben wird. Das gilt allerdings nur dann, wenn für den gesamten Kredit gesamtschuldnerisch gehaftet wird.

Bei über der in § 18 Satz 1 KWG festgesetzten Grenze liegenden Krediten an **Personenhandelsgesellschaften** hat sich die kreditgewährende Bank die wirtschaftlichen Verhältnisse der Gesellschaft offen legen zu lassen. Zur Beurteilung der Kreditwürdigkeit der Personenhandelsgesellschaft werden in der Regel auch Kenntnisse über die wirtschaftlichen Verhältnisse der persönlich haftenden Gesellschafter erforderlich und Unterlagen hierüber heranzuziehen sein. Wenn allerdings die offen gelegten Jahresabschlüsse und andere Unterlagen der Personenhandelsgesellschaft unter Berücksichtigung anderweitiger Erkenntnisse der Bank keinen Zweifel an der Bonität der Kreditnehmerin begründen, ist die Vorlage von Nachweisen über die wirtschaftlichen Verhältnisse der persönlich haftenden Gesellschafter entbehrlich.

Anderenfalls wird es unumgänglich sein, dass sich die kreditgewährende Bank auch von den persönlich haftenden Gesellschaftern die wirtschaftlichen Verhältnisse offen legen lässt. Ergibt diese Offenlegung bei einem der Gesellschafter für das Kreditinstitut eine zweifelsfreie Bonität, kann es von der Offenlegung bei den übrigen Gesellschaftern absehen.

Bei Krediten an **konzernangehörige Unternehmen** hat sich grundsätzlich das Kreditinstitut zusätzlich die Jahresabschlussunterlagen für den Gesamtkonzern und gegebenenfalls auch die Jahresabschlüsse der einzelnen Konzernunternehmen – sofern sie wesentliche Bedeutung für die wirtschaftliche Situation des unmittelbaren Kreditnehmers haben – vorlegen zu lassen, da diese Unternehmen nach § 19 Abs. 2 KWG eine Kreditnehmereinheit bilden. Bei der Beurteilung der Frage, ob neben dem Einzelabschluss des unmittelbaren Kreditnehmers auch die Jahresabschlussunterlagen des Gesamtkonzerns und gegebenenfalls einzelner besonders bedeutender weiterer Konzernunternehmen heranzuziehen sind, hat das Kreditinstitut auf die Umstände des jeweiligen Einzelfalls abzustellen. Das Kreditinstitut hat insoweit einen

Beurteilungsspielraum. Im Vordergrund steht auch hier die Prüfung der Bonität des unmittelbaren Kreditnehmers.

Bei Krediten an **konzernungebundene Unternehmen,** die im Mehrheitsbesitz einer Person ohne Unternehmenseigenschaft stehen, hat sich das Kreditinstitut primär die wirtschaftlichen Verhältnisse des Unternehmens als unmittelbarem Kreditnehmer offen legen zu lassen. Zur Beurteilung der Kreditwürdigkeit des Unternehmens werden in der Regel aber auch Kenntnisse über die wirtschaftlichen Verhältnisse des Mehrheitsgesellschafters erforderlich sein, der zusammen mit dem Unternehmen eine Kreditnehmereinheit gemäß § 19 Abs. 2 KWG bildet. Bei der Beurteilung der Frage, welche Unterlagen über die privaten Einkommens- und Vermögensverhältnisse des nicht bilanzierenden Mehrheitsgesellschafters heranzuziehen sind, ist auf die Umstände des jeweiligen Einzelfalls abzustellen.

Bei **Konsortialkrediten** muss sich grundsätzlich jeder Konsorte die wirtschaftlichen Verhältnisse des Kreditnehmers offen legen lassen, damit er sich sein eigenes Urteil über die Bonität des Kreditnehmers bilden kann. Der Innenkonsorte kann seiner Verpflichtung aus § 18 KWG auch dadurch nachkommen, dass er die Bonitätsprüfung für die im Wege des Innenkonsortiums ausgereichten Kredite auslagert und dem gegenüber dem Kreditnehmer direkt auftretenden Konsorten (Konsortialführer) zur Ausübung überträgt. Der Innenkonsorte hat jedoch dafür Sorge zu tragen, dass die Bonitätsprüfung durch den Konsortialführer in einer Weise erbracht wird, die den Anforderungen des § 18 KWG entspricht; dies kann er etwa dadurch erreichen, dass er sich durch den Konsortialführer über die Ergebnisse der Bonitätsprüfung unterrichten lässt. Kommt der Konsortialführer den Verpflichtungen aus § 18 KWG für die den Innenkonsorten betreffenden Engagements nicht nach, so verstößt gleichzeitig auch der Innenkonsorte gegen diese Vorschrift.

Bei **Treuhandkrediten** hat sich allein der Treugeber die wirtschaftlichen Verhältnisse des Kreditnehmers offen legen zu lassen. Die Offenlegung kann an den Treuhänder zur Ausübung übertragen werden; das entbindet den Treugeber jedoch – analog der Situation bei Konsortialkrediten – nicht von der aufsichtsrechtlichen Verantwortung für die Ordnungsmäßigkeit der Offenlegung. Zahlt der Treuhänder die Mittel vorzeitig aus oder verstößt er anderweitig gegen die Vorgaben des Treugebers, so ist dieser selbst verpflichtet, sich die wirtschaftlichen Verhältnisse des Kreditnehmers offen legen zu lassen.

III. Das Verfahren nach § 18 Satz 1 KWG

Das Verfahren nach § 18 Satz 1 KWG vollzieht sich in drei Schritten:

1. Vorlage der erforderlichen Unterlagen,
2. Auswertung,
3. Dokumentation.

Diese Rechtspflichten folgen unmittelbar aus § 18 Satz 1 KWG. Der Regelungsgegenstand der Vorschrift erschöpft sich nicht etwa in der Vorlage der erforderlichen Unterlagen. Eine Offenlegung der wirtschaftlichen Verhältnisse ist ohne eine Auswertung der vorgelegten Unterlagen nicht erfolgt. Erst wenn das Kreditinstitut die

Unterlagen ausgewertet und sich die Anforderung weiterer Unterlagen aufgrund der Auswertung als entbehrlich erwiesen hat, liegen dem Kreditinstitut die wirtschaftlichen Verhältnisse des Kreditnehmers offen. Die Tatsachen und Belege, die das Kreditwürdigkeitsurteil begründeten und es rechtfertigten, dieses Urteil während der laufenden Überwachung des Kreditengagements aufrechtzuerhalten, müssen für die Geschäftsleitung, die Innenrevision, den Abschlussprüfer und die Bankenaufsicht in den Kreditakten festgehalten werden, sodass sie jederzeit die Vertretbarkeit des Kredits beurteilen und die Beachtung des § 18 KWG nachvollziehen können[1].

1. Vorlage

Das Kreditinstitut hat sich von den Kreditnehmern die wirtschaftlichen Verhältnisse, insbesondere durch Vorlage der Jahresabschlüsse, **während der gesamten Dauer des Engagements** offen legen zu lassen. Vorlage bedeutet die körperliche Übergabe aller zur Offenlegung notwendigen Unterlagen, zumindest in Form einer vollständigen Kopie (auch in Form eines elektronischen Datenträgers). Die Verpflichtung des § 18 Satz 1 KWG erschöpft sich nicht in einer umfassenden Kreditwürdigkeitsprüfung **vor Aufnahme des Engagements**; vielmehr muss das Kreditinstitut die wirtschaftliche Entwicklung seines Kreditnehmers während der Dauer des Kreditverhältnisses kontinuierlich beobachten und analysieren.

Die Offenlegung muss tatsächlich erfolgen; das bloße Verlangen – gleichgültig mit welchem Nachdruck – reicht nicht aus. Nach der Verschärfung des § 18 Satz 1 KWG durch die 2. KWG-Novelle von 1976 („hat ... offen legen zu lassen") muss das Kreditinstitut die Offenlegung durchsetzen (vgl. Regierungsbegründung, BT-Drucks. 7/3657, S. 12); anderenfalls darf es den Kredit nicht gewähren oder muss – bei laufenden Engagements – ihn **notfalls** kündigen. Die hierfür erforderlichen zivilrechtlichen Voraussetzungen hat sich das Kreditinstitut vor Eingehung des Engagements zu verschaffen. Dies soll jedoch das Kreditinstitut nicht zu einem Kündigungsautomatismus verpflichten, insbesondere bei Krediten, die im Übrigen störungsfrei bedient werden. Wenn das Kreditinstitut alle nach den Umständen zumutbaren Anstrengungen unternimmt, die Offenlegung der wirtschaftlichen Verhältnisse durchzusetzen, und in den Kreditakten nachvollziehbar darlegt, weshalb es das Engagement trotz Verweigerung der Offenlegung fortführt, wird der Verstoß gegen § 18 KWG bankaufsichtlich ohne Konsequenzen bleiben. Eine Erhöhung oder Verlängerung des Engagements kommt jedoch nur nach Offenlegung der wirtschaftlichen Verhältnisse des Kreditnehmers in Frage.

a) bei Krediten an bilanzierende Kreditnehmer

Handelt es sich beim Kreditnehmer um ein zur Buchführung und Bilanzaufstellung verpflichtetes Unternehmen (z. B. nach §§ 1 ff., 238 ff., 242 ff. HGB), so hat sich das Kreditinstitut mindestens den zeitlich letzten **Jahresabschluss** (Bilanz mit Gewinn- und Verlustrechnung), möglichst aber der letzten drei Jahre vorlegen zu lassen und zu

---

[1] Dazu grundlegend: das Urteil des OVG Berlin vom 5. März 1986 – OVG 1 B 52/83 – abgedruckt in: Beckmann/Bauer, Bankaufsichtsrecht, Nr. 14 zu § 36.

analysieren. Die Nachhaltigkeit der für die Kreditrückführung wesentlichen Ertragskraft eines Unternehmens lässt sich vielfach erst anhand mehrerer Jahresabschlüsse beurteilen. Sofern ein Kreditnehmer seinen Jahresabschluss aufgrund gesetzlicher Verpflichtung vom Abschlussprüfer prüfen lässt oder sich freiwillig einer Prüfung durch den Abschlussprüfer im Sinne des § 319 HGB unterzieht, die nach Art und Umfang der handelsrechtlichen Pflichtprüfung entspricht, muss sich das Kreditinstitut den testierten Jahresabschluss vorlegen lassen. Bei Kapitalgesellschaften gehört zum Jahresabschluss auch der Anhang (§ 284 ff. HGB). Die Bank hat sich gegebenenfalls auch den Lagebericht vorlegen zu lassen.

Die Kreditinstitute müssen sich die Jahresabschlüsse mit dem Inhalt unterbreiten lassen, der für die Aufstellung und Feststellung maßgeblich ist, d. h., sie dürfen nicht auf diejenigen Teile verzichten, für die im Rahmen gesetzlicher Erleichterungen keine Publizitätspflicht besteht. So betrifft die für Personenunternehmen durch § 5 Abs. 5 PublG eröffnete Möglichkeit, unter bestimmten Voraussetzungen von der Veröffentlichung der Gewinn- und Verlustrechnung abzusehen, nur die allgemeine Publizität dieses Teils des Jahresabschlusses, lässt aber die besonderen Einsichtspflichten der Kreditinstitute im Rahmen einer Kreditgewährung unberührt.

Indessen steht es grundsätzlich nicht im Widerspruch zu § 18 Satz 1 KWG, wenn die vorgelegten Jahresabschlüsse unter Inanspruchnahme gesetzlich eingeräumter Erleichterungen aufgestellt worden sind. Die Kreditinstitute sind dann aber verpflichtet, zusätzlich zu derartigen Jahresabschlüssen weitere Informationen und Unterlagen einzuholen, soweit dies für eine sachgerechte Beurteilung der Kreditwürdigkeit erforderlich ist. Machen kleine und mittelgroße Kapitalgesellschaften bei der Aufstellung des Jahresabschlusses von den größenabhängigen Erleichterungen der §§ 267, 276, 288 HGB Gebrauch, so werden die vereinfachten Angaben in der Regel den Anforderungen des § 18 Satz 1 KWG nicht genügen. Dies gilt z. B. bei einer verkürzten Gewinn- und Verlustrechnung, weil die wichtige Angabe der Umsätze fehlt.

Die Jahresabschlüsse können für sich genommen kein zeitnahes Bild über die wirtschaftlichen Verhältnisse des Kreditnehmers mehr gewährleisten, wenn sie dem Kreditinstitut erst zu lange Zeit nach dem Bilanzstichtag vorgelegt werden. Demgemäß hat das Kreditinstitut durch angemessene organisatorische Vorkehrungen dafür zu sorgen, dass ihm von großen und mittelgroßen Kapitalgesellschaften die testierten Jahresabschlussunterlagen innerhalb von neun Monaten nach dem Bilanzstichtag vorgelegt werden[1]; für kleine Kapitalgesellschaften im Sinne des § 267 Abs. 1 HGB und sonstige nicht prüfungspflichtige aber bilanzierungspflichtige Kreditnehmer gilt eine Frist von zwölf Monaten[2]. Sofern die vorgenannten Unterlagen innerhalb der jeweils maßgeblichen Frist vorliegen und durch einen Abschlussprüfer im Sinne des § 319 HGB pflichtweise oder auf freiwilliger Basis geprüft worden sind, ist in der

---

1 Bei der laufenden Offenlegung können so zwischen dem Bilanzstichtag des letzten vorgelegten Jahresabschlusses und dem Datum der Einreichung des Jahresabschlusses für das Folgejahr bis zu 21 Monate liegen.

2 Bei der laufenden Offenlegung können so zwischen dem Bilanzstichtag des letzten vorgelegten Jahresabschlusses und dem Datum der Einreichung des Jahresabschlusses für das Folgejahr bis zu 24 Monate liegen.

Regel die Vorlage anderer als der mit dem Jahresabschluss einzureichenden Unterlagen zur Offenlegung der wirtschaftlichen Verhältnisse entbehrlich.

Hat ein nicht prüfungspflichtiger aber bilanzierungspflichtiger Kreditnehmer seinen Jahresabschluss zwar rechtzeitig innerhalb der Einreichungsfrist von zwölf Monaten vorgelegt, ohne diesen jedoch einer freiwilligen – in Art und Umfang der handelsrechtlichen Pflichtprüfung entsprechenden – Prüfung durch den Abschlussprüfer im Sinne des § 319 HGB unterzogen zu haben, hat das Kreditinstitut – unter Berücksichtigung der Umstände des jeweiligen Einzelfalls – zu prüfen, ob und gegebenenfalls in welchem Umfang weitere (zeitnahe) Unterlagen heranzuziehen sind, um sich ein klares Bild über die wirtschaftlichen Verhältnisse des Kreditnehmers zu verschaffen. Auf die Heranziehung weiterer Unterlagen wird das Kreditinstitut im Regelfall nur verzichten können, wenn die Verlässlichkeit des Jahresabschlusses durch die Mitwirkung eines Angehörigen der wirtschaftsprüfenden Berufe oder eines – nach dem Urteil der Bank[1] – für diese Zwecke geeigneten Angehörigen der steuerberatenden Berufe untermauert wird.

Werden die jeweils geltenden Fristen bei der Einreichung nicht eingehalten, so hat das Kreditinstitut in jedem Fall weitere Unterlagen über Liquidität, Substanz und Erfolg des Kreditnehmers (Nachweise über Auftragsbestände, Umsatzzahlen, betriebswirtschaftliche Auswertungen, Umsatzsteueranmeldungen, Erfolgs- und Liquiditätspläne, Einkommensnachweise, Wirtschaftlichkeitsberechnungen des zu finanzierenden Vorhabens usw.) heranzuziehen, um sich ein klares, **zeitnahes,** hinreichend verlässliches Bild über die wirtschaftliche Situation des Kreditnehmers zu machen.

Selbst bei zeitnaher Vorlage testierter bzw. auf freiwilliger Basis – nach Art und Umfang der handelsrechtlichen Pflichtprüfung entsprechend – geprüfter Jahresabschlüsse ist die Heranziehung weiterer Unterlagen geboten, wenn die Jahresabschlüsse **allein** kein klares, hinreichend verlässliches Urteil über die wirtschaftlichen Verhältnisse des Kreditnehmers ermöglichen. Insbesondere wenn die Wertansätze in den Jahresabschlussunterlagen Anlass zu Zweifeln geben, wird oft nur die bankeigene **Auswertung des Prüfungsberichts** eine hinreichend klare Vorstellung über die wirtschaftlichen Verhältnisse des Kreditnehmers vermitteln können.

b) bei Krediten an Objektgesellschaften

Für den Immobilienkredit reicht die sog. Kapitaldienstrechnung in keinem Falle aus, selbst wenn der Kreditnehmer, eine reine Objektgesellschaft, nur das finanzierte Objekt im Bestand hat. Neben den Jahresabschlussunterlagen der Objektgesellschaft sind Unterlagen über die maßgeblich Beteiligten, gegebenenfalls auch über die Mieter des Objekts erforderlich. Das Kreditinstitut muss sich ein zuverlässiges Bild verschaffen über die Werthaltigkeit des Objekts einer solchen Gesellschaft, die insbesondere von dessen Vermietbarkeit (Mietverträge) abhängt. Dies bedeutet jedoch nicht, dass das Kreditinstitut sich die wirtschaftlichen Verhältnisse jedes einzelnen

---

[1] Für die Ausübung des Beurteilungsermessens gelten die allgemeinen Grundsätze.

Mieters offen legen lassen müsste. Es genügt, dass es sich ein Bild von der Mieterschaft **insgesamt** verschafft.

c) bei Krediten an nicht bilanzierende Kreditnehmer

Stellt der Kreditnehmer keine Bilanz auf, so hat sich das Kreditinstitut an Stelle von Jahresabschlüssen von dem Kreditnehmer die Vermögens- (inkl. Verbindlichkeiten) und Einkommensverhältnisse offen legen zu lassen, um sich **auf ähnlich sicherer Grundlage wie bei den bilanzierenden Kreditnehmern** ein klares zeitnahes Bild von den wirtschaftlichen Verhältnissen des Kreditnehmers zu verschaffen.

Für die Offenlegung der Vermögensverhältnisse ist eine aktuelle Aufstellung der Vermögenswerte und Verbindlichkeiten (**Vermögensaufstellung**) unerlässlich. Bei Gewerbekrediten und Krediten an Freiberufler ist darüber hinaus eine Einnahmen- und Ausgabenrechnung (**Überschussrechnung**) zu verlangen, bei der es sich um eine Form der Gewinnermittlung nach § 4 Abs. 3 EStG handelt. Zur Absicherung der Informationen sind geeignete Nachweise wie Grundbuchauszüge und Einkommensteuerbescheide anzufordern und eine Wirtschaftlichkeitsberechnung des zu finanzierenden Vorhabens durchzuführen; falls das Kreditinstitut nicht den erforderlichen Sachverstand im eigenen Hause vorhält, hat es Gutachten unabhängiger Sachverständiger einzuholen. Allein durch Einholung von Auskünften bei Dritten (z. B. Auskunfteien) wird dem Gebot des § 18 Satz 1 KWG nicht entsprochen.

Der Einkommensteuerbescheid nebst Einkommensteuererklärung sollten dem Kreditinstitut binnen zwölf Monaten ab Ende des Veranlagungszeitraums vorgelegt werden. Sofern dies nicht möglich ist, ist zur Verschaffung eines zeitnahen Bildes bei Gewerbekrediten und Krediten an Freiberufler analog der Regelung oben über die Vorlagefrist des Jahresabschlusses bei bilanzierenden Kreditnehmern neben der Vorlage der Einkommensteuererklärung die Heranziehung weiterer Unterlagen (Nachweise über Auftragsbestände und Umsatzzahlen, betriebswirtschaftliche Auswertungen, Umsatzsteueranmeldungen, Erfolgs- und Liquiditätspläne, Einkommensnachweise usw.) innerhalb der Zwölf-Monats-Frist geboten, damit sich das Kreditinstitut ein klares, zeitnahes, hinreichend verlässliches Bild über die wirtschaftliche Situation des Kreditnehmers machen kann.

Die Vermögensaufstellungen und Überschussrechnungen müssen aus sich heraus ein schlüssiges Bild der wirtschaftlichen Verhältnisse des Kreditnehmers vermitteln. Dazu müssen die Wertansätze, insbesondere für Beteiligungen und Immobilien, für die Bank nachvollziehbar sein. Die Überschussrechnungen der nicht bilanzierenden Unternehmen müssen eine den ungekürzten Gewinn- und Verlustrechnungen von bilanzierenden Unternehmen vergleichbare Informationstiefe haben.

Die Vermögensaufstellungen und Überschussrechnungen sind unter Angabe des Datums von den Kreditnehmern zu unterschreiben.

Die geprüfte Vermögensaufstellung entbindet das Kreditinstitut nicht von der Pflicht, sich insbesondere Nachweise zur Beurteilung der Einkommenssituation (z. B. Einkommensteuererklärung und -bescheid) vorlegen zu lassen.

Bei Kreditnehmern, die Lohn- oder Gehaltsempfänger sind, sind deren Bezüge durch eine Lohn- bzw. Gehaltsbescheinigung des Arbeitgebers nachzuweisen. Dieser Nachweis ist jedoch dann entbehrlich, wenn die kreditgewährende Bank das Lohn- bzw. Gehaltskonto des Kreditnehmers selbst führt; insoweit reicht ein entsprechender EDV-Ausdruck der Kontendaten aus. In jedem Fall hat sich die Bank aber zusätzlich die bei den anderen nicht bilanzierenden Kreditnehmern erforderlichen Unterlagen einreichen zu lassen.

d) bei Abwicklungskrediten

Bei Krediten an Unternehmen, die sich in Abwicklung befinden, legen Kreditnehmer dem Kreditinstitut häufig keine Unterlagen mehr vor. In solchen Fällen liegt kein Verstoß gegen § 18 KWG vor, wenn das Kreditinstitut nachweislich alle nach den Umständen zumutbaren Anstrengungen unternommen hat, die Offenlegung der wirtschaftlichen Verhältnisse durchzusetzen.

e) bei Existenzgründungsdarlehen

Bei der Vergabe von Darlehen zur Gründung mittelständischer Vollexistenzen, für die Finanzierungshilfen des Bundes oder der Länder nach den jeweiligen Förderrichtlinien gewährt werden oder gewährt werden sollen, kann das Kreditinstitut die Offenlegungsanforderungen nach § 18 KWG auch ohne Bonitätsprüfung des Kreditnehmers erfüllen, wenn das kreditgewährende Kreditinstitut von der nachhaltigen Tragfähigkeit des zu finanzierenden Vorhabens überzeugt ist. Hierzu hat sich das Kreditinstitut vom Kreditnehmer insbesondere die Risikostruktur des zu finanzierenden Vorhabens darlegen, anhand geeigneter Unterlagen schlüssig belegen und schließlich sämtliche notwendigen Unterlagen vorlegen zu lassen. Im Übrigen bleibt hiervon das Verfahren nach § 18 Satz 1 KWG unberührt.

Eine anfänglich nicht zweifelsfrei zu beurteilende Bonität des Kreditnehmers steht insofern einer Kreditvergabe nicht im Wege.

2. Auswertung

Bedeutung und Tragweite des § 18 Satz 1 KWG erschöpfen sich nicht in der Vorlage der erforderlichen Unterlagen. Das Kreditinstitut hat die vorgelegten Unterlagen zukunftsgerichtet auszuwerten, sie auf Plausibilität und innere Widersprüche zu überprüfen und gegebenenfalls mit anderweitigen Erkenntnissen der Bank abzugleichen.

Die Auswertung dient dem Zweck, der Bank eine abschließende Entscheidung über die Kreditgewährung zu ermöglichen. Falls sich die Bank aufgrund der vorgelegten Unterlagen kein eindeutiges Bild von den wirtschaftlichen Verhältnissen des Kreditnehmers machen kann, hat sie die Vorlage weiterer Unterlagen zu verlangen und in Zweifelsfällen, insbesondere im Bereich der Bewertung von Vermögensgegenständen, eigene Ermittlungen anzustellen. Sofern der testierte Jahresabschluss nicht aus sich heraus eine eindeutige Beurteilung der wirtschaftlichen Situation des Kreditnehmers gewährleistet, wird das Kreditinstitut auch nicht umhinkommen, den Prüfungsbericht des Abschlussprüfers zu analysieren, nicht zuletzt auch um zu erkennen, welchen Gebrauch der Kreditnehmer von Bewertungswahlrechten gemacht hat.

Erst wenn die mit der Auswertung betraute Stelle in der Bank zu der Beurteilung gelangt, dass ein klares Bild von den wirtschaftlichen Verhältnissen des Kreditnehmers bestehe, kann auf der Grundlage dieses Bildes der Kredit von dem dazu berufenen Entscheidungsträger gewährt oder fortgesetzt werden.

3. Dokumentation

Die vorgelegten Unterlagen, ersatzweise deren vollständige Kopien, die Auswertung und ihr Ergebnis sind zu den Akten zu nehmen und mindestens sechs Jahre aufzubewahren. Die Aktenlage muss allen für eine Überprüfung der Kreditentscheidung zuständigen Stellen (Geschäftsleitung, Innenrevision, Abschlussprüfer, Bankenaufsicht) ein Urteil darüber ermöglichen, ob die Bank die Anforderungen des § 18 Satz 1 KWG erfüllt hat.

IV. Ausnahmen von der Verpflichtung zur Offenlegung der wirtschaftlichen Verhältnisse des Kreditnehmers gemäß § 18 Satz 2 KWG

Das Kreditinstitut kann von der Offenlegung der wirtschaftlichen Verhältnisse des Kreditnehmers nur absehen, wenn dies im Hinblick auf die gestellten Sicherheiten (1.) oder die wirtschaftlichen Verhältnisse eines Mitverpflichteten (2.) offensichtlich unbegründet wäre (§ 18 Satz 2 KWG). Offensichtlich unbegründet ist das Verlangen nach Offenlegung nur, wenn sich Zweifel an der ordnungsgemäßen Bedienung des Kredits nicht vernünftig begründen lassen.

1. Stellung geeigneter Sicherheiten

Offensichtlich unbegründet wäre das Verlangen nach Offenlegung im Hinblick auf die gestellten Sicherheiten nur, wenn diese so beschaffen sind, dass ihre Realisierung aller Voraussicht nach das zur Verfügung gestellte Kapital und die Zinsen betragsmäßig voll abdeckt.

In der Anlage zu diesem Rundschreiben sind die im Rahmen des § 18 Satz 2 KWG in Betracht kommenden Sicherheiten einschließlich der gebotenen Abschläge abschließend aufgeführt.

Das Kreditinstitut muss über die Entwicklung der Werthaltigkeit der Sicherheiten im Bilde sein. Für Grundpfandrechte bedeutet dies, dass wegen des Stichtagsbezugs des Verkehrswertermittlungsverfahrens der Verkehrswert des Grundstücks mindestens einmal jährlich zu bestimmen ist. Bei dem Wegfall (z. B. durch Freigabe) oder der Wertminderung der Sicherheiten hat es sofort zu prüfen, ob im Hinblick auf § 18 Satz 2 KWG weiterhin von der Offenlegung der wirtschaftlichen Verhältnisse abgesehen werden kann, und sich anderenfalls die wirtschaftlichen Verhältnisse des Kreditnehmers unverzüglich offen legen zu lassen. Die Prüfung und ihr Ergebnis sind aktenkundig zu machen.

2. Mitverpflichtete

Als Mitverpflichtete des Kreditnehmers, die von der Pflicht zur Offenlegung befreien, kommen nur Personen oder Unternehmen in Betracht, die sich „rechtsgeschäftlich neben dem Kreditnehmer für einen bestimmten Kredit verpflichtet haben", also insbesondere Wechselaussteller oder -indossanten oder Bürgen, und die an Stelle des Kreditnehmers dem Kreditinstitut ihre wirtschaftlichen Verhältnisse offen legen, jedoch nur, sofern der Kreditnehmer nicht wesentliche Bedeutung für die wirtschaftliche Situation des Mitverpflichteten hat. Personen oder Unternehmen, die eine wirtschaftliche Identität mit dem Kreditnehmer darstellen, kommen keinesfalls als Mitverpflichtete, die einen Verzicht auf die Offenlegung der wirtschaftlichen Verhältnisse des Kreditnehmers rechtfertigen können, in Betracht; dies gilt auch dann, wenn sie selbst keinen Kredit aufgenommen haben. Damit scheiden als Mitverpflichtete insbesondere die persönlich haftenden Gesellschafter einer kreditnehmenden Personenhandelsgesellschaft sowie die Partner von Partnerschaftsgesellschaften aus.

Ob im Einzelfall die Voraussetzungen für die Berücksichtigung eines Mitverpflichteten vorliegen, hat das Kreditinstitut zu prüfen und zu dokumentieren.

Offensichtlich unbegründet ist das Verlangen nach Offenlegung nur dann, wenn die **einwandfreie** Bonität des Mitverpflichteten zweifelsfrei feststeht sowie dem Kreditinstitut nachgewiesenermaßen bekannt und seine Mithaftung weder gesetzlich noch rechtsgeschäftlich beschränkt ist; da für die Beurteilung der Bonität des Mitverpflichteten ein Überblick über dessen wirtschaftliche Verhältnisse Voraussetzung ist, hat sich das Kreditinstitut die wirtschaftlichen Verhältnisse des Mitverpflichteten offen legen zu lassen, bevor es von einer Offenlegung der wirtschaftlichen Verhältnisse des Kreditnehmers absehen kann; die Offenlegung ist entbehrlich, wenn der Mitverpflichtete unter den Katalog des § 21 Abs. 2 Nr. 1 oder Abs. 3 Nr. 3 KWG fällt.

V. Ausnahmen von der Verpflichtung zur laufenden Offenlegung der wirtschaftlichen Verhältnisse des Kreditnehmers gemäß § 18 Satz 3 KWG

Anders als § 21 Abs. 3 Nr. 1 KWG, wonach bei Krediten, die den Erfordernissen der §§ 11 und 12 Abs. 1 und 2 HBG entsprechen, die Bonitätsprüfung nach § 18 KWG insgesamt gesetzlich nicht gefordert wird, stellt § 18 Satz 3 KWG ein Kreditinstitut nur von der laufenden Offenlegung frei; die gesetzliche Verpflichtung eines Kreditinstituts, sich die wirtschaftlichen Verhältnisse eines Kreditnehmers offen legen zu lassen, bevor es ihm Kredite von insgesamt mehr als 500 TDM gewährt, prolongiert oder erhöht (sog. Erstoffenlegung), bleibt durch diese Bestimmung unberührt. Ist § 21 Abs. 3 Nr. 1 KWG einschlägig, erübrigt sich eine Prüfung des § 18 Satz 3 KWG; diese Bestimmung ist gegenüber dem § 21 Abs. 3 Nr. 1 KWG subsidiär.

Ein Kreditinstitut kann von der laufenden Offenlegung der wirtschaftlichen Verhältnisse eines Kreditnehmers, dem es Kredite von insgesamt mehr als 500 TDM gewährt hat, absehen, wenn

1. der Kredit grundpfandrechtlich gesichert ist,
2. das Pfandobjekt Wohneigentum ist, das von dem Kreditnehmer selbst genutzt wird,
3. der Kredit 80 v. H. des Beleihungswertes des Pfandobjekts nach § 12 Abs. 1 und 2 HBG nicht übersteigt,
4. der Kreditnehmer die von ihm geschuldeten Zins- und Tilgungsleistungen störungsfrei erbringt.

Die Ausnahme von der laufenden Offenlegung gilt nur für Kredite, die der Finanzierung selbstgenutzten Wohneigentums dienen (siehe Beschlussempfehlung und Bericht des Finanzausschusses zu dem Gesetzentwurf der Bundesregierung, Drucksache 12/6957 vom 16. Juni 1994 S. 44 Anstrich 6 und S. 47 zu Nummer 16 [§ 18 KWG]); Beleihungen selbstgenutzten Wohnraums für andere Finanzierungen des Eigners oder Finanzierungen Dritter fallen nicht in den Anwendungsbereich des § 18 Satz 3 KWG.

Die Vorschrift hat praktische Bedeutung für Pfandobjekte mit einem Beleihungswert von über 2 500 TDM. Bei einem darunter liegenden Beleihungswert liegt der Differenzbetrag zwischen der 60 %-Grenze des § 21 Abs. 3 Nr. 1 KWG und der 80 %-Grenze des § 18 Satz 3 KWG stets unter 500 TDM, sodass § 18 Satz 1 KWG nicht greift.

Die Regelung greift etwa nicht, wenn das Pfandobjekt einen Beleihungswert von 2 500 000 DM hat und der Kredit 2 000 001 DM beträgt. In dem Beispiel ist zum einen die starre Offenlegungsgrenze von 500 TDM des § 18 Satz 1 KWG auch nach Berücksichtigung des Anrechnungsfreibetrages nach § 21 Abs. 3 Nr. 1 KWG (60 % von 2 500 000 DM) – um 1 DM – überschritten; zum anderen ist auch die Grenze des § 18 Satz 3 KWG für die laufende Offenlegung (80 % von 2 500 000 DM) – um 1 DM – überschritten.

Selbstgenutztes Wohneigentum liegt vor, wenn das Eigentum im Wesentlichen von dem Kreditnehmer selbst zu Wohnzwecken genutzt wird oder (bei im Bau befindlichen Objekten) bei Bezugsfertigkeit für eigene Wohnzwecke des Kreditnehmers vorgesehen ist. Wohn- und gewerbliche Nutzung können ineinander übergehen, solange der Teil der Wohnung, der für gewerbliche Zwecke reserviert ist, nicht 50 % der Gesamtfläche (einschließlich des gewerblich genutzten Teils) erreicht. So führen beispielsweise auch Fälle, in denen der Kreditnehmer abgegrenzte Teile der Wohnung als Arztpraxis nutzt, nicht dazu, dass die Befreiung von der laufenden Offenlegung hinfällig wird, sofern der Kreditnehmer mehr als 50 % der Gesamtfläche für eigene Wohnzwecke verwendet. Die Vermietung an Dritte zu Wohnzwecken einzelner Räume der Wohnung, die der Kreditnehmer selbst bewohnt, ist unschädlich, solange sie sich (einschließlich des vom Kreditnehmer anderweitig gewerblich genutzten Teils) innerhalb der Grenzen des zweiten Satzes dieses Absatzes hält. Die vorübergehende unentgeltliche Überlassung der ganzen Wohnung an Dritte steht einer Anwendung des § 18 Satz 3 KWG ebenfalls nicht entgegen.

VI. Ausnahmen von der Verpflichtung zur Offenlegung der wirtschaftlichen Verhältnisse des Kreditnehmers gemäß § 18 Satz 4 KWG

Der Offenlegung der wirtschaftlichen Verhältnisse bedarf es gemäß § 18 Satz 4 KWG nicht bei Krediten an ausländische Staatsadressen im Sinne des § 20 Abs. 2 Nr. 1 Buchst. b bis d KWG[1].

Mit diesem Rundschreiben werden die Verlautbarungen I 3 – 237 – 2/94 vom 8. August 1995 und 5. Januar 1996 sowie die Rundschreiben 7/96 und 5/97 gegenstandslos.

Anlage zum Rundschreiben 9/98

Sicherheitenliste gemäß § 18 Satz 2 KWG

Die nachfolgend abschließend aufgeführten Sicherheiten müssen in ihrer Gesamtheit nach Vornahme etwaiger Wertabschläge den gesamten Kredit betragsmäßig voll abdecken.

1. Sicht-, Spar- und Termineinlagen

    1.1 die offene und bestätigte Abtretung von oder Pfandrechte an Rückzahlungsansprüchen aus Sicht-, Spar- und Termineinlagen bis zur Höhe des aktuellen Kapitalbetrages

    1.2 die offene und bestätigte Abtretung von oder Pfandrechte an Rückzahlungsansprüchen aus Spar- und Termineinlagen bei Kreditinstituten der Zone A bis zu 80 v. H. des aktuellen Kapitalbetrages

2. Die offene und bestätigte Abtretung von oder Pfandrechte an Rückzahlungsansprüchen aus Bausparguthaben bis zu dem Ansparwert

3. Die offene und bestätigte Abtretung von oder Pfandrechte an Rückzahlungsansprüchen aus Lebensversicherungen bei im Bundesgebiet zum Geschäftsbetrieb zugelassenen Versicherungsunternehmen bis zur Höhe von 80 % des Rückkaufswertes

4. Pfandrechte an folgenden Wertpapieren

    4.1 Anleihen

    4.1.1 Zone A

    4.1.1.1 festverzinsliche einer Gebietskörperschaft, Restlaufzeit bis zu 1 Jahr sowie variabel verzinsliche bis 95 % vom Kurswert, sofern an einer Börse der Zone A gehandelt

---

[1] Jedoch erst mit Inkrafttreten des Gesetzes zur Umsetzung von EG-Richtlinien zur Harmonisierung bank- und wertpapieraufsichtsrechtlicher Vorschriften.

4.1.1.2 festverzinsliche einer Gebietskörperschaft, Restlaufzeit von 1 bis zu 10 Jahren, sofern an einer Börse der Zone A gehandelt bis zu 90 % vom Kurswert

4.1.1.3 Bundesschatzbriefe, Finanzierungsschätze des Bundes bis zu 100 % vom aktuellen Kapitalbetrag

4.1.1.4 festverzinsliche einer Gebietskörperschaft, Restlaufzeit über 10 Jahre, bis zu 80 % vom Kurswert, sofern an einer Börse der Zone A gehandelt

4.1.1.5 weitere mündelsichere Schuldverschreibungen unter Vornahme der entsprechenden laufzeitabhängigen Wertabschläge für Anleihen von Gebietskörperschaften

4.1.1.6 festverzinsliche auf Währung eines Zone A-Landes denominiert, eines Kreditinstitutes, sofern sie an einer Börse der Zone A gehandelt werden, Restlaufzeit bis 1 Jahr, bis zu 90 % vom Kurswert

4.1.1.7 festverzinsliche auf Währung eines Zone A-Landes denominiert eines Kreditinstitutes, sofern sie an einer Börse der Zone A gehandelt werden, Restlaufzeit über 1 Jahr, bis zu 80 % vom Kurswert

4.1.1.8 variabel verzinsliche auf Währung eines Zone A-Landes denominiert eines Kreditinstituts, sofern sie an einer Börse der Zone A gehandelt werden, alle Restlaufzeiten, bis zu 90 % vom Kurswert

4.1.1.9 festverzinsliche und variabel verzinsliche, auf Währung eines Zone A-Landes denominiert, eines Nicht-Kreditinstituts, sofern sie an einer Börse der Zone A gehandelt werden, alle Restlaufzeiten, bis zu 70 % zum Kurswert

4.1.2 Zone B

Börsennotierte Anleihen auf Währung eines Zone A-Landes denominiert, bis zu 60 % vom Kurswert

4.2 An inländischen Börsen notierte Aktien in DM notiert, bis zu 60 % vom Kurswert

5. Pfandrechte an Edelmetallen und Edelmetallzertifikaten bis zu 50 % des Metallwertes

6. Pfandrechte an folgenden Investmentzertifikaten:

6.1 Anteile an Wertpapiersondervermögen, die von einer inländischen Kapitalanlagegesellschaft verwaltet werden, wenn die Vermögenswerte entsprechend den Vertragsbedingungen überwiegend in Wertpapieren anzulegen sind, die an einer inländischen Börse gehandelt werden, bis zu 60 v. H. des Rücknahmepreises

6.2 Anteile an Grundstück-Sondervermögen, die von einer inländischen Kapitalanlagegesellschaft verwaltet werden, wenn seit dem Zeitpunkt der Bildung des Sondervermögens eine Frist von vier Jahren verstrichen ist, bis zu 50 v. H. des Rücknahmepreises

7. Grundpfandrechte bis zu 50 v. H. des (jährlich zu ermittelnden) Verkehrswertes der (auch ausländischen) Liegenschaft[1].

---

1 Die Regelung ist gegenüber § 21 Abs. 3 Nr. 1 KWG subsidiär.

Anlage 2a: Änderung der grundsätzlichen Anforderungen an die Offenlegung der wirtschaftlichen Verhältnisse nach § 18 KWG

Änderung des Rundschreibens 9/98 vom 7. Juli 1998
Regelung über die Offenlegung bei Krediten an bilanzierende Kreditnehmer (Rundschreiben 16/99)

Das Rundschreiben 9/98 vom 7. Juli 1998 – I 3 – 237 – 2/94 wird wie folgt geändert:

Der Abschnitt III.1.a) über die Vorlage der für die Offenlegung nach § 18 Satz 1 KWG erforderlichen Unterlagen bei Kreditgewährungen an bilanzierende Kreditnehmer wird wie folgt gefasst:

„Handelt es sich beim Kreditnehmer um ein zur Buchführung und Bilanzaufstellung verpflichtetes Unternehmen (z. B. nach §§ 1 ff., 238 ff., 242 ff. HGB), so hat sich das Kreditinstitut mindestens den zeitlich letzten **Jahresabschluss** (Bilanz mit Gewinn- und Verlustrechnung), möglichst aber der letzten drei Jahre vorlegen zu lassen und zu analysieren. Die Nachhaltigkeit der für die Kreditrückführung wesentlichen Ertragskraft eines Unternehmens lässt sich vielfach erst anhand mehrerer Jahresabschlüsse beurteilen. Sofern ein Kreditnehmer seinen Jahresabschluss aufgrund gesetzlicher Verpflichtung vom Abschlussprüfer prüfen lässt oder sich freiwillig einer Prüfung unterzieht, die nach Art und Umfang der handelsrechtlichen Pflichtprüfung entspricht, muss sich das Kreditinstitut den geprüften Jahresabschluss vorlegen lassen. Bei Kapitalgesellschaften gehört zum Jahresabschluss auch der Anhang (§ 284 ff. HGB). Die Bank hat sich gegebenenfalls auch den Lagebericht vorlegen zu lassen.

Die Kreditinstitute müssen sich die Jahresabschlüsse mit dem Inhalt unterbreiten lassen, der für die Aufstellung und Feststellung maßgeblich ist, d. h., sie dürfen nicht auf diejenige Teile verzichten, für die im Rahmen gesetzlicher Erleichterungen keine Publizitätspflicht besteht. So betrifft die für Personenunternehmen durch § 5 Abs. 5 PublG eröffnete Möglichkeit, unter bestimmten Voraussetzungen von der Veröffentlichung der Gewinn- und Verlustrechnung abzusehen, nur die allgemeine Publizität dieses Teils des Jahresabschlusses, lässt aber die besonderen Einsichtspflichten der Kreditinstitute im Rahmen einer Kreditgewährung unberührt.

Indessen steht es grundsätzlich nicht im Widerspruch zu § 18 Satz 1 KWG, wenn die vorgelegten Jahresabschlüsse unter Inanspruchnahme gesetzlich eingeräumter Erleichterungen aufgestellt worden sind. Die Kreditinstitute sind dann aber verpflichtet, zusätzlich zu derartigen Jahresabschlüssen weitere Informationen und Unterlagen einzuholen, soweit dies für eine sachgerechte Beurteilung der Kreditwürdigkeit erforderlich ist. Machen kleine und mittelgroße Kapitalgesellschaften bei der Aufstellung des Jahresabschlusses von den größenabhängigen Erleichterungen der §§ 267, 276, 288 HGB Gebrauch, so werden die vereinfachten Angaben in der Regel den Anforderungen des § 18 Satz 1 KWG nicht genügen. Dies gilt z. B. bei einer verkürzten Gewinn- und Verlustrechnung, weil die wichtige Angabe der Umsätze fehlt.

Die Jahresabschlüsse können für sich genommen kein zeitnahes Bild über die wirtschaftlichen Verhältnisse des Kreditnehmers mehr gewährleisten, wenn sie dem Kreditinstitut erst zu lange Zeit nach dem Bilanzstichtag vorgelegt werden. Demgemäß hat das Kreditinstitut durch angemessene organistorische Vorkehrungen dafür zu sorgen, dass ihm von großen und mittelgroßen Kapitalgesellschaften die testierten Jahresabschlussunterlagen **innerhalb von neun** Monaten nach dem Bilanzstichtag vorgelegt werden[1]; für kleine Kapitalgesellschaften im Sinne des 3 267 Abs. 1 HGB und sonstige nicht prüfungspflichtige, aber bilanzierungspflichtige Kreditnehmer gilt eine Frist von zwölf Monaten[2]. Sofern die vorgenannten Unterlagen innerhalb der jeweils maßgeblichen Frist vorliegen, pflichtweise oder auf freiwilliger Basis geprüft und mit einem uneingeschränkten Bestätigungs- bzw. Prüfungsvermerk versehen worden sind, ist in der Regel die Vorlage anderer als der mit dem Jahresabschluss einzureichenden Unterlagen zur Offenlegung der wirtschaftlichen Verhältnisse entbehrlich, wenn kein Anlass besteht, die Verlässlichkeit des Jahresabschlusses – insbesondere im Hinblick auf die in ihm enthaltenen Angaben oder die Qualifikation bzw. Person des Prüfers – in Zweifel zu ziehen.

Hat ein nicht prüfungspflichtiger, aber bilanzierungspflichtiger Kreditnehmer seinen Jahresabschluss zwar rechtzeitig innerhalb der Einreichungsfrist von zwölf Monaten vorgelegt, ohne diesen jedoch einer freiwilligen – in Art und Umfang der handelsrechtlichen Pflichtprüfung entsprechenden – Prüfung unterzogen zu haben, hat das Kreditinstitut – unter Berücksichtigung der Umstände des jeweiligen Einzelfalls – zu prüfen, ob und gegebenenfalls in welchem Umfang weitere (zeitnahe) Unterlagen heranzuziehen sind, um sich ein klares Bild über die wirtschaftlichen Verhältnisse des Kreditnehmers zu verschaffen. Auf die Heranziehung weiterer Unterlagen wird das Kreditinstitut dabei selbst bei Mitwirkung eines Angehörigen der wirtschaftsprüfenden oder steuerberatenden Berufe insbesondere dann nicht verzichten können, wenn der Jahresabschluss ungeprüft aus den zur Verfügung gestellten Unterlagen erstellt worden ist oder Anlass besteht, die Verlässlichkeit des Jahresabschlusses insbesondere im Hinblick auf die Person des Mitwirkenden oder die im Jahresabschluss enthaltenen Angaben in Zweifel zu ziehen.

Werden die jeweils geltenden Fristen bei der Einreichung nicht eingehalten, so hat das Kreditinstitut in jedem Fall weitere Unterlagen über Liquidität, Substanz und Erfolg des Kreditnehmers (Nachweise über Auftragsbestände, Erfolgs- und Liquiditätspläne, Einkommensnachweise, Wirtschaftlichkeitsberechnungen des zu finanzierenden Vorhabens usf.) heranzuziehen, um sich ein klares, **zeitnahes,** hinreichend verlässliches Bild über die wirtschaftliche Situation des Kreditnehmers zu machen.

Selbst bei zeitnaher Vorlage testierter bzw. auf freiwilliger Basis – nach Art und Umfang der handelsrechtlichen Pflichtprüfung entsprechend – geprüfter Jahresabschlüsse ist die Heranziehung weiterer Unterlagen geboten, wenn die Jahresab-

---

1 Bei der laufenden Offenlegung können so zwischen dem Bilanzstichtag des letzten vorgelegten Jahresabschlusses und dem Datum der Einreichung des Jahresabschlusses für das Folgejahr bis zu 21 Monate liegen.
2 Bei der laufenden Offenlegung können so zwischen dem Bilanzstichtag des letzten vorgelegten Jahresabschlusses und dem Datum der Einreichung des Jahresabschlusses für das Folgejahr bis zu 24 Monate liegen.

schlüsse **allein** kein klares, hinreichend verlässliches Urteil über die wirtschaftlichen Verhältnisse des Kreditnehmers ermöglichen. Insbesondere wenn die Wertansätze in den Jahresabschlussunterlagen Anlass zu Zweifeln geben, wird oft nur die bankeigene **Auswertung des Prüfungsberichts** eine hinreichend klare Vorstellung über die wirtschaftlichen Verhältnisse des Kreditnehmers vermitteln können."

Anlage 2b: Änderung der grundsätzlichen Anforderungen an die Offenlegung der wirtschaftlichen Verhältnisse nach § 18 KWG

Flexibilisierung der Sicherheitenliste nach § 18 Satz 2 KWG (Rundschreiben 20/99)

Die in der Anlage zum Rundschreiben 8/98 abschließend gefasste Regelung für die nach § 18 Satz 2 KWG in Betracht kommenden Sicherheiten wird aufgehoben. Dort nicht aufgeführte Sicherheiten können nunmehr vorbehaltlich der Zustimmung des Bundesaufsichtsamtes in besonders gelagerten Einzelfällen als im Rahmen von § 18 Satz 2 KWG geeignete Sicherheiten berücksichtigt werden. Hierzu hat das Kreditinstitut einen entsprechenden Antrag schriftlich beim Bundesaufsichtsamt zu stellen. Darin hat das Kreditinstitut die Qualität der beantragten Sicherheit unter besonderer Berücksichtigung der für die Zwecke des § 18 Satz 2 KWG wichtigen Kriterien und Veräußerbarkeit und Verwertbarkeit als Voraussetzungen einer etwaigen Verwertung nachzuweisen. Auf Grundlage des Antrags entscheidet das Bundesaufsichtsamt, ob und gegebenenfalls zu welchem Anrechnungssatz die beantragte Sicherheit im Rahmen von § 18 Satz 2 KWG berücksichtigt werden kann.

Anlage 3: Empfehlungen* der Bundessteuerberaterkammer zu den neuen handelsrechtlichen Rechnungslegungsfristen und den Risiken verspäteter Erstellung vom März 1991

Das HGB i. d. F. des Bilanzrichtlinien-Gesetzes vom 19. 12. 1985 hat zu einer Neuregelung der Fristen für die Erstellung von Eröffnungsbilanz und Jahresabschluss geführt. Die Änderungen fallen unterschiedlich aus, je nachdem es sich um die Bilanz von Einzelkaufleuten und Personenhandelsgesellschaften einerseits oder Kapitalgesellschaften andererseits handelt (I). Besonderheiten ergeben sich dabei für das Unternehmen in der Krise (II).

I. Aufstellungsfristen

1. Aufstellungsfristen für Einzelkaufleute und Personenhandelsgesellschaften

Nur für Voll-Kaufleute im Rechtssinne begründet § 242 Abs. 1 HGB überhaupt die Verpflichtung, Handelsbilanzen zu erstellen. Unter den Begriff „Kaufmann" fallen alle im Handelsregister eingetragenen Kaufleute sowie die nicht eingetragenen „Muss"-(Personen, die ein Grundhandelsgewerbe i. S. d. § 1 Abs. 2 HGB betreiben) und „Soll"-Kaufleute (i. S. d. § 2 HGB), soweit ihr Handelsgewerbe nach Art und Umfang einen in kaufmännischer Weise eingerichteten Geschäftsbetrieb erfordert, darüber hinaus „Form"-Kaufleute i. S. d. § 6 HGB. Zu letzteren zählen namentlich OHG und KG (sog. Personenhandelsgesellschaften). Zwar sind auch AG, KGaA, GmbH und eingetragene Genossenschaft „Form"-Kaufleute i. S. d. § 6 HGB; als Kapitalgesellschaften halten HGB und Spezialgesetze für sie aber besondere Bilanzierungs- und Fristvorschriften bereit (dazu unter 2).

Für Einzelkaufleute und Personengesellschaften bestimmt § 243 Abs. 3 HGB, dass der Jahresabschluss innerhalb der einem ordnungsmäßigen Geschäftsgang entsprechenden Zeit aufzustellen ist. Der Gesetzgeber hat damit auf feste Bilanzierungsfristen für Kaufleute verzichtet und es bei dem unbestimmten Rechtsbegriff des „ordnungsgemäßen Geschäftsganges" belassen, wie er bereits in dem alten (nunmehr aufgehobenen) § 39 Abs. 2 HGB enthalten war (vgl. hierzu auch die Ausführungen II 2). Im Unterschied zum früheren § 39 HGB gelten die Regelungen über die Fristbestimmung der Schlussbilanz nunmehr auch für die Eröffnungsbilanz (§§ 242 Abs. 1 S. 2 i. V. m. 243 Abs. 3 HGB).

2. Aufstellungsfristen für Kapitalgesellschaften

Die Bestimmungen für die Bilanzaufstellung für Kapitalgesellschaften (AG, GmbH, KGaG, eG; nicht: GmbH & Co KG, AG & Co KG) waren vor Inkrafttreten des Bilanzrichtlinien-Gesetzes in Spezialvorschriften in den jeweiligen, die Rechtsform

---

* Die Empfehlungen haben keinen verbindlichen Charakter. Sie sollen zu bestimmten Sachverhalten oder Problemkreisen Anregungen zu eigenverantwortlichen Lösungen geben und somit die Praxisarbeit unterstützen.

behandelnden Einzelgesetzen (etwa § 148 AktG, § 41 GmbHG) enthalten. Die Novellierung des Handelsrechts hat hinsichtlich der Fristbestimmungen für neue Einheitlichkeit gesorgt: § 264 Abs. 1 S. 2 HGB sieht vor, dass künftig Jahresabschluss und Lagebericht von Kapitalgesellschaften rechtsformunabhängig in den ersten drei Monaten des Geschäftsjahres für das vergangene Geschäftsjahr aufzustellen sind. Ausgenommen davon sind lediglich kleine Kapitalgesellschaften (§ 267 Abs. 1 HGB); ihnen ist eine Aufstellungsfrist bis zu sechs Monaten eingeräumt, wenn dies einem ordnungsgemäßen Geschäftsgang entspricht (§ 264 Abs. 1 S. 3 HGB).

Die Drei-Monats-Frist für mittelgroße und große Kapitalgesellschaften (§ 267 Abs. 2 und 3 HGB) ist damit gegenüber dem früheren Rechtszustand gleich geblieben: Schon § 148 AktG hatte die Aufstellung des Jahresabschlusses wie des Geschäftsberichtes der Aktiengesellschaft innerhalb von drei Monaten verlangt; Gleiches galt nach § 41 GmbHG für die Aufstellung des Jahresabschlusses der GmbH, sofern nicht die Satzung eine Verlängerung der Frist auf sechs Monate gestattete.

Eine Sonderregelung ist lediglich für die eingetragene Genossenschaft getroffen: § 336 Abs. 1 S. 2 HGB schreibt vor, dass hier Jahresabschluss und Lagebericht innerhalb von fünf Monaten aufzustellen sind.

Für die Eröffnungsbilanzen von Kapitalgesellschaften gelten die Vorschriften über den Jahresabschluss entsprechend.

3. Aufstellungsfristen nach dem Publizitätsgesetz (PublG)

Durch das Bilanzrichtlinien-Gesetz unverändert geblieben sind die Fristen für publizitätspflichtige Unternehmen. Dazu gehören Großunternehmen (Bilanzsumme über DM 125 Millionen, Umsatzerlöse der vorhergehenden 12 Monate über DM 250 Millionen, durchschnittliche Arbeitnehmerzahl der vorhergehenden 12 Monate über 5 000) in der Rechtsform des Einzelkaufmannes oder der Personengesellschaft, die nach dem Publizitätsgesetz zur Aufstellung, Prüfung und Offenlegung ihrer Bilanz verpflichtet sind (§ 3 Abs. 1 Nr. 1 PublG); die Frist beträgt drei Monate (§ 5 PublG).

II. Besondere Bilanzierungspflichten und Konkursstrafrecht

1. Konkursstraftaten

Auslegung und Handhabung der Fristbestimmungen beim Jahresabschluss erlangen naturgemäß besondere Bedeutung, wenn das (i. S. des HGB) buchführungspflichtige Unternehmen in die Krise geraten ist. Eine solche Krisensituation liegt vor, wenn Ereignisse eintreten, die die Fortführungsfähigkeit des Unternehmens in Frage stellen (Überschuldung, drohende Zahlungsunfähigkeit). Von besonderem Interesse für den steuerberatenden Beruf sind die das Gebiet des Rechnungswesens betreffenden Bestimmungen der sog. Konkursstraftaten (§§ 283 ff. StGB, hier vor allem: §§ 283 Abs. 1 Nr. 7b, 283b Abs. 1 Nr. 3b), die der Gesetzgeber mit dem Ersten Gesetz zur Bekämpfung der Wirtschaftskriminalität vom 29. 7. 1976 in das Strafgesetzbuch eingefügt hat.

Nach § 283 Abs. 1 Nr. 7b StGB macht sich strafbar, „wer bei Überschuldung oder bei drohender oder eingetretener Zahlungsunfähigkeit es entgegen dem Handelsrecht unterlässt, die Bilanz seines Vermögens oder das Inventar in der vorgeschriebenen Zeit aufzustellen", wenn er später seine Zahlungen einstellt oder über sein Vermögen das Konkursverfahren eröffnet oder der Eröffnungsantrag mangels Masse abgewiesen wird. Strafbar ist nach Abs. 5 auch, wer z. B. wegen fahrlässiger Nichtführung der Handelsbücher oder wegen fahrlässig verursachten fehlenden oder mangelnden Überblicks über sein Vermögen die Überschuldung oder die drohende oder eingetretene Zahlungsunfähigkeit fahrlässigerweise nicht kennt.

Zahlungsunfähigkeit ist das auf Mangel an Zahlungsmitteln beruhende, voraussichtlich dauernde Unvermögen, die fälligen, sofortige Befriedigung fordernden Geldschulden wenigstens zu einem wesentlichen Teil zu erfüllen. **Drohend** ist die Zahlungsunfähigkeit, wenn nach den festgestellten Umständen eine nachhaltige Wahrscheinlichkeit des Eintrittes gegeben ist. **Überschuldung** liegt vor, wenn das Vermögen die Schulden nicht mehr deckt. Dabei sind die Vermögensgegenstände mit den Liquidationswerten anzusetzen. Folgerungen aus der rechnerischen Überschuldung sind nicht zu ziehen, wenn die Chance der Fortführung des Unternehmens objektiv gegeben ist.

Nach § 283b StGB ist die Nichtaufstellung der Bilanz und des Inventars innerhalb der vorgeschriebenen Zeit auch dann strafbar, wenn die Tat zwar nicht während der Krise begangen wurde, der Täter später aber seine Zahlungen einstellt oder über sein Vermögen das Konkursverfahren eröffnet oder der Eröffnungsantrag mangels Masse abgewiesen wird. Auch die fahrlässige Versäumung der Bilanzierungsfrist ist unter Strafe gestellt.

Da die Verletzung der Buchführungspflicht nach § 283b StGB nicht davon abhängig ist, dass die Fristversäumung während einer Krise begangen wurde, andererseits nur selten vorhersehbar sein wird, ob der Kaufmann innerhalb der Verjährungsfrist von fünf Jahren oder bei Fahrlässigkeit in den nächsten drei Jahren seine Zahlungen einstellen oder über sein Vermögen das Konkursverfahren eröffnet wird, ist die nicht fristgemäße Aufstellung des Jahresabschlusses und des Inventars stets mit einem strafrechtlichen Risiko verbunden.

Erforderlich, aber auch ausreichend ist, wenn zwischen der Fristversäumnis und dem späteren Eintritt des Konkurses ein Zusammenhang besteht; ein solcher Konnex wird bereits dann vermutet, wenn für ihn nahe liegende wirtschaftliche Erwägungen sprechen. Etwaige Zweifel gehen zu Lasten des Täters[1].

2. Die Bilanzierungsfristen in der Krise

Bei strafrechtlichen Ermittlungen wegen des Verdachts einer Konkursstraftat wird in erster Linie geprüft, ob die Buchführung laufend gefertigt wurde. Die Ermittlungsbehörde wird insbesondere die zeitnahe Verbuchung prüfen. Für die rechtzeitige Bilanzerstellung kommt es nicht auf die Fristen an, die der steuerliche Berater

---

[1] OLG Hamburg, NJW 1987 S. 1342 ff.

einvernehmlich mit dem Finanzamt für die Aufstellung der Steuerbilanzen und die Abgabe der Steuererklärungen erhält, sondern es wird geprüft, ob die jeweils handelsrechtlich vorgeschriebenen Fristen eingehalten worden sind.

Da – wie unter I dargelegt – **für Einzelkaufleute und Personenhandelsgesellschaften** eine allgemeine Regelung der Frist zur Bilanzerstellung nicht erfolgt ist, obliegt es wie bisher der Rechtsprechung, im Einzelfall festzustellen, welche Frist als einem ordnungsgemäßen Geschäftsgang entsprechend anzusehen ist. Die zu dieser Frage ergangene Rechtsprechung ist unverändert aktuell, weil sich durch die Übernahme der Regelung des früheren § 39 Abs. 2 S. 2 HGB ins neue HGB die ursprüngliche Rechtslage nicht verändert hat.

Der Meinungsstand in der Ausfüllung dieses unbestimmten Rechtsbegriffes ist sehr uneinheitlich. Der BFH[1] hat – unter steuerrechtlichem Aspekt – im Einzelfall Fristen bis zu 12 Monaten, das FG Berlin[2] sogar zwischen 17 bzw. 23 Monaten für akzeptabel gehalten. In der handels- und steuerrechtlichen Literatur werden Fristen von 3 bis 12 Monaten zugelassen[3].

In der wirtschaftlichen Krise des Unternehmens gewinnen die Bilanzierungszwecke, namentlich also das Interesse der Gläubiger an der unverzüglichen Durchführung einer Bestandsaufnahme der Vermögensverhältnisse des Unternehmens sowie das Interesse der Allgemeinheit erhöhtes Gewicht.

Die Notwendigkeit einer rechtzeitigen Bilanzierung in der Krise hat zugleich die Strafrechtsprechung des BGH unter Zustimmung des Bundesverfassungsgerichtes[4] veranlasst, den Begriff des „ordnungsgemäßen Geschäftsganges" eng auszulegen. Der BGH hat in seinem Urteil vom 19. April 1956, das einen Geschäftsbetrieb mittleren Umfanges betraf, die Auffassung vertreten, dass die Bilanz für das Jahr 1952 spätestens zum 31. März 1953, also innerhalb von drei Monaten, hätte fertig gestellt werden müssen.[5] Noch kürzere Fristen hat der BGH in seinen Entscheidungen vom 31. Januar 1961 und vom 28. Oktober 1969 für erforderlich gehalten: Gegen die Annahme, die Bilanz hätte – im damals zu entscheidenden Fall – 8 bis 10 Wochen nach dem Ablauf des Geschäftsjahres aufgestellt werden müssen, könnten berechtigte Einwendungen nicht erhoben werden[6]; ein Zeitraum von 10 Wochen nach Abschluss des Geschäftsjahres sei unter gewöhnlichen Umständen ausreichend; eine Jahresbilanz sei in der Regel erst verspätet, wenn sie mehr als 10 Wochen nach Ablauf des Geschäftsjahres aufgestellt werde[7].

Für das Unternehmen in der Krise verlangt die Rechtsprechung damit eine **zeitnahe** Bilanzierung. Dies kann – wie in den vom BGH entschiedenen Fällen – dazu führen,

---

1 BFH, Der Betrieb 1973 S. 1281; 1984 S. 896.
2 FG Berlin, Entscheidungen der Finanzgerichte 1970 S. 54.
3 Bandasch, HGB, § 39 Rdn 7; Tipke–Kruse, AO/FGO § 162 Rdn 7.
4 BVerfG, Der Betrieb 1978 S. 1393 f.
5 BGH – 4 StR 409/55 – nicht veröffentlicht.
6 BGH, Goltdammer Archiv 1961 S. 359.
7 BGH, Goltdammer Archiv 1971 S. 38.

dass Kapitalgesellschaften trotz der gesetzlichen Aufstellungsfristen den Jahresabschluss unverzüglich aufzustellen haben. Verallgemeinern lassen sich diese sehr knappen Fristen freilich nicht. Denn nach der Rechtsprechung entscheidet in jedem Fall die wirtschaftliche Situation des Unternehmens und damit der Einzelfall selbst. Dies kann bedeuten, dass z. B. die Komplexilität des zu bewertenden Sachverhaltes auch einmal die volle Ausschöpfung der gesetzlichen Aufstellungsfristen notwendig macht.

Welche Anforderungen an die unter hohem Zeitdruck angefertigte Bilanz zu stellen sind, wurde – soweit ersichtlich – bisher nicht diskutiert. Anhaltspunkte für eine sinnvolle Begrenzung bieten aber auch hier wiederum die Strafzwecke der §§ 283 Abs. 1 Nrn. 5 und 7, 283b Abs. 1 Nr. 1 und 3 StGB, wenn sie eine Bilanzierung fordern, die den Kaufmann in die Lage versetzt, sich einen Überblick über seine wirtschaftliche Lage zu verschaffen, um so Schäden von sich und seinen Gläubigern abzuwenden[1]; anders ausgedrückt: die Krisensituation soll durch einen wahren und zutreffenden Überblick über die tatsächlichen Vermögensverhältnisse erkannt werden können.

3. Strafbarkeit des Steuerberaters als Problem der Auftragsgestaltung

Täter i. S. d. §§ 283 Abs. 1 Nrn. 5 und 7, 283b Abs. 1 Nrn. 1 und 3 StGB sind in erster Linie der Kaufmann bzw. die Organe der Kapitalgesellschaften selber, weil sie zur Führung der Bücher und zur Aufstellung des Jahresabschlusses verpflichtet sind (§§ 238, 242, 264 HGB); ihnen obliegt die laufende Selbstkontrolle, durch die eine sich anbahnende Insolvenz frühzeitig erkannt und rechtzeitig bekämpft werden kann.

Soweit diese Pflichten an Dritte delegiert werden, können allerdings auch diese Personen gemäß § 14 Abs. 2 Nr. 2 StGB als Täter bestraft werden, wenn sie von dem Inhaber des Betriebes oder einem sonst dazu Befugten ausdrücklich beauftragt worden sind, „**in eigener Verantwortung** Aufgaben wahrzunehmen, die dem Inhaber des Betriebes obliegen". Das Strafgesetzbuch lässt es genügen, wenn sonstige die Strafbarkeit begründenden persönlichen Merkmale (z. B. Zahlungsunfähigkeit oder Überschuldung) bei dem Inhaber des Betriebes vorliegen. Die Beantwortung der Frage, inwieweit auch Angehörige der steuerberatenden Berufe zu dem gefährdeten Personenkreis gehören[2], hat nach Wortlaut und Regelungsabsicht des § 14 Abs. 2 Nr. 2 StGB daher bei Inhalt und Ausgestaltung des Mandatsauftrages anzusetzen, also bei den zivilrechtlichen Vereinbarungen zwischen dem Steuerberater und seinem Mandanten.

---

1 BGH bei Holtz, MDR 1981 S. 454.
2 Bejahend: Dreher – Tröndle, StGB, Vor § 283 Rdn 21; § 283 Rdn 21; Roxin, in: Leipziger Kommentar § 14 Rdn 39; Biener – Berneke, Bilanzrichtlinien-Gesetz, S. 61.

Beispielhaft seien folgende Fälle genannt:

a) *Erstmalige Begründung eines Mandatsverhältnisses für ein in wirtschaftliche Schwierigkeiten geratenes Unternehmen*

– Ist dem Steuerberater **bei Auftragsannahme** die wirtschaftliche Krise des Unternehmens bekannt, empfiehlt es sich, der Klarstellung halber die Mandatsannahme mit dem ausdrücklichen Hinweis zu verbinden, dass die Verantwortung für die rechtzeitige Erstellung des Jahresabschlusses beim Auftraggeber verbleibt und der Berufsangehörige allenfalls eigenes zur Verzögerung führendes Verhalten zu vertreten hat. Zur eigenen Absicherung sollte von der Vorschussanforderung nach § 8 StBGebV Gebrauch gemacht werden.

– Erst **nach Auftragsannahme** stellt sich heraus, dass sich das Unternehmen in einer wirtschaftlichen Krise befindet.

Grundsätzlich ist es empfehlenswert, dass sich der Berufsangehörige alsbald nach Begründung eines Mandatsverhältnisses einen ersten Überblick über die wirtschaftlichen Verhältnisse des Unternehmens verschafft. Denn der Steuerberater muss, soweit das zu seinem Aufgabenbereich gehört, dafür sorgen, dass die erhöhten Anforderungen an ein Unternehmen in der Krise erfüllt werden. Sieht er sich dazu nicht in der Lage, weil z. B. die für eine zeitnahe Verbuchung erforderlichen Unterlagen und Belege nicht rechtzeitig zur Verfügung gestellt werden, so muss er gegenüber dem Mandanten klarstellen, dass er die Verantwortung insoweit ablehne. Um das Risiko auszuschließen, später nicht doch vom Mandanten für die nicht zeitnahe und lückenlose Verbuchung und Bilanzierung verantwortlich gemacht zu werden, sollte sich der Steuerberater vom Mandanten zugleich die Erklärung geben lassen, dass die übergebenen Grundaufzeichnungen vollständig sind. Dabei wird der Berater zweckmäßigerweise noch einmal auf die zivil- und strafrechtlichen Folgen von Fristversäumnissen hinweisen.

Bei Kündigung des Auftrages durch den Steuerberater oder Steuerbevollmächtigten sind zur Vermeidung von Rechtsverlusten des Auftraggebers in jedem Fall noch diejenigen Handlungen vorzunehmen, die zumutbar sind und keinen Aufschub dulden (Nr. 16 RichtlStB).

b) *Mandatsverhältnis mit einem Unternehmen, das nach Begründung in finanzielle Schwierigkeiten gerät*

Stellt der Berufsangehörige fest, dass das Unternehmen in eine wirtschaftliche Krise geraten ist, hat er unverzüglich seinen Mandanten von diesem Tatbestand und den etwaigen strafrechtlichen Folgen, die daraus entstehen können, zu unterrichten; dabei wird er ihn über eine mögliche Verkürzung der Bilanzierungsfristen informieren. Letzteres ist schon deshalb erforderlich, um dem Mandanten die Möglichkeit zu geben, z. B. durch eine Komplettierung der Buchführungsunterlagen seinerseits alles Erforderliche für die Rechtzeitigkeit des Abschlusses tun zu können.

4. Haftungsfolgen bei Testaten

Jenseits der konkursrechtlichen Problematik begründen testierte Zwischen- oder Jahresabschlüsse für kriselnde Unternehmen ganz allgemein ein Risiko für den Berater: Oft genug sind sie (auch) für einen Kreditgeber bestimmt, der sie zur Grundlage seiner Entscheidung macht. Die Rechtsprechung hat hier – zuletzt mit Urteil des BGH vom 26. 11. 1986[1] – die Einbeziehung des Dritten in den zwischen Berater und Mandant geschlossenen Vertrag anerkannt und ihm Haftungsansprüche zugebilligt, wenn für den Steuerberater erkennbar war, dass seine Ausarbeitung auch für den Dritten bestimmt gewesen ist. In diesem Zusammenhang kommt der Wahl der Abschlussvermerke eine besondere Bedeutung zu (vgl. Hinweise der Bundessteuerberaterkammer zu Abschluss- und Prüfungsvermerken, Berufsrechtliches Handbuch 5.4, IV 3.3 und 4.2).

---

1 BGH, Stbg 1987 S. 166.

Anlage 4: Abschlussvermerke und Prüfungsvermerke von Steuerberatern und Steuerbevollmächtigten (Hinweise der Bundessteuerberaterkammer, beschlossen von der Bundeskammerversammlung am 21./22. Februar 1992)

Steuerberater und Steuerbevollmächtigte erteilen über die Erstellung oder Prüfung von Jahresabschlüssen Testate. Die von der Bundessteuerberaterkammer im Jahre 1977 herausgegebenen Hinweise zu den Abschlussvermerken und Prüfungsvermerken bedurften wegen der zwischenzeitlichen Entwicklung der Überarbeitung. Zu berücksichtigen war insbesondere die durch das Bilanzrichtlinien-Gesetz geänderte Rechtslage. Es erschien weiterhin zweckmäßig, zwischen Vermerken und Bescheinigungen zu unterscheiden. Die gegenüber den bisherigen Hinweisen ausführlichere Darstellung entspricht den Bedürfnissen der Praxis.

I. Einleitung

(1) Die Hilfeleistung in Steuersachen umfasst auch die Hilfeleistung bei der Führung von Büchern und Aufzeichnungen sowie bei der Aufstellung von Abschlüssen, die für die Besteuerung von Bedeutung sind. Zu den beruflichen Aufgaben des Steuerberaters und Steuerbevollmächtigten gehört somit die Erstellung von Jahresabschlüssen.

(2) Berufsangehörige sind auch befugt, Abschlüsse zu prüfen, soweit das nicht durch Gesetz anderen Berufen oder Einrichtungen vorbehalten ist.

(3) Nach § 57 Abs. 3 Nr. 3 StBerG können Bescheinigungen über die Beachtung steuerrechtlicher Vorschriften in Vermögensübersichten und Erfolgsrechnungen erteilt werden. Die Erteilung anderer Bestätigungen ist ebenfalls zulässig (z. B. Prüfungsvermerke nach § 16 MaBV, Bestätigungen von Vermögensübersichten für Kreditzwecke). Berufsangehörige können auch mit der Durchführung von Gründungsprüfungen (§ 33 AktG) und Sonderprüfungen (§§ 142 ff. AktG) beauftragt werden und deren Ergebnisse bestätigen.

(4) Der Umfang der Tätigkeit des Berufsangehörigen richtet sich nach dem ihm erteilten Auftrag; aus der Tätigkeit bestimmt sich auch, ob ein Abschluss- oder Prüfungsvermerk oder nur eine Bescheinigung erteilt werden kann. Vermerke oder Bescheinigungen, die den Anschein erwecken, der Berufsangehörige habe eine andere als die tatsächliche Leistung erbracht, widersprechen den Grundsätzen ordnungsmäßiger Berufsausübung.

(5) Vermerke oder Bescheinigungen im Sinne dieser Hinweise dürfen nur von Personen i. S. d. § 3 StBerG unterzeichnet werden; das gilt auch bei Steuerberatungsgesellschaften.

(6) Die bloße Unterzeichnung bzw. Mitunterzeichnung eines Jahresabschlusses, einer Vermögensübersicht usw. durch den Berufsangehörigen oder die Verwendung von Brief- oder Arbeitsbogen mit Namensaufdruck ohne jeden Vermerk erweckt den

Eindruck einer vollen Mitverantwortung für deren gesamten Inhalt und muss aus berufsrechtlichen Gründen unterbleiben. Daneben bestehen erhebliche Haftungsgefahren.

II. Allgemeines

(1) **Vermerke** (Abschluss- und Prüfungsvermerke) dürfen nur erteilt werden, wenn bei der Erstellung des Jahresabschlusses oder bei seiner Prüfung die Grundsätze, die bei einer handelsrechtlichen Abschlussprüfung (§§ 316 ff. HGB) einzuhalten sind, **uneingeschränkt** Anwendung gefunden haben. Das bedeutet für die Erteilung eines Abschlussvermerks, dass der Berufsangehörige durch seine mit der Abschlusserstellung verbundenen Prüfungshandlungen über einen Erkenntnisstand verfügen muss, der ihn in die Lage versetzt, sicher darüber zu urteilen, ob der Jahresabschluss den Bestimmungen des Gesetzes und der Satzung (bzw. des Gesellschaftsvertrags) entspricht und die Buchführung ordnungsgemäß geführt ist. Bei Nichtanwendung der genannten Grundsätze kann sowohl bei der Erstellung als auch bei der Prüfung des Jahresabschlusses nur eine **Bescheinigung** erteilt werden.

(2) Vermerke und Bescheinigungen haben den Zweck, dem Auftraggeber und Dritten den Inhalt, den Umfang und das Ergebnis der Tätigkeit des Berufsangehörigen aufzuzeigen. Sie grenzen seine Verantwortlichkeit ab und können ihn insbesondere vor unberechtigten Haftungsansprüchen und strafrechtlichen Maßnahmen schützen.

(3) Der Wortlaut von Vermerken oder Bescheinigungen kann nicht alle Einzelheiten der Tätigkeit bei Durchführung des Auftrages erkennen lassen; er hat jedoch einer klaren Unterrichtung zu dienen und muss einen falschen Eindruck über den Inhalt der Tätigkeit und die Tragweite des Vermerks oder der Bescheinigung vermeiden.

(4) Der Berufsangehörige sollte sich die Richtigkeit und Vollständigkeit der zur Auftragsdurchführung übergebenen Unterlagen und eingeforderten Auskünfte vom Auftraggeber schriftlich bestätigen lassen.

(5) Vermerke oder Bescheinigungen sind mit Angabe von Ort und Tag zu unterzeichnen und, falls ein Bericht erstattet wird, in diesen aufzunehmen. Wird ein Vermerk oder eine Bescheinigung außerhalb eines Berichts verwandt, so ist er auf dem Jahresabschluss oder dem Bezugsschriftstück anzubringen oder mit ihm fest zu verbinden.

III. Abschlussvermerke und Bescheinigungen

A. Abschlussvermerke

(1) Ein **Abschlussvermerk** darf nur erteilt werden, wenn der Berufsangehörige den Jahresabschluss entweder aufgrund der vom Auftraggeber vorgelegten oder von ihm selbst gefertigten Buchführung erstellt hat und er bestätigen kann, dass der Jahresabschluss den gesetzlichen Vorschriften und ggf. dem Gesellschaftsvertrag entspricht. Dabei hat sich der Berufsangehörige seine Überzeugung nach den Grundsätzen zu

bilden, wie sie hinsichtlich Art und Umfang der durchzuführenden Prüfungshandlungen bei einer handelsrechtlichen **Pflichtprüfung** gelten.

(2) Wird ein Abschlussvermerk erteilt, ist in der Regel **ein Abschlussbericht zu fertigen**. In dem Bericht sind mindestens Aussagen über die Ordnungsmäßigkeit der Buchführung und des Jahresabschlusses zu treffen. Ferner ist festzustellen, dass die verlangten Unterlagen, Auskünfte und Nachweise erbracht worden sind. **Die Posten des Jahresabschlusses sind aufzugliedern und ausreichend zu erläutern.** Der Berufsangehörige hat auch den Bericht zu unterzeichnen. Abschnitt I Abs. 5 ist zu beachten.

(3) Hat der Auftraggeber die Buchführung vorgelegt, kommt für den Abschlussvermerk beispielsweise folgender Text in Betracht:

„Dieser Jahresabschluss wurde von mir aufgrund der vom Auftraggeber vorgelegten Buchführung erstellt. Die Buchführung und der Jahresabschluss entsprechen den gesetzlichen Vorschriften (ggf.: und dem Gesellschaftsvertrag)."

Die Erteilung des Vermerks setzt auch voraus, dass sich der Berufsangehörige von der Ordnungsmäßigkeit der Buchführung überzeugt hat.

(4) Hat der Berufsangehörige die Buchführung gefertigt, kann der Abschlussvermerk lauten:

„Dieser Jahresabschluss wurde von mir erstellt. Ich habe auch die ihm zugrundeliegende Buchführung gefertigt. Der Jahresabschluss entspricht den gesetzlichen Vorschriften (ggf.: und dem Gesellschaftsvertrag)."

Auch in diesem Fall hat sich der Berufsangehörige von der Richtigkeit und Vollständigkeit der ihm vorgelegten Belege und sonstigen Unterlagen in ausreichendem Maße zu überzeugen.

B. Abschlussbescheinigungen

(1) In den Fällen, in denen die Voraussetzungen des Abschnitts III A Abs. 1 zur Erteilung eines Abschlussvermerks insbesondere wegen des eingeschränkten Auftrags nicht gegeben sind, darf nur eine **Bescheinigung** erteilt werden. Dabei müssen Art und Umfang der Tätigkeit aus der Bescheinigung selbst oder aus dem Bericht, auf den in der Bescheinigung zu verweisen ist, ersichtlich sein.

(2) Die Abschlussbescheinigung kann lauten:

- **Bei eingeschränkter Prüfung**
  a) Wenn ein Bericht erstellt wird:
  „Der Jahresabschluss wurde aufgrund der vom Auftraggeber vorgelegten Buchführung und Unterlagen sowie der von ihm erteilten Auskünfte von mir erstellt. Ich habe die Buchführung, die Unterlagen und die Wertansätze auftragsgemäß in eingeschränktem Umfang geprüft. Über Art, Umfang und Ergebnis dieser Prüfung unterrichtet mein schriftlicher Bericht vom . . ."
  b) Wenn kein Bericht erstellt wird:
  „Der Jahresabschluss wurde aufgrund der vom Auftraggeber vorgelegten Buchführung und Unterlagen sowie der von ihm erteilten Auskünfte von mir erstellt. Ich habe die

Buchführung, die Unterlagen und die Wertansätze auftragsgemäß in eingeschränktem Umfang geprüft. Die Prüfung ... *(z. B. des Vorratsvermögens, der Werthaltigkeit der Forderungen, usw.)* ... war nicht Gegenstand meines Auftrages."

- **Ohne Prüfung**
  „Der Jahresabschluss wurde aufgrund der vom Auftraggeber vorgelegten Buchführung und Unterlagen sowie der von ihm erteilten Auskünfte von mir erstellt. Die Prüfung der Buchführung, der Unterlagen und der Posten des Jahresabschlusses waren nicht Gegenstand meines Auftrages."

- **Erstellung eines Zwischenabschlusses oder einer Einnahme-Überschussrechnung**
  Die Abschlussbescheinigung ist dem Sachverhalt und dem erteilten Auftrag entsprechend zu formulieren. Die o. a. Formulierungsvorschläge gelten sinngemäß.

- **Erstellung einer Vermögensübersicht**
  „Die Vermögensübersicht wurde aufgrund der vom Auftraggeber vorgelegten Unterlagen und von ihm erteilten Auskünfte von mir erstellt. Auf meinen schriftlichen Bericht vom ... wird verwiesen."

IV. Prüfungsvermerke und Bescheinigungen

1. Nichtprüfungspflichtige (kleine) Kapitalgesellschaften

A. Prüfungsvermerke

(1) Hat ein Berufsangehöriger den Jahresabschluss und den Lagebericht einer nicht prüfungspflichtigen Kapitalgesellschaft geprüft, so darf er einen Prüfungsvermerk erteilen. Dieser Prüfungsvermerk setzt voraus, dass der Jahresabschluss nach den handelsrechtlichen Grundsätzen, wie sie für Kapitalgesellschaften gelten, vom Auftraggeber selbst aufgestellt worden ist und der Berufsangehörige eine Prüfung nach Art und Umfang einer handelsrechtlichen Pflichtprüfung nach den §§ 316 ff. HGB unter entsprechender Beachtung der Inkompatibilitätsvorschriften des § 319 Abs. 2 und 3 HGB vorgenommen hat. Eine freiwillige Abschlussprüfung unterliegt zwar nicht einer gesetzlichen Regelung, aus der Prüfung können jedoch Rechtsfolgen entstehen: Werden Berufsangehörige mit freiwilligen Prüfungen beauftragt, wird damit ein sich aus ihrer öffentlich-rechtlichen Bestellung ergebender Vertrauenstatbestand geschaffen. Adressaten des Jahresabschlusses müssen sich darauf verlassen können, dass der Berufsangehörige die fachlichen Grundsätze, wie sie beispielsweise in den Fachgutachten 1–3/1988 des IdW enthalten sind, einhält und den Jahresabschluss tatsächlich nur prüft und nicht selbst erstellt oder an seiner Erstellung mitwirkt und ferner nicht als Interessenvertreter des Auftraggebers handelt, sondern bei seiner Prüfungstätigkeit unparteiisch, objektiv und unbefangen vorgeht.

(2) Ein uneingeschränkter Prüfungsvermerk hat wie folgt zu lauten:

„Die Buchführung und der Jahresabschluss entsprechen nach meiner pflichtgemäßen Prüfung den gesetzlichen Vorschriften. Der Jahresabschluss vermittelt unter Beachtung der Grundsätze ordnungsmäßiger Buchführung ein den tatsächlichen Verhältnissen entsprechendes Bild der Vermögens-, Finanz- und Ertragslage der Kapitalgesellschaft. Der Lagebericht steht im Einklang mit dem Jahresabschluss."

Der uneingeschränkte Prüfungsvermerk ist ggf. in geeigneter Weise zu ergänzen (§ 322 Abs. 2 HGB). Für seine Einschränkung oder seine Versagung gilt § 322 Abs. 3 HGB.

B. Prüfungsbescheinigungen

(1) Wird ein Prüfungsauftrag angenommen, obwohl ein Sachverhalt vorliegt, der einen der Tatbestände des § 319 Abs. 2 und 3 HGB erfüllt, gilt Folgendes:

Hat der Berufsangehörige bei der Führung der Bücher oder der Aufstellung des zu prüfenden Jahresabschlusses **über die Prüfungstätigkeit hinaus** mitgewirkt, darf statt eines Prüfungsvermerks nur ein **Abschlussvermerk** erteilt werden.

(2) Liegt bei entsprechender Anwendung ein anderer Tatbestand des § 319 Abs. 2 oder Abs. 3 HGB vor, darf statt des Prüfungsvermerks nur eine Bescheinigung erteilt werden. Auf das Vorliegen eines Sachverhalts, der einen oder mehrere Tatbestände des § 319 HGB erfüllt, ist in der Bescheinigung hinzuweisen. Der Wortlaut der Bescheinigung kann wie folgt lauten:

„Ich habe auftragsgemäß die Prüfung durchgeführt und erteile folgende Bescheinigung, obwohl ich ... *(z. B. Anteile an der geprüften Gesellschaft besitze)*:

Die Buchführung und der Jahresabschluss entsprechen nach meiner pflichtgemäßen Prüfung den gesetzlichen Vorschriften. Der Jahresabschluss vermittelt unter Beachtung der Grundsätze ordnungsmäßiger Buchführung ein den tatsächlichen Verhältnissen entsprechendes Bild der Vermögens-, Finanz- und Ertragslage der Kapitalgesellschaft. Der Lagebericht steht im Einklang mit dem Jahresabschluss."

Der Sachverhalt, der im konkreten Fall einen oder mehrere Tatbestände des § 319 HGB erfüllt, ist detailliert anzugeben; ein solcher Hinweis gilt als Bestandteil der Bescheinigung.

(3) Hat keine Abschlussprüfung nach den Vorschriften über die Pflichtprüfung von Kapitalgesellschaften stattgefunden, darf nur eine Bescheinigung erteilt werden. Auch hier müssen Art und Umfang der Tätigkeit aus der Bescheinigung selbst oder aus einem Bericht ersichtlich sein, auf den in der Bescheinigung zu verweisen ist.

(4) Wegen der Vielfalt der möglichen Fälle muss sich der Berufsangehörige um eine klare und aussagekräftige Formulierung bemühen.

Beispiele für weitere Bescheinigungen sind:

- **Eingeschränkte Prüfung eines vom Auftraggeber vorgelegten Jahresabschlusses:**
  „Der von der Firma ... aufgestellte Jahresabschluss wurde auftragsgemäß in eingeschränktem Umfang geprüft. Über Art, Umfang und Ergebnis dieser Prüfung unterrichtet mein schriftlicher Bericht vom ..."

- **Prüfung eines vom Auftraggeber vorgelegten Zwischenabschlusses oder einer Einnahme-Überschussrechnung**
  „Der Zwischenabschluss (die Einnahme-Überschussrechnung) wurde von der Firma ... aufgestellt. Ich habe die Buchführung, die Unterlagen und die Wertansätze geprüft. Über Art, Umfang und Ergebnis dieser Prüfung unterrichtet mein schriftlicher Bericht vom ..."

Ist auftragsgemäß nur in eingeschränktem Umfang geprüft worden, so ist dies in der Bescheinigung zum Ausdruck zu bringen.

Prüfung einer vom Auftraggeber vorgelegten Vermögensübersicht
„Die Vermögensübersicht wurde von der Firma ... aufgestellt. Ich habe die Unterlagen und Wertansätze geprüft. Über Art, Umfang und Ergebnis dieser Prüfung unterrichtet mein schriftlicher Bericht vom ..."

2. Personenhandelsgesellschaften und Einzelkaufleute, die nicht unter das PublG fallen

(1) Hat ein Einzelkaufmann oder eine Personenhandelsgesellschaft den Jahresabschluss (bestehend aus Bilanz und Gewinn- und Verlustrechnung) nach den allgemeinen für alle Kaufleute geltenden Rechnungslegungsvorschriften der §§ 238–263 HGB aufgestellt, so kann, wenn eine Prüfung nach den Grundsätzen einer handelsrechtlichen Pflichtprüfung stattgefunden hat, folgender Prüfungsvermerk erteilt werden:

„Die Buchführung und der Jahresabschluss entsprechen nach meiner pflichtgemäßen Prüfung den gesetzlichen Vorschriften."

(2) Enthält bei Personenhandelsgesellschaften der Gesellschaftsvertrag zulässige ergänzende Vorschriften über den Jahresabschluss, so ist darauf, etwa mit dem Zusatz „... und dem Gesellschaftsvertrag", hinzuweisen.

(3) Die in diesem Prüfungsvermerk enthaltene Aussage „entsprechen ... den gesetzlichen Vorschriften" bezieht sich auf die jeweils maßgeblichen Vorschriften, d. h. auf die **allgemeinen** Rechnungslegungsvorschriften für Kaufleute. Das schließt jedoch nicht aus, dass **freiwillig** einzelne für Kapitalgesellschaften geltende Vorschriften, wie beispielsweise die Gliederungsvorschriften für große Kapitalgesellschaften, bei der Aufstellung der Bilanz und der Gewinn- und Verlustrechnung angewendet werden. Die Bundessteuerberaterkammer hat dazu in ihren Empfehlungen zur Gliederung des Jahresabschlusses von Kaufleuten, die ihr Unternehmen nicht in der Rechtsform einer Kapitalgesellschaft betreiben und die auch nicht unter die Vorschriften des PublG fallen, aus Zweckmäßigkeitserwägungen geraten. Die Übernahme einzelner für die Kapitalgesellschaften geltender Vorschriften bedeutet nicht zugleich die Übernahme der sonstigen im Gesetz für Kapitalgesellschaften vorgesehenen Pflichten.

(4) Stellt ein Einzelkaufmann oder eine Personenhandelsgesellschaft den Jahresabschluss nach den strengeren, nur für Kapitalgesellschaften geltenden Vorschriften der §§ 264–288 HGB auf, ist der folgende Prüfungsvermerk zu verwenden:

„Die Buchführung und der Jahresabschluss entsprechen nach meiner pflichtgemäßen Prüfung den gesetzlichen Vorschriften. Der Jahresabschluss vermittelt unter Beachtung der Grundsätze ordnungsmäßiger Buchführung ein den tatsächlichen Verhältnissen entsprechendes Bild der Vermögens-, Finanz- und Ertragslage der Gesellschaft (oder des Unternehmens)."

Ein Prüfungsvermerk dieses Inhalts erfordert die Aufstellung eines Anhangs und die Einhaltung der für Kapitalgesellschaften geltenden Gliederungs- und Bewertungsvorschriften. Für Art und Umfang der Prüfung gelten die oben für kleine Kapitalgesellschaften in Abschnitt IV 1 A Absätze 1 und 2 gemachten Ausführungen.

(5) In den Fällen der Inkompatibilität des § 319 Absätze 2 und 3 HGB wird auf die Ausführungen in Abschnitt IV 1 B Absätze 1 und 2 verwiesen.

(6) Hat bei einem Einzelkaufmann oder einer Personenhandelsgesellschaft eine Abschlussprüfung nach Art und Umfang einer handelsrechtlichen Pflichtprüfung nicht stattgefunden, darf auch hier – wie bei der kleinen Kapitalgesellschaft – nur eine Bescheinigung erteilt werden. Die in Abschnitt IV 1 B Absätze 3 und 4 für kleine Kapitalgesellschaften gemachten Ausführungen und Formulierungsvorschläge gelten sinngemäß.

3. Gesetzlich vorgeschriebene Prüfungen

(1) Bei gesetzlich vorgeschriebenen Prüfungen, zu deren Vornahme Berufsangehörige berechtigt sind, ist ebenfalls eine Bescheinigung oder – sofern er im Gesetz als solcher bezeichnet ist – ein Prüfungsvermerk zu erteilen, deren Wortlaut sich nach Sachverhalt und Auftrag zu richten hat. Ist der Wortlaut gesetzlich nicht vorgeschrieben, so kann formuliert werden:

„Nach dem abschließenden Ergebnis meiner pflichtgemäßen Prüfung nach § . . . bestätige ich, aufgrund der mir vorgelegten Urkunden, Bücher und Schriften sowie der mir erteilten Aufklärungen und Nachweise, dass . . ."

(2) Für Prüfungen nach § 16 MaBV kommen folgende Prüfungsvermerke in Betracht:

    a)   Für den Fall, dass keine Verstöße festgestellt worden sind:
„Nach dem abschließenden Ergebnis meiner Prüfung nach § 16 MaBV bestätige ich, dass der Gewerbetreibende die sich aus den §§ 2 bis 14 MaBV ergebenden Verpflichtungen erfüllt hat."

oder

    b)   Für den Fall, dass Verstöße festgestellt worden sind:
„Nach dem abschließenden Ergebnis meiner Prüfung nach § 16 MaBV bestätige ich, dass der Gewerbetreibende die sich aus den §§ 2 bis 14 MaBV ergebenden Verpflichtungen teilweise erfüllt hat. Im Einzelnen wurden folgende Verstöße festgestellt: . . . (Aufzählung der Verstöße)."

(Auf die Hinweise der Bundessteuerberaterkammer zur Prüfung von Maklern und Darlehensvermittlern [im Sinne des § 34c Abs. 1 Satz 1 Nr. 1a GewO] gemäß § 16 Makler- und Bauträgerverordnung [MaBV], veröffentlicht in der Zeitschrift Deutsches Steuerrecht 1978 S. 561 ff., wird verwiesen).

Anlage 5: Grundsätze für die Erstellung von Jahresabschlüssen durch Wirtschaftsprüfer (Stellungnahme HFA 4/1996 des IDW*)

A. Vorbemerkung

Die Pflicht zur Aufstellung des Jahresabschlusses nach § 242 ggf. i. V. m. § 264 Abs. 1 HGB obliegt dem Kaufmann bzw. den gesetzlichen Vertretern einer Kapitalgesellschaft. Die zur Aufstellung des Jahresabschlusses verpflichteten Personen haben auch über die Ausübung von Gestaltungsmöglichkeiten zu entscheiden. Anders als die mit der Aufstellung verbundenen Entscheidungen und Rechtsakte können die zur Aufstellung erforderlichen Arbeiten (Erstellung) auch auf externe Sachverständige übertragen werden.

Wirtschaftsprüfer werden häufig beauftragt, Jahresabschlüsse zu erstellen, hierüber zu berichten und eine Bescheinigung zu erteilen. Sie haben bei dieser Tätigkeit die einschlägigen Normen der WPO und die Berufsgrundsätze zu beachten.

Die folgende Verlautbarung legt die Berufsauffassung dar, nach der Wirtschaftsprüfer im Rahmen ihrer Eigenverantwortlichkeit Jahresabschlüsse erstellen. Gleichzeitig wird ausgeführt, wie der beruflichen Verantwortung bei der Auftragsannahme, der Auftragsdurchführung sowie bei der Berichterstattung und Abfassung der Bescheinigung zu entsprechen ist.

Die Verlautbarung konkretisiert gemäß der Fortentwicklung der Berufsauffassung Überlegungen zur Berichterstattung über Erstellungsaufträge und zur Erteilung von Bescheinigungen, die in den Fachgutachten 2/1988[1] und 3/1988[2] enthalten sind.

B. Auftragsabgrenzung (Grundfälle)

Der Auftragsumfang zur Erstellung eines Jahresabschlusses ist nicht gesetzlich normiert und grundsätzlich zwischen Auftraggeber und Auftragnehmer frei vereinbar. Er kann sich von der bloßen Zusammenstellung ungeprüfter Kontensalden zu Bilanz und Gewinn- und Verlustrechnung bis zur Erstellung eines Jahresabschlusses erstrecken, der unter formeller und materieller Würdigung von Buchführung und Bestandsnachweisen den gesetzlichen Vorschriften entspricht.

Nach dem Grad der geforderten Verlässlichkeit des zu erstellenden Jahresabschlusses lassen sich folgende Grundfälle eines Erstellungsauftrags unterscheiden:

---

*) Entnommen der Loseblattausgabe „Fachgutachten/Stellungnahmen des Instituts der Wirtschaftsprüfer" mit Genehmigung der IDW-Verlag GmbH Düsseldorf.

1 Fachgutachten 2/1988: Grundsätze ordnungsmäßiger Berichterstattung bei Abschlussprüfungen, WPg 1989 S. 20 ff.

2 Fachgutachten 3/1988: Grundsätze für die Erteilung von Bestätigungsvermerken bei Abschlussprüfungen, WPg 1989 S. 27 ff.

(1) Erstellung ohne Prüfungshandlungen

Den Mindestumfang einer Jahresabschlusserstellung im Sinne dieser Verlautbarung stellt die Entwicklung des Jahresabschlusses aus den vorgelegten Konten und Bestandsnachweisen unter Berücksichtigung der erteilten Auskünfte dar.

Bei einem Auftrag zur Erstellung des Jahresabschlusses ohne Prüfungshandlungen hat der Wirtschaftsprüfer den Jahresabschluss aus den zur Verfügung gestellten Unterlagen nach gesetzlichen Vorgaben und nach den innerhalb dieses Rahmens liegenden Anweisungen des Auftraggebers zur Ausübung bestehender Wahlrechte abzuleiten. Dabei verwendet er die ihm überlassenen Unterlagen (Kontensalden der Buchführung) ungeprüft, d. h. ohne deren Ordnungsmäßigkeit zu beurteilen. Dies setzt voraus, dass ihm keine offensichtlichen Anhaltspunkte vorliegen, die Anlass zu Zweifeln an der Ordnungsmäßigkeit der Unterlagen und des daraus abgeleiteten Jahresabschlusses geben.

Bei diesem Auftrag übernimmt der Wirtschaftsprüfer eine Verantwortung nur für die normentsprechende Ableitung des Jahresabschlusses aus den vorgelegten Unterlagen unter Berücksichtigung der erhaltenen Informationen sowie für die von ihm daraufhin vorgenommenen Abschlussbuchungen. Mängel der Unterlagen und Informationen sowie sich daraus ergebende Folgewirkungen für den Jahresabschluss fallen auftragsgemäß nicht in die Verantwortung des Wirtschaftsprüfers.

(2) Erstellung mit Plausibilitätsbeurteilungen

Ein Auftrag zur Erstellung eines Jahresabschlusses mit Plausibilitätsbeurteilungen ist dadurch gekennzeichnet, dass der Wirtschaftsprüfer neben der eigentlichen Erstellungstätigkeit die dem Jahresabschluss zugrunde liegenden Bücher und Bestandsnachweise durch Befragungen und analytische Prüfungshandlungen auf ihre Plausibilität hin beurteilt.

Bei diesem Auftragsumfang erstreckt sich die Verantwortlichkeit des Wirtschaftsprüfers insoweit auch auf die Verlässlichkeit der vorgelegten Unterlagen und erteilten Auskünfte und damit des Jahresabschlusses, als nach dem Ergebnis durchzuführender Plausibilitätsbeurteilungen an deren Ordnungsmäßigkeit keine erkennbaren Zweifel bestehen.

(3) Erstellung mit umfassenden Prüfungshandlungen

Dieser weitestgehende Auftrag ist darauf gerichtet, dass sich der Wirtschaftsprüfer neben der eigentlichen Erstellungstätigkeit im Rahmen der Auftragsdurchführung durch geeignete Maßnahmen i. S. d. Fachgutachtens 1/1988[1] (Prüfungshandlungen) auch von der Ordnungsmäßigkeit der dem Jahresabschluss zugrunde liegenden Buchführung und Bestandsnachweise überzeugt.

Bei der Erstellung des Jahresabschlusses mit umfassenden Prüfungshandlungen hat der erstellte Jahresabschluss vollinhaltlich den gesetzlichen Vorschriften sowie ggf. dem Gesellschaftsvertrag oder der Satzung zu entsprechen.

---

[1] Fachgutachten 1/1988: Grundsätze ordnungsmäßiger Durchführung von Abschlussprüfungen, WPg 1989 S. 9 ff.

Anlage 5: Grundsätze für die Erstellung von Jahresabschlüssen 275

Anmerkungen:

1. Ein Auftrag zur Erstellung des Jahresabschlusses umfasst in jedem Fall die Überleitung der Zahlen der Buchführung in die Bilanz und die Gewinn- und Verlustrechnung sowie erforderlichenfalls die Anfertigung des zugehörigen Anhangs.

2. Zur Erstellung gehört ferner die erforderliche Dokumentation, eine angemessene Berichterstattung und grundsätzlich auch eine Bescheinigung über die Erstellung. Die Berichterstattung kann abbedungen werden.

3. Darüber hinaus kann eine eingehende Beratung in bilanzpolitischen Fragen (Ausübung von Ansatz-, Bewertungs- und Ausweiswahlrechten) vereinbart werden. Auch ohne derartige Vereinbarungen hat der Wirtschaftsprüfer den Auftraggeber jedoch über solche Sachverhalte, die zu Wahlrechten führen, in Kenntnis zu setzen und Entscheidungsvorgaben zur Ausübung von Wahlrechten einzuholen. Die Erstellung des Jahresabschlusses kann auch mit einer Beratung zur Abfassung des Lageberichts verbunden sein.

4. Für die Abgrenzung des Auftragsumfangs ist entscheidend, inwieweit der Wirtschaftsprüfer auftragsgemäß für die Ordnungsmäßigkeit der Buchführung und Bestandsnachweise sowie die Glaubwürdigkeit erteilter Auskünfte als Grundlagen der eigentlichen Erstellungstätigkeit einzustehen hat. Je nach Auftragsabgrenzung übernimmt der Wirtschaftsprüfer dabei eine mehr oder weniger weitreichende Verantwortung, die bereits bei der Auftragsannahme zu beachten ist und nach der Art und Umfang der Auftragsdurchführung, der Berichterstattung und der Bescheinigung zu bestimmen sind.

C. Auftragsannahme

Bei der Auftragsannahme sind die vom Wirtschaftsprüfer zu übernehmenden Aufgaben eindeutig festzulegen. Es kann sich empfehlen, den Tätigkeitsumfang in der Auftragsbestätigung im Einzelnen zu beschreiben. Ohne hinreichende Konkretisierung seiner Tätigkeit soll der Wirtschaftsprüfer einen Erstellungsauftrag nicht annehmen. Auf Abschnitt B. der Gemeinsamen Stellungnahme der WPK und des IDW VO 1/1995 „Zur Qualitätssicherung in der Wirtschaftsprüferpraxis"[1] wird verwiesen.

Anmerkungen:

1. Im Auftrag zur Erstellung eines Jahresabschlusses ist insbesondere festzulegen, auf welcher Grundlage (Buchführung und Inventuren sowie Auskunftsrechte, ggf. ungeprüfte Kontensalden) und nach welcher Maßgabe (Handels- und/oder Steuerrecht, Spezialgesetze, Gesellschaftsvertrag, ggf. näher spezifiziert) der Jahresabschluss zu erstellen ist.

2. Wird ein Erstellungsbericht vereinbart, empfiehlt es sich, auch Art und Umfang der Berichterstattung zu konkretisieren. Wurden konkrete Festlegungen zu Art und Umfang der Berichterstattung nicht getroffen, so wird der Wirtschaftsprüfer

---

1 WPg 1995 S. 824 ff.

in berufsüblicher Form im Sinne der nachstehenden Grundsätze über Umfang und Ergebnis seiner Tätigkeit berichten.

3. In den Auftragsvereinbarungen ist ferner sicherzustellen, dass eine Bezugnahme auf die Erstellung durch den Wirtschaftsprüfer nur in Verbindung mit dem vollständigen, von ihm erstellten Jahresabschluss erfolgen darf.

4. Vom Auftraggeber wird als abschließendes Ergebnis der Jahresabschlusserstellung vielfach eine bestimmte Bescheinigung zu dem erstellten Jahresabschluss durch den Wirtschaftsprüfer erwartet. In diesen Fällen ist der Auftragsumfang entsprechend zu bestimmen. Darüber hinaus empfiehlt sich eine Abstimmung zwischen Auftragsumfang und der insoweit möglichen Bescheinigung auch in den übrigen Fällen.

5. Bei der Auftragsannahme hat der Wirtschaftsprüfer auszubedingen, dass ihm die benötigten Unterlagen, Aufklärungen und Nachweise vollständig zur Verfügung gestellt werden. Der Wirtschaftsprüfer hat seine Tätigkeit zu versagen, wenn die Auskunftserteilung durch den Mandanten nicht gewährleistet ist.

6. Der Wirtschaftsprüfer hat seine berufliche Tätigkeit außerdem zu versagen, wenn seine Unabhängigkeit gefährdet ist oder die Besorgnis der Befangenheit besteht (§§ 43, 49 WPO).

D. Auftragsdurchführung

I. Allgemeine Anforderungen

Für die Erstellung von Jahresabschlüssen durch Wirtschaftsprüfer gelten die Grundsätze der Unabhängigkeit, Gewissenhaftigkeit, Verschwiegenheit, Eigenverantwortlichkeit und Unparteilichkeit (§ 43 Abs. 1 WPO).

Die Erstellung des Jahresabschlusses umfasst unabhängig von der Auftragsabgrenzung die Tätigkeiten, die erforderlich sind, um aufgrund der Buchführung und der erforderlichen Inventuren sowie der eingeholten Vorgaben zu den anzuwendenden Bilanzierungs- und Bewertungsmethoden unter Vornahme der Abschlussbuchungen die gesetzlich vorgeschriebene Bilanz und Gewinn- und Verlustrechnung sowie ggf. einen Anhang zu erstellen.

Die ordnungsgemäße Auftragsdurchführung erfordert ein planvolles Vorgehen und eine Überwachung der eingesetzten Mitarbeiter.

Die Erstellung eines Jahresabschlusses erfordert die Kenntnis und Beachtung der hierfür geltenden gesetzlichen Vorschriften einschließlich der ergänzenden Grundsätze ordnungsmäßiger Buchführung, einschlägiger Bestimmungen des Gesellschaftsvertrags sowie der fachlichen Verlautbarungen des IDW; die Grundsätze des Fachgutachtens 1/1988 gelten insoweit sinngemäß. Ergänzend kann auftragsabhängig ggf. den steuerrechtlichen Vorschriften eine zusätzliche Bedeutung zukommen.

Anlage 5: Grundsätze für die Erstellung von Jahresabschlüssen 277

Zur Durchführung des Auftrags benötigt der Wirtschaftsprüfer ein ausreichendes Verständnis für die Besonderheiten der Branche und des Unternehmens seines Auftraggebers.

Der Wirtschaftsprüfer hat seine Mitwirkung an unzulässigen Wertansätzen und Darstellungen im Jahresabschluss zu versagen. Verlangt der Mandant entsprechende Wertansätze und Darstellungen oder verweigert er erforderliche Korrekturen, so hat der Wirtschaftsprüfer dies in geeigneter Weise in seiner Bescheinigung sowie ggf. in seiner Berichterstattung zu würdigen. Im Einzelfall kann es für den Wirtschaftsprüfer angeraten sein, das Mandat niederzulegen.

Anmerkungen:

1. Der Grundsatz der Unabhängigkeit der Sache nach schließt eine Erstellung des Jahresabschlusses und dessen gleichzeitige Prüfung, auch freiwilliger Art aus. Der Wirtschaftsprüfer, der einen Jahresabschluss erstellt, darf in seinen diesbezüglichen Äußerungen nicht den Eindruck erwecken, es habe eine unabhängige Prüfung stattgefunden.

2. Nicht zur Erstellung des Jahresabschlusses gehören die erforderlichen Entscheidungen über die Ausübung materieller und formeller Gestaltungsmöglichkeiten (Ansatz-, Bewertungs- und Ausweiswahlrechte sowie Ermessensbereiche). Bestehende Gestaltungsmöglichkeiten sind im Rahmen der Erstellung nach den Vorgaben des Kaufmanns auszuüben.
   Entsprechendes gilt für Entscheidungen über die Anwendung von Aufstellungs- und Offenlegungserleichterungen des Jahresabschlusses für kleine und mittelgroße Kapitalgesellschaften. Bei der Erstellung des Jahresabschlusses einer Personenhandelsgesellschaft ist auch eine Entscheidung der geschäftsführenden Gesellschafter darüber herbeizuführen, ob und in welchem Umfang die für Kapitalgesellschaften geltenden Vorschriften angewandt werden sollen.

3. Der Wirtschaftsprüfer hat erforderlichenfalls seinen Auftraggeber über gesetzliche Fristen zur Aufstellung, Feststellung und Offenlegung des Jahresabschlusses sowie ggf. zur Aufstellung und Offenlegung des Lageberichtes und über die Pflicht zur Prüfung von Jahresabschluss und Lagebericht aufzuklären.

4. Die erforderliche Planung umfasst alle Maßnahmen in sachlicher, personeller und zeitlicher Hinsicht zur Durchführung des Auftrags. Sie ist laufend den während der Erstellung gewonnenen Erkenntnissen anzupassen.

5. Bei der Erstellung des Jahresabschlusses sind die Grundsätze der Wirtschaftlichkeit und Wesentlichkeit zu beachten.

6. Zur Überwachung der eingesetzten Mitarbeiter gelten die Grundsätze des Fachgutachtens 1/1988 und der VO 1/1995 „Zur Qualitätssicherung in der Wirtschaftsprüferpraxis" entsprechend.

7. Der Gesellschaftsvertrag kann besondere Rechnungslegungsregeln enthalten, die über die gesetzlichen Vorschriften hinausgehen, sowie andere zu beachtende Bestimmungen, die sich auf die Rechnungslegung auswirken. Ferner können

darin bei Personenhandelsgesellschaften Bestimmungen zu den Kapitalkonten und zur Gewinnverteilung, zur Ergebnisverwendung, zur Aufstellungsfrist oder zur Prüfungspflicht zu finden sein. Entsprechende Regelungen können sich auch aus Beschlüssen der Gesellschafterversammlung ergeben.

Verträge über Rechtsbeziehungen der Gesellschaft zu den Geschäftsführern und den Gesellschaftern bedürfen besonderer Aufmerksamkeit. Ferner ist die Einhaltung der für das Unternehmen geltenden Kapitalerhaltungsregeln zu beachten.

8. Hat der Wirtschaftsprüfer Zweifel an der Ordnungsmäßigkeit der Rechnungslegung, so hat er diese Zweifel zu klären. Verweigert der Mandant die zur Klärung erforderlichen Aufklärungen und Nachweise oder die Durchführung entsprechender Prüfungshandlungen, sollte der Wirtschaftsprüfer den Auftrag ablehnen oder kündigen. Falls sich die Zweifel bestätigt haben und die diesbezüglichen Mängel nicht beseitigt worden sind, sind sich daraus ergebende Einwendungen, soweit sie wesentlich sind, in der Bescheinigung zum Ausdruck zu bringen.

9. Bei schwerwiegenden, in ihren Auswirkungen nicht abgrenzbaren Mängeln in der Buchführung, den Inventuren oder anderen, nicht in den Auftrag eingeschlossenen Teilbereichen des Rechnungswesens, die der Auftraggeber nicht beheben will oder kann, darf eine Bescheinigung nicht gegeben werden.

10. Erstreckt sich der Auftrag auch auf die Erstellung eines Lageberichts, so kann der Wirtschaftsprüfer insoweit nur beratend tätig sein (Aufklärung über den gesetzlichen Inhalt, Formulierungshilfen).

II. Sicherung der Verlässlichkeit der Abschlussunterlagen

1. Erstellung ohne Prüfungshandlungen

Gegenstand der Erstellung eines Jahresabschlusses ohne Prüfungshandlungen ist die Zuordnung der ungeprüften Konten und Bestandsnachweise unter Berücksichtigung der erteilten Auskünfte zu den Posten der Bilanz und der Gewinn- und Verlustrechnung sowie bei Kapitalgesellschaften die Erstellung des Anhangs.

Prüfungshandlungen werden bei dieser Art des Auftrags nicht vorgenommen. Dies befreit den Wirtschaftsprüfer jedoch nicht davon, die ihm vorgelegten Unterlagen und den von ihm erstellten Jahresabschluss auf offensichtliche Unrichtigkeiten durchzusehen. Werden dem Wirtschaftsprüfer im Rahmen der Durchführung seines Auftrages wesentliche Fehler in den zugrunde liegenden Unterlagen bekannt, so hat er deren Beseitigung zu veranlassen.

Anmerkungen:

1. Ein Auftrag zur Erstellung des Jahresabschlusses ohne Prüfungshandlungen erstreckt sich nicht auf die Beurteilung der Struktur und Funktion interner Kontrollen sowie der Ordnungsmäßigkeit der Buchführung. Insbesondere gehört die Prüfung der Inventuren, der Periodenabgrenzung sowie von Ansatz und Bewertung nicht zum Auftragsumfang. Die erhaltenen Auskünfte werden grundsätzlich nicht auf Richtigkeit geprüft.

Anlage 5: Grundsätze für die Erstellung von Jahresabschlüssen 279

2. Sieht der Auftrag vor, bestimmte Abschlussbuchungen vorzunehmen, z. B. die Berechnung von Abschreibungen, Wertberichtigungen, Rückstellungen, so beziehen sich diese auf ungeprüfte Unterlagen.

2. Erstellung mit Plausibilitätsbeurteilungen

Der Auftrag zur Erstellung des Jahresabschlusses mit Plausibilitätsbeurteilungen erfordert neben den eigentlichen Erstellungstätigkeiten die Durchführung von Befragungen und anderen analytischen Prüfungshandlungen. Die Plausibilitätsbeurteilungen sollen dem Wirtschaftsprüfer die Feststellung ermöglichen, dass keine Sachverhalte bekannt geworden sind, die gegen die Ordnungsmäßigkeit der Buchführung und der Bestandsnachweise in allen für den Jahresabschluss wesentlichen Belangen sprechen.

Zur Beurteilung der Plausibilität der Jahresabschlussunterlagen und des Jahresabschlusses bedarf es regelmäßig zumindest folgender Maßnahmen:

– Befragung nach den angewandten Verfahren zur Erfassung und Verarbeitung von Geschäftsvorfällen im Rechnungswesen;
– Befragungen zu allen wesentlichen Abschlussaussagen;
– analytische Prüfungshandlungen zur Beurteilung der Plausibilität der einzelnen Abschlussaussagen (z. B. Vergleiche mit Vorjahreszahlen, Kennzahlenvergleiche);
– Befragung nach Gesellschafter- bzw. Aufsichtsratsbeschlüssen mit Bedeutung für den Jahresabschluss;
– Abgleichung des Gesamteindrucks des Jahresabschlusses mit den im Verlauf der Erstellung erlangten Informationen.

In Anlage 1 sind beispielhaft Hinweise für Fragestellungen und andere Maßnahmen enthalten, die für die Durchführung von Plausibilitätsbeurteilungen geeignet sind. Der Wirtschaftsprüfer hat eigenverantwortlich über die im jeweiligen Fall erforderlichen Einzelmaßnahmen zu entscheiden.

Anmerkungen:

1. Die einzelnen Arten der Plausibilitätsbeurteilung (Beurteilung von relativen Zahlen, von Befragungsergebnissen und von Einzelsachverhalten) bedingen und beeinflussen einander. Zur Analyse von Kenn- und Vergleichszahlen und zu der begrenzten Aussagefähigkeit ihrer Ergebnisse wird auf die Ausführungen im Fachgutachten 1/1988, Abschnitt D. II. 3 verwiesen.

2. Der Umfang der vorzunehmenden Plausibilitätsbeurteilungen hängt von dem Grad der Wesentlichkeit und dem innewohnenden Risiko der betreffenden Abschlussaussage ab. Die Erkennbarkeit der Risikobereiche wird jedoch dadurch erheblich eingeschränkt, dass die System- und Funktionsprüfung sowie die Prüfung der Bestandsnachweise nicht zum Umfang eines Auftrages zur Erstellung eines Jahresabschlusses mit Plausibilitätsbeurteilungen gehören.

3. Die Befragungen sind im Wesentlichen darauf auszurichten, das interne Kontrollsystem zu verstehen. Anders als bei einer Jahresabschlussprüfung sind jedoch

keine eigenständigen Beobachtungen des Systems und keine Prüfungen seines Funktionierens vorzunehmen.

4. Führen die dem Wirtschaftsprüfer gegebenen Auskünfte oder seine Feststellungen zu Zweifeln an der Ordnungsmäßigkeit der Grundlagen für den zu erstellenden Jahresabschluss, so hat er den Zweifeln nachzugehen.

5. Stellt der Wirtschaftsprüfer im Rahmen seiner Plausibilitätsbeurteilungen oder in der Verfolgung von Zweifeln Fehler in den Grundlagen für den zu erstellenden Jahresabschluss fest, so hat er für deren Beseitigung Sorge zu tragen.

3. Erstellung mit umfassenden Prüfungshandlungen

Für einen Auftrag zur Erstellung des Jahresabschlusses mit umfassenden Prüfungshandlungen muss sich der Wirtschaftsprüfer von der Ordnungsmäßigkeit der zugrunde liegenden Unterlagen überzeugen. Seine diesbezüglichen Handlungspflichten stimmen mit denen einer handelsrechtlichen Jahresabschlussprüfung überein.

Die Erstellung mit umfassenden Prüfungshandlungen setzt voraus, dass sich der Wirtschaftsprüfer von der Ordnungsmäßigkeit der Buchführung und dem Vorhandensein und der Wirksamkeit eines ausreichenden internen Kontrollsystems überzeugt (System- und Funktionsprüfung). Diese Prüfung ist nach Art und Umfang wie bei der Abschlussprüfung vorzunehmen (vgl. dazu Fachgutachten 1/1988, Abschn. D. II. 1. und 2.). Darüber hinaus muss sich der Wirtschaftsprüfer von der Zuverlässigkeit der Bestandsnachweise (körperliche Bestandsaufnahme, Buchinventur) überzeugen. Vom Ergebnis dieser Prüfungen hängt es ab, ob Buchführung und Bestandsnachweise als ausreichend verlässlich beurteilt werden können, um daraus einen Jahresabschluss zu erstellen, der den gesetzlichen Vorschriften entspricht und mit einer entsprechenden Bescheinigung versehen werden kann.

Anmerkungen:

1. Umfang und Intensität der auf die Buchführung gerichteten Tätigkeiten im Rahmen der Erstellung des Jahresabschlusses sind in Abhängigkeit von den zum innewohnenden Risiko und zum Kontrollrisiko getroffenen Feststellungen zu bestimmen.

2. Sofern der Wirtschaftsprüfer selbst die Buchführung in einem weitergehenden Auftrag übernommen hat, entfallen insoweit Prüfungshandlungen. Allerdings kann er in diesem Falle die Ordnungsmäßigkeit der Buchführung nicht bescheinigen.

3. Sind die Vorräte des Unternehmens absolut oder relativ von Bedeutung, so soll der den Jahresabschluss erstellende Wirtschaftsprüfer bei der körperlichen Bestandsaufnahme anwesend sein (vgl. Fachgutachten 1/1988, Abschn. D. II. 4. b).

4. Zum Nachweis von Forderungen und Verbindlichkeiten sind Saldenbestätigungen heranzuziehen, wenn die Höhe der Forderungen und Verbindlichkeiten absolut oder relativ von Bedeutung ist (vgl. Fachgutachten 1/1988, Abschn. D. II. 4. c).

5. Zur Bewertung der Vermögensgegenstände und Schulden sowie zur Bildung und Bewertung von Rückstellungen muss der erstellende Wirtschaftsprüfer Informationen über bestehende Risiken beschaffen und diese einschätzen. Hierzu muss er veranlassen, dass risikobehaftete Vermögensgegenstände bei der Aufstellung der Inventare gesondert erfasst werden. Ferner hat er u. a. Verträge über Liefer- und Leistungsbeziehungen auf ungewisse Verbindlichkeiten und auf drohende Verluste zu untersuchen. In diesem Zusammenhang kann auch die Einholung von Rechtsanwaltsbestätigungen erforderlich sein.

4. Abweichende Aufträge

Aufgrund des gesetzlich nicht normierten Auftragsumfangs zur Erstellung eines Jahresabschlusses kann ein Erstellungsauftrag über den jeweiligen Grundfall hinausgehende Tätigkeiten umfassen und damit die Verantwortlichkeit des Wirtschaftsprüfers entsprechend erweitern.

Wird der Wirtschaftsprüfer z. B. über die Erstellung mit Plausibilitätsbeurteilungen hinaus ergänzend mit der Beurteilung der Ordnungsmäßigkeit einzelner Bestandteile des Jahresabschlusses beauftragt (z. B. Prüfung der Vorräte), so hat er die Ordnungsmäßigkeit der diesbezüglichen Buchführung und Bestandsnachweise – nicht jedoch die Ordnungsmäßigkeit der gesamten Buchführung und Bestandsnachweise – zu verantworten und entsprechend zu prüfen.

Ist umgekehrt der Auftrag zur Erstellung eines Jahresabschlusses mit umfassenden Prüfungshandlungen dahingehend eingeschränkt worden, dass bspw. Vorräte nur auf Plausibilität zu beurteilen oder Inventurbeobachtungen zu unterlassen sind, so kann die Erstellung des Abschlusses insgesamt nur auf der Grundlage von Plausibilitätsbeurteilungen bescheinigt werden, wobei auf weitergehende Prüfungshandlungen in anderen Bereichen in der Bescheinigung hingewiesen werden kann.

III. Dokumentation

Der Wirtschaftsprüfer hat die Planung und die Durchführung der Erstellung und das Zustandekommen des Jahresabschlusses für interne und externe Zwecke angemessen zu dokumentieren.

Anmerkungen:

1. In den internen Arbeitspapieren müssen die vorgenommenen Erstellungs- und Prüfungshandlungen nach Art, Umfang und Ergebnis festgehalten werden, soweit diese nicht in einem Erstellungsbericht dokumentiert sind. Die Anmerkungen des Fachgutachtens 1/1988 (vgl. Abschn. D. IV. Anm. 1 und 2) und die Stellungnahme HFA 2/1981 „Arbeitspapiere des Abschlussprüfers"[1] gelten insoweit sinngemäß.

2. Die Dokumentation über das Zustandekommen des Jahresabschlusses ist ferner notwendiger Bestandteil der Rechnungslegung des bilanzierenden Unternehmens

---

[1] WPg 1982 S. 44 ff.

(Abschlussunterlagen) und diesem auszuhändigen. Die Abschlussunterlagen müssen so abgefasst sein, dass daraus die Entwicklung des Jahresabschlusses aus Buchführung und Inventar bzw. aus den vorgelegten Konten lückenlos nachzuvollziehen ist.

IV. Vollständigkeitserklärung

Der Wirtschaftsprüfer, der einen Jahresabschluss erstellt und hierüber eine Bescheinigung erteilt, hat von dem beauftragenden Unternehmen eine Vollständigkeitserklärung einzuholen; sie ist kein Ersatz für Erstellungshandlungen und für auftragsabhängig durchzuführende Beurteilungen der Ordnungsmäßigkeit der zugrunde gelegten Unterlagen.

Anmerkungen:

1. Für die Einholung der Vollständigkeitserklärung zur Erstellung des Jahresabschlusses ist das Fachgutachten 1/1988, Abschn. D. II. 4. c 3) sinngemäß anzuwenden. Das Muster einer Vollständigkeitserklärung[1] ist im Einzelfall je nach Auftrag zu ändern oder zu ergänzen.

2. Die Vollständigkeitserklärung hat sich unabhängig vom Auftragsumfang auf die erteilten Aufklärungen und Nachweise sowie auf die vorgelegten Bücher und Schriften zu erstrecken. Weitere Sachverhalte sind auftragsabhängig zu ergänzen.

3. Die Mitwirkung des Wirtschaftsprüfers befreit das für die Buchführung zuständige Organ nicht von seiner originären Verantwortlichkeit für die Vollständigkeit der Buchführung und rechtfertigt keine Verweigerung der Vollständigkeitserklärung.

4. Die Einholung der Vollständigkeitserklärung im Zusammenhang mit der Erstellung eines Jahresabschlusses setzt in der Regel voraus, dass dem zuständigen Organ des Unternehmens als Grundlage seiner Erklärung der erstellte Jahresabschluss und die hierzu notwendige Dokumentation sowie ggf. ein Entwurf des Erstellungsberichtes vorgelegt werden. In der Erklärung selbst kann auf diese Unterlagen Bezug genommen werden.

E. Berichterstattung

Es wird entsprechend weit verbreiteter Praxis empfohlen, zusätzlich zur Erstellung einen Bericht über die Erstellung des Jahresabschlusses zu erstatten (Erstellungsbericht). Adressat der Berichterstattung über den Jahresabschluss ist die Geschäftsführung, die den Erstellungsauftrag erteilt hat. Sie wird mit der Berichterstattung über Art und Umfang der durchgeführten Arbeiten unterrichtet. Insofern dient der Bericht auch zum Nachweis der Erfüllung der Pflichten des Wirtschaftsprüfers aus dem Auftragsverhältnis. Daneben unterrichtet der schriftliche Bericht den Adressaten über das Ergebnis der Arbeiten, d. h. über den erstellten Jahresabschluss sowie ggf. über

---

[1] Das Muster einer Vollständigkeitserklärung zur Erstellung des Jahresabschlusses ist bei der IDW-Verlag GmbH, Postfach 32 05 80, 40420 Düsseldorf, erhältlich.

Anlage 5: Grundsätze für die Erstellung von Jahresabschlüssen 283

das Ergebnis auftragsgemäß durchgeführter Beurteilungen der Ordnungsmäßigkeit der zugrundegelegten Unterlagen.

Die Form der Berichterstattung darf nicht den Anschein erwecken, als habe eine Abschlussprüfung im Sinne der §§ 316 ff. HGB stattgefunden. Dies ist unter anderem durch die Bezeichnung des Berichts, z. B. als „Bericht über die Erstellung des Jahresabschlusses zum ..." deutlich zu machen.

Anmerkungen:

1. Für den Erstellungsbericht gelten die allgemeinen Berichtsgrundsätze des FG 2/1988, Abschn. B. sinngemäß. Danach hat der Wirtschaftsprüfer im Erstellungsbericht unparteiisch, vollständig, wahrheitsgetreu und mit der gebotenen Klarheit über das Ergebnis seiner Tätigkeit schriftlich zu berichten.

2. Die Erstellung eines Berichts und dessen Inhalt richten sich grundsätzlich nach den getroffenen Vereinbarungen. Dabei dürfen etwaige Festlegungen den Wirtschaftsprüfer nicht daran hindern, über alle Beschränkungen des Auftrags und seiner Durchführung einschließlich etwaiger Mängel der zugrunde liegenden Unterlagen sowie über seine wesentlichen Feststellungen zu berichten.

3. Im einleitenden Teil eines Erstellungsberichts ist auf den Auftraggeber, die Auftragsabgrenzung und die Auftragsdurchführung einzugehen. Die Darstellung sollte insbesondere folgende Punkte enthalten:

– Abschlussstichtag und Zeitraum des zu erstellenden Jahresabschlusses;
– die für die Erstellung maßgeblichen rechtlichen Grundlagen (z. B. handelsrechtliche Vorschriften für mittelgroße Kapitalgesellschaften und/oder steuerrechtliche Vorschriften);
– Art des Erstellungsauftrags und eventuelle Ergänzungen;
– Zeitraum der Auftragsdurchführung;
– Hinweis auf die Einhaltung der Grundsätze dieser Stellungnahme.

Ferner sollten die Auskunftspersonen angegeben und sollte auf die zugrunde gelegten Auftragsbedingungen und die Vollständigkeitserklärung hingewiesen werden.

4. Im Bericht sind die Grundlagen des Jahresabschlusses (Buchführung und Inventar, erteilte Auskünfte und Festlegungen über die Ausübung von Wahlrechten) sowie etwaige Feststellungen hierzu darzustellen. Weiter sind Art und Umfang der Erstellungsarbeiten zu umschreiben. Es empfiehlt sich außerdem, die rechtlichen und wirtschaftlichen Grundlagen darzustellen und den erstellten Jahresabschluss zu erläutern.

5. Soweit der Auftrag eine Beurteilung der Buchführung umfasst, wird sich die Berichterstattung im Allgemeinen auf die Feststellung deren Ordnungsmäßigkeit beschränken können. Darüber hinaus kommen jedoch weitergehende Ausführungen dann in Betracht, wenn Besonderheiten, bspw. gewichtige System- und Buchungsfehler, festgestellt wurden. In diesem Fall kann es sich empfehlen, auch etwaige Korrekturmaßnahmen darzustellen.
Bezüglich des Inventars ist es ratsam, im Bericht festzuhalten, inwieweit der Wirtschaftsprüfer Inventuren beurteilt hat. Außerdem empfiehlt es sich, ggf. hier

Angaben zur Einholung von Salden- und anderen Bestätigungen zu machen. War der Wirtschaftsprüfer selbst mit der Buchführung und/oder der Erstellung des Inventars betraut, ist dies anzugeben.

6. Bei umfangreichen Jahresabschlüssen kann es zweckmäßig sein, die einzelnen Posten der Bilanz und der Gewinn- und Verlustrechnung in einem besonderen Abschnitt des Erstellungsberichts aufzugliedern sowie ggf. Erläuterungen zum Nachweis, zur Bewertung und zum Umfang der Arbeiten des Wirtschaftsprüfers zu geben.

7. Enthält die Bescheinigung ergänzende Hinweise oder Einschränkungen, so sollten diese im Berichtsteil „Ergebnis der Arbeiten und Bescheinigung" zusammenfassend dargestellt und begründet werden.

8. Im Zusammenhang mit der Erstellung von Jahresabschlüssen kann eine Redepflicht entsprechend FG 2/1988, Abschn. E. I., Anm. 3 entstehen. Dieser Redepflicht ist im Erstellungsbericht oder in sonstiger geeigneter Weise schriftlich zu entsprechen.

F. Bescheinigung

I. Allgemeines

Der Wirtschaftsprüfer soll den von ihm erstellten Jahresabschluss mit einer Bescheinigung versehen, aus der sich Art und Umfang seiner Tätigkeit ergeben. Werden Art und Umfang der Tätigkeit in einem besonderen Erstellungsbericht dargestellt, kann in der Bescheinigung auf diesen verwiesen werden.

Eine bloße Unterzeichnung, Siegelung und/oder Wiedergabe des erstellten Jahresabschlusses auf einem Bogen mit dem Briefkopf des Wirtschaftsprüfers ist auch in den Fällen, in denen der Wirtschaftsprüfer die volle Verantwortung für den Jahresabschluss übernimmt, im Hinblick auf die erforderliche Klarheit beruflicher Äußerungen nicht zulässig.

Anmerkungen:

1. Für die Erteilung von Bescheinigungen gelten die Grundsätze des Fachgutachtens 3/1988 (vgl. Abschn. G. II.). Danach muss eine Bescheinigung als solche bezeichnet werden und darf nur erteilt werden, wenn kein Anlass besteht, an der Ordnungsmäßigkeit des bescheinigten Sachverhalts zu zweifeln.

2. Entsprechend FG 3/1988 ist der Mindestinhalt von Bescheinigungen, zu denen kein Erstellungsbericht abgegeben wird, wie folgt vorgegeben:

   – Adressat; Auftrag und Auftragsbedingungen;
   – Gegenstand, Art und Umfang der Tätigkeit;
   – Durchführungsgrundsätze;
   – zugrunde liegende Rechtsvorschriften und Unterlagen;
   – Feststellungen.

Anlage 5: Grundsätze für die Erstellung von Jahresabschlüssen   285

3. Sofern ein Erstellungsbericht erstattet wird, sollten Adressat, Auftrag und Auftragsbedingungen, Durchführungsgrundsätze sowie die zugrunde liegenden Rechtsvorschriften und Unterlagen in diesem dargestellt werden. In diesem Fall ist in der Bescheinigung zumindest die Art der Erstellungstätigkeit darzustellen.

II. Bescheinigungen in Abhängigkeit vom vereinbarten Auftragsumfang

Der Wortlaut der Bescheinigung ist entsprechend dem erteilten Auftrag zu bestimmen. Die Bescheinigung darf in ihrer Aussage nicht über die vom Wirtschaftsprüfer auftragsgemäß übernommene Verantwortung hinausgehen.

Anmerkungen:

1. Bei der Erstellung des Jahresabschlusses ohne Prüfungshandlungen darf in einer Bescheinigung keine Gewähr für die Ordnungsmäßigkeit der zugrunde gelegten Unterlagen und damit auch nicht des erstellten Jahresabschlusses gegeben werden. Vielmehr ist deutlich zu machen, dass der Jahresabschluss auf der Basis der ohne weitere Würdigung übernommenen Unterlagen und Auskünfte erstellt wurde.
Ist auftragsgemäß eine Bescheinigung zu erteilen, soll folgende Formulierung verwendet werden:
„Vorstehender Jahresabschluss wurde von mir/uns auf der Grundlage der mir/uns vorgelegten Bücher und Bestandsnachweise sowie der erteilten Auskünfte der ... (Firma) ... erstellt. Eine Beurteilung der Ordnungsmäßigkeit dieser Unterlagen und der Angaben des Unternehmens war nicht Gegenstand meines/unseres Auftrags."

2. Bei einem Auftrag zur Erstellung des Jahresabschlusses mit Plausibilitätsbeurteilungen ist in der Bescheinigung auf die Plausibilitätsbeurteilungen der Buchführung und der Bestandsnachweise hinzuweisen. Hinsichtlich des Jahresabschlusses kann keine positive Aussage getroffen, sondern nur festgestellt werden, dass keine Zweifel an dessen Ordnungsmäßigkeit bestehen:
„Vorstehender Jahresabschluss wurde von mir/uns auf der Grundlage der mir/uns vorgelegten Bücher und Bestandsnachweise sowie der erteilten Auskünfte der ... (Firma) ... erstellt. Die Buchführung und das Inventar habe(n) ich/wir auf ihre Plausibilität beurteilt. Dabei sind mir/uns keine Sachverhalte bekannt geworden, die gegen die Ordnungsmäßigkeit des Jahresabschlusses sprechen."

3. Im Falle eines Auftrags zur Erstellung des Jahresabschlusses mit umfassenden Prüfungshandlungen soll folgende Bescheinigung erteilt werden:
„Vorstehender Jahresabschluss wurde von mir/uns auf der Grundlage der Buchführung und des Inventars der ... (Firma) ... unter Beachtung der handelsrechtlichen Vorschriften und des Gesellschaftsvertrags erstellt. Ich/wir habe(n) mich/uns von der Ordnungsmäßigkeit der zugrunde liegenden Buchführung und des Inventars überzeugt."

4. Wurde der Jahresabschluss unter Beachtung abweichender steuerlicher Vorschriften erstellt, ist darauf hinzuweisen.

5. In der Bescheinigung ist ggf. ferner zum Ausdruck zu bringen, dass der Wirtschaftsprüfer auch die Bücher geführt und bei der Anfertigung des Inventars mitgewirkt hat. Der Wortlaut der Bescheinigung soll in diesem Fall wie folgt lauten:
   „Vorstehender Jahresabschluss wurde von mir/uns auf der Grundlage der von mir/uns geführten Bücher der ... (Firma) ... sowie unter Mitwirkung bei der Anfertigung des Inventars unter Beachtung der handelsrechtlichen Vorschriften und des Gesellschaftsvertrags erstellt."
   Ein Urteil in der Bescheinigung über die Ordnungsmäßigkeit der Buchführung ist in diesem Fall nicht zulässig.

6. Die Bescheinigung ist erforderlichenfalls um Hinweise zu ergänzen, um einen falschen Eindruck über deren Tragweite zu vermeiden. Dies ist insbesondere dann geboten, wenn in dem vom Wirtschaftsprüfer erstellten Jahresabschluss bereits Sachverhalte berücksichtigt sind, die erst noch einer Beschlussfassung durch die Organe des Unternehmens oder der Eintragung im Handelsregister bedürfen. Entsprechendes gilt, wenn der Vorjahresabschluss noch nicht festgestellt ist.

7. Ergänzende Hinweise in der Bescheinigung kommen außerdem in Betracht, wenn bestimmte Risiken weder vom Auftraggeber noch vom Wirtschaftsprüfer abschließend beurteilt werden können und die betreffenden Risiken im Jahresabschluss nach Einschätzung des Wirtschaftsprüfers in zulässiger Weise berücksichtigt worden sind.

8. Soweit der Wirtschaftsprüfer gegen einzelne vom Auftraggeber vertretene Wertansätze und/oder gegen die Buchführung wesentliche Einwendungen zu erheben hat, sind diese Einwendungen in die Bescheinigung aufzunehmen. Bezüglich der Wesentlichkeit gelten dieselben Grundsätze wie für die Einschränkung des Bestätigungsvermerks (vgl. Fachgutachten 3/1988, Abschn. C. III.).

9. Sind die Einwendungen, die vom Wirtschaftsprüfer zu erheben sind, so schwerwiegend, dass die Ordnungsmäßigkeit der wesentlichen Teile der Rechnungslegung angezweifelt werden muss, so darf keine Bescheinigung erteilt werden. Dies kann insbesondere in Betracht kommen, wenn die Buchführung Mängel aufweist, die nicht behoben werden können.

10. Eine Bescheinigung zu einem Jahresabschluss darf nur dann gesiegelt werden, wenn in ihr Erklärungen über Prüfungsergebnisse enthalten sind. Dies ist regelmäßig bei Aufträgen zur Erstellung mit umfassenden Prüfungshandlungen oder mit Plausibilitätsbeurteilungen der Fall. Bei einem Auftrag zur Erstellung des Jahresabschlusses ohne Prüfungshandlungen darf daher die Bescheinigung nicht mit einem Siegel versehen werden.

Anlage: Maßnahmenkatalog zur Plausibilitätsbeurteilung bei der Erstellung des Jahresabschlusses

Der folgende Katalog enthält beispielhaft Hinweise für mögliche Fragestellungen und andere Maßnahmen zur Beurteilung der Plausibilität von Jahresabschlussunterlagen und einem daraus entwickelten Jahresabschluss. Der Wirtschaftsprüfer, der einen Jahresabschluss mit Plausibilitätsbeurteilungen erstellt, hat jeweils nach den Umständen des Einzelfalls gewissenhaft und eigenverantwortlich zu entscheiden, ob die Maßnahmen für eine qualifizierte Beurteilung geeignet und ausreichend sind oder angepasst und ergänzt werden müssen.

Allgemein

1. Verschaffen Sie sich einen Überblick über die Geschäftstätigkeit des Unternehmens sowie über die Besonderheiten der Geschäftsvorfälle und Rechnungslegungsgrundsätze der Branche(n), in denen das Unternehmen tätig ist.

2. Verschaffen Sie sich durch Befragung einen Überblick über die Abläufe im Unternehmen zur Erfassung und Verbuchung der Geschäftsvorfälle (einschließlich der dabei ggf. verwendeten EDV-Technik sowie der geführten Nebenbücher), über die angewendeten Grundsätze zur Abgrenzung wesentlicher Geschäftsvorfälle sowie über den Nachweis der Bestände an Vermögensgegenständen und Schulden zum Bilanzstichtag.

3. Erkunden Sie, ob das Buchführungssystem die vollständige und zeitgerechte Aufzeichnung aller Geschäftsvorfälle nach den erforderlichen Genehmigungen sicherstellt.

4. Beschaffen Sie sich die aktuelle Fassung des Gesellschaftsvertrages und die Protokolle über Gesellschafterversammlungen und werten Sie diese für den zu erstellenden Jahresabschluss aus. Erkunden Sie bei der Geschäftsleitung, ob wichtige Verträge für die Bereiche Beschaffung, Absatz, Personal (z. B. Pensionszusagen) und der allgemeinen Bereiche (z. B. Miete/Leasing) vorliegen und diese ggf. Auswirkungen auf den Jahresabschluss haben können.

5. Befragen Sie die Geschäftsleitung, ob im abgelaufenen Geschäftsjahr größere betriebliche Veränderungen vorgenommen oder beschlossen worden sind. Erfragen Sie weiterhin, ob wesentliche ungewöhnliche Geschäftsvorfälle (einschließlich Schadensfälle) aufgetreten sind.

6. Klären Sie im Gespräch mit dem Auftraggeber, ob ihm die für seinen Jahresabschluss geltenden Bilanzierungs- und Bewertungsmethoden und die dazu bestehenden Wahlrechte bekannt sind, ob und wie der Auftraggeber diese Methoden in den von ihm ggf. angefertigten Teilen des Jahresabschlusses bereits angewandt hat und welche Methoden von Ihnen bei der Erstellung der übrigen Teile des Jahresabschlusses anzuwenden sind.

7. Fragen Sie nach der Existenz von Geschäftsvorfällen mit nahe stehenden Personen und Unternehmen, nach den diesen zugrunde liegenden Vereinbarungen und deren Behandlung in der Buchführung.

8. Vergleichen Sie kritisch die Zahlen/Relationen des von Ihnen erstellten Jahresabschlusses mit den Daten des Vorjahres, ggf. früherer Jahre und lassen Sie sich ungewöhnliche Ergebnisse Ihrer vergleichenden Beurteilung des erstellten Jahresabschlusses vom Auftraggeber erläutern und erforderlichenfalls nachweisen.

Anlagevermögen

9. Erkunden Sie, welche Nachweise für das Eigentum an Grundstücken (einschließlich Belastungen) vorliegen.

10. Verschaffen Sie sich einen Überblick über die Bestandsnachweise für das Anlagevermögen.

11. Erfragen Sie die Grundsätze zur Abgrenzung und laufenden Verbuchung von Anschaffungs- oder Herstellungskosten einerseits und Instandhaltungsaufwendungen andererseits.

12. Stellen Sie bei im Abschlussjahr zugegangenen immateriellen Vermögensgegenständen durch Befragung fest, ob die Voraussetzungen für die Aktivierung vorliegen.

13. Erkunden Sie, ob die zugrundegelegte Nutzungsdauer der Anlagegüter auf den steuerlichen Tabellen basiert oder nach welchen anderen Kriterien die Nutzungsdauer geschätzt wurde. Stellen Sie weiterhin fest, ob ggf. Gründe für außerplanmäßige Abschreibungen auf den beizulegenden Wert oder für mögliche steuerliche Sonderabschreibungen (z. B. § 6b EStG, FGG) vorliegen.

14. Stellen Sie durch Befragung fest, ob die Unternehmung Vorkehrungen zur vollständigen Erfassung von Verkäufen und Verschrottungen beim Anlagevermögen getroffen hat.

15. Erfragen Sie, ob in wesentlichem Umfang Vermögensgegenstände geleast worden sind und beurteilen Sie die Behandlung von Leasingverträgen im Jahresabschluss.

16. Beschaffen Sie sich eine Aufstellung der verbundenen Unternehmen/Beteiligungen zum Bilanzstichtag und beurteilen Sie deren Werthaltigkeit.

17. Erfragen Sie, ob bei der Buchung von wesentlichen Erträgen aus Beteiligungen steuerliche Besonderheiten (anrechenbare Körperschaftsteuer, Kapitalertragsteuer) beachtet wurden.

18. Erfragen Sie, für welche beweglichen Anlagegüter rechtliches Eigentum nicht besteht.

Vorräte

19. Stellen Sie durch Befragen fest, nach welchen Methoden die Bestände zum Bilanzstichtag nachgewiesen sind (Stichtags-, vor- oder nachverlegte Stichtagsinventur, permanente Inventur, Festwerte) sowie wie die Aufnahme erfolgte (Vollaufnahme, Stichprobenaufnahme, Bestätigungen Dritter, buchmäßige Aufnahme).

20. Erkunden Sie, welche Vorkehrungen zur zeitlichen Abgrenzung zum Bilanzstichtag getroffen wurden.

Anlage 5: Grundsätze für die Erstellung von Jahresabschlüssen 289

21. Erkunden Sie, ob Teile der Vorräte Konsignationsware anderer darstellen sowie, ob eigene Vorräte bei Dritten aufbewahrt werden oder als Konsignationsware bei Dritten lagern.

22. Erfragen Sie, wie die Herstellungskosten der fertigen und unfertigen Erzeugnisse sowie unfertigen Leistungen bestimmt wurden.

23. Erfragen Sie, wie dem Niederstwertprinzip bei der Vorratsbewertung Rechnung getragen wurde.

24. Befragen Sie die zuständigen Personen, wie Verluste im Auftragsbestand (Verlustaufträge in Arbeit bzw. noch nicht angearbeitet) erfasst und in der Bilanz entsprechend dem Imparitätsprinzip berücksichtigt wurden.

25. Erkunden Sie, ob bei längerfristiger Fertigung/Montage sichergestellt ist, dass die Gewinnrealisierung erst bei Abnahme des Teilauftrags erfolgt.

26. Vergleichen Sie zum Abschluss der Arbeiten bei den Vorräten den Wert und die Umschlagshäufigkeit wesentlicher Vorratsarten und lassen Sie sich unplausible Abweichungen von der Geschäftsführung erläutern.

Forderungen

27. Erfragen Sie die Grundsätze, nach denen Forderungen aus Lieferungen und Leistungen erstmals eingebucht werden (Abgrenzung und Realisierung des Umsatzes), welche Zahlungsziele im Durchschnitt gewährt werden und welche Erlösschmälerungen (Rechnungsabstriche, Warenrücknahme, Vergütungen, Rabatte und Boni) üblicherweise anfallen.

28. Beschaffen Sie sich eine Auflistung der Forderungen zum Bilanzstichtag (ggf. Offene Posten-Liste) und stellen Sie durch Befragung fest, ob darin Vorfakturierungen, längerfristige Forderungen, Forderungen aus Lieferungen an Konsignateure, Währungsforderungen sowie Forderungen an verbundene Unternehmen/ nahe stehende Personen enthalten sind.

29. Erfragen Sie, ob wesentliche Gutschriften nach dem Bilanzstichtag für gebuchte Umsätze erteilt wurden und ob diese durch Stornierungen berücksichtigt sind.

30. Erfragen Sie die Vorgehensweise zur Bestimmung von dubiosen Forderungen (Mahnverfahren, Zahlungsausgleich nach dem Bilanzstichtag) und zur Festlegung von Wertberichtigungen.

31. Vergleichen Sie die durchschnittliche Umschlagszeit der Forderungen mit der des Vorjahres. Lassen Sie sich wesentliche Abweichungen oder Unplausibilitäten erklären.

32. Erfragen Sie, ob Forderungen im Wege des Factoring veräußert wurden, bzw. ob sie abgetreten oder verpfändet wurden.

Sonstige Vermögensgegenstände/Forderungen

33. Verschaffen Sie sich eine Auflistung der wesentlichen Posten der sonstigen Vermögensgegenstände, erfragen Sie deren Entstehungsursache vom Auftraggeber und beurteilen Sie deren Werthaltigkeit anhand der Auskünfte.

34. Beurteilen Sie den Ansatz von Steuerforderungen anhand von Steuerbescheiden, Steuerberechnungen sowie einer Umsatzsteuerverprobung.

35. Erkunden Sie, ob ggf. Beteiligungen an Arbeitsgemeinschaften und ähnlichen kurzfristigen Gesellschaften bestehen und wie die daraus resultierenden Forderungen/Verbindlichkeiten zum Bilanzstichtag in der Buchführung erfasst sind.

Wertpapiere

36. Beschaffen Sie sich Depotauszüge zum Bilanzstichtag als Bestandsnachweise und stellen Sie durch Befragen fest, ob der Ausweis im Umlaufvermögen sowie die Bewertung sachgemäß sind und ob die Zinserträge zutreffend abgegrenzt werden.

Flüssige Mittel/Verbindlichkeiten gegenüber Kreditinstituten

37. Lassen Sie sich für die Banksalden die Abstimmung mit den Auszügen der Kreditinstitute zum Bilanzstichtag vorlegen. Erkunden Sie anhand der Kreditverträge und Bankauszüge im neuen Geschäftsjahr, wie die Zinsabgrenzungen vorgenommen worden sind.

38. Befragen Sie die zuständigen Personen, ob das Unternehmen Verträge, die derivative Finanzinstrumente betreffen (z. B. Termin- und Optionsgeschäfte), und Tauschgeschäfte mit Banken oder Dritten abgeschlossen hat und klären Sie, wie aus diesen Finanzinstrumenten resultierende Ergebniseinflüsse in der Buchhaltung erfasst wurden.

39. Erfragen Sie die den Banken gegebenen Kreditsicherheiten.

40. Erfragen Sie, welche Verfügungsbeschränkungen für liquide Mittel bestehen.

41. Verschaffen Sie sich eine Aufstellung über die Inanspruchnahme von Kontokorrentkrediten als Grundlage für die Beurteilung der gewerbesteuerlichen Dauerschuldzinsen und des gebuchten Zinsaufwands.

Posten der Rechnungsabgrenzung

42. Verschaffen Sie sich eine Auflistung der wesentlichen Posten der aktiven und passiven Rechnungsabgrenzung und befragen Sie zu für den Jahresabschluss wesentlichen Posten die zuständigen Auskunftspersonen nach dem Rechtsgrund und der Abwicklung der Posten.

Eigenkapital

43. Vergleichen Sie das ausgewiesene gezeichnete Kapital bzw. die bilanzierten Einlagen mit den im Gesellschaftsvertrag bestimmten Beträgen und den Angaben im Handelsregisterauszug.

44. Erkundigen Sie sich, ob Bestimmungen über die Dotierung von Rücklagen und bei Personenhandelsgesellschaften, welche Regelungen für die Gewinnverteilung bestehen.

45. Lassen Sie sich Gewinnverteilungsbeschlüsse vorlegen und befragen Sie den Auftraggeber, ob ggf. bestehende Regelungen über Entnahmen von den Gesellschaftern beachtet und die Transaktionen auf den Gesellschafterkonten zutreffend verbucht worden sind.

Sonderposten mit Rücklageanteil

46. Erörtern Sie mit dem Auftraggeber die Bildung und Auflösung von Sonderposten nach den jeweiligen gesetzlichen Regelungen.

Rückstellungen

47. Beurteilen Sie aufgrund von Befragungen, ob das Mengengerüst für die Errechnung der Pensionsrückstellungen durch den Versicherungsmathematiker entsprechend den Regelungen der betrieblichen Pensionsordnung/erteilten Einzelzusagen ermittelt worden ist.

48. Beurteilen Sie aufgrund der vorliegenden Steuerbescheide die Entwicklung der Steuerrückstellungen des Vorjahres.

49. Erfragen Sie, ob im Geschäftsjahr steuerliche Außenprüfungen durchgeführt worden sind und die Bildung entsprechender Steuerrückstellungen erfolgte.

50. Erkunden Sie durch Erörterung mit dem Auftraggeber, ob die Bildung einer Rückstellung für latente Steuern oder deren Veränderung veranlasst ist.

51. Beurteilen Sie die für das abgeschlossene Geschäftsjahr gebildeten Ertragsteuerrückstellungen überschlägig anhand Ihrer Ermittlung des steuerlichen Ergebnisses bzw. ermitteln Sie den erforderlichen Rückstellungsbetrag entsprechend dem erteilten Auftrag selbst.

52. Erörtern Sie mit dem Auftraggeber, welche Verpflichtungen bzw. Aufwendungen durch Rückstellungen berücksichtigt werden müssen und sorgen Sie für deren Berechnung bzw. die Erarbeitung entsprechender Nachweise. Fragen Sie insbesondere, ob Rechtsstreitigkeiten bestehen oder drohen, Verluste aus abgeschlossenen Geschäften oder Inanspruchnahmen aus Bürgschaften drohen und Abfindungsverpflichtungen gegenüber Belegschaftsmitgliedern bestehen.

53. Erfragen Sie, ob angabepflichtige Haftungsverhältnisse (§ 251 HGB) aus Bürgschaften, Kreditaufträgen, Wechselindossierungen, Gewährleistungen und Sicherheitsbestellungen für fremde Verbindlichkeiten bestehen.

Verbindlichkeiten aus Lieferungen und Leistungen

54. Erkunden Sie die Regelungen des Unternehmens zur Einbuchung von Liefer- und Leistungsverbindlichkeiten.

55. Beurteilen Sie anhand der Relation von Wareneinsatz zu Umsatzerlösen im laufenden und im Vorjahr, ob Anhaltspunkte für wesentliche ungebuchte Verbindlichkeiten vorliegen.

56. Erfragen Sie die Gründe, sofern größere Abweichungen vom Vorjahresstand der Liefer- und Leistungsverbindlichkeiten zum Stichtagsbestand vorliegen.

57. Erfragen Sie, ob Saldenabgleiche mit wichtigen Kreditoren im Geschäftsjahr oder zum Bilanzstichtag vorgenommen worden sind.

Sonstige Verbindlichkeiten

58. Verschaffen Sie sich eine Liste der wesentlichen Posten der sonstigen Verbindlichkeiten und erörtern Sie den Rechtsgrund bzw. die Berechnung mit dem Auftraggeber.

59. Erfragen Sie insbesondere, wie die Verbindlichkeiten im Rahmen der sozialen Sicherheit errechnet wurden und beurteilen Sie deren Plausibilität anhand der Zahlungen im neuen Geschäftsjahr.

Gewinn- und Verlustrechnung

60. Erfragen Sie, ob bei den Umsatzerlösen und im Wareneinsatz des Geschäftsjahres untypisch große sowie außerordentliche Geschäfte gebucht worden sind.

61. Vergleichen Sie in dem von Ihnen erstellten Jahresabschluss die wesentlichen Relationen von Umsatzerlösen/Gesamtleistung zu Wareneinsatz, Lohn- und Gehaltsaufwand und sonstigem Aufwand mit denen des Vorjahres. Versuchen Sie auffällige (wesentliche) Veränderungen zu plausibilisieren bzw. erörtern Sie diese Veränderungen mit dem Auftraggeber.

62. Erkunden Sie, ob das ermittelte Ergebnis der gewöhnlichen Geschäftstätigkeit und der Steueraufwand mit ggf. vorhandenen Budget- oder Planzahlen des Unternehmens übereinstimmen und erörtern Sie ggf. größere Abweichungen.

Anhang

63. Erfragen Sie die für die Angaben im Anhang erforderlichen Informationen.

Ereignisse nach dem Bilanzstichtag

64. Fragen Sie den Auftraggeber nach Ereignissen nach dem Bilanzstichtag, die wesentliche Auswirkungen auf den zu erstellenden Jahresabschluss haben können und erkunden Sie insbesondere,

    a) ob wesentliche Verpflichtungen nach dem Bilanzstichtag bekannt oder neue Erkenntnisse über den Wert von Vermögensgegenständen gewonnen worden sind;

    b) ob ungewöhnliche Nachbuchungen oder Korrekturbuchungen zwischen Bilanzstichtag und Befragung vorgenommen worden sind.

Anlage 6: Empfehlungen* der Bundessteuerberaterkammer zur Gliederung des Jahresabschlusses von Kaufleuten, die ihr Unternehmen nicht in der Rechtsform einer Kapitalgesellschaft betreiben und die auch nicht unter die Vorschriften des Publizitätsgesetzes fallen (vom März 1991)

Die Bundessteuerberaterkammer empfiehlt den Berufsangehörigen, die Gliederung des Jahresabschlusses von Einzelkaufleuten und Personenhandelsgesellschaften grundsätzlich nach den Gliederungsvorschriften des HGB für die großen Kapitalgesellschaften, soweit sie anwendbar sind, vorzunehmen (für die Bilanz insbesondere § 266 HGB und für die Gewinn- und Verlustrechnung § 275 Abs. 2 HGB). Darüber hinaus sollten in der im Normalfall nach dem Gesamtkostenverfahren zu erstellenden Gewinn- und Verlustrechnung die sonstigen betrieblichen Erträge und Aufwendungen so aufgegliedert werden, dass auch weiterhin jener Stand an Information erhalten bleibt, den eine nach dem Gliederungsschema des § 157 AktG 1965 aufgestellte Gewinn- und Verlustrechnung bisher geboten hat.

Diese Empfehlung geschieht aus Zweckmäßigkeitserwägungen. Einzelunternehmer oder Personenhandelsgesellschaften, die nicht unter die Vorschriften des Publizitätsgesetzes fallen, müssen ihren Jahresabschluss nicht veröffentlichen. Der auftraggebende Mandant hat im Einzelfall zu entscheiden, ob und inwieweit von der Möglichkeit einer kürzeren Darstellung im Sinne von § 266 Abs. 1 S. 3 HGB Gebrauch gemacht werden soll. Dies wird entscheidend davon abhängen, in welchem Umfang Dritten Informationen aus dem Jahresabschluss vermittelt werden müssen, welcher Zweck also mit der Vorlage verfolgt wird.

Zulässig sind aber neben der empfohlenen Gliederung auch andere Gestaltungen, soweit sie dem Gesetz und den Grundsätzen ordnungsmäßiger Buchführung entsprechen. Dennoch wird es für den Normalfall zweckmäßig oder aus tatsächlichen Gründen sogar erforderlich sein, freiwillig die Gliederungsvorschriften für die große Kapitalgesellschaft – soweit sie im Einzelfall anwendbar sind – zu übernehmen. Die neuen Kontenrahmen und EDV-Rechnungslegungsprogramme werden auf das neue für große Kapitalgesellschaften geltende Recht abgestellt werden. Darüber hinaus besteht die Notwendigkeit, die mit der Rechnungslegung verbundenen Arbeiten zu rationalisieren und somit die neuen Vorschriften nach Möglichkeit auf alle Unternehmen anzuwenden.

Die Übernahme der für die große Kapitalgesellschaft vorgesehenen Gliederungsschemata bedeutet jedoch nicht auch die Übernahme der sonstigen im Gesetz für die große Kapitalgesellschaft vorgesehenen Pflichten. Es sollte deshalb in geeigneter Weise (ggf. im Testat) darauf hingewiesen werden, dass zwar der Jahresabschluss hinsicht-

---

* Die Empfehlungen haben keinen verbindlichen Charakter. Sie sollen zu bestimmten Sachverhalten oder Problemkreisen Anregungen zu eigenverantwortlichen Lösungen geben und somit die Praxisarbeit unterstützen.

lich der Gliederung in Anlehnung an die für Kapitalgesellschaften vorgegebenen Gliederung erstellt worden ist, dass aber darüber hinausgehende Ausweis-, Bewertungs- sowie Erläuterungsvorschriften nur insoweit befolgt worden sind, wie es für erforderlich gehalten wurde und sich aus der Darstellung ergibt.

Ist der Berufsangehörige mit der Erstellung des Jahresabschlusses einer Nicht-Kapitalgesellschaft beauftragt worden, darf er grundsätzlich nicht die bisherige Gliederung des Jahresabschlusses zugunsten einer anderen Gliederung aufgeben, weil es hierzu einer Entscheidung seines Auftraggebers bedarf. Andererseits sollte er seinen Mandanten über die neuen Möglichkeiten der Gliederung und deren Vor- und Nachteile aufklären. Überlegungen hierzu sollte der Berufsangehörige unverzüglich anstellen, weil eine Gliederung nach den Vorschriften des neuen Handelsrechts in vielen Fällen auch Änderungen des Kontenplans und Umstellungen der Buchführung erforderlich machen wird oder wenigstens als zweckmäßig erscheinen lässt.

Es sollte beachtet werden:

1. Der Jahresabschluss

Der Jahresabschluss von Kaufleuten, die ihr Unternehmen nicht in der Rechtsform einer Kapitalgesellschaft betreiben, besteht aus der Bilanz und der Gewinn- und Verlustrechnung (§ 242 HGB). Er ist nach den Grundsätzen ordnungsmäßiger Buchführung aufzustellen und muss klar und übersichtlich sein (§ 243 HGB). Er muss bestimmte Formvorschriften (§§ 244, 245 HGB), bestimmte Ansatzvorschriften (§§ 246–251 HGB) und Bewertungsvorschriften (§§ 252–256 HGB) berücksichtigen.

2. Das Gliederungsschema

Für die Gliederung des Jahresabschlusses der Nichtkapitalgesellschaften hat der Gesetzgeber anders als bei den Kapitalgesellschaften kein Gliederungsschema vorgegeben. § 247 Abs. 1 HGB schreibt lediglich vor, dass in der Bilanz das Anlage- und das Umlaufvermögen, das Eigenkapital, die Schulden sowie die Rechnungsabgrenzungsposten gesondert auszuweisen und hinreichend aufzugliedern sind. Außerdem gilt, dass

– Posten der Aktivseite nicht mit Posten der Passivseite, Aufwendungen nicht mit Erträgen, Grundstücksrechte nicht mit Grundstückslasten verrechnet werden dürfen (§ 246 Abs. 2 HGB),
– steuerfreie Rücklagen als Sonderposten mit Rücklageanteil auszuweisen sind (§ 247 Abs. 3 HGB),
– unter der Bilanz nach § 251 HGB bestimmte Haftungsverhältnisse (z. B. Wechselobligo) zu vermerken sind.

Aus § 247 Abs. 1 HGB ergibt sich, dass es nicht ausreicht, die dort angegebenen Posten gesondert auszuweisen; sie müssen hinreichend aufgegliedert werden. Der Umfang der Gliederung bestimmt sich dabei nach den Grundsätzen ordnungsmäßiger Buchführung. Mit dem ausdrücklichen Verzicht auf die Vorgabe von Gliederungsschemata hat der Gesetzgeber zum Ausdruck gebracht, dass der Kaufmann im Rahmen der Grenzen des § 247 HGB in der Gestaltung des Jahresabschlusses frei ist.

Anlage 6: Gliederung des Jahresabschlusses

Bisher wurde die Auffassung vertreten, dass die Gliederungsschemata nach dem Aktienrecht 1965 Ausdruck des Grundsatzes der Klarheit und Übersichtbarkeit waren. Viele Unternehmen haben ihren Jahresabschluss nach diesen Vorschriften aufgestellt oder sich zumindest mehr oder weniger eng an diese angelehnt. Durch das neue Handelsrecht sind diese in erster Linie für Aktiengesellschaften geschaffenen Schemata geändert worden, wobei eine Reihe von Posten entfiel. Dennoch ähneln sich beide Systeme weitgehend, wenn auch die neuen Vorschriften eine geringere Aufgliederung vorschreiben. Außerdem hat das neue Handelsrecht kleinen und mittelgroßen Kapitalgesellschaften Erleichterungen schon bei der Aufstellung des Jahresabschlusses eingeräumt. Ferner ist die Gliederung der Gewinn- und Verlustrechnung auch nach dem Umsatzkostenverfahren zugelassen, wenngleich die Anwendung dieses Gliederungsschemas der Ausnahmefall sein dürfte.

Bei der Aufstellung von Jahresabschlüssen von Nicht-Kapitalgesellschaften empfiehlt es sich im Allgemeinen nicht, die kleinen und mittelgroßen Kapitalgesellschaften im Gesetz gewährten Erleichterungen in Anspruch zu nehmen. Dadurch würde im Regelfall der Informationswert des Jahresabschlusses derart sinken und hinter dem bisher Üblichen zurückbleiben, dass weder das eigene Informationsbedürfnis noch jenes der Gesellschafter ausreichend befriedigt werden könnte. Auch Dritte, denen die Unterlagen aus geschäftlichen Gründen vorzulegen sind (beispielsweise Kreditinstitute), wären in der Regel gehalten, zusätzliche Informationen zu fordern.

Um einen aussagefähigen, allen Erfordernissen genügenden Jahresabschluss zu erstellen und außerdem den gleichen Informationsgehalt wie bisher bei freiwilliger Anwendung der aktienrechtlichen Vorschriften zu bieten, sollten die sonstigen betrieblichen Erträge und Aufwendungen hinreichend (in erster Linie durch weitere Erläuterungen oder in einer Vorspalte oder mit einem Davon-Vermerk) aufgegliedert werden. Damit könnten jene Posten der Gewinn- und Verlustrechnung nach § 157 AktG 1965 dargestellt werden, die in den Gliederungsschemata des § 275 Abs. 2 (Gesamtkostenverfahren) und Abs. 3 (Umsatzkostenverfahren) HGB nicht mehr enthalten sind.

3. Zusätzliche Angaben

Ergänzende Angaben, die dem Grundsatz der Klarheit und Übersichtlichkeit des Jahresabschlusses entsprechen und u. a. dem Zweck dienen, einem sachverständigen Dritten innerhalb angemessener Zeit zu gestatten, einen Überblick über die Lage des Unternehmens zu erhalten, sind im Regelfall zweckmäßig. Als „Anhang" dürfen sie aber nur bezeichnet werden, wenn sie den gesetzlichen Anforderungen für den Anhang der Kapitalgesellschaft entsprechen. Werden die in den §§ 284 bis 288 HGB verlangten Angaben nur teilweise oder in anderer Form gemacht, müssen diese Angaben, wenn sie nicht in die Bilanz oder Gewinn- und Verlustrechnung (etwa als Fußnote) integriert werden, eine andere Bezeichnung erhalten. Um Missverständnisse zu vermeiden, sollte sie deshalb als **Erläuterungen** bezeichnet werden. Werden Begriffe verwandt, die in den nur für Kapitalgesellschaften geltenden Vorschriften enthalten und definiert sind, ist auf Inhaltsgleichheit der verwendeten Bezeichnungen (z. B. verbundene Unternehmen, Beteiligungen) streng zu achten.

4. Allgemeine Anforderungen an die Gliederung

Die Form der Darstellung ist nach § 265 Abs. 1 HGB beizubehalten (Darstellungsstetigkeit). Dies gilt insbesondere für die Gliederung der aufeinander folgenden Bilanzen und Gewinn- und Verlustrechnungen, soweit nicht in Ausnahmefällen wegen besonderer Umstände Abweichungen erforderlich sind. Die Abweichungen sind im Anhang anzugeben und zu begründen.

Nach ihrer Stellung im Gesetz ist diese Vorschrift nur auf Kapitalgesellschaften unmittelbar anzuwenden. Es gibt jedoch eine überzeugende Meinung dafür, dass es sich beim Grundsatz der Darstellungsstetigkeit um einen rechtsformunabhängigen Grundsatz ordnungsmäßiger Buchführung handelt, der also auch von Nichtkapitalgesellschaften zu beachten ist. Folgt man dieser Ansicht, sind notwendige Abweichungen in den Erläuterungen anzugeben, sofern im Ausnahmefall nicht freiwillig ein Anhang aufgestellt wird.

Die Angabe von Vorjahresbeträgen (§ 265 Abs. 2 HGB) gestattet dem Leser des Jahresabschlusses einen schnellen Überblick. Es ist zu empfehlen, zu jedem Posten der Bilanz und der Gewinn- und Verlustrechnung die Vorjahresbeträge zu vermerken; die Angabe in vollen TDM kann dabei vom Informationswert her als ausreichend angesehen werden.

Posten ohne Betrag können weggelassen werden, wenn kein Vorjahresbetrag ausgewiesen war.

Bei Vermögensgegenständen oder Schulden, die unter mehrere Posten des Gliederungsschemas fallen, ist die Mitzugehörigkeit zu anderen Posten zu vermerken oder in den Erläuterungen anzugeben, wenn dies zur Aufstellung eines klaren und übersichtlichen Jahresabschlusses erforderlich ist (§ 265 Abs. 3 HGB).

Eine weitere Untergliederung der Posten ist zulässig (§ 265 Abs. 5 HGB).

5. Anmerkungen zur Bilanz

Die entsprechende Anwendung des für große Kapitalgesellschaften vorgesehenen Bilanzierungsschemas bedeutet aber auch, dass jene Bilanzposten auszuscheiden sind, die selbst oder in ihrer Unterteilung (wie etwa das Kapital) für die Bilanz des Einzelunternehmers oder der Personenhandelsgesellschaft wegen unterschiedlicher Rechtsform nicht passen. Dies bedingt in letzterem Fall eine abweichende Darstellung der Kapitalkonten.

Kapitalgesellschaften müssen nach § 268 Abs. 2 HGB in einem sog. **Anlagespiegel** die Entwicklung des Anlagevermögens, ausgehend von den historischen Anschaffungs- und Herstellungskosten, darstellen. Wenn das Anlagevermögen im Einzelfall nicht unbedeutend ist, sollte der Anlagespiegel aus Gründen überbetrieblicher, rechtsformunabhängiger Vergleichbarkeit in der neuen Form aufgestellt werden. Es ist damit zu rechnen, dass Kapitalgesellschaften wegen des größeren Platzbedarfs von der Möglichkeit Gebrauch machen werden, die Entwicklung im Anhang darzustellen. Nicht-Kapitalgesellschaften sollten dazu ggf. die Erläuterungen benutzen. Die Über-

Anlage 6: Gliederung des Jahresabschlusses

gangsregelung des Artikels 24 Abs. 6 EHGB kann ohne jede Einschränkung in Anspruch genommen werden.

Nach § 268 Abs. 4 und 5 HGB sind die Beträge der Forderungen und Verbindlichkeiten mit einer Restlaufzeit von mehr als einem Jahr in ersterem Fall bzw. bis zu einem Jahr in ersterem Fall bzw. bis zu einem Jahr in letzterem Fall bei jedem gesondert ausgewiesenen Posten zu vermerken. Nicht-Kapitalgesellschaften sollten aus Gründen der Liquiditätsbeurteilung ebenfalls diese zusätzlichen Angaben bei den einzelnen Posten oder in den Erläuterungen vorsehen.

Einzelkaufleute und Personenhandelsgesellschaften sind nach § 251 HGB nun ebenfalls verpflichtet, ihre Haftungsverhältnisse unter der Bilanz zu vermerken. Sie dürfen jedoch in einem Betrag angegeben werden. Für interne Zwecke oder Zwecke der Kreditbeschaffung sollte jedoch die für Kapitalgesellschaften vorgesehene gesonderte Aufgliederung dieser Haftungsverhältnisse freiwillig eingehalten werden.

Nach § 247 Abs. 3 HGB dürfen Einzelkaufleute und Personenhandelsgesellschaften Passivposten, die für Zwecke der Steuern vom Einkommen und vom Ertrag zulässig sind, unter der Bezeichnung „Sonderposten mit Rücklageanteil" bilden. Darunter fällt auch die Preissteigerungsrücklage nach § 74 EStDV. Die für Kapitalgesellschaften nach § 273 HGB bestehenden Einschränkungen im Hinblick auf die umgekehrte Maßgeblichkeit gelten somit nicht.

6. Anmerkungen zur Gewinn- und Verlustrechnung

Die Bundessteuerberaterkammer empfiehlt, die Gewinn- und Verlustrechnung nach dem Gesamtkostenverfahren aufzustellen. Der Vorteil dieses Verfahrens wird darin gesehen, dass dem Bilanzleser der Gesamtaufwand des Jahres in der Aufgliederung nach Arten gezeigt wird. Es ist im Regelfall weniger aufwendig als das Umsatzkostenverfahren und stellt geringere Anforderungen an die Buchführung. Auch die Kreditinstitute sehen das Umsatzkostenverfahren als wenig aussagefähig an.

Bei der Anwendung des Gesamtkostenverfahrens ist zu beachten, dass in den Materialaufwand nur noch solche Abschreibungen auf das Vorratsvermögen eingehen, die den Rahmen des im Unternehmen Üblichen nicht überschreiten. Abschreibungen, die wegen ihrer Höhe und Einmaligkeit darüber hinausgehen, sind unter Nr. 7b (§ 275 Abs. 2 HGB) auszuweisen.

Es empfiehlt sich, die sonstigen betrieblichen Aufwendungen und Erträge in einer Vorspalte oder in den Erläuterungen aufzugliedern und mindestens wie bisher die Aufwendungen und Erträge beispielsweise aus

– Anlageabgängen,
– Zuschreibungen zu Gegenständen des Anlagevermögens,
– Auflösung von Rückstellungen,

- Bildung/Auflösung von Einzel- und Pauschalwertberichtigungen zu Forderungen, die nunmehr nur noch aktivisch vorzunehmen sind, sowie Abschreibungen auf Forderungen, soweit sie den für das Unternehmen üblichen Rahmen nicht überschreiten (die darüber hinausgehenden Forderungsabschreibungen gehören hingegen in den Posten Nr. 7b),
- Bildung/Auflösung von Sonderposten mit Rücklageanteil

gesondert auszuweisen. Im Übrigen sollten alle periodenfremden Aufwendungen und Erträge, soweit sie vom Betrag her von Bedeutung sind, in den Erläuterungen angegeben werden.

Anlage 7: Grundsatz der Bewertungsstetigkeit
(Stellungnahme HFA 3/1997 des IDW)*)

I. Anwendungsbereich und Zielsetzung

Gegenstand dieser Stellungnahme ist die in § 252 Abs. 1 Nr. 6 HGB geregelte Bewertungsstetigkeit. Diese Vorschrift ist auf den Konzernabschluss nach § 298 Abs. 1 HGB entsprechend anzuwenden. Den Ausführungen kommt jedoch auch für die Auslegung anderer **gesetzlich geregelter Stetigkeitsgebote** (Darstellungsstetigkeit gem. § 265 Abs. 1 Satz 1 HGB, Stetigkeit der Konsolidierungsmethoden nach § 297 Abs. 3 Satz 2 HGB) Bedeutung zu.

Nach § 252 Abs. 1 Nr. 6 HGB sollen die auf den vorhergehenden Jahresabschluss angewandten Bewertungsmethoden beibehalten werden. Die Vorschrift gilt rechtsformunabhängig für alle Kaufleute. Kapitalgesellschaften sind darüber hinaus verpflichtet, im **Anhang**

- die auf die Posten der Bilanz und der GuV angewandten Bilanzierungs- und Bewertungsmethoden (§ 284 Abs. 2 Nr. 1 HGB) anzugeben,
- Abweichungen von Bilanzierungs- und Bewertungsmethoden anzugeben und zu begründen und deren Einfluss auf die Vermögens-, Finanz- und Ertragslage gesondert darzustellen (§ 284 Abs. 2 Nr. 3 HGB).

Entsprechende Angabepflichten gelten nach § 313 Abs. 1 Nr. 1 und 3 HGB für den Konzernabschluss.

Mit diesen Vorschriften wird das Ziel verfolgt, die Vergleichbarkeit des Jahresabschlusses mit dem jeweils vorhergehenden zu verbessern. Daraus ergibt sich, dass die **Beibehaltung der Bewertungsmethoden** immer dann verlangt wird, wenn vergleichbare Sachverhalte zu beurteilen sind, d. h. wenn die zu bewertenden Vermögensgegenstände und Schulden vergleichbaren Nutzungs- und Risikobedingungen unterworfen sind. Aus dem **Vergleichbarkeitspostulat** folgt, dass art- und funktionsgleiche Bewertungsobjekte nicht ohne sachlichen Grund nach unterschiedlichen Methoden bewertet werden dürfen.

II. Begriff der Bewertungsmethode

Unter dem Begriff der Bewertungsmethode i. S. des § 252 HGB sind bestimmte, in ihrem Ablauf definierte **Verfahren der Wertfindung** zu verstehen, durch die ein Wert nachvollziehbar aus den die Bewertung bestimmenden Faktoren abgeleitet wird. Diese Faktoren können ihrerseits jeweils aus Daten unmittelbar ermittelt, subjektiv geschätzt oder durch Rechtsnormen vorgegeben sein. In ihrer einfachsten Form beschränken Bewertungsmethoden sich auf die **Anwendung gesetzlich vorgeschriebener Werte** (z. B. Anschaffungskosten, niedrigerer Tageswert). Das Gesetz kann aber auch alternative Wertansätze gestatten, z. B. Einbeziehung oder Nichteinbeziehung von Gemeinkosten in die Herstellungskosten (echte Wahlrechte). Darüber hin-

---

*) Entnommen der Loseblattausgabe „Fachgutachten/Stellungnahmen des Instituts der Wirtschaftsprüfer" mit Genehmigung der IDW-Verlag GmbH.

aus können die geforderten bzw. wahlweise zulässigen Bewertungsmaßstäbe zwar gesetzlich festgelegt, die einzelnen Faktoren aber unbestimmt sein und Schätzungen oder Ermessensentscheidungen im Rahmen gewisser **Beurteilungsspielräume** erfordern, z. B. Angemessenheit der Gemeinkostenzuschläge, vernünftige kaufmännische Beurteilung (unechte Wahlrechte). Die gesetzliche Forderung nach Beibehaltung der Bewertungsmethoden bezieht sich auf die echten Wahlrechte sowie auf die unechten Wahlrechte insoweit, als die Schätzungen oder Ermessensentscheidungen nach einem bestimmten Verfahren ausgeübt werden.

Die Veränderung eines Faktors aufgrund geänderter wirtschaftlicher Gegebenheiten oder sachgerechter Schätzung stellt eine Änderung der Bewertung, nicht aber der Bewertungsmethode dar. Dagegen ist der Ersatz etwa einer subjektiven Schätzung durch die Verwendung objektiver Sachverhaltsdaten oder durch gesetzliche Vorgaben eine Änderung der Bewertungsmethode. Auch Änderungen in den normativen Vorgaben, beispielsweise für den Abschreibungssatz oder die Abschreibungsdauer, sind Änderungen der Bewertungsmethode, wenn sie nicht auf neuen wirtschaftlichen Gegebenheiten beruhen. **Steuerrechtliche Sonderabschreibungen** können fallweise in Anspruch genommen werden. Werden sie dagegen planmäßig für bestimmte Gruppen gleichartiger Vermögensgegenstände in Anspruch genommen, liegt hierin eine Bewertungsmethode, für die das Stetigkeitsgebot gilt.

Die Ausrichtung der Bewertungen insgesamt auf ein bestimmtes **bilanzpolitisches Ziel** (z. B. Minimierung des Jahresergebnisses, günstigste Besteuerung) stellt als solche keine eigenständige Bewertungsmethode dar. Sie führt lediglich zur zielgerichteten Anwendung einzelner Bewertungsmethoden. Sieht eine Bewertungsmethode bereits von vornherein einen **Wechsel von Bewertungskomponenten** vor (z. B. Übergang von der degressiven zur linearen Abschreibung nach einer bestimmten Zahl von Jahren), so ist dieser Wechsel der Methode immanent und mithin nicht als Methodenänderung zu qualifizieren; dies ist in der Darstellung der Bewertungsmethode nach § 284 Abs. 2 Nr. 1 HGB zu beschreiben. Die angewandten Methoden müssen in ihrer Vorgehensweise und ihrem Ergebnis den GoB entsprechen.

III. Stetigkeitsgebot und Stetigkeitsunterbrechung

Die Bewertungsmethoden sollen stetig angewandt werden. Diese **Verpflichtung** besteht nicht nur hinsichtlich solcher Vermögensgegenstände und Schulden, die bereits im vorhergehenden Jahresabschluss zu bilanzieren waren, sondern auch in Bezug auf zwischenzeitlich zugegangene oder entstandene Vermögensgegenstände und Schulden, sofern gleichartige Vermögensgegenstände und Schulden unter vergleichbaren Umständen im Vorjahresabschluss zu bewerten waren.

Vom Grundsatz der Beibehaltung der Bewertungsmethoden darf nur in **begründeten Ausnahmefällen** abgewichen werden. Von den angewandten Methoden kann nicht schon deshalb abgewichen werden, weil die Abweichung im Anhang angegeben und begründet wird. Vielmehr muss die Abweichung sachlich gerechtfertigt sein. Das ist grundsätzlich nur der Fall,

- wenn die Abweichung durch eine Änderung der rechtlichen Gegebenheiten (insbesondere Änderung von Gesetz und Satzung oder Rechtsprechung) veranlasst wurde,
- wenn die Abweichung unter Beachtung der GoB ein besseres Bild der Vermögens-, Finanz- oder Ertragslage vermitteln soll,
- wenn die Abweichung dazu dient, Bewertungsvereinfachungsverfahren in Anspruch zu nehmen,
- wenn die Abweichung im Jahresabschluss zur Anpassung an konzerneinheitliche Bilanzierungsrichtlinien erfolgt,
- wenn mit der Abweichung der Konzernabschluss an international anerkannte Grundsätze angepasst wird oder
- wenn die Abweichung erforderlich ist, um steuerliche Ziele zu verfolgen.

Die Verfolgung geänderter Substanzerhaltungsziele ist dagegen kein Rechtfertigungsgrund für eine Stetigkeitsunterbrechung. Zusätzliche Abschreibungen nach § 253 Abs. 4 HGB unterliegen ebenso wie die Ausübung von Wahlrechten hinsichtlich des Bilanzansatzes und die Inanspruchnahme von Bilanzierungshilfen nicht dem Stetigkeitsgebot, wohl aber dem **Willkürverbot**.

IV. Erfolgswirksamkeit der Bewertungsänderung

Die Bewertungsänderungen sind erfolgswirksam durchzuführen. Zu den Besonderheiten bei Abweichungen zur Anpassung an die Konzernrechnungslegungsgrundsätze des IASC vgl. HFA-Stellungnahme 5/1997: Einzelfragen zur Anwendung von IAS (Teil I), WPg 1997 S. 682 = BBK F. 20 S. 569, Abschn. I. 2.

V. Anpassung der Vorjahreszahlen

Änderungen im Ansatz und in der Bewertung von Posten gegenüber dem vorhergehenden Jahresabschluss führen nicht zu einer Anpassung der Vorjahreszahlen gem. § 265 Abs. 2 Satz 1 HGB, sondern sind erforderlichenfalls im Rahmen der Angaben von § 284 Abs. 2 Nr. 3 HGB darzustellen (vgl. HFA-Stellungnahme 5/1988, Abschn. I. 3).

VI. Angaben im Anhang

1. Gegenstand der Angaben nach § 284 Abs. 2 Nr. 3 HGB

Die Angabepflichten nach § 284 Abs. 2 Nr. 3 HGB umfassen nur solche Angaben zur Abweichung von Bilanzierungs- und Bewertungsmethoden, die nicht unter anderen Vorschriften (§§ 273, 277 Abs. 3, 280 Abs. 3, 281 Abs. 2, 285 Nr. 5 HGB) gesondert geregelt sind. Es bestehen jedoch keine Bedenken dagegen, diese Angaben mit denjenigen nach § 284 Abs. 2 Nr. 3 HGB in einer **geschlossenen Darstellung** zusammenzufassen. Voraussetzung hierfür ist, dass der jeweilige Charakter der einzelnen Angaben so hervorgehoben wird, dass er für sich erkennbar bleibt.

2. Angaben und Begründung bei Abweichungen von Bilanzierungs- und Bewertungsmethoden

Im Rahmen der Berichtspflicht über Stetigkeitsunterbrechungen nach § 284 Abs. 2 Nr. 3 HGB sind Abweichungen von Bilanzierungs- und Bewertungsmethoden anzugeben und zu begründen: Die **Angabepflicht** umfasst dabei den jeweiligen Posten und die Beschreibung der Abweichungen gegenüber den Methoden des Vorjahres. Begründung ist die Darlegung der Überlegungen und Argumente, die zur abweichenden Methode geführt haben. Dabei muss sich die Zulässigkeit der Abweichungen aus der Begründung ergeben. Die Angabe- und Begründungspflichten bestehen für alle Fälle, in denen die Abweichungen nicht unerheblich sind.

Diese Angabe- und Begründungspflichten im Anhang sind – im Gegensatz zum Stetigkeitsprinzip – **nicht auf Abweichungen von Bewertungsmethoden beschränkt.** Auch über einen Wechsel der Bilanzierungsmethoden ist zu berichten. Die Berichtspflicht umfasst hier alle erforderlichen Angaben über die geänderte Ausübung eines Ansatzwahlrechts, z. B. die erstmalige Bildung einer Rückstellung für Großreparaturaufwendungen. Bei der erstmaligen Bilanzierung eines Postens ist über die Tatsachenangabe hinaus eine Begründung aber nur erforderlich, wenn im Vorjahr dieser Posten nicht bilanziert wurde, obwohl der gleiche Sachverhalt schon früher vorlag und nicht unwesentlich war. Die Berichtspflichten nach § 284 Abs. 2 Nr. 3 HGB erstrecken sich nach dem Wortlaut nicht nur auf die Posten der Bilanz, sondern auch auf die Posten der GuV.

3. Darstellung des Einflusses auf die Vermögens-, Finanz- und Ertragslage

Nach § 284 Abs. 2 Nr. 3 HGB ist auch der Einfluss von Abweichungen in den Bilanzierungs- und Bewertungsmethoden auf die Vermögens-, Finanz- und Ertragslage im Anhang gesondert darzustellen. Diese Pflicht zur **gesonderten Darstellung** bezieht sich auf jede einzelne Bilanzierungs- oder Bewertungsmethode unter Berücksichtigung wesentlicher Folgewirkungen, soweit die Änderung für sich allein oder in der Summe mit den Auswirkungen anderer Methodenänderungen nicht unerheblich ist. Eine Darstellung der Auswirkungen der Methodenänderungen erfordert **zahlenmäßige Angaben,** damit zumindest die Größenordnung der jeweiligen Änderung in ihrem Einfluss auf die Vermögens-, Finanz- und Ertragslage des Unternehmens für das laufende Geschäftsjahr abschätzbar wird. Es wird als sachgerecht angesehen, die Auswirkungen der Methodenänderung auch für die betreffenden Vorjahreszahlen anzugeben.

Literaturverzeichnis

Adler, Hans/Düring, Walther/Schmaltz, Kurt; Rechnungslegung und Prüfung der Unternehmen, Kommentar zum HGB, AktG, GmbHG, PublG nach den Vorschriften des Bilanzrichtlinien-Gesetzes, Loseblatt, 5. Auflage, Stuttgart 1987

Apelt, Bernd; Probleme der Publizität von GmbH und GmbH & Co nach den Ratsbeschlüssen der EG vom November 1990, WPK-Mitt. 4/91, S. 144 – 152

Baetge, Jörg/Schulze, Dennis; Möglichkeit der Objektivierung der Lageberichterstattung über „Risiken der künftigen Entwicklung", DB 1998 S. 937 – 948

Biener, Herbert; Prüfung und Prüfungspflicht der GmbH & Co nach Anpassung an die EU-Richtlinien, Stbg 1996 S. 322 – 333

Böcking, Hans-Joachim/Orth, Christian; Neue Vorschriften zur Rechnungslegung und Prüfung durch das KonTraG und das KapAEG, DB 1998 S. 1241 – 1246

Budde, Wolfgand Dieter/Karig, Klaus Peter; in: Beck'scher Bilanzkommentar, 3. Auflage 1995

Budde, Wolfgang Dieter/Kunz, Karlheinz; in: Beck'scher Bilanzkommentar, 3. Auflage 1995

Centrale für GmbH (Hrsg.); Rundbrief 3/1996

Centrale für GmbH (Hrsg.); Rundbrief 5/1996

Dörner, Dietrich/Wirth, Michael; Die Befreiung von Tochter-Kapitalgesellschaften nach § 264 Abs. 3 HGB i. d. F. des KapAEG hinsichtlich Inhalt, Prüfung und Offenlegung des Jahresabschlusses, DB 1998 S. 1525 – 1531

Dücker, Reinhard; Das Gesetz zur Kontrolle und Transparenz im Unternehmensbereich, NWB Fach 18 S. 3593 – 3600

Dykxhoorn, Hans J./Sinning, Kathleen E./Wiese, Mayk; Wie deutsche Banken die Qualität von Prüfungsberichten beurteilen, BB 1996 S. 2031 – 2034

Erle, Bernd; Unterzeichnung und Datierung des Jahresabschlusses bei Kapitalgesellschaften, WPg 1987 S. 637 – 644

Farr, Wolf-Michael; Der Jahresabschluss der mittelgroßen GmbH, GmbHR 1996 S. 755 – 761

Feld, Klaus-Peter; Auswirkungen des neuen steuerlichen Wertaufholungs- und Abzinsungsgebots auf die Handelsbilanz, WPg 1999 S. 861 – 877

Felix Günther; Ausgewählte Empfehlungen für die Testamentsgestaltung und die Erbschaftsteuerplanung, KÖSDI 9/84 S. 5618 – 5628

Fleischer, Holger; Eigenkapitalersetzende Gesellschafterdarlehen und Überschuldungsstatus, ZIP 1996 S. 773 – 779

Förschle, Gerhardt; in: Beck'scher Bilanzkommentar, 3. Auflage 1995

Gelhausen; in: Wirtschaftsprüferhandbuch; IDW (Hrsg.) 1996, 11. Auflage, Band 1

Gesetzentwurf der Bundesregierung; Entwurf eines Gesetzes zur Neuregelung des Kaufmanns- und Firmenrechts und zur Änderung anderer handels- und gesellschaftsrechtlicher Vorschriften (Handelsrechtsreformgesetz – HRefG); Drucksache 13/8444 vom 29. 8. 97

Hense, Burkhard; Rechtsfolgen nichtiger Jahresabschlüsse und deren Konsequenzen auf Folgeabschlüsse, WPg 1993 S. 716 – 722

Hoffmann, Wolf-Dieter; Wertaufhellung, BB 1996 S. 1157 – 1164

IDW-Fachnachrichten; Neue rechtliche Vorschriften mit Auswirkungen auf die Arbeit der Wirtschaftsprüfer (KonTraG, KapAEG); FN-IDW Nr. 6/1998 S. 229 – 233

Janssen, Bernhard; Überschuldung trotz Rangrücktritts nach der neuen Insolvenzordnung, NWB Nr. 18 vom 27. 4. 1998, S. 1405 – 1407

Kölpin, Gerhard; Maßgeblichkeit der Handelsbilanz für die Steuerbilanz, BBK Nr. 1 2000 S. 7 – 16 (Fach 13 S. 4261 – 4270)

Kraffel, Jörg/König, Wolfgang; Der Bestimmtheitsgrundsatz bei Mehrheitsklauseln in Personengesellschaftsverträgen, DStR 1996 S. 1130 – 1133

Kupsch, Peter/Achtert, Frank; Der Grundsatz der Bewertungseinheitlichkeit in Handels- und Steuerbilanz, BB 1997 S. 1403 – 1411

Kupsch, Peter; Einheitlichkeit und Stetigkeit der Bewertung gemäß § 252 Abs 1. Nr. 6 HGB, DB 1987

Küting, K./Weber, C.P.; Handbuch der Rechnungslegung, Kommentar zur Bilanzierung und Prüfung, 3. Auflage 1990

Küting, Karlheinz; Grundlagen der qualitativen Bilanzanalyse, DStR 1992 S. 691 – 695 und 728 – 733

Lauth, Bernd; Die steuerliche Denkweise als Ursache für fehlerhafte Handelsbilanzen, DStR 1992 S. 1447 -1451 und 1483 – 1488

Loitz, Rüdiger; Jahresabschlusserstellung und Prüfung im Umbruch, BB 1996 S. 2507 – 2513

Maluck/Göbel; Die Unterzeichnung der Bilanz nach § 41 HGB, WPg 1978 S. 624

Moldzio, Karl-Heinz; Die Bedeutung des § 18 KWG für die steuerberatenden Berufe, NWB Nr. 40 1999 S. 3715 – 3718 (Fach 30 S. 1263 – 1266)

Müller, Andreas; Wichtige Neuerungen durch das Handelsrechtsreformgesetz, BBK Fach 2 S. 1115 – 1134

Müller, Andreas/Müller, Diether; Checkliste für das Bilanzgespräch mittelständischer Unternehmen, BBK Fach 19 S. 433 – 448

Müller, Andreas/Ohland, Klaus-Peter/Brandmüller, Gerhardt; Gestaltung der Erb- und Unternehmensnachfolge in der Praxis, 2. Auflage, Herne/Berlin 1995

Müller, Andreas; Das Maßgeblichkeitsprinzip: die Achillesferse des Mittelstands, StuB 1999 S. 310 – 315

Müller, Jürgen; Das Stetigkeitsprinzip im neuen Bilanzrecht, BB 1987 S. 1629 – 1637

Müller, Welf; Kurzkommentar zum BGH-Urteil vom 29. 3 1996, EWiR 1996 S. 513 – 514

Nahlik, Wolfgang; Mittelständische Unternehmen als Kreditnehmer, Die Bank 11/89 S. 628 – 634

Oestreicher, Andreas/Piotrowski-Allert, Susanne; Analyse von Jahresabschlüssen mit Hilfe von Kohonen-Features Maps, DB 1996 S. 1045 – 1051

Oser, Peter; Einsatz der Diskriminanzanalyse bei Kreditwürdigkeitsprüfungen, BB 1996 S. 367 – 375

Pinne, Jürgen; Offenlegungspflicht nach § 18 KWG, Stbg 1998 S. 372 – 374

Plückebaum, Konrad/Malitzky, Heinz; USt-Kommentar, Loseblatt, 10. Auflage

Priester, Hans-Joachim; Sind eigenkapitalersetzende Gesellschafterdarlehen Eigenkapital?, DB 1991 S. 1917 – 1924

Rauch, Klaus; Konsequenzen der unterlassenen Pflichtprüfung einer GmbH, BB 1997 S. 35 – 40

Reischauer/Kleinhans; Kreditwesengesetz (KWG), Kommentar, Stand 12/97

Schindhelm, Malte/Hellwege, Heiko/Stein, Klaus; Die Publizität mittelständischer Unternehmen: Gläserne Taschen für alle?, StuB 2000 S. 72 – 83

Schmidt, Karsten; in: Scholz (Hrsg.), Kommentar zum GmbH-Gesetz, 6. Auflage

Schmidt, Karsten; Gesellschaftsrecht, 2. Auflage 1991

Schmolke-Deitermann; Industrielles Rechnungswesen IKR, 2. Auflage

Schnicke, Christian/Gutike, Hans-Jochen; in: Beck'scher Bilanzkommentar, 3. Auflage 1995

Schnicke/Fischer, Norbert; in: Beck'scher Bilanzkommentar, 3. Auflage 1995

Schulze-Osterloh, Joachim; Anmerkung zu: Schadensersatzpflicht der Bundesrepublik wegen unzureichender Umsetzung der EG-Vorschriften zur Offenlegung des Jahresabschlusses, ZIP 1997 S. 2155 – 2158

Seitz, Huber; Rechtsfolgen der unterlassenen Pflichtprüfung bei einer mittelgroßen GmbH, DStR 1991 315 – 320

Seitz, Hubert; Die Jahresabschlusspublizität der GmbH, DStR 1993 S. 170 – 175

Siegel; in: Castan/Heymann/Müller/Ordelheide/Scheffler (Hrsg.), Beck's Handbuch der Rechnungslegung, 8. Ergänzungslieferung April 1995

Steuerberaterkammer München (Hrsg.); Berufsrechtliches Handbuch, Loseblatt

Strieder, Thomas; Der Lagebericht bei Kapitalgesellschaften und Genossenschaften, DB 1998 S. 1677 – 1679

Strobel, Wilhelm; Die Neuerungen des KapCoRiLiG für den Einzel- und Konzernabschluss, DB 2000 S. 53 – 59

Stuckert, Fritz; Der Entwurf des Kapitalgesellschaften- und Co-Richtlinie-Gesetzes, StuB 1999 S. 481 – 486

Stuckert, Fritz; Der Regierungsentwurf des Kapitalgesellschaften- und Co-Richtlinie-Gesetzes (KapCoRiLiG) vom 28. 7. 1999, StuB 1999 S. 816 – 820

Uhlenbruck, Wilhelm; Fluchtmöglichkeiten der GmbH & Co KG aus der Publizitätspflicht?, GmbHR 2000 S. R1

Wehrheim, Michael; Die Erfolgsspaltung als Krisenindikator, DStR 1997 S. 508 – 513

Wöhe, Günter; Einführung in die Allgemeine Betriebswirtschaftlehre; München 1996

Wolf, Thomas; Nochmals: Zur Passivierung eigenkapitalersetzender Gesellschafterdarlehen ohne Rangrücktritt, München, DB 1997 S. 1833 – 1835

Wolf, Thomas; Fortbestehensprognose bei Überschuldung, StuB 1999 S. 1172 – 1174

Stichwortverzeichnis

Abgrenzung 2, 177
Abgrenzungsrechnung 182, 186
Absatzpolitik 194
Abschlussbericht 133
Abschlussbescheinigung 46
Abschlussvermerk 46
Abschreibungen 114
- Abschreibungsmethoden 70
- Ansparabschreibung 67
- außerplanmäßige Abschreibung 71, 91
- Sonderabschreibungen 66
- steuerliche Abschreibungen 71
Abtretungsklausel 83
Abwertungswahlrecht 62, 66, 71
AG 39
Aktiengesellschaft, siehe AG
Aktivierungsgebot 74
Aktivierungspflicht 74
Aktivierungswahlrecht 63, 74, 75
Anhang 115, 137
Anlagenspiegel 107
Anlagevermögen 129
- Erläuterungen 133 f.
Ansatzwahlrecht 72 ff.
Anschaffungskosten 69
Anschaffungswertprinzip 36
Ansparabschreibung – siehe Abschreibung
Äquivalenzziffernkalkulation 190
Aufstellung des Jahresabschlusses 40, 55, 116
Auftragsbestand 179
Auftragsfinanzierung 180
Aufwandsrückstellungen 73
außerordentliche Aufwendungen 114
außerordentliche Erträge 114
außerplanmäßige Abschreibung – siehe Abschreibung
Beibehaltungswahlrecht 68, 72
Bescheinigung 42, 44, 54
- Abschlussbescheinigung 45
- Bescheinigung mit Plausibilitätsprüfung 50
- Bescheinigung mit Prüfungshandlung 51
- Bescheinigung ohne Prüfungshandlung 49

Beschlusskatalog 41
Besicherung von Krediten 220
Bestandsveränderung 113
Bestätigungsvermerk 52
Beteiligung 108
Betriebsabrechnungsbogen 184, 191
Betriebsmittelkontenüberwachung 173
Betriebsmittelkredit 173, 180
Betriebsverpachtung 168
betriebswirtschaftliche Auswertung 2, 176
Beurteilungsreserven, siehe Grundsatz der Vorsicht
Bewertungsmethode 37, 142
Bewertungsstetigkeit 37, 64, 72, 159, 162
Bewertungswahlrecht 64, 71
Bilanz 103
- Ergänzungsbilanz 64
- freiwillige Bilanzierung 32
- Normbilanz 152
- Sonderbilanz 63
- Steuerbilanz 31, 60, 74
- Überschuldungsbilanz 106, 209
Bilanzanalyse 150
- qualitative Bilanzanalyse 150
Bilanzbetrug 134
Bilanzgliederungsschema 104 f.
Bilanzidentitätsgrundsatz 35
Bilanzierungshilfen 74, 106
Bilanzkontinuitätsgrundsatz 37
Bilanzpolitik 129, 151
Bilanzstichtag 17, 36, 124, 135
Bilanzvermerk 111
Bilanzwahrheit 38, 91, 102
Bonität 6, 11, 15
Break-Even-Point-Analyse 161
Buchführungspflicht, siehe Rechnungslegungspflicht
Cash-flow 173
Controlling 220
Darstellungsstetigkeit 103
Deckungsbeitragsrechnung 192
Disagio 73
Diskriminanzanalyse 150

Dispositionsreserven, siehe Grundsatz der Vorsicht
Divisionskalkulation 190
Ehegattentestament 170
eigenkapitalersetzendes Fremdkapital, latentes Fremdkapital 210
eigenkapitalersetzendes Gesellschafterdarlehen 81, 211
Eigenleistungen 113
Eigenverbrauch 178
Einnahmen- und Ausgabenströme 173, 201
Einnahmen-Überschussrechnung 20, 25, 28, 30
Einzelbewertungsgrundsatz 35, 142
Einzelkosten 184
Einzelunternehmen 39, 77
Einzelwertberichtigung 129, 137
Einziehungsklausel 83
Erben 77, 170
Erbengemeinschaft 77, 86, 170
Erbfall 71
Erbschaft 77, 86
Erfolgsrechnung, kurzfristige Erfolgsrechnung 2, 176
Ergänzungsbilanz 63
Ergebnisverwendung 41, 101
Erläuterungen 133
Erläuterungsbericht 163
Ermessensreserven, siehe Grundsatz der Vorsicht
Ermessensspielraum 65, 130
Erstellungsbericht 133
Ertragskraft, nachhaltige, siehe nachhaltige Ertragskraft
faktischer Konzern 87
– faktische Konzernhaftung 81
Feststellung des Jahresabschlusses 41, 124
Feststellungsbeschluss 41
Firmenwert 74
Forderungen 129
– Erläuterungen 137
Forderungsbewertung 146
Forderungsverzicht 85, 211
Formkaufmann 22, 23
Fortbestehungsprognose 83
Fortführungsgrundsatz 35
Fortsetzungsklausel 79

Freiberufler 24, 28
freiberufliche Tätigkeit, siehe Freiberufler
freiwillige Bilanzierung, siehe Bilanz
– latentes, siehe eigenkapitalersetzendes Fremdkapital
Fristen 55
– Aufstellung 55, 212
– Feststellung 55
– Kapitalgesellschaft 56
– Krise 57
– Offenlegung 56
– Scheckbestätigungsfrist 174
GbR 78, 88
Gemeinkosten 134, 184
Gesamthandsgesellschaft 78
Gesamtkostenverfahren 112
Gesamtschuldner 6
Geschäfts- oder Firmenwert 74
Geschäftsführerhaftung 87
Geschäftswert 74
Gesellschaft bürgerlichen Rechts, siehe GbR
Gesellschaft mit beschränkter Haftung, siehe GmbH
Gesellschafterdarlehen 82, 210
Gesellschaftsvertrag 41, 46, 51, 79, 83
Gewinn- und Verlustrechnung, siehe GuV
Gewinnausschüttung, verdeckte 83
Gewinnrücklage 109
Gewinnschwelle 193
Gliederung der Bilanz 104
Gliederung der Gewinn- und Verlustrechnung 111
GmbH 39, 81, 207
GmbH & Co KG 31, 39, 81, 88, 93
größenabhängige Erleichterungen 95
Größenklassen 42, 94
Grundhandelsgewerbe 22, 24
Grundsatz der Bewertungsstetigkeit 38
Grundsatz der Bilanzidentität 35
Grundsatz der Bilanzkontinuität 37
Grundsatz der Bilanzwahrheit 38, 91, 102
Grundsatz der Darstellungsstetigkeit 103
Grundsatz der Einzelbewertung 35
Grundsatz der Fortführung der Unternehmenstätigkeit 35

Stichwortverzeichnis 309

Grundsatz der Klarheit und Übersichtlichkeit 35
Grundsatz der Maßgeblichkeit der Handelsbilanz für die Steuerbilanz 60
Grundsatz der ordnungsmäßigen Buchführung 34
Grundsatz der Periodenabgrenzung 37
Grundsatz der umgekehrten Maßgeblichkeit 63
Grundsatz der Vollständigkeit 35
Grundsatz der Vorsicht 36
– Anschaffungswertprinzip 36
– Beurteilungsreserven 36
– Dispositionsreserven 37
– Ermessensreserven 37
– Imparitätsprinzip 36
– Realisationsprinzip 36
– stille Reserven 37, 151
– Zwangsreserven 37
Grundsatz des Verrechnungsverbots 35
GuV 111
Haftung 89
Haftungsverhältnis 90
Handelsbilanz 60
Handelsregistereintrag 20
Herstellkosten 184
Herstellungskosten 36, 69
Illiquidität 79, 81, 88, 207
Imparitätsprinzip, siehe Grundsatz der Vorsicht
Ingangsetzungsaufwendungen 106
In-sich-Geschäft 87
Insolvenz 58, 77
Insolvenzordnung 58, 78, 82, 212
Inventur 198
Investitionsplan 199
Istbesteuerung 28
Jahresabschluss 40
– Aufstellung 40, 55, 116
– Feststellung 41, 124
– Offenlegung 41, 98 f., 116
– testierter 43, 102
– Unterzeichnung 38
kalkulatorische Kosten 178
Kannkaufmann 21, 23
Kapitaldienstfähigkeit 1, 150, 164, 215
Kapitaldienstrechnung 10

Kapitalflussrechnung 199
Kapitalgesellschaft 82, 89
– Tochter-Kapitalgesellschaft 125
Kapitalrücklage 109
Kapitalwertmethode 201
Kaufmann
– Formkaufmann 22, 23
– Kannkaufmann 21, 23
– Minderkaufmann 20, 24
– Musskaufmann 20, 23
– Nicht-Kaufmann 21, 24
– Scheinkaufmann 22, 24
– Sollkaufmann 22, 24
– Vollkaufmann 20, 24
Kaufmannseigenschaft 20, 25
Kennzahlen 151, 156, 160
KG 39, 80
KGaA 39
Kleinbeteiligung 82
Kleingewerbetreibende 21, 24
Kommanditgesellschaft, siehe KG
Konkurs 82
– Verschleppung 173, 207, 209
– – Schadensersatzpflicht 207, 209
Konkursantragspflicht 82, 86, 88
Konsortialkredit 7
Kontenüberwachung 174
Kosten- und Leistungsrechnung 181, 186
Kostenartenrechnung 181
Kostenrechnung 134, 189
Kostenstellenrechnung 184
Kostenträgerblatt 186, 188
Kostenträgerrechnung 186
Kreditgewährung 5
Kreditwürdigkeit 29, 210
Kreditwürdigkeitsprüfung 8
kurzfristige Erfolgsrechnung 2, 176, 179
Lagebericht 124, 127
– Unterzeichnung 42
latente Steuern 106, 107
latentes Fremdkapital, siehe eigenkapitalersetzendes Fremdkapital
Lebensversicherung 1, 13
Liquidität 173, 180, 213
Liquiditätsbedarf 200

Liquiditätsplanrechnung 199
Liquiditätsvorschau 10, 173, 199
Lohnstundensatzermittlung 192
Löschungsrecht 22
Losgröße 197
Management by Objectives 202
Management 202
Management-Informations-System 203, 206
Maschinenstundensatz 191
Maßgeblichkeitsgrundsatz 60
Methodenwahlrecht 69, 71
Minderkaufmann 20, 24
Mittelherkunftsrechnung 199
Mittelverwendungsrechnung 199
Mitverpflichtete 15
Musskaufmann 20, 23
Nachfolge (Unternehmensnachfolge) 170
Nachfolgeklausel 79
Nachfolgeregelung 79, 170
nachhaltige Ertragskraft 172
Nachhaltigkeit 1, 181
Nachlass 77
neuronale Netze 151
Nichtigkeit des Jahresabschlusses 101
Nicht-Kaufmann 21, 24
Normbilanz 152
Notfallkonzept 168
Objektgesellschaft 10, 18, 216
Offene Handelsgesellschaft, siehe OHG
offene Saldierung 106
Offenlegung 41, 98, 116
– Verzicht auf Offenlegung 12
Offenlegungsgrenze 5
Offenlegungspflicht
– nach HGB 98, 116
– nach KWG 4 ff.
OHG 39, 79
Passivierungsgebot 75
Passivierungspflicht 75
Passivierungsverbot 75
Passivierungswahlrechte 74
Pensionsrückstellungen 75
Pensionszusage 84
Periodenabgrenzungsgrundsatz 37
permanente Inventur 198

Personenhandelsgesellschaft 6, 78, 89, 125
Plausibilitätsprüfung 50, 52, 103
Prüfung des Jahresabschlusses 96, 101
Prüfungsbericht 43, 127, 138
Prüfungsbescheinigung 45, 47
Prüfungspflicht 101
Prüfungsvermerk 45, 48
Publizitätspflicht, – siehe auch Offenlegungspflicht nach HGB
– eingeschränkte Publizitätspflicht 9, 42, 96
Rangrücktritt 211
Rangrücktrittserklärung 211
Reagibilitätsgrad 161
Realisationsprinzip, siehe Grundsatz der Vorsicht
Rechnungsabgrenzungsposten 74
Rechnungslegungspflicht 20, 24
Rechnungslegungsvorschriften 33, 60, 89, 102
Rechtsträgerschaft 78
Restlaufzeitvermerk 108
Return on Investment 200
Return on Stock Investment 159
Risikobericht 124
Rücklagen 110
– für eigene Anteile 109
– offene 62
Rückstellungen 129
– Aufwandsrückstellungen 75
– Drohverlustrückstellung 135
– Erläuterungen 136
– Instandhaltungsrückstellungen 75
– Pensionsrückstellungen 75
Sachverhaltsgestaltung 65, 130
Saldenliste 176
Scheckreiterei 174
Scheinkaufmann 22, 24
Schuldentilgung 173
Selbstauskunft 18
Selbstfinanzierung 173
Selbstkosten 184
Sicherheiten 12, 220
– Wegfall oder Wertminderung von Sicherheiten 12
Soll-Ist-Besteuerung 28
Sollkaufmann 22, 24

Sonderbetriebsvermögen 63, 79, 170
Sonderbilanz 63
Sonderposten mit Rücklageanteil 74, 129
- Erläuterungen 137
Stetigkeit 38, 103
Steuerbilanz 31, 60, 74
stille Reserven, siehe auch Grundsatz der Vorsicht
- versteuerte stille Reserven 37
Stundenverrechnungssatz 192
Summenliste 176
Tantiemen 86
Testament 83, 168
Tochter-Kapitalgesellschaft, siehe Kapitalgesellschaft
Tod eines Gesellschafters 78, 80, 83
Trendanalyse 8
Treuepflicht 61
Überschuldung 58, 82, 86, 207
Überschuldungsbilanz 106, 206, 209
Überschuldungsstatus 209
Überschussrechnung siehe Einnahmen-Überschussrechnung
umgekehrte Maßgeblichkeit 63
Umsatzkostenverfahren 113
unfertige Leistungen 134
Unternehmensformen 77, 88
- AG 39
- Einzelunternehmen 77, 88 f.
- Gesellschaft bürgerlichen Rechts 78, 88 f.
- GmbH 81, 88 f.
- GmbH & Co KG 81, 88 f.
- KGaA 39
- Kommanditgesellschaft 80, 88 f.
- Offene Handelsgesellschaft 79, 88 f.
- Personenhandelsgesellschaft 78, 88 f.
Unternehmenskontinuität 80
Unternehmenskrise 168, 204
Unternehmensnachfolge 170
Unterzeichnungspflicht 38
Verbindlichkeiten 35, 108, 111
verbundene Unternehmen 108

verdeckte Gewinnausschüttung 83
Vermerk 42, 54
- Abschlussvermerk 45
- Bestätigungsvermerk 52
- Bilanzvermerk 111
- Prüfungsvermerk 48
- Restlaufzeitvermerk 108
Vermögensaufstellung 29
Verrechnungsverbotsgrundsatz 35
Vier-Augen-Prinzip 50
Vollkaufmann 20, 24
Vollmacht, Generalvollmacht 168
Vollständigkeitsgrundsatz 35
Vorräte 128
- Erläuterungen 134
Vorsichtsgrundsatz 36
Vorsichtsprinzip 36, 132
Vorsorge 85, 168
Wahlrecht 76
- Abwertungswahlrecht 62, 66, 71
- Aktivierungswahlrecht 63, 74
- Ansatzwahlrecht 72
- Beibehaltungswahlrecht 68, 72
- Bewertungswahlrecht 64, 71
- Methodenwahlrecht 69, 71
- Passivierungswahlrecht 62, 73
Wareneinsatz 160, 177
Wertabschläge 13
Wertaufholung 68
Wertergebnis 4
Werthaltigkeit 2, 15, 137
Wettbewerbsverbot 85
Zahlungsunfähigkeit 58, 86, 209
- drohende Zahlungsunfähigkeit 58, 77
Zersplitterung von Unternehmensanteilen 170
Zielumsatz 163
Zielvereinbarung 195, 202
Zu- und Abflußprinzip 28
Zuschlagskalkulation 190
Zwangsreserven, siehe Grundsatz der Vorsicht
Zwischenabschluss 176, 178